钓鱼岛问题文献集 主编 张 生

保钓运动资料

董为民 殷昭鲁 杨 骏 编

南京大学出版社

"十二五"国家重点图书出版规划项目
国家社科基金2015年度重大项目"《钓鱼岛问题文献集》及钓鱼岛问题研究"
中国南海研究协同创新中心
南京大学人文基金
江苏省2013年度哲学社会科学研究重大项目"钓鱼岛问题文献集"

钓鱼岛问题文献集

顾　　问　茅家琦　张宪文
学术指导　张海鹏　步　平　李国强

编纂委员会
主　　编　张生
副主编　殷昭鲁　董为民　奚庆庆　王卫星
编译者　张　生　中国抗日战争研究协同创新中心、
　　　　　　　　南京大学中华民国史研究中心教授
　　　　姜良芹　中国抗日战争研究协同创新中心、
　　　　　　　　南京大学中华民国史研究中心教授
　　　　叶　琳　南京大学教授
　　　　郑先武　南京大学教授
　　　　荣维木　中国社会科学院研究员
　　　　王希亮　黑龙江省社会科学院研究员
　　　　舒建中　南京大学副教授
　　　　郑安光　南京大学副教授
　　　　雷国山　南京大学副教授
　　　　殷昭鲁　南京大学博士
　　　　李　斌　南京大学讲师
　　　　翟意安　南京大学讲师
　　　　王　静　南京大学讲师
　　　　蔡丹丹　南京大学讲师
　　　　王睿恒　南京大学讲师

于　磊　南京大学讲师
杨　骏　南京大学博士生
刘　奕　南京大学博士生
徐一鸣　南京大学博士生
陈海懿　南京大学博士生
蔡志鹏　南京大学硕士生
刘　宁　南京大学硕士生
张梓晗　南京大学硕士生
顾　晓　南京大学硕士生
仇梦影　南京大学硕士生
王卫星　江苏省社会科学院研究员
罗萃萃　南京航空航天大学副教授
董为民　江苏省社会科学院助理研究员
奚庆庆　安徽师范大学副教授
郭昭昭　江苏科技大学副教授
屈胜飞　浙江工业大学讲师
窦玉玉　安徽师范大学讲师
张丽华　安徽师范大学讲师
张玲玲　央广幸福购物（北京）有限公司

"东亚地中海"视野中的钓鱼岛问题的产生
（代序）

所谓"地中海"，通常是指北非和欧洲、西亚之间的那一片海洋。在世界古代历史中，曾经是埃及、希腊、波斯、马其顿、罗马、迦太基等群雄逐鹿的舞台；近代以来，海权愈形重要，尼德兰、西班牙、英国、法国、奥斯曼土耳其帝国、意大利、德国乃至俄罗斯，围绕地中海的控制权，演出了世界近代史的一幕幕大剧。

虽然，法国历史学家布罗代尔（Fernand Braudel）引用前人的话说"新大陆至今没有发现一个内海，堪与紧靠欧、亚、非三洲的地中海相媲美"[①]，但考"mediterranean"的原意，是"几乎被陆地包围的（海洋）"之意。欧亚非之间的地中海，固然符合此意；其他被陆地包围的海洋，虽然早被命为他名，却也符合地中海的基本定义。围绕此种海洋的历史斗争，比之欧亚非之间的地中海，其实突破了西哲的视野，堪称不遑多让。典型的有美洲的加勒比海，以及东亚主要由东海、黄海构成的一片海洋。

本书之意，正是要将东海和黄海，及其附属各海峡通道和边缘内海，称为"东亚地中海"，以此来观照钓鱼岛问题的产生。

一

古代东亚的世界，由于中国文明的早熟和宏大，其霸权的争夺，主要在广袤的大陆及其深处进行。但东吴对东南沿海的征伐和管制，以及远征辽东的

[①] 费尔南·布罗代尔著，唐家龙等译：《地中海与菲利普二世时代的地中海世界》第1卷，商务印书馆2014年版，扉页。

设想①,说明华夏文明并非自隔于海洋。只不过,由于周边各文明尚处于发轫状态,来自古中国的船舰畅行无忌,相互之间尚未就海洋的控制产生激烈的冲突。

唐朝崛起以后,屡征高句丽不果,产生了从朝鲜半岛南侧开辟第二战场的实际需要。新罗统一朝鲜半岛的雄心与之产生了交集,乃有唐军从山东出海,与新罗击溃百济之举。百济残余势力向日本求援,日军横渡大海,与百济残余联手,于是演出唐——新罗联军对日本——百济联军的四国大战。

东亚地中海第一次沸腾。论战争的形态,中日两国均是跨海两栖作战;论战争的规模和惨烈程度,比之同时期欧亚非之间的地中海,有过之无不及。公元663年8月,白江口会战发生,操控较大战船的唐军水师将数量远超自身的日军围歼。② 会战胜利后,唐军南北对进,倾覆立国700余年的高句丽,势力伸展至朝鲜半岛北部、中部。

但就东亚地中海而言,其意义更为深远:大尺度地看,此后数百年间,虽程度有别,东亚国际关系的主导权被中国各政权掌握,中日韩之间以贸易和文化交流为主要诉求,并与朝贡、藩属制度结合,演进出漫长的东亚地中海和平时代。"遣唐使"和鉴真东渡可以作为这一和平时期的标志。

蒙古崛起后,两次对日本用兵。1274年其进军线路为朝鲜——对马岛——壹歧岛——九州,1281年其进军路线为朝鲜——九州、宁波——九州。战争以日本胜利告终,日本虽无力反攻至东亚大陆,但已部分修正了西强东弱的守势。朱明鼎革以后,朱元璋曾有远征日本的打算而归于悻悻,倭寇却自东而西骚扰中国沿海百多年。《筹海图编》正是在此背景下将钓鱼屿、赤屿、黄毛山等首次列入边防镇山。③

明朝初年郑和远洋舰队的绝对优势,没有用来进行东亚地中海秩序的"再确立";明朝末年,两件大事的发生,却改写了东亚地中海由中国主导的格局。一是万历朝的援朝战争。1591年、1597年,日本动员十万以上规模的军队两

---

① [晋]陈寿撰,[宋]裴松之注,《三国志》第47卷《吴书二·吴主传第二》,中华书局1959年版。

② 参见韩昇:《白江之战前唐朝与新罗、日本关系的演变》,《中国史研究》2005年第1期,第43-66页。

③ [明]胡宗宪撰:《筹海图编》第1卷《沿海山沙图·福七、福八》,影印《文渊阁四库全书》第584册,台北:台湾商务印书馆1986年版,第14页。

次侵入朝鲜,明朝虽已至其末年,仍果断介入,战争虽以保住朝鲜结局,而日本立于主动进攻的态势已经显然。二是1609年的萨摩藩侵入琉球,逼迫已经在明初向中国朝贡的琉球国同时向其朝贡。日本在北路、南路同时挑战东亚地中海秩序,是白江口会战确立东亚前民族国家时代国际关系框架以来,真正的千年变局。

二

琉球自明初在中国可信典籍中出现①,这样,东亚地中海的东南西北四面均有了政权。中日朝琉四国势力范围犬牙交错,而中国在清初统一台湾(西班牙、荷兰已先后短期试图殖民之)和日本对琉球的隐形控制,使得两大国在东亚地中海南路发生冲突的几率大增。

对于地中海(此处泛指)控制权的争夺,大体上有两种模式。一是欧亚非之间地中海模式,强权之间零和博弈,用战争的方式,以彻底战胜对方为目标,古代世界的罗马、近代的英国,均采此种路径。二是加勒比海模式,19世纪下半叶,英国本与奉行"门罗主义"的美国"利益始终不可调和",在加勒比海"直接对抗",但感于加勒比海是美国利益的"关键因素",乃改而默许美国海军占据优势②,这是近代意义上的绥靖。

1874年,日本借口琉球难民被害事件出兵台湾,实际上是采取了上述第一种模式解决东亚地中海问题的肇端。琉球被吞并,乃至废藩置县,改变了东亚地中海南路的相对平衡格局,钓鱼岛群岛已被逼近——但在此前后,钓鱼岛

---

① 成书于明永乐元年(1403年)《顺风相送》载:"太武放洋,用甲寅针七更船取乌坵。用甲寅并甲卯针正南东墙开洋。用乙辰取小琉球头。又用乙辰取木山。北风东涌开洋,用甲卯取彭家山。用甲卯及单卯取钓鱼屿。南风东涌放洋,用乙辰针取小琉球头,至彭家花瓶屿在内。正南风梅花开洋,用乙辰取小琉球。用单乙取钓鱼屿南边。用卯针取赤坎屿。用艮针取枯美山。南风用单辰四更,看好风单甲十一更取古巴山,即马齿山,是麻山赤屿。用甲卯针取琉球国为妙"。这是目前所见最早记载钓鱼屿、赤屿等钓鱼岛群岛名称的史籍,也是中琉交往的见证。本处《顺风相送》使用牛津大学波德林图书馆(Bodleian Library)所藏版本,南京大学何志明博士搜集。句读见向达《两种海道针经》,中华书局1982年版。
② 艾尔弗雷德·塞耶·马汉著,李少彦等译:《海权对历史的影响:1660—1783年:附亚洲问题》,海洋出版社2013年版,第529-530页。

均被日本政府视为日本之外——1873年4月13日，日本外务省发给琉球藩国旗，要求"高悬于久米、宫古、石垣、人表、与那国五岛官署"，以防"外国卒取之虞"。其中明确了琉球与外国的界线。① 在中日关于琉球的交涉中，日本驻清国公使馆向中方提交了关于冲绳西南边界宫古群岛、八重山群岛的所有岛屿名称，其中并无钓鱼岛群岛任何一个岛屿。② 1880年，美国前总统格兰特（Ulysses Grant）调停中日"球案"争端后，"三分琉球"未成定议，中日在东亚地中海南路进入暴风雨前的宁静状态。日本采取低调、隐瞒的办法，对钓鱼岛进行窥伺，寻机吞并。

1885年10月30日，冲绳县官员石泽兵吾等登上钓鱼岛进行考察。③ 同年11月24日，冲绳县令西村舍三致函内务卿山县有朋等，提出在钓鱼岛设立国家标志"未必与清国全无关系"。④ 12月5日，山县有朋向太政大臣三条实美提出内部报告，决定"目前勿要设置国家标志"。⑤ 这一官方认识，到1894年4月14日，日本内务省县治局回复冲绳知事关于在久场岛、鱼钓岛设置管辖标桩的请示报告时，仍在坚持。⑥ 1894年12月27，内务大臣野村靖鉴于"今昔情况不同"，乃向外务卿陆奥宗光提出重新审议冲绳县关于在久场岛、鱼钓岛设置管辖标桩的请示。⑦ 随后，钓鱼岛群岛被裹挟在台湾"附属各岛屿"

---

① 村田忠禧著，韦平和等译：《日中领土争端的起源——从历史档案看钓鱼岛问题》，社会科学文献出版社2013年版，第162页。
② 《宫古、八重山二岛考》（光绪六年九月四日，1880年10月7日），台北，"中研院"近代史研究所档案馆藏，外交部门档案·总理各国事务衙门，01/34/009/01/009
③ 「魚釣嶋他二嶋巡視調査の概略」（明治18年11月4日）、JACAR（アジア歴史資料センター）Ref. B03041152300（第18画像目から）、帝国版図関係雑件（外務省外交史料館）
④ 村田忠禧：《日中领土争端的起源——从历史档案看钓鱼岛问题》，第171页。
⑤ 「秘第一二八号ノ内」（明治18年12月5日）、JACAR（アジア歴史資料センター）Ref. A03022910000（第2画像目から）、公文別録・内務省・明治十五年～明治十八年 第四巻（国立公文書館）
⑥ 「甲69号 内務省秘別第34号」（明治27年4月14日）、JACAR（アジア歴史資料センター）Ref. B03041152300（第47画像目から）、帝国版図関係雑件（外務省外交史料館）
⑦ 「秘別133号 久場島魚釣島ヘ所轄標杭建設之義上申」（明治27年12月15日）、JACAR（アジア歴史資料センター）Ref. B03041152300（第44画像目から）、帝国版図関係雑件（外務省外交史料館）

中,被日本逐步"窃取"。

野村靖所谓"今昔情况不同",指的是甲午战争的发生和中国在东亚地中海北侧朝鲜、东北战场上的溃败之势。通过战争,日本不仅将中国从中日共同强力影响下的朝鲜驱逐出去,且占据台湾、澎湖,势力伸展至清朝"龙兴之地"的辽东。白江口会战形成的东亚地中海秩序余绪已经荡然无存,东亚地中海四面四国相对平衡的局面,简化为中国仅在西侧保留残缺不全的主权——德国强占胶州湾后,列强掀起在中国划分势力范围的狂潮;庚子事变和日俄战争的结果,更使得日本沿东亚地中海北侧,部署其陆海军力量至中国首都。"在地中海的范围内,陆路和海路必然相依为命"。① 陆路和海路连续战胜中国,使得日本在东亚地中海形成对中国的绝对优势。

1300年,东亚地中海秩序逆转,钓鱼岛从无主到有主的内涵也发生了逆转。马汉所谓"海权包括凭借海洋或者通过海洋能够使一个民族成为伟大民族的一切东西"②,在这里得到很好的诠释。

三

格兰特调停中日"球案"时曾指出:姑且先不论中日之是非,中日之争,实不可须臾忘记环伺在侧的欧洲列强③。那时的美国,刚刚从南北内战的硝烟中走来,尚未自省亦为列强之一。但富有启发的是,中日争夺东亚地中海主导权前后,列强就已经是东亚地中海的既存因素。东亚地中海的秩序因此不单单是中日的双边博弈。而在博弈模型中,多边博弈总是不稳定的。

马戛尔尼(George Macartney)使华只是序曲,英国在19世纪初成为东亚海洋的主角之一,并曾就小笠原群岛等东亚众多岛屿的归属,与日、美产生交涉。英国海图对钓鱼岛群岛的定位,后来被日本详加考证。④

---

① 费尔南·布罗代尔:《地中海与菲利普二世时代的地中海世界》第2卷,第931页。
② 艾尔弗雷德·塞耶·马汉:《海权对历史的影响:1660—1783年:附亚洲问题》,《出版说明》。
③ 《七续纪论辨琉球事》,《申报》,光绪六年三月十八日,1880年4月26日,第4版。
④ 「久米赤島・久場島・魚釣島の三島取調書」(明治18年9月21日)、JACAR(アジア歴史資料センター)Ref. B03041152300(第8画像目から)、帝国版図関係雑件(外務省外交史料館)

美国佩里(Matthew Perry)"黑舰队"在19世纪50年代打开日本幕府大门之前,对《中山传信录》等进行了详细研究,钓鱼岛群岛固在其记述中,而且使用了中国福建话发音的命名。顺便应当提及的是,佩里日本签约的同时,也与琉球国单独签约(签署日期用公元和咸丰纪年),说明他把琉球国当成一个独立的国家。

俄罗斯、法国也在19世纪50年代前后不同程度地活跃于东亚地中海。

甲午战争,日本"以国运相赌",其意在与中国争夺东亚主导权,客观结果却是几乎所有欧美强国以前所未有的强度进入东亚地中海世界。日本虽赢得了对中国的优势,却更深地被列强所牵制。其中,俄罗斯、英国、美国的影响最大。

大尺度地看,在对马海峡击败沙皇俄国海军,是日本清理东亚地中海北侧威胁的重大胜利,库页岛南部和南千岛群岛落入日本控制。但俄罗斯并未远遁,其在勘察加半岛、库页岛北部、滨海省和中国东北北部的存在,始终让日本主导的东亚地中海秩序如芒刺在背,通过出兵西伯利亚、扶植伪满洲国、在诺门坎和张鼓峰挑起争端,以及一系列的双边条约,日本也只能做到局势粗安。而东亚地中海的内涵隐隐有向北扩展至日本海、乃至鄂霍次克海的态势。因为"俄国从北扩张的对立面将主要表现在向位于北纬30°和40°之间宽广的分界地带以南的扩张中"。① 事实上,二战结束前后,美国预筹战后东亚海洋安排时,就将以上海域和库页岛、千岛群岛等岛屿视为苏联的势力范围,并将其与自己准备占据小笠原群岛、琉球群岛关联起来,显然认为其中的内在逻辑一致。②

在日本主张大东群岛、小笠原群岛等东亚洋中岛屿主权的过程中,英国采取了许可或默认态度。日本占据台湾,视福建为其势力范围,直接面对香港、上海等英国具有重大利益的据点,也未被视为重大威胁。其与日本1902年结成的英日同盟,是日本战胜俄罗斯波罗的海舰队的重要因素。但是,一战后日本获得德属太平洋诸岛,这与英国在西太平洋的利益产生重叠,成为英日之间

---

① 艾尔弗雷德·塞耶·马汉:《海权对历史的影响:1660—1783年:附亚洲问题》,第466页。
② *Liuchiu Islands*(*Ryukyu*),(14 April 1943),沖縄県公文書館蔵,米国収集文書·Liuchius (Ryukyus) (Japan),059/00673/00011/002。

产生矛盾与冲突的根源。1922年《九国公约》取代英日同盟,使得日本失去了维护其东亚地中海秩序的得力盟友。九一八事变后,日本对英国远东利益的排挤更呈现出由北向南渐次推进的规律。攻占香港、马来亚、新加坡,是日本对英国长期积累的西太平洋海权的终结,并使得东亚地中海的内涵扩张至南海一线。

虽然由于后来的历史和今天的现实,美国在中国往往被视为列强的一员,实际上在佩里时代,英美的竞争性甚强。格兰特的提醒,毋宁说是一种有别于欧洲老牌殖民帝国的"善意";他甚至颇具眼光地提出:日本占据琉球,如扼中国贸易之咽喉①——这与战后美国对琉球群岛战略位置的看法一致②——深具战略意义。

美西战争,使得"重返亚洲"的美国在东亚地中海南侧得到菲律宾这个立足点,被马汉(Alfred Thayer Mahan)誉为"美国在空间范围上跨度最广的一次扩张"③,但美国在东亚地中海的西侧,要求的是延续门罗主义的"门户开放"和"机会均等"。早有论者指出,美国的这一政策,客观上使得中国在19世纪末免于被列强瓜分。④ 而对日本来说,美国逐步扩大的存在和影响,使其在战胜中国后仍不能完全掌控东亚地中海。马汉指出:"为确保在最大程度上施行门户开放政策,我们需要明显的实力,不仅要保持在中国本土的实力,而且要保持海上交通线的实力,尤其是最短航线的实力"。⑤ 美国对西太平洋海权的坚持,决定了美日双方矛盾的持久存在。日本起初对美国兼并夏威夷就有意见,而在20世纪30年代英国不断后撤其东亚防御线之后,美国成为日本东亚地中海制海权的主要威胁,日本对美国因素的排拒,演成太平洋战争,并使得钓鱼岛问题的"制造"权最终落入美国手中。

---

① 《七续纪论辨琉球事》,《申报》,光绪六年三月十八日,1880年4月26日,第4版。
② U. S. Policy toward Japan, Top Secret, National Security Council Report, May 17, 1951, *Digital National Security Archive* (以下简称 *DNSA*), PD00141.
③ 艾尔弗雷德·塞耶·马汉:《海权对历史的影响:1660—1783年:附亚洲问题》,第460页。
④ 张玉法:《中华民国史稿》修订版,台北:联经出版事业有限公司2010年版,第33页。
⑤ 艾尔弗雷德·塞耶·马汉:《海权对历史的影响:1660—1783年:附亚洲问题》,第527页。

四

本来,开罗会议期间,美国总统罗斯福曾询问蒋介石中国是否想要琉球,但蒋介石提议"可由国际机构委托中美共管",理由是"一安美国之心,二以琉球在甲午以前已属日本,三以此区由美国共管比归我专有为妥也"。①

德黑兰会议期间,美苏就东亚地中海及其周边的处置,曾有预案,并涉及到琉球:

> ……罗斯福总统回忆道,斯大林熟知琉球群岛的历史,完全同意琉球群岛的主权属于中国,因此应当归还给中国……②

宋子文、孙科、钱端升③以及王正廷、王宠惠④等人对琉球态度与蒋不一,当时《中央日报》、《申报》等媒体亦认为中国应领有琉球,但蒋的意见在当时决定了琉球不为中国所有的事实。蒋介石的考虑不能说没有现实因素的作用,但海权在其知识结构中显然非常欠缺,东亚地中海的战略重要性不为蒋介石所认知,是美国得以制造钓鱼岛问题的重要背景。

在所有的地中海世界中,对立者的可能行动方向是考虑战略安排的主要因素,东亚地中海亦然。战争结束以后,美国在给中国战场美军司令的电文中重申了《波茨坦宣言》的第八条:"开罗宣言的条款必须执行,日本的主权必须

---

① 高素兰编注:《蒋中正"总统"档案:事略稿本》(55),台北:"国史馆"2011年版,第472页。

② Minutes of a Meeting of the Pacific War Council, *Foreign Relations of the United States*(以下简称 *FRUS*),Diplomatic Papers, The Conferences at Cairo and Tehran, 1943, United States Government Printing Office, Washington:1961. pp. 868－870.

③ Chinese opinion,(8 December 1943),沖縄県公文書館蔵,米国収集文書・Territorial Problem-Japan: Government Saghalien, Kuriles, Bonins, Liuchius, Formosa, Mandates,059/00673/00011/001。

④ 《王正廷谈话盟国应长期管束日本至消灭侵略意念为止》,《申报》,1947年6月5日,第2版;《王宠惠谈对日和约 侵略状态应消除 对外贸易不能纵其倾销》,《申报》,1947年8月15日,第1版。

仅限于本州、北海道、九州、四国及由我们所决定的一些小岛屿。"①但苏联在东亚地中海的存在和影响成为美国东亚政策的主要针对因素,对日处理,已不是四大国共同决定。美国认为,"中国、苏联、英国和琉球人强烈反对将琉球群岛交还日本",也认知到"对苏联而言,可以选择的是琉球独立或是将琉球交予共产党领导的中国。苏联更倾向于后者"。但美国自身的战略地位是最重要的考量因素。

承认中国的领土要求包含着巨大的风险。中国控制琉球群岛可能会拒绝美国继续使用基地,并且共产党最终打败国民党可能会给予苏联进入琉球群岛的机会。这样的发展不仅会给日本带来苏联入侵的威胁,而且会限制美国在太平洋地区的战略军事地位。②

1948年,美国国家安全委员会向美国总统、国务卿等提出"对日政策建议":"美国欲长期保留冲绳岛屿上的设施,以及位于北纬29度以南的琉球群岛、南鸟岛和孀妇岩以南的南方诸岛上的参谋长联席会议视为必要的其他设施。"③麦克阿瑟指出:"该群岛对我国西太平洋边界的防御至关重要,其控制权必须掌握在美国手中。……我认为如果美国不能控制此处,日后可能给美军带来毁灭性打击。"④1950年10月4日,参谋长联席会议未等与国务院协商一致,直接批准了给远东美军的命令,决定由美国政府负责北纬29度以南琉球群岛的民政管理。"该地区的美国政府称作'琉球群岛美国民政府'"。命令美军远东司令为琉球群岛总督,"总督保留以下权力:a. 有权否决、禁止或搁置执行上述政府(指琉球群岛的中央、省和市级政府——引者)制定的任何法律、法令或法规;b. 有权命令上述政府执行任何其本人认为恰当的法律、法令

---

① Memorandum by the State-War-Navy Coordinating Subcommittee for the Far East, *FRUS*, 1946, Vol. Ⅷ, The Far East, United States Government Printing Office, Washington:1971. pp. 174 – 176.

② *The Ryukyu Islands and Their Significance*,(24 May 1948),沖縄県公文書館蔵,米国収集文書・Central Intelligence Agency,319/00082A/00023/002。

③ Report, NSC 13/2, to the President Oct. 7, 1948, *Declassified Documents Reference System*(以下简称 *DDRS*),CK3100347865.

④ General of the Army Douglas MacArthur to the Secretary of State, *FRUS*, 1947, Vol. Ⅵ, The Far East, United States Government Printing Office, Washington:1972. pp. 512 – 515.

或法规;c. 总督下达的命令未得到执行,或因安全所需时,有权在全岛或部分范围内恢复最高权力"。① 美国虽在战时反复宣称没有领土野心,但出于冷战的战略需要,在东亚地中海中深深地扎下根来。

根据1951年9月8日签订的《旧金山和平条约》(中华人民共和国中央人民政府公开宣言不予承认),美国琉球民政府副总督奥格登(David A. D. Ogden)1953年12月25日发布了题为《琉球群岛地理边界》(Geographic Boundaries of the Ryukyu Islands)的"民政府第27号令",确定琉球地理边界为下列各点连线:

北纬28度,东经124.4度;
北纬24度,东经122度;
北纬24度,东经133度;
北纬27度,东经131.5度;
北纬27度,东经128.18度;
北纬28度,东经128.18度。②

上述各点的内涵,把钓鱼岛划进了琉球群岛的范围。正如基辛格1971年与美国驻日大使商量对钓鱼岛问题口径的电话记录所显示的,美国明知钓鱼岛主权争议是中日两国之事,美国对其没有主权,但"1951年我们从日本手中接过冲绳主权时,把这些岛屿作为冲绳领土的一部分也纳入其中了"。③ 钓鱼岛被裹挟到"琉球"这个概念中,被美日私相授受,是美国"制造"出钓鱼岛问题的真相。

在美国对琉球愈发加紧控制的同时,随着朝鲜战争的爆发和冷战愈演愈烈,美国眼中的日本角色迅速发生转变,其重要性日益突出。1951年美国国家安全委员会的《对日政策声明》(1960年再次讨论)称,"从整体战略的角度

---

① Memorandum Approved by the Joint Chiefs of Staff, *FRUS*, 1950, Vol. Ⅵ, East Asia and The Pacific, United States Government Printing Office, Washington: 1976. pp. 1313 - 1319.

② *Civil Administration Proclamation NO.* 27, (25 December 1953),沖縄県公文書館蔵,米国収集文書・Ryukyus, Command, Proclamations, Nos. 1 - 35, 059/03069/00004/002。

③ Ryukyu Islands, Classification Unknown, Memorandum of Telephone Conversation, June 07, 1971, *DNSA*, KA05887.

而言,日本是世界四大工业大国之一,如果日本的工业实力被共产主义国家所利用,则全球的力量对比将发生重大改变"。① 1961 年,《美国对日政策纲领》进一步宣示了美国对日政策基调为:

  1. 重新将日本建成亚洲的主要大国。

  2. 使日本与美国结成大致同盟,并使日本势力和影响的发挥大致符合美国和自由世界的利益。②

  这使得以美国总统、国务院为代表的力量顶着美国军方的异议③,对日本"归还"琉球(日方更倾向于使用"冲绳"这一割断历史的名词,而"冲绳县"和被日本强行废藩置县的古琉球国,以及美国战后设定的"琉球群岛美国民政府"的管辖范围并不一致)的呼声给予了积极回应。④ 扶持日本作为抵制共产主义的桥头堡,成为美国远东政策的基石,"归还"琉球,既是美国对日政策的自然发展,也是其对日本长期追随"自由世界"的犒赏。

  值得注意的是,旧金山和约签订之后,在日本渲染的所谓左派和共产党利用琉球问题,可能对"自由世界"不利的压力下,美国承认日本对于琉球有所谓"剩余主权"。⑤ 但美国在琉球的所谓"民政府"有行政、立法、司法权,剥除了行政、立法、司法权的"剩余主权"实际上只是言辞上的温慰。1951 年 6 月美国国务卿杜勒斯(John Dulles)的顾问在备忘录中坦率地表示,美国事实上获

---

  ① U. S. Policy toward Japan, Top Secret, National Security Council Report, May 17, 1951, *DNSA*, PD00141.

  ② Guidelines of U. S. Policy toward Japan, Secret, Policy Paper, c. May 3, 1961, *DNSA*, JU00098.

  ③ 美国军方异议见 Memorandum by the Secretary of State to the Ambassador at Large (Jessup), *FRUS*, 1950, Vol. Ⅵ, East Asia and The Pacific, United States Government Printing Office, Washington:1976. pp. 1278 - 1282.

  ④ Reversion of the Bonin and Ryukyu Islands Issue, Secret, Memorandum, c. October 1967, *DNSA*, JU00766.

  ⑤ Background information and recommendations with respect to Japanese demands that the U. S. return administrative control of the Ryukyu Islands over to them. Dec 30, 1968, *DDRS*, CK3100681400.

得了琉球群岛的主权。① 美国宣称对中国固有领土拥有"主权"自属无稽,但这也说明日本在20多年中对琉球的"主权"并不是"毫无争议"的。等到1972年"归还"时,美方又用了"管辖权""行政权"等不同的名词,而不是"主权",说明美国注意到了琉球问题的复杂性。

由于海峡两岸坚决反对将钓鱼岛及其附属岛屿裹挟在琉球群岛中"归还"日本,美国在"制造"钓鱼岛问题时,发明了一段似是而非、玩弄文字的说法:"我们坚持,将这些岛屿的管辖权归还日本,既不增加亦不减少此岛屿为美国接管前日本所拥有的对该岛的合法权利,亦不减少其他所有权要求国所拥有的业已存在的权利,因为这些权利早于我们与琉球群岛之关系"。② "国务院发言人布瑞(Charles Bray)在一篇声明中指出,美国只是把对琉球的行政权交还给日本,因之,有关钓鱼台的主权问题,乃是有待中华民国与日本来谋求解决的事"。③ 美国言说的对象和内容是错误的,但钓鱼岛及其附属群岛的主权存在争议,却是其反复明确的事实。

余 论

在早期的中、日、琉球、英、美各种文献中,钓鱼岛及其附属岛屿都是"边缘性的存在"。在中日主权争议的今天,它却成为东亚地中海的"中心"——不仅牵动美、中、日这三个国民生产总值占据世界前三的国家,也牵动整个东亚乃至世界局势。妥善处理钓鱼岛问题,具有世界性意义。

马汉曾经设定:"可能为了人类的福祉,中国人和中国的领土,在实现种族大团结之前应当经历一段时间的政治分裂,如同法国大革命之前的德国一

---

① Memorandum by The Consultant to the Secretary (Dulles), *FRUS*, 1951, Vol. Ⅵ, Asia and The Pacific(in two parts)Part1, General Editor: Fredrick Aandahl, United States Government Printing Office, Washington:1977. pp. 1152-1153.

② Briefing Papers for Mr. Kissinger's Trip to Japan, Includes Papers Entitled "Removal of U. S. Aircraft from Naha Air Base" and "Senkakus", Secret, Memorandum, April 6, 1972, *DNSA*, JU01523.

③ 《美国务院声明指出 对钓鱼台主权 有待中日解决》,台北《中央日报》,1971年6月19日,第1版。

样。"①马汉的设定没有任何学理支撑,但确实,台海两岸的政治分裂给了所有居间利用钓鱼岛问题的势力,特别是美国以机会。1971年4月12日,美日私相授受琉球甚嚣尘上之际,台湾当局"外交部长"周书楷前往华盛顿拜会美国总统尼克松,提出钓鱼岛问题会在海外华人间产生重大影响,可能造成运动。尼克松顾左右而言他,将话题转移到联合国问题的重要性上,尼克松说:"只要我在这里,您便在白宫中有一位朋友,而您不该做任何使他难堪的事。中国人应该看看其中微妙。你们帮助我们,我们也会帮助你们。"②其时,台湾当局正为联合国席位问题焦虑,尼克松"点中"其软肋,使其话语权急剧削弱。果然,在随后与基辛格的会谈中,周书楷主动提出第二年的联合国大会问题,而且他"希望'另一边'(即中国共产党)能被排除在大会之外"。③ 事实上,中华人民共和国中央人民政府对钓鱼岛及其附属岛屿主张主权和行动,一直遭到台湾当局掣肘。钓鱼岛问题,因此必然与台湾问题的处理联系在一起,这极大地增加了解决钓鱼岛问题的复杂性和难度。这是其一。

其二,被人为故意作为琉球一部分而"归还"的钓鱼岛及其附属岛屿的主权归属问题,在美国有意识、有目的的操弄下,几乎在中日争议的第一天起就进入复杂状态。中国固有领土被私自转让,自然必须反对。1971年12月30日,中华人民共和国外交部严正声明:"绝对不能容忍""美、日两国政府公然把钓鱼岛等岛屿划入'归还区域'"。同时,善意提示日方勿被居间利用:"中国政府和中国人民一贯支持日本人民为粉碎'归还'冲绳的骗局,要求无条件地、全面地收复冲绳而进行的英勇斗争,并强烈反对美、日反动派拿中国领土钓鱼岛等岛屿作交易和借此挑拨中、日两国人民的友好关系。"④可以说,态度十分具有建设性。

---

① 艾尔弗雷德·塞耶·马汉:《海权对历史的影响:1660—1783年:附亚洲问题》,第482页。
② Memorandum of Conversation, *Foreign Relations of the United States*, 1969—1976, Volume XVII, China, 1969—1972, Document 113, p. 292. 下文所引20世纪70年代以后的美国外交关系文件(FRUS),来源与来自威斯康星大学的上文不同,文件来源是http://history.state.gov/. 特此说明。
③ Memorandum of Conversation, *Foreign Relations of the United States*, 1969—1976, Volume XVII, China, 1969—1972, Document 114, p. 294
④ 《中华人民共和国外交部声明》(1971年12月30日),《人民日报》,1971年12月31日,第1版。

日本自居与美国是盟友关系,可以在钓鱼岛问题上得到美方的充分背书。但其实,没有得到完全的满足——虽然日本一直希望援引美方的表态主张权利,将其设定为"没有争议",但1972年8月,美国政府内部指示,对日本应当清楚表示:"尽管美国政府的媒体指导已进行了部分修改以符合日本政府的要求,这丝毫不意味着我们改变了美国在尖阁诸岛争端问题上保持中立的基本立场。"①更有甚者,1974年1月,已任美国国务卿的基辛格在讨论南沙群岛问题时,为"教会日本人敬畏",讨论了将中华人民共和国"引导"到钓鱼岛问题的可能性。② 这样看,实际上是"系铃人"角色的美国,并不准备担当"解铃人"的作用——促使中日两国长期在东亚地中海保持内在紧张,更符合美国作为"渔翁"的利益。

对美国利用钓鱼岛问题牵制中日,中国洞若观火,其长期坚持的"搁置争议,共同开发"这一创新国际法的、充满善意的政策,目的就是使钓鱼岛这一东亚地中海热点冷却下来、走上政治解决的轨道。但其善意,为日本政府所轻忽。日本政府如何为了日本人民的长远福祉而改弦更张、放弃短视思维,不沉溺于被操纵利用的饮鸩止渴,对钓鱼岛问题的政治解决至关重要。

其三,马汉还说,"富强起来的中国对我们和它自己都会带来更严重的危险"。③ 这一断言充斥着"文明冲突论"的火药味和深深的种族歧视,他论证说,"因为我们届时必须拱手相送的物质财富会使中国富强起来,但是中国对这些物质财富的利用毫无控制,因为它对这种在很大程度上支配了我们的政治和社会行为的思想道德力量缺乏清楚的理解,更不用说完全接受。"马汉以美国价值观作为美国接受中国复兴的前提条件,是今天美国操纵钓鱼岛问题深远的运思基础。

但是,正如布罗代尔总结欧亚非地中海历史所指出的:"历史的普遍的、强

---

① Issues and Talking Points: Bilateral Issues, Secret, Briefing Paper, August 1972, *DNSA*, JU01582.

② Minutes of the Secretary of State's Staff Meeting, *Foreign Relations of the United States*, 1969—1976, Volume E - 12, Documents On East and Southeast Asia, 1973—1976, Document 327, p. 3.

③ 艾尔弗雷德·塞耶·马汉:《海权对历史的影响:1660—1783年:附亚洲问题》,第522页。

大的、敌对的潮流比环境、人、谋算和计划等更为重要、更有影响"。① 中国的复兴是操盘者无法"谋算"的历史潮流和趋势,然而,这一潮流并不是"敌对的",2012年,习近平更指出:"太平洋够大,足以容下中美两国(The vast Pacific Ocean has ample space for China and the United States)"②,充满前瞻性和想象张力的说法,相比于那些把钓鱼岛作为"遏制"中国的东亚地中海前哨阵地的"敌对的"计划,更着眼于"人类的福祉"。中国所主张的"新型大国关系",摈弃了传统的地中海模式,扬弃了加勒比海模式,内含了一种可能导向和平之海、繁荣之海的新地中海模式,值得东亚地中海所有当事者深思。

张生
2016 年 5 月

---

① 费尔南·布罗代尔:《地中海与菲利普二世时代的地中海世界》第 2 卷,第 955 页。
② 来自人民网,http://www.people.com.cn/GB/32306/33232/17111739.html,2012 年 02 月 14 日。

出版凡例

一、本文献集按文献来源分为中文之部、日文之部、西文之部三个大的序列。每个序列中按专题分册出版，一个专题一册或多册。

二、文献集所选资料，原文中的人名、地名、别字、错字及不规范用字，为尊重历史和文献原貌，均原文照录。因此而影响读者判断、引用之处，用"译者按"或"编者按"在原文后标出。因原文献漫漶不清而缺字处，用"□"标识。

三、日文原文献中用明治、大正、昭和等天皇年号的，不改为公元纪年。台湾方面文献在原文中涉及政治人物头衔和机构名称的，按相关规定处理；其资料原文用民国纪年的，不加改动。

四、所选史料均在起始处说明来源，或在文后标注其档案号、文件号。

五、日本人名从西文文献译出者，保留其西文拼法，以便核对；其余外国人名，均在某专题或文件中第一次出现时标注其西文拼法。

六、西文文献经过前人编辑而加注释者，用"原编辑者注"保留在页下。

七、原资料中有对中国人民或中国政府横加诬蔑之处，或基于立场表达其看法之处，为存资料之真，不加改动或特别说明，请读者加以鉴别。

本册说明

20世纪60年代末70年代初,联合国科研团队发现在钓鱼岛周围海域可能蕴藏丰富石油,日本政府随即宣布对钓鱼岛拥有主权,接着美国也单方面宣布将依据《旧金山和约》把琉球群岛的行政权"归还"日本,其中包括了钓鱼岛及其附属岛屿。20世纪70年代,为了抗议日本侵占中国领土、日美私相授受中国的固有领土,以及鞭策台湾当局对钓鱼岛问题采取坚决措施,以青年学生为主体的各阶层爱国人士在美国和中国台湾、香港地区进行了持久的激烈的保卫钓鱼岛运动。

本册资料主要收录了北京师范大学图书馆馆藏的香港《七十年代》月刊社编印的《钓鱼台事件真相》、台湾龚忠武等编的《春雷之后:保钓运动三十五周年文献选辑(1972—1978)》,以及南京大学图书馆港台阅览室馆藏的《〈明报月刊〉所载钓鱼台群岛资料》。

第一部分资料是1971年出版的香港《七十年代》月刊社编印的《钓鱼台事件真相》。这部分资料包含了三方面的内容:一是对钓鱼岛事件产生的背景、发展经过以及日本军国主义进行详细论述。从地理环境、历史背景和国际法角度证明,钓鱼岛的主权是属于中国的。二是摘录了爱国青年学生在美国各地举行保卫钓鱼岛运动期间所发行的一些刊物中记录的内容。其中既包括分析日本的军备,也包括美国教授佛兰兹·舒曼的演讲等内容。三是资料备考,包括台北"总统府"秘书长张群复留美学人的信、美国国务院"中华民国科"科长对钓鱼台事件的立场等关键性资料。

第二部分资料是台湾龚忠武等编的《春雷之后:保钓运动三十五周年文献选辑(1972—1978)》的第一节和第二节内容。第一节内容是对20世纪70年代发生于美国的保卫钓鱼岛运动进行史实方面的增补,包括谢定裕回忆召开美东讨论会前后的史实,杨振宁等人在美国参议院外交委员会上为钓鱼台问题作证的证词等重要史料。第二节内容介绍保钓运动的第二阶段,即钓统运并举的新阶段,将保钓运动与中国统一大业联系在一起。

第三部分资料是香港《明报月刊》所载的关于钓鱼台群岛的资料。《明报月刊》是香港《明报》的姊妹刊物,由金庸等人于1966年创办。《明报月刊》以"文化的重镇、知识的宝库"为办刊宗旨,深受海内外华人和知识分子的支持。在20世纪70年代保钓运动期间,《明报月刊》积极参与钓鱼岛事件的报道,刊登了大量关于钓鱼岛的文章。这部分资料包括以下三方面:第一,关于钓鱼岛的历史、地理、政治和经济方面的报道。多层次、全方位地介绍钓鱼岛及其重要性,论证钓鱼岛的主权归属,分析钓鱼岛争端产生的缘由。通过中、日两方学者的观点来分析钓鱼岛的主权归属,例如日本学者井上清认为:"明治维新以后到甲午战争日本战胜时,日本政府对于这些岛屿的领有权,似乎不曾有一度主张过,这个地方无论公开的与暗中的都认为是中国的领土。""所谓的尖阁列岛及赤尾屿之当作日本领土,是由于甲午战争日本的胜利,从中国夺得台湾、澎湖列岛及其附属岛屿的一环,而开始发生的。"第二,在美国、英国和香港等国家和地区发生的保钓运动。1971年,在美国的纽约、芝加哥、洛杉矶、旧金山、西雅图、费城、波士顿、底特律和首都华盛顿都有海外华人发起集会和游行,通过保钓运动以显示海外华人的爱国热忱。在英国,当地的中国留学生于1971年7月7日在海德公园举行了"七·七保钓示威"。香港地区的爱国青年自1971年2月开始,相继发起了保卫钓鱼岛游行示威等形式的爱国运动,包括"二·一八示威"、"二·二〇示威"、"四·一〇示威"、"四·一七示威"、"四·一八公开论坛"、"五·四示威"、"五四抵制日货大会"、"五·一六示威"和"八·一三示威"等。第三,附录了《明报》的几篇社评和专论,对保卫钓鱼岛运动进行了回顾总结,并多角度阐述了钓鱼岛及其附属岛屿是中国神圣领土的观点。

编者
2016年11月

目 录

"东亚地中海"视野中的钓鱼岛问题的产生(代序) ………… 1

出版凡例 ……………………………………………………… 1

本册说明 ……………………………………………………… 1

钓鱼台事件真相 ……………………………………………… 1
 目录 ………………………………………………………… 3
 一 钓鱼台列岛的领土主权分析 ………………………… 5
 二 从国际法看钓鱼台主权谁属 ………………………… 8
 三 钓鱼台事件发展简介 ………………………………… 13
 四 钓鱼台事件新闻报道 ………………………………… 15
 五 各地学生保卫钓鱼台运动简述 ……………………… 20
 八 美日的石油问题剖析 ………………………………… 28
 九 从世界局势看钓鱼台事件 …………………………… 35
 一○ "保卫钓鱼台运动"文摘 …………………………… 38
  一、从历史看"合作"与"共同开发" …………………… 38
  二、"民族性重于政治性"还是"政治性重于民族性"? … 40
  三、姚舜疏导记 …………………………………………… 41
  四、也论"日本的军备" …………………………………… 44
  五、再评"中央日报"《论"日本的军备"》社论 ………… 46
  六、美国教授佛兰兹·舒曼在示威中的演讲词 ………… 48
  七、钓鱼台事件与"台湾独立运动" ……………………… 50

1

八、香港、台湾、钓鱼台……………………………………… 51
　　九、钓鱼台运动——回顾与展望……………………………… 53
　一一　资料备考……………………………………………………… 56
　　一、台北"总统府"秘书长张群复留美学人的信……………… 56
　　二、美国政府对钓鱼台事件的立场…………………………… 57
　　三、论"日本的军备"…………………………………………… 58
　　四、美国五十三个"保卫钓鱼台行动委员会"致台北官方的公开信
　　　………………………………………………………………… 60
　　五、北加州保卫钓鱼台联盟联合宣言………………………… 62
　　六、《决不容许美日反动派掠夺我国海底资源》……………… 63
　　七、《中日备忘录贸易会谈公报》……………………………… 64
　　八、新华社报道在美中国学生和华侨的示威经过…………… 66
　　九、日阀胆敢侵吞钓鱼等岛必自食其果……………………… 67
　　一〇、《中国领土主权不容侵犯》……………………………… 69

春雷之后 …………………………………………………………… 71
第一节　钓运初期史实增补(一九七一～一九七二) ………… 73
　一、美东讨论会前后………………………………………………… 73
　二、美国参议院外交委员会举行钓鱼台问题听证会…………… 82
　三、由日本海图证明钓鱼台是中国领土——并论钓鱼台列屿之
　　　日本命名………………………………………………………… 88
　四、先争琉球，再谈钓鱼台………………………………………… 92
第二节　进入钓统运并举的新阶段 ……………………………… 98
　一、保钓运动的性质………………………………………………… 98
　二、钓运带我们来到这里，历史引导我们向前………………… 105

《明报月刊》所载钓鱼台群岛资料 …………………………… 109
　前言…………………………………………………………………… 111
　目录…………………………………………………………………… 112
　甲　钓鱼台的历史、地理、政治、经济…………………………… 114
　　"钓鱼台列屿是我们的！"………………………………………… 114

日本对于钓鱼台列屿主权问题的论据分析	127
关于《日本对于钓鱼台列屿主权问题的论据与分析》一文的补充说明	144
中国对于钓鱼台列屿主权的论据分析	146
慈禧太后诏谕与钓鱼台主权	161
日人为谋夺我钓鱼台做了些什么手脚？	165
钓鱼列岛（尖阁列岛等）的历史与归属问题	194
日本虚构事实向美国诈骗钓鱼台	209
"钓鱼台千万丢不得"	213

乙 保卫钓鱼台运动 …………………………………… 234

记华盛顿京城的游行示威	234
纽约示威记	238
保卫钓鱼台运动西雅图活动概况	241
"外抗强权·内除国贼"	246
一九七一年四月十日美京华盛顿保卫钓鱼台大游行中国人的怒吼	250
英国"七·七保钓示威"	259
香港保卫钓鱼台运动的实况	261
香港示威记	271
记香港八·一三保钓示威	272

丙 评 论 ……………………………………………… 275

回顾"五四"与展望保卫钓鱼台运动	275
保卫钓鱼台运动的回顾与前瞻	289
纪念"七·七"	295
保钓之"路"	298
钓鱼台的风波	299
钓鱼台列屿属于中国	300
美国声明　偏袒日本	301
保卫主权　不可节外生枝	302
具体行动　人心大快	304
重心在钓鱼台　不在反霸权	305

不可弃土　不妨缓谈 306
"和平友好"与直升机场 307
外交部的答复丧失立场 309
东海大陆架与钓鱼台 310
邓小平谈钓鱼岛 311
钓鱼台和邓小平的保证 312
钓鱼台列岛主权不容侵犯！ 313
也来谈谈钓鱼台 315

索　引 318

钓鱼台事件真相[1]

七十年代月刊编印
1971年·香港

---

[1] 七十年代月刊编印:《钓鱼台事件真相》,1971年,香港,北京师范大学图书馆藏。有删减。

目 录

一 钓鱼台列岛的领土主权分析 ………………………………… 5
二 从国际法看钓鱼台主权谁属 ………………………………… 8
三 钓鱼台事件发展简介 ………………………………………… 13
四 钓鱼台事件新闻报道 ………………………………………… 15
五 各地学生保卫钓鱼台运动简述 ……………………………… 20
八 美日的石油问题剖析 ………………………………………… 28
九 从世界局势看钓鱼台事件 …………………………………… 35
一〇 "保卫钓鱼台运动"文摘 …………………………………… 38
  一、从历史看"合作"与"共同开发" ………………………… 38
  二、"民族性重于政治性"还是"政治性重于民族性"？ …… 40
  三、姚舜疏导记 ………………………………………………… 41
  四、也论"日本的军备" ………………………………………… 44
  五、再评"中央日报"《论"日本的军备"》社论 ……………… 46
  六、美国教授佛兰兹·舒曼在示威中的演讲词 ……………… 48
  七、钓鱼台事件与"台湾独立运动" …………………………… 50
  八、香港、台湾、钓鱼台 ……………………………………… 51
  九、钓鱼台运动——回顾与展望 ……………………………… 53
一一 资料备考 …………………………………………………… 56
  一、台北"总统府"秘书长张群复留美学人的信 …………… 56
  二、美国政府对钓鱼台事件的立场 …………………………… 57
  三、论"日本的军备" …………………………………………… 58
  四、美国五十三个"保卫钓鱼台行动委员会"致台北官方的公开信
    ………………………………………………………………… 60
  五、北加州保卫钓鱼台联盟联合宣言 ………………………… 62
  六、《决不容许美日反动派掠夺我国海底资源》……………… 63
  七、《中日备忘录贸易会谈公报》……………………………… 64
  八、新华社报道在美中国学生和华侨的示威经过 …………… 66

九、日阀胆敢侵吞钓鱼等岛必自食其果…………………………… 67

一〇、《中国领土主权不容侵犯》…………………………………… 69

一 钓鱼台列岛的领土主权分析

（一）地理环境

钓鱼台列岛是由八个小岛所组成，位于台湾东北，约在北纬二十五度四十分至二十六度，东经一百二十三度二十分至一百二十三度四十五分之间，计为赤尾礁，黄尾礁，钓鱼岛，飞濑岛，北小岛，大北小岛，南小岛，大南小岛，其中钓鱼岛距台湾省北部基隆港仅有一百零二浬。这些岛屿位于中国大陆架上，其四周沿海的深处都不足一百公尺。愈靠近中国大陆，深度愈浅。但此等岛屿离琉球却有二百五十浬，并且中间有一条水深在二千公尺至四千公尺的深沟。

一九五八年，在日内瓦举行的联合国海洋法会通过之大陆礁层公约，其十五条指出：沿海国家对"水深二百公尺或超过这个深度而水深允许开发天然资源"的大陆架有行使主权。

国际法庭一九六九年二月，关于西德、丹麦、荷兰之间的北海大陆架的划界判例，也可供参考。这个判例中说："大陆架的主权界限的划定，应符合沿海国家陆地领土自然延伸的原则。"中国台湾省及其附属岛屿周围海域和其他邻近中国的浅海海域，都是历经了悠久的年代的中国陆地领土的延伸，都是中国所有，而这些浅海海域的地下资源，只有中国才有权勘探和开采。琉球群岛是千岛群岛，日本群岛，菲律宾群岛，大巽他，小巽他群岛所构成的"花旗列岛"之一环，与钓鱼台列岛相隔一条深水沟，在地理上而言，与钓鱼台列岛是截然无关。

（二）历史背景

钓鱼台列岛远自明代即列入中国版图，中国的许多古籍均有记载。

明朝嘉靖十三年（一五三四年）中国中央官员陈侃出巡沿海，曾到过这些岛屿（见《使琉球录》）。嘉靖四十一年（一五六二年）中央官员郭汝霖出巡沿海，曾于五月初一日到过钓鱼岛，于初三日到过赤尾屿。由此可见，钓鱼台列岛都在中国海域,都是中国领土。

清朝乾隆五十年(一七八五年)林子平绘制的《三国通鉴图说》①,也说明了钓鱼台列岛不属于琉球的范围。

一九四一年,日本占据台湾及琉球期间,"台北州"与"冲绳县"为"尖阁群岛"(日人对钓鱼台列岛的称号)之渔场发生争讼。一九四四年日本东京法院也判定这些岛屿属"台北州"管辖,前赴这些岛屿捕鱼的渔民,须有"台北州"许可证。由此可见,钓鱼台列岛的行政管辖,始终属于台湾省,即使在日据时代亦未曾改变。

一九四三年十二月一日,中美英之开罗宣言中指明:"日本窃据自中国的所有领土,包括满洲(东三省),福摩萨(台湾省)和澎湖列岛,都必须归还中国。"

一九四五年,波茨坦公告决定:"开罗宣言的条款必须贯彻。"

一九四五年九月三日,日本接受波茨坦公告,正式无条件投降。

随着日本的投降,随着台湾省全部重返了中国版图,台湾省的附属岛屿,当然是一并归还中国。况且一九五一年,在美国三藩市签订的美日双边和约中,美国托管琉球之行政范围,亦未有将钓鱼台列岛列入。因此不能因美国将于一九七二年将琉球"归还"日本,而对钓鱼台列岛有所牵连。

自古以来,钓鱼台列岛的周围海域便是中国人民的主要渔场与避风之港。每年渔季,由基隆、宜兰、苏澳等地前往作业的渔船达三千余艘,渔民并在赤尾屿等地建有土寮,以供渔季的使用,有些渔民一年有两、三个月在岛上居住。此外,也有采药商人到这些岛屿采集特产药材,中国人民更在黄尾屿上建有长达三百公尺的台车道,两栋钢铁房屋,一个长一百二十呎②、宽四呎的铁制码头。这一切都是中国对该等岛屿行使主权的明证。

总之,我们从历史、地理、地质等方面,都完全可以证实这些岛屿是中国领土。

反观日本对该等岛屿提出主权的证据:

一九七〇年九月,日本方面称这些岛屿是日本人古贺辰四郎在明治十七年(一八八四年)发现的。七〇年八月间,日本记者曾在东京访问古贺的儿子

---

① 编者按:原文如此,林子平所著,应为《三国通览图说》。

② 编者按:"呎"即"英尺",1 呎约为 0.304 8 米。

古贺善次,他也不承认是他父亲首先发现钓鱼台之说,而只说他父亲曾到过该岛。即使古贺到过该岛,也比明朝官员巡视该岛及正式纳入中国版图迟了二、三百年。

事实上,日本方面所用的"尖阁群岛"的名称,是甲午战争(一八九四年)、马关条约(一八九五年)以后,日本占夺中国台湾省以后,强加于这些岛屿的。

在日本的古代史籍中,并无钓鱼岛、黄尾屿等名称,也无尖阁群岛的名称。

明治十二年(一八七九年),日本出版的《冲绳志》,附有地图,也无钓鱼台列岛。

一九三九年,"大日本地理学会"出版的《大日本府县别并地名大鉴》,冲绳部分,占了八开三整面,冲绳所属的大小岛屿乡村与市镇的街道俱全,但并无钓鱼台列岛,也不见有尖阁群岛之名。

一九六五年,日本政府《临时国势调查报告》也还没有钓鱼岛或"尖阁岛"的图文。

由此可见,钓鱼台列岛既不曾属于琉球,更不曾属于日本。

二　从国际法看钓鱼台主权谁属

钓鱼台列屿位于台湾基隆东北方一百二十浬①的中国大陆棚之边缘。它由八个大小不等的礁石岛所组成。列屿的东方与东南三公里以外的海底深度骤增，由断层造成的深达二千公尺以上的海沟横亘于钓鱼台列屿与琉球群岛之间。这一列屿的四周海面是一个丰富的渔场，数十年来台湾的渔民经常在这一带捕鱼作业，并利用钓鱼台岛的悬崖为天然的避风港。

一九六八年，美国用"联合国亚洲经济委员会"的名义，在台湾海峡以北进行海底资源勘测，发现钓鱼台列屿一带五十万平方哩②的海底下蕴藏着丰富的石油。一向为缺乏石油而困扰的日本，知悉这丰富的宝藏后，突然对这群小小的礁石列屿发生高度兴趣，先则在一九六九年五月至七月间偷偷地派出石油勘测船到这列屿海面进行探测石油的活动，继则日本官方采取一连串的行动，俨若列屿的主权者，并一再声称该列屿系琉球群岛的一部分，将于一九七二年与琉球一并"归还"日本，而后日本将依据一九五八年大陆礁层公约之规定得到该地域的石油宝藏。日本官方知道，若它不设法在这列屿树立其主权，则日本对于该区的石油将无分一杯羹的机会。

迄今已有很多迹象显示，日本军国主义在美国大力培植之下已逐渐复活。现在日本当局摆出横蛮姿态，要求钓鱼台列屿主权，就是一个军国主义复活的证据。当年日本侵略者侵略中国时，曾经制造各种借口。近来日本当局也在努力制造舆论，寻找借口，作为全面侵占钓鱼台的先声。根据多方面的报导，日本主张对这列屿有主权之理由为：

（一）日人古贺辰四郎自明治十七年（一八八四年）发现该岛后，至大至③中期为止，在岛上建立了木头鱼工厂，搜集羽毛鸟粪。且该岛屿与沿海一带久为琉球渔民捕鱼的地方。

---

① 编者按："浬"即"海里"，1浬约为1.852千米。
② 编者按："哩"为英语mile的译名，即"英里"，1哩约为1.609千米。
③ 编者按：原文如此，"大至"疑为"大正"。日本大正天皇在位时期为1912年7月30日至1926年12月25日。

（二）明治二十八年一月十四日经内阁会议决定，于翌年（二十九年）四月一日颁布之敕令第十三点之规定，已列入为日本领土，属于八重山石垣村。

（三）美日和约发生效力后，琉球与日本分离，基于和约与有关奄美诸岛之日美协定所颁布之美行政官署布告第二十七条《琉球之地理环境》第一条规定，该列岛乃在琉球列岛之地理范围内。

现在就从国际法的观点来看日方的理由能否支持其领土主权的主张。

日方的第一点理由，意在声称日人为钓鱼台列屿的发现者，并登陆、占领与使用该岛，因此在国际法上，日本已满足了对该岛的有效先占（Occupation）条件，从而建立了日本对该岛的管辖权（意即取得该岛为日本之领土）。可是历史的事实显示，这岛屿并不是日本人发现的，中国史籍对于该岛的记载远早于日本，这是没有什么争论的。中国对此岛的最早记载见于明永乐元年（公元一四〇三年）的《顺风相送》航海图。如果日方所称古贺辰四郎在明治十七年（一八八四年）发现此岛存在之事可信，距中国的记载至少晚了四百年以上。所以日方以"发现"钓鱼台而主张对该列屿之主权的理由，显然与历史事实不符。尤有进者，在国际法上若欲依据发现并进而先占一块无主地为理由，而主张对该土地之主权者，先占之主体必须是国家或由国家授权者，且须以行使主权的意思为占领之行为。查日方所称古贺氏之发现该岛并不是经其国家授权之行为，充其量仅是出于该氏喜好航行冒险之个性，于游荡海上时意外见到钓鱼台罢了，更遑论该氏曾有以行使主权之意思先占此岛。

日本政府在甲午战争以前一直不曾占有钓鱼台列屿。此可由古贺氏之子的谈话中得知。当时古贺氏自认其已发现钓鱼台岛后，即向日本内政部申请对该岛的租地权。当时日本政府不认为该岛属于日本，而驳回了古贺氏的申请，虽然当时琉球早已为日本所并吞，到了明治二十七年（一八九五年[①]），中日甲午战争，中国战败，日本占据台湾岛，也同时占据了钓鱼台列屿。换言之，日本认为台湾岛与此列屿同属一体，为清政府所割让者，甲午战后次年，日本政府才批准了古贺氏的对钓鱼台岛租地权的申请。日方所称明治内阁于明治二十八年（即甲午战争之次年）一月决定，并于四月敕令将列屿列属八重山石垣村，但该敕令并未明白提及"钓鱼台列屿"。即使承认敕令之含糊声明系指钓鱼台，亦仅是日本政府于中国所割让的土地上加以行政区规划之行为，就如

---

① 编者按：原文如此，应为"一八九四年"。

当时日本政府对台湾岛所作的行政上之处置。无论日本政府当时如何处置钓鱼台，此列屿系当时日本在甲午战争打败中国后所得之土地，乃为一项很明白的事实。一九四二年中美英开罗会议宣言明白指出："所有日本窃夺中国的一切土地，均应由中国政府收复之"。应由中国收复的土地，无疑地包括钓鱼台列屿。

虽然在行政上上述日本明治内阁决议将钓鱼台列屿与台湾岛分开，可是事实上日本统治下的台湾渔民一直在该列屿一带海面作业，台湾岛与该列屿之间的密切关系未曾或减。台湾渔民乘着海流与季风之便，经常来往于列屿与台湾岛之间。而该列屿与琉球相距较远，且若由琉球前往列屿，必须逆风逆流，很是吃力，所以琉球渔民鲜有至该列屿海面作业者。大概是由于此等原因，一九四一年日据时代的台北州为了保有钓鱼台渔场，与冲绳（琉球）郡打了一场官司，一九四四年日本法院判决确定钓鱼台列屿属于台北州管辖。这一案件原虽为当时日本国内的行政诉讼，可是其判决对于今日该列屿之主权归属问题颇为重要，因为它在法律上不但使上述日本明治内阁之决定失效，而且确定了台湾的行政区包括钓鱼台列屿。在国际法上，假若一块土地的主权属于何国发生争议，那么这土地在争议发生前究属何行政管辖范围，乃是决定主权归属的重要事实，钓鱼台列屿自日本占据台湾期间以还系属台湾行政管辖区内的一群离岛，而台湾于战后既为中国领土，这列屿之主权亦当属于中国，设若日本得因中日金山和约未明言此列屿包括与日本放弃的领土之列，据而主张此列屿仍为日本领土，那么属于台湾行政系统内的彭佳屿、火烧岛等离岛亦未经中日和约明文列入，日本也可主张对此等离岛的领土主权吗？简言之，日本明治二十八年的内阁决定，早已因上述日本法院之判决而失其法律上或行政上之效力，且此列屿已依开罗宣言及中日和约而归还中国。今日日本不得以该内阁决定为理由而对该列屿之主权有所主张。

日方的第三点理由是说，美日和约生效后，日琉分治，美国琉球民政府布告第二十七号，所规定之琉球地理范围，包括钓鱼台列屿在内，它亦将于一九七二年"归还"日本。换言之，日方认为，美日和约与有关协定将钓鱼台列屿列入琉球之范围内，因此日本可据之于一九七二年得到该列屿。日方的这个主张，完全违背了一项基本的国际法原则：一国的领土主权，不因其他国家间的条约对该领土有所处置而受剥夺或影响。这项原则早已由国际仲裁法院在一九二八年关于柏马斯岛案的判例所明白宣示，此案之案情与钓鱼台列屿之争端颇为相似。缘本世纪初美国与西班牙发生战争，西班牙战败后与美国签订之和约中，将当时荷兰属地东印度群岛中的柏马斯岛包括于西国割让的地理范围内，荷美争端因之遂起。这案由国际仲裁法院裁判，判决意见明言柏马斯之主权属于荷兰，即使荷兰未曾因美西间和约对柏马斯岛之规定有所抗议，荷兰并不因此和约而丧失对此岛屿之主权。盖任何个人或政府，皆不能将其所不拥有的权利转让于他人。此系一项基本的私法及国际法之原则。如前所述，钓鱼台的主权既于战后属于中国，则美日和约与协定虽将此列屿划入琉球地理范围内，欲由美军管辖，中国对其主权仍是完全而不受影响，日方所持主张列屿主权之第三点理由在国际法上亦不能成立。

中国对于钓鱼台列屿非但有如上述的法律上之主权，而且战后中国对该列屿一直行使主权行为，构成了充分的主权之实质。例如数十年以还，台湾渔民经常大批地在离该列屿三浬的海域内捕鱼，利用列屿悬崖为避风港。又如台湾水产试验所的试验船长年在列屿海面调查鱼汛。又如龙门工程实业公司经"台湾政府"的许可，数年来一直在这一带海面打捞沉船，并在钓鱼台与黄尾屿上建有工寮、台车道等工事。这些都是中国在这列屿不断行使主权的事实。此等事实，加上前述法律上之主权，在有纷争时主张"领土主权合理且自然的准则。"柏马斯一案的判决亦申述了这项原则。

假使上述论证皆不存在，而在国际法上钓鱼台列屿主权究竟谁属无以据之以判定时，那么衡平原则应是解决本争端的补助法案。所谓衡平原则，就是正义（Justice）的一般原则。这一原则已被广泛地接受为国际法法源之一。根据衡平原则来衡量本案时，就须考虑在争端发生前一段期间内争端国与列屿之关系疏近如何，争端国与此争执地域之利益关系孰重孰轻，争执地域与争端国之地理关系如何等事项，以决定主权之归属。第二次世界大战结束后，在钓鱼台列屿海域作业的渔民皆来自台湾，且每年在该海域所获的鱼产量（价值约为台币七千万元）构成台湾每年鱼产量的重要部分。如果中国失去这一列屿，则台湾渔民将因失去避风处而无法在其附近作业，台湾的渔业经济将受颇大的影响。反观过去二、三十年间，鲜有琉球渔民在这一带海域出现。钓鱼台列屿与日本或琉球殊无何关系可言，何况在地理上此列屿与台湾岛同处于中国大陆棚的东缘，其与中国之邻近关系远较与日本或琉球者为密切，一九五八年大陆礁层公约赋予邻接大陆棚的国家专属权以开发其所邻接的大陆棚之资源，这种专属开发权本是领土主权的属性之一。由于这一公约"邻接原则"

(The Principles Of Contiguity)在衡平观念下,对于列屿主权归属之决定日渐重要,且就地质学上观之,钓鱼台列屿系中国大陆棚突出海面的八块大小礁石;既然这一带大陆棚的资源开发权属于邻岸国(即中国),那在衡平原则下,这大陆棚上的礁石列屿亦应归属中国。

  总之,根据现在有效的条约,国际惯例,一般文明国家所承认的法律原则,国际法判例,知名学者之学说以及衡平原则,钓鱼台列屿之主权属于中国,是没有问题的。可是日本佐藤政府自从这争端发生以来,举世在国际法上不能成立的理由[①],主张列屿之主权,派员在列屿上树立其界碑,咄咄逼人,拒绝与"台湾政府"商讨主权问题,并进而派出琉球炮艇以武力驱逐在该海域作业的台湾渔民。这显然是帝国主义当年侵华的故技重施,也是日本军国主义复活的危险讯号。爱好和平的中国人民与亚洲人民,对于这种侵略政策的复活,必须及时采取有效政策,以遏其扩张之势。

(转载自美国东区《钓鱼台手册》)

---

① 编者按:原文如此,语义不明,似文字有误。

三　钓鱼台事件发展简介

近年来,由于在钓鱼台附近的浅海海域,和其他邻近中国的浅海海域,邻近朝鲜的浅海海域,发现海底蕴藏着丰富的石油,引起了日本的觊觎。两年来,日本屡次企图勘探开采。最近几个月来,甚至要把钓鱼台列岛划入日本的版图。

一九六八年八月:驻琉球美军与琉球政府共同派员前往钓鱼台列岛调查石油矿苗,据闻曾驱逐中国渔民出境。

一九六八年九月十七日:台湾的中国石油公司与美国四家石油公司订立合约,勘探开采油矿。

一九六九年五月:日本八重山岛公所在钓鱼岛上立水泥标柱,正面为"八重山尖阁群岛鱼钓岛",反面为"冲绳县石垣市字登野城二三九二番地"、"石垣市建立"等。

一九七〇年七月:日琉双方曾三度派遣庞大技术调查团前往钓鱼岛勘测。

一九七〇年八月十二日:台湾《"中央日报"》刊载一位国际法学家的意见:钓鱼台列岛海底石油之形成,为我国大陆长江、黄河流出海面时带来的冲积物形成。我国在该区域开探石油,并无不合国际法之处。

一九七〇年八月二十四日:日本表示,日本对台北官方的第二次日元贷款需重新加以考虑。

一九七〇年八月三十一日:琉球立法机构通过确认尖阁群岛属于冲绳石垣市。

一九七〇年年九月三日:美联社东京电谓:"外务省发言人藤山楢一在每周一次的记者招待会中说,日本无意讨论该群岛的主权问题。日本认为该群岛所有权系属日本。"

一九七〇年九月十日:美国国务院发表袒日声明谓:

"依据一九五一年美日和约,美国对'南西诸岛'有行政权。……约中虽未提及尖阁群岛一词,但约中所用之名词已含有包括该等岛屿为管理之一部分。由于一九六九年十一月尼克逊总统和佐藤首相协议之结果,琉球行政权可望于一九七二年归还日本。关于此等岛屿主权之不同主张,我方认为应由涉及争执的国家解决。"

一九七〇年八月十日：日本外相爱知声明钓鱼台列岛的领土主权应属于琉球，也就等于属于日本。

一九七〇年九月十五日：日本共同通讯社报道：冲绳警察将尖阁群岛上的青天白日旗拔去。

一九七〇年九月二十日：琉球政府的巡逻艇在美国军政府的同意下，在钓鱼台列岛区域两度驱逐中国渔船作业。

一九七〇年九月二十一日：日本《读卖新闻》刊载：日本政府计划拨三千万日元给琉球政府，在钓鱼台列岛的一小岛上建立一座无人管理的气象台。

一九七一年二月一日：路透社东京电：日本首相办公室发言人称："日本正与琉球美军合作，加强钓鱼台海面巡逻，驱逐台湾渔船。"

一九七一年四月九日：美国国务院声明：我们肯定支持日本对钓鱼台列屿"主权"，将于一九七二年按照一九五〇年与日本所签的三藩市和约连同琉球群岛一并"交还"日本。关于钓鱼台主权之争，应由中日双方自行解决，或由第三者协调裁定。

美当局又警告六家美石油公司，不得在陷于争执中的地区的大陆礁层进行石油勘测，假如因为这类作业危及美国财产和生命，实属不智。

一九七一年四月十日：日外相爱知揆一宣称钓鱼台是属于冲绳一部分，所以主权是日本的。日本政府不准备与意欲染指的任何国家举行谈判。

一九七一年六月七日：日本《每日新闻》透露，佐藤政府决定在冲绳的那霸市设立"第十一管区海上保安本部"，并在冲绳本岛的渡久地、平安座及宫古岛的平良三处设"海上保安署"。又在石垣岛建一空军基地。"第十一管区海上保安本部"负责的海域从冲绳本岛西南三百三十浬的与那国岛，东到冲绳本岛东方约三百浬的大东诸岛，西到中国领土钓鱼岛列屿周围海面，共约十一万平方浬。而且还要出动十一艘舰艇和两架直升机到上述地区进行巡逻。

四　钓鱼台事件新闻报道

（一）台北的报道

一九六八年九月十七日：美国的四家石油公司与台湾的中国石油公司签订合约，把台湾北部以西海域划分五个矿区，决定与台湾"合作开发"采掘黄海、东海、台湾海峡、南海的浅海海域的海底石油。

一九七〇年八月二十二日：台北"中央日报"称："'外交部'发言人表明政府立场，声明对台湾以北大陆礁层资源我国有权探勘开采。"但对该列岛的领土主权则避而不谈。

一九七〇年八月二十八日：台北官方的英文通讯社"Chinese Information Service"称"Although uninhabited, the isles became headlines recently after the Chinese Petroleum Corporation granted prospecting rights to three American Firms on the continental shelf in areas including the isles""The Chinese Government so far has made no open claim to the isles themselves although it has rejected Japan's claim that they are part of the Ryukyus."

（按上文的 isles 指 Tiaoyutai Islands，即钓鱼台列屿）

一九七〇年九月四日：台北"中央社"电称："'外交部'发言人魏煜孙，今天答复记者问题时，对有关日本外务省将通知'驻华使馆'与中国政府商谈钓鱼台列岛问题的新闻报导，表示暂不置评。"

一九七〇年九月十二日：台北联合报称："'外交部长'魏道明说：我们愿意与日本就钓鱼台列岛及台湾以北大陆礁层资源探勘及开采问题'交换意见'。"

"中央日报"报导："魏'外长'指出：'日本对钓鱼台列屿主张我国政府不能同意，我愿与日举行会议。我们有充分理由支持我们之立场。'"

一九七〇年九月十八日："中央社"台北电："'外交部'发言人魏煜孙今天拒绝评论外电关于琉球警察撕毁'中华民国国旗'的报导。"

一九七〇年七月二十五日："中央社"台北电称："……沈剑虹在答复立委质询时说，对于这个问题，政府经详细研究后，已作两点决定：

(一)此刻日本不是与我们商谈这些岛屿问题的对象。事实上,琉球群岛及钓鱼台列岛,此刻都是在美军代管之下……;

(二)日本是我们友邦,为了顾全中日全盘关系,我们此刻并没有拒绝日本就本问题作非正式的交换意见。"

一九七〇年十二月二十三日:台北"中央日报"报导:"中日韩三国已同意合作开发大陆礁层,各国将设委员会研究探测计划,三国讨论的大陆礁层范围包括自中国东海到日本海的广大地区,包括钓鱼台。"

台湾方面在十二月二日在汉城参加"中日合作策进委员会"及"日韩合作策进委员会"的"联络委员会"会议,并对二十一日参加在东京举行的"中、日、韩海洋开发研究联合委员会"会议,成立"联合海洋开发公司"。日本方面提出先冻结"主权问题",先谈"合作开发",并提出"优先开发"台湾包括附属岛屿在内的东海地区。会议决定在七一年五月底在东京举行,确定成立公司的办法和投资比例。

上述会议均由前日本首相岸信介(现日首相佐藤之兄)主持。[1]

从此,台湾的报章、杂志及电视广播台便没有报道钓鱼台列屿领土主权之争议,集中报导的只是海底资源的国际共同开发与合作。

北美"钓鱼台运动"展开及游行示威之后

一九七一年二月五日:台北"中央日报"发表社论《论"日本的军备"》(全文载第一一四页)[2]指出日本只有"经济膨胀","殊不致发展为军国主义"。

一九七一年二月十三日:台北"外交部长"魏道明二月十三日在"立法院"称:"外交部""极为注意……一部分留美学生酝酿再度请愿","已与'教育部'及主管海外事务的有关单位协调,采取疏导措施","以期纯洁爱国青年,不为阴谋分子所煽动。"此时台湾"教育部"国际文教处处长姚舜,已被派到美国,开始其疏导工作。(详见《姚舜疏导记》,第八十六页)[3]

一九七一年三月十八日:台北"总统府"秘书长张群就钓鱼台事件回复旅

---

[1] 编者按:岸信介,原姓佐藤,幼年过继给岸家抚养,1957年2月至1960年7月任日本首相;其弟佐藤荣作也曾于1964年11月至1972年7月任日本首相;岸信介也是现任日本首相安倍晋三之外祖父。

[2] 编者按:此为原书页码,本书在第58页。

[3] 编者按:此为原书页码,本书在第41页。

美学人的询问。（全文见——○页）①回信重申台北方面立场，并谓"中日韩海洋开发研究联合委员会"乃"民间组织"，"会议事项与钓鱼台列屿之主权及该海域之大陆礁层开发，实无关连。"

大致上，台北官员的发言只多着重于表明台湾对钓鱼台列屿附近的大陆礁层有探测及开发主权。（开发主权与领土主权是两回事。例如，假若台湾官办的中国石油公司与美国四家石油公司所签订的合同是合法和生效的话，美国公司便可以拥有在中国领土钓鱼台列屿附近的大陆礁层开发石油的主权。）台北对琉球军警在钓鱼岛上擅立界碑、撕毁青天白日旗、驱逐渔民作业等侵略行为，未有采取公开的实际行动抗议。

（二）北京的报道及反应

一九七〇年十二月三日：北京新华社报道猛烈抨击日本企图吞并中国领土钓鱼岛的阴谋，指责日本军国主义者玩弄主权"搁置"或"冻结"起来，先搞"合作开发"的手法，掠夺中国及朝鲜浅海海域的海底资源。

一九七〇年十二月四日：北京新华社发表北京化工三厂工人评论组文章，题为《美日反动派必须缩回侵略魔爪》，文章说："日本军国主义为了加紧扩军备战，加速国民经济的军事化……现在它在所谓'合作开发'的名义下，迫不及待地要把中国和朝鲜的海底石油攫为己有，什么把领土主权和海底资源'搁置起来'，先搞合作开发，都是十足的帝国主义的强盗逻辑。"

一九七〇年十二月二十日：北京人民日报发表评论员文章，题为《决不容许美日反动派掠夺我国海底资源》（全文载一二一页）②，文章重申"台湾省及其所属岛屿，包括钓鱼岛、黄尾屿、赤尾屿、南小岛、北小岛等岛屿在内，是中国神圣的领土。这些岛屿周围海域和其他邻近中国浅海海域的海底资源，都是全属于中国所有，决不容许他人染指"，"蒋介石集团是一具早已被中国人民唾弃的政治僵尸，它同任何国家、任何国际的组织，任何外国公私企业签订的一切有关勘探和开采我国海底资源的协议和合同，不管打着'合作开发'或者什么别的旗号，统统是非法的、无效的。"……"中国的领土主权，中国人民必须保

---

① 编者按：此为原书页码，本书在第56页。
② 编者按：此为原书页码，本书在第63页。

卫,绝对不允许外国政府来侵犯"……"美日反动派如果硬要一意孤行,必然搬起石头砸自己的脚。"

一九七一年三月一日:北京新华社三月一日电:"中日双方备忘录贸易办事处代表于一九七一年二月十五日至三月一日在北京举行了会谈,并于三月一日发表联合公报"(全文见一二三页)①,"双方一致谴责日本反动派加紧同美帝国主义的勾结,复活军国主义"中国方面强烈谴责"日蒋朴联络委员会"决定"合作开发"邻近中国的浅海海域资源,"这是对中国主权明目张胆的侵犯"。日本方面表示:"这个'联络委员会'决定开发邻近中国的浅海海域资源,这是对中国主权的侵犯。日本方面表示坚决为反对这一切反动活动而斗争。"(按:这次参加中日备忘录贸易会谈的日本代表冈崎嘉平太、古井喜实、田川诚一、松本俊一、渡边弥荣司、大久保任晴等,大部分是日本执政的自由民主党的议员,在日本社会颇有地位,日本报纸一向把这称作"半官方团体"。)

一九七一年三月三日:日本《每日新闻》报道:"石油资源开发(社长冈田秀男)、帝国石油公司(社长长林一夫),重视日中备忘录贸易会谈公报中,中国方面对有关东海大陆棚的日台韩三"国"共同开发的谴责,因此一般认为,冲绳的尖阁列岛的大陆棚开发计划,事实上不得不告中止。"

一九七一年三月十六日:香港星岛日报根据泛亚社东京十二日电:日本政府已决定暂不与台湾、南韩商讨共同开发台湾海峡钓鱼台附近海洋资源计划。根据十二日东京《读卖新闻》报道,日本政府此项决定,是因为三月一日在北京公布的《中日备忘录贸易会谈公报》内有一段关于不准日本与台湾、南韩共同开发台湾附近海底资源之警告,指其是对中国主权的侵犯。

一九七一年四月二十三日:北京新华社报道:在美国的中国学生和华侨二千五百多人,四月十日在华盛顿举行了集会和示威游行,强烈抗议美日勾结蒋帮妄图侵吞中国领土钓鱼岛等岛屿和掠夺中国海域资源。

一九七一年四月三十日:北京新华社三十日电:"最近以来,日本佐藤反动政府勾结美帝国主义,加紧进行侵占我国钓鱼岛等岛屿的罪恶计划"……"台湾省及其附属岛屿,其中包括钓鱼岛等岛屿在内,都是中华人民共和国神圣领土的不可分割的一部分。……如果日本军国主义势力不顾中国的一再警告,在美帝怂恿下胆敢侵吞中国领土,那么,他们必将自食恶果。"

---

① 编者按:此为原书页码,本书在第 64 页。

一九七一年五月一日：北京人民日报发表评论员文章，题目是《中国领土主权不容侵犯》。文章指出"中国人民对于美日反动派公然策划侵吞我国领土的罪恶活动，表示极大的愤慨，并提出强烈的抗议。""我国广大海外侨胞正在纷纷掀起维护民族主权、反对美日反动派侵吞钓鱼岛等岛屿的爱国运动。他们的正义行动获得祖国人民的坚决支持。"

一九七一年六月九日：北京新华社九日电："东京消息：日本佐藤反动政府最近悍然决定在冲绳的那霸市设立'第十一管区海上保安本部'，并且要对我国钓鱼岛等岛屿周围海面及临近我国台湾省的海域进行武装'巡逻'，这是日本军国主义在美帝支持下阴谋侵占我国领土钓鱼岛等岛屿的狂妄野心的又一次大暴露，也是对七亿中国人民的严重挑衅。"

五　各地学生保卫钓鱼台运动简述

（一）留美中国同学的"保卫钓鱼台运动"

1. 一月示威之前

钓鱼台列岛消息传来，引起了留学美国的中国同学极大的愤怒。一九七〇年十一月，威斯康辛大学和普林斯顿大学的中国同学首先集会讨论钓鱼台事件，会后立刻分别写信给外地的同学，建议各地举行讨论会和游行示威。

去年十二月十六日，普林斯顿同学编印了《钓鱼台事件须知》，文中指出："我们这群在海外的中国人，在遇到自己国家受侵略的时候，是决不能沉默的"。"让全球的人都知道，中国人是清醒的。中国的土地不可以断送！中国的人民不可以低头！"在中西部，威斯康辛同学积极展开宣传工作，成立行动委员会，在圣诞假期前后，联络了中西部许多院校，并作"钓鱼台战歌"一首。

在极短的期间内，全美各校园中的中国同学纷纷响应，成立了保卫钓鱼台行动委员会，大家自动捐献金钱、人力与时间，印发宣传刊物，开讨论会，积极展开各项爱国运动。

2. 一月示威简况

由于这个运动一开始便得到各地中国同学广泛的、热烈的支持，美国各地的行动委员会决定于一月底在纽约、华盛顿、芝加哥、西雅图、三藩市、洛杉矶六个大城市举行大规模的示威游行。各地示威情况简报如下：

三藩市：一月二十九日，北加州地区八间大专院校的同学，汇合侨胞约共五百人在三藩市圣玛丽广场召开示威大会。强烈抗议日本军国主义的侵略，美国政府干涉亚洲政策之不当与台北官方之懦弱无能、丧权辱国。游行队伍向日本领事馆及"台北领事馆"递抗议书。并发表联合宣言，表明捍卫领土及反对美日勾结阴谋剥夺中国经济权益，号召全体中国人团结行动，发扬五四爱国精神。

洛杉矶：一月二十九日，南加州保卫钓鱼台联盟三百余人示威游行，派代表与日本总领事会谈，谴责日本的侵略野心，并在美国联邦大厦前示威抗议美国政府偏袒日本军国主义的行动。

西雅图：一月二十九日，西雅图地区院校的同学、教授与波音公司的一些中国工作人员约二百人，到日本领事馆及"台北领事馆"递抗议书，宣读公开信及附件。西雅图的电视台、广播台及报刊均有报导游行消息，使这次示威收到广泛宣传之效。

芝加哥：一月三十日，来自中西部十三间大学的三百多名中国同学，冒着严寒烈风，汇集在芝加哥，参加了历时两个多小时的游行，到日本领事馆前巡回喊口号示威。该处负责同学虽然事先约好美国的新闻界到场采访，但美方宣传界采访员大都却步不来。

纽约：一月三十日，美国东部三十多间院校的同学汇集纽约，由联合广场游行至日本领事馆和日本航空公司示威抗议，人数约有一千五百人，可谓声势浩大，盛况空前。许多同学从波士顿、费城、匹兹堡等市长程夜车赶来参加，热情感人。队伍带的传单、宣言散发一空，"打倒日本军国主义！反对美日阴谋！"的中、英文口号响彻四方。

华盛顿：一月三十日，有五六十名中国同学持牌示威向日本大使馆递交抗议书。

参加这次示威的，除了来自台湾和香港的同学外，还有各地关心国事的华侨、土生土长的华裔青年和美国人民，甚至还有反对日本军国主义复活的日本朋友。综合来说，各地示威都严正的谴责日本军国主义侵略我国钓鱼台列岛，反对美国政府对日本政府的支持。各地行动委员会的主张和宣言，措辞尽管互有不同，但都能在维护民族尊严、保卫国家领土主权的大前题下团结一致，行动起来。这种精神可以从"保卫中国领土钓鱼台行动委员会纽约分会"的宣言中，略见一斑。这个宣言要点为美国东部、中西部地区多数院校所采用，内容是：

（一）坚决反对日本军国主义的复活。

（二）决心全力保卫中国对钓鱼台列屿的主权。

（三）反对美国支持佐藤无理要求，我们认为这是美日的阴谋行动。

（四）中国主权未被尊重前，我们反对任何国际资源开探协议。

3. 一月示威后

一月示威后，由于各有关政府反应冷淡，整个"保卫钓鱼台运动"继续深入发展。全美许多大学的中国同学都举行了座谈会，出版通讯，总结示威经验，放映日本军国主义侵华纪录片,宣扬"保卫钓鱼台运动"等活动。

二月十四日,美国东部各院校代表在纽约举行会议,决定于四月初到首都华盛顿举行一次大规模示威,目的是继续向各有关政府施加压力,示威游行定于四月十四日下午一时举行。中西部的中国同学决定参加华盛顿的示威。美国西岸北加州保卫钓鱼台联盟亦准备于四月九日在三藩市举行示威大会,会后将游行至"台湾领事馆"、日本领事馆、美国联邦大厦进行抗议。其他各地分会在同时期内也举行群众大会及讨论会以表支持,助长声势。

全美五十三个"保卫中国领土钓鱼台行动委员会"的各地分会于二月中发表一封致台北官方公开信。公开信要求台北派海军保卫钓鱼台,抗议日本撕旗,拒绝参加"三国共同开发会议"(全文见第一一六页)①。普林斯顿同学也发起签名运动,于二月初寄一公开信致台湾,第一批签名一千三百余人。由加州柏克莱一群教授起草致台北官方一公开信,内容促台北坚定立场,抵抗侵略,拒绝参加中、日、韩合作开发会议。

4. 四月示威

华盛顿:四月十日中午时分,华府宪法大道与二十三街交界的广场上,聚集了成千的中国同胞,他们来自加拿大许多省份,更有远从美国西岸西雅图、旧金山、洛杉矶;南部得克萨斯、路易斯安那;中西部芝加哥、麦迪逊、堪萨斯兼程赶来;美东更是每个州每个城均有代表。行列中有须发斑白的长者,也有携抱幼儿的夫妇,更有美、日、韩各国友人,他们此来,非为赏春,却为了参加一个空前的举动——全美华人保卫中国领土钓鱼台的示威大游行。

下午一时,大会由李我焱(纽约)宣布开始。整理队伍后,他报告说,同日游行示威的,另有西雅图、旧金山、洛杉矶及太平洋另一岸的香港。于是扬起一片欢呼,淹没了他继续报告的四月三日在加拿大满地可两百多人举行的示威大游行,以及四月十日在中西部举行的示威大会。

接着三位代表发表激昂慷慨的演说,首先是张立人(康乃尔),他指责美国的慷他人之慨,驳斥"中央日报"的社论,并以发扬五四精神与会众共勉。其次是王正方(费城),他谴责日本的扩军,指破美国的偏袒日本,是美日联合阴谋的明证,并强调国土国格,必须确保。而后由冯国祥(纽约)以英语演说,强调钓鱼台事件并非偶发,而是美日国际阴谋的具体表现,是控制亚洲资源的一个

---

① 编者按:此为原书页码,本书在第60页。

手段,他说明大家应该打倒的是日本军国主义,而不是反对日本人民。最后由白绍康(纽约)领头呼喊口号,一时之间"保卫钓鱼台"之声响彻云霄。

于是大游行开始,两千五百多人的长龙,在橘红色横幅大标语的开路之下,浩浩荡荡向美国国务院进发。沿途一面散发英文传单,一面高呼:"Fight, Fight, for Tiao-Yu-Tai!""We want Justice, When? Now!"

第一站停在美国国务院侧旁的凯莱公园。只见波澜壮阔,士气如虹。主席宣布派出三位代表——朱耀奎(波士顿)、伍鸿熙(柏克莱)及刘扬声(普林斯顿),进入国务院递送抗议书,并由余珍珠(普林斯顿)演讲,指陈在美华人所受的压迫,以及美国的现行亚洲政策,是以亚洲人制亚洲人。继由美国友人 Daniel Guidotti 演说,强调虽然美国国务院业已警告美国油商,撤退在钓鱼台附近探勘油源的船只,但大家不可就此认为美日阴谋业已中止。他呼吁大家提高警惕,密切注意其后发展。随着由花俊雄(匹兹堡)宣读致国务院抗议书,而三位代表亦已完成任务,归队报告交涉经过,他们与主管中国事务的科长史密斯晤谈约十五分钟,后者的答复是:美国认为"尖阁群岛"乃为琉球群岛的一部分,而将于一九七二年归还日本。霎时之间两千五百人齐声怒吼:"No! No!""钓鱼台是我们的!""We want Justice!"正气干云,气壮河山!

带着沉重的心情(许多同胞气愤的流下泪来),大队绕过华盛顿圆环,走上纽汉夏大道,大家猛呼口号,猛唱"战歌",引来许多美国友人驻足而观,更有中国同胞挥手致意,一位中年妇女一面拭着眼泪,一面说:"中国有了你们这么多热血青年,我们用不着担心了。"

经过两哩半的路程,终于到达"中华民国大使馆"附近的莎丽丹圆环,大家席地而坐,密密麻麻,人山人海,看来将近三千多人了,在三位代表进入使馆的同时,[代表们是:钱致榕(巴铁摩)、程君复(费城)及郭时俊(康乃尔)],有廖约克(波士顿)及张智北(西雅图)的演说。廖约克口如悬河,句句扣人心弦,当他说到"我们所爱的是中国,是有着五千年历史,七万万同胞,每一寸土地都馨香,每一棵草木都芬芳的唯一的中国",当他问到"中国人站起来了没有啊?"时,满场群众霍然起立,看哪,中国人民站起来了!顶天立地,堂堂正正,随后张智北代表美西北分会,宣读对"中华民国政府"六点质问,陈立家(纽约)宣读经六十余分会签署的致"中华民国政府"公开信,而三位代表亦于此时返队,先后报告周"大使"的答复。

听完报告，群情激愤，众口一辞，要求周"大使"亲自出来，当众答复，只是为时已晚，距离游行许可之结束时刻只有一小时，大家以怏怏心情继续向日本大使馆进军。

项武忠（耶鲁）是在最后一站的第一位发言人，他在英语讲词中点破许多日本荒谬论据的毫无根据，并提醒大家，勿忘日本军国主义者当年在世界上造成的荼毒。随后日本友人 Mary Kochiyama 演说，声称帝国主义是不分肤色的，美日阴谋是亚洲的祸患，她强调说，钓鱼台是中国人民的，中国人民与日本人民都永远不会忘记日本军国主义的毒害。她的演说，一再受到大家的欢呼鼓掌，在演说之后，并受到许多观众的亲自致谢。

在伍鸿熙宣读了致日本政府抗议书之后，由王正方［另二位代表是徐国华（波士顿）及陈枢（费城）］报告进入日本大使馆的抗议经过及答复。大家听得七窍生烟，对于"No Comment"深恶痛绝！

解散之前，另有三人演说，王春生（威斯康辛）、钱致榕及李我焱，他们一致强调运动必须保持下去，不能确保钓鱼台，誓不罢休。余咏宇（波士顿）临时加入发言，报导了蔡节义的冤狱，要求大家支持，当场有人乐捐。

示威大游行于六时正胜利结束。大家怀着既沉重又复杂的心情，拖着一身疲累，却又有着团结在一起共同创造了历史上长存不朽的光辉一页的依依不舍，期望着春雷初动的奇迹，缓缓散去。

——（本节转载自纽约分会《钓鱼台简报第五期》）

洛杉矶：四月十日，在洛杉矶商业中心区，有三百多名中国学生和华侨参加示威，他们抗议日本企图霸占中国领土及中国浅海资源，强烈抨击美国政府的亚洲政策。

旧金山：四月九日，在旧金山有二百多名中国学生和华侨在华埠波特茅斯广场示威。游行队伍为北加州保卫钓鱼台行动委员会所领导，先经"台北领事馆"递抗议书，随即赴日本领事馆示威。群众高呼打倒日本军国主义等口号，并宣读对日本政府的抗议。继续到美国联邦政府大厦前示威抗议美日勾结，干预亚洲国家事务。

（二）香港的反应

在留美同学的影响下，香港五家青年刊物于一月底曾召开紧急会议及座谈会，组成了"保卫钓鱼台临时联络小组"，目的是与北美各地相呼应。

二月二十日，二百多名大专及中学生在中环日本驻港领事馆及文化部门外集结，手持标语牌示威，反对日本侵犯中国领土钓鱼台。在此之前，二月十八日，也有约四十名青年举行示威游行，向日本领事馆递交抗议书。

香港专上学生联会在二月的周年大会中宣言谴责日本侵略钓鱼台，成立了"研究行动委员会"。罗富国教育学院学生会亦发表了类似的宣言，要求日本对琉球警察在中国领土内无理阻挠中国渔民作业一事道歉及赔偿损失。

四月十日下午约有三百名青年学生为保卫钓鱼台在中区日本文化馆前举行示威，但遭到警方干涉，有二十一名男女青年被捕。及后各有关团体及大专学生组织纷纷对港府表示抗议，并声明保卫钓鱼台的立场坚定不移。

四月十七日上午香港专上学生联会分别在香港大学及中文大学举行和平示威，有一千多名学生在崇基学院体育馆内集会，大会主席朗读宣言坚决反对美日勾结阴谋，企图染指中国神圣领土及天然资源的野心。号召海内外中国人民团结起来为保卫国土而奋斗。演讲及游行完毕后并将象征日本军国主义的纸像吊起。

在港大校园的荷花池畔，亦有一千多名大专学生参加集会。各学生纷纷站出来演说，指责日本军国主义复活，一个学生说："日本有军国主义，我们有五四精神。"全场热烈鼓掌。

下午，学联会在联合书院举办"大专学生保卫钓鱼台公开论坛"，参加者达五百余人。发言踊跃，盛况空前。一致指斥美日阴谋，表示保卫国土人人有责。并宣读留美中国学生打来的电报，支持香港学生保卫钓鱼台运动。

（三）加拿大中国同学的反应

加拿大的中国同学对钓鱼台事件反应远较美国的同学缓慢，直至今年春季各校始有展开有关的行动。

麦基尔大学中国同学对此事反应最早，曾召开两次讨论大会，并已通过决议发表宣言，声明坚决保卫钓鱼台列岛的主权。四月三日，麦基尔大学钓鱼台事件特别委员会在满地可举行了一次示威，共有二百多人参加，有来自魁北克省及安大略省的各地中国同学。参加同学于四月三日下午一时在麦基尔大学学生中心集合,出发前往日本领事馆抗议,并在日领事馆前演说揭发日本佐藤政府罪行,及后再前往美国领事馆示威。

此次示威的目的为:(一)确保中国钓鱼台列岛领土之主权,(二)阻止日本军国主义之复活,(三)抗议一切有损中国领土主权的阴谋。

在此之前,三月二十八日,加拿大中国学生联会在多城举行会议,通过全力支持四月三日在满地可的示威游行。除此之外,卑斯大学中国同学会已于三月出版了《钓鱼台事件特刊》,并于四月四日举行了一个座谈会。多伦多大学亦于四月出版一份特刊。

缅尼吐巴大学及阿伯达省省立大学均有中国同学发起签名运动,反对日本侵占钓鱼台列岛。滑铁卢大学印发一本钓鱼台事件有关资料特刊。纽勃朗斯威大学亦有行动。

(四) 台湾的反应

四月十二日,有六十多名成功大学学生从校园游行至台南市美国新闻处前示威,高举着"中国的领土不容侵犯"等标语牌,并选出六名代表递交一份抗议书给美新处处长,抗议书中表示:"美国无权把钓鱼台作为政治礼物送给日本。"当时约有三十名警察围住美新处。台湾通常不许举行这种集会,而且不准当地报纸刊登这类消息。

台北方面约有二千名大学生在四月十四日集会,反对美国决定在一九七二年将钓鱼台归还日本。有六十多名学生在日本"大使馆"、美国"大使馆"和"外交部"门前示威,高呼口号。

一连数天,台湾各大学生纷纷集会,在校园张贴标语,保卫钓鱼台运动热潮高涨。当局阻止示威学生涌上街头,害怕公开抗议会转化为一种反政府示威,因很多学生一直抨击政府立场未能坚定。

(五) 欧洲的反应

五月十一日,伦敦大学中国同学会召开钓鱼岛事件讨论会,到会人数约一百五十人,包括华侨学生和各界团体的非正式代表。大会讨论内容分为三部分:一、讨论钓鱼等岛的历史背景和主权,证实了钓鱼等岛是中国领土不可分割的一部分。二、分析钓鱼等岛事件过程,指出这是尼克逊主义在远东的最新罪恶表现。三、将世界各地保卫钓鱼等岛的示威过程作了综合的报导。最后,大会通过各项行动的提议:全力保卫祖国领土主权和资源等项,并准备广泛发动华侨在"七七"事件卅四周年那天进行示威或开声讨大会。

西德慕尼黑中国同学会也在三月二十九日集会谴责日本军国主义的罪行,通过了宣言,决心保卫祖国领土钓鱼台列岛。

八　美日的石油问题剖析

美国的石油问题

法国《世界报》国际部主任克·朱里安在他的著作《美利坚帝国》中指出，美国的人口虽然只有两亿，占全世界总人口的百分之六，但这特殊化的"百分之六"却消费着全世界总生产量（一九六六年计）百分之四十五的铝、百分之四十的镍、百分三十六的铬、百分之二十五以上的铜、百分之四十四以上的锌、百分之四十的锡。这些资源，它必须从外国进口，因此，它不可避免地走上了低价输入原料、并输出资本赚取高额利润的"美利坚帝国"之路。

美国在石油方面的情况也是如此。一九七〇年，全世界出产的石油共为二十三亿吨，但是，单由美国两亿人在这一年消费的石油，却近七亿五千万吨。也就是说，世界上百分之六的人口，却消费了百分之三十三的石油产量。

美国虽然消费如此之巨额数量的石油，其本身之石油蕴藏量并没有多少。据一九六七年的统计，北美的已知石油蕴藏量共有六十二亿吨，而该年的美国石油生产量共为六亿吨。照此推算，美国的已知石油蕴藏量只够十年的开采。

一九七一年二月一日的《美国新闻与世界报道》周刊，透露了美国石油生产的一些最新数字。文章说，目前美国平均每天消费的石油为一千四百八十万桶，其中，一千一百三十万桶可以自给，三百五十万桶要依靠外国石油的输入。因此，美国当前的石油对外依存率是百分之二十四。

美国的石油消费量年年增多，而美国的石油生产量最多却只能每天再加一百万桶，连同已知蕴藏量的开采年限，都达到了极限，因此，美国今后石油的对外依存率，必然还要增大。

美国为了应付这一迫切需要，只得从两个方面着手。一方面是全力钻探本国新油源，一方面是自外国开源。

在开发本国新油源方面，美国已经在寒冷的阿拉斯加州北岸寻到了油源，并且自一九六八年着手建井，准备开采。主持这件事的阿拉斯加州州长希克尔，一度被尼克逊延揽入阁，担任内政部长。

然而,阿拉斯加的石油开采,并不能一蹴可成。第一,它要到一九七五年才能出油,到一九八〇年才能全面生产,也就是说,在最近十年期间,美国石油产量还不能不自外补给。第二,它面对着严重的运输问题。去年冬天,美国用破冰船导航,由油船强穿加拿大北岸领海,驶抵阿拉斯加运油,引起了加拿大政府的严重抗议。这条航线并不能全年通航,再加上冰雪连天,危险性甚大,所以并不能对它多所依仗。第三,为了避免用油船绕北极海运油,美国最近发表了铺设油管纵断阿拉斯加全境的计划。然而,这条长达七百多公里由北向南的油管,是否能够铺设,尚未能最后决定,因为阿拉斯加方面提出,该州如全境通油,则天然资源要遭到完全破坏,因此坚决反对。话虽如此,美国石油垄断资本已经在阿拉斯加投下了九亿美元的资本,他们当然不会罢手的。

就是以上的问题都能解决,却还存在着美国石油消费量增加率与生产增加率的差距问题。美国一家杂志最近估计,照目前情况发展下去,到一九八五年时,如阿拉斯加石油仍未能开探,则美国的石油输入量要占消费量的百分之五十五;如阿拉斯加石油已能上市使用,则美国的石油输入量仍要占消费量的百分之四十四。由此可见,阿拉斯加油田虽已开发,却并不是彻底解决问题的救命草。

在自外国开源方面,则美国早就着眼于中东了。按照美国过去的传统,拉丁美洲的石油本来是美国石油垄断资本的禁脔,著名的"石油大王"洛克菲勒家族就是在拉丁美洲起家的,直到目前,美国还从南美的委内瑞拉每天进口一百万桶石油,多少可救燃眉。情况既是如此,美国目前在石油问题上把注意力从拉丁美洲转移到中东,其故安在呢?

原因是很多的。但最大的一个便是这几年来,拉丁美洲国家反美风暴越来越趋猛烈,许多美国特使(包括"石油大王"的儿子纳尔逊·洛克菲勒)在前往访问时遭到强大示威,许多美资公司(尤其是开发资源方面的公司)被当地政府收归国有。在这一次国际石油战中,去年十二月在委内瑞拉举行的"石油输出国会议"是原动力之一,委内瑞拉在今年二月十三日又宣布将天然气收归国有。

自从中东发生"六日战争"、苏伊士运河封锁以来,各国石油公司中,以英国石油公司所受打击最多,因为它多年来只把石油来源以中东一地为根据地。美国因此开始考虑取得分散油源问题。中东、北非各产油区,便都成了它的注意对象。

基于同样原因，美国在亚洲也加紧展开调查油源的行动。把亚洲油源问题提上日程，这里面还另有一个因素，那就是美国在第二次世界大战之后，已经在亚洲打了两场战争——朝鲜战争，印度支那战争。后者到现在非但尚未停止，而且正逐渐扩大，因此，它必须考虑到就地取油的问题。

日本的石油恐慌

日本天然资源不多，仅九州、北海道有煤，新泻、秋田地方虽有石油和天然气，并未着手大量开采。

因此，日本也是一个在资源方面对外依存率极大的国家，而且比美国的情况还要严重。铝、镍、铀要百分之百地依仗外国资源，其他资源的对外依存率是：铁矿石百分之八十五，铜百分之七十三，原煤百分之七十二，铅百分之五十七，锌百分之五十四，木材百分之四十七。

至于日本赖以维持飞机、汽车、火车、发电等等正常运转的石油，其对外依存率则高达百分之九十五以上。日本现在每年进口物资达三亿多吨，成为世界上最大的输入国，其中，石油就占有很大的一部分。其石油需要是如下表①：

日本的石油进口量（单位：百万公升）

一九五五年	一〇.〇〇三
一九六五年	七七.八三一
一九六七年	一〇七.五六五
一九七〇年	一五〇.〇〇〇

由这个表可以看出，日本消费的石油在十五年里增加了十五倍。其石油入口额约占总入口额的百分之十五到百分之十九。因此，最近国际石油战一起，日本感到特别紧张，其理由也就在于此处。

据日本自己估计，日本的石油进口量还要继续上涨，到一九七五年时，要增加到二亿六千万公升，一九八五年时就达到四亿七千万公升。一年为三百六十五天，平均起来计算，到了一九八五年时，日本每天必须有一百三十万公升的石油从中东运到，才能足够国内消费，这是一个十分惊人的数字。

---

① 编者按：原文如此，疑多"是"字。

日本从中东驶回本国的运油船，必须经过马六甲海峡，日本一些财阀政客，不断高呼"马六甲海峡是日本的生命线"，其原因，从石油问题来看，就更加显得清楚了。在日本的扩军计划里，海空军的急剧发展是个重大目标，这与石油的运输也大有关系。

石油对于日本来说，具有如此巨大之重要性。但是它除了原油来源必须依仗国外之外，还有另一个特点，那就是日本的石油公司的经济大权并不完全在本国资本手中，而大都是美资的附属品。

据《朝日新闻》一九七一年二月七日透露，日本的石油公司较大的共有三十家，共同组成日本石油联盟。它们有的是直接投资在中东，在那里产油，如日本阿拉伯石油公司；但也有的只向西方大石油公司购油，在日本精炼。这些家公司的股权有大部分是在外资手里（日本所说的外资，大都是美资），例如在日本市场上占有极大发言权的日本石油精制公司、东亚燃料工业公司、昭和石油公司等较大企业，在资本和原油供给方面都由外资操纵，总计起来说，日本全国石油精制和贩卖量的六成，是这些由外资投入的日本各石油公司所占有。就是那些以民族资本为招牌的日本石油企业，例如出光兴产石油公司等，也要向西方石油垄断资本借款，所以在感情与利息上也一向与西方石油集团站在一起。因此，在对外石油资源的争夺上，有时令人生出了某一个美国石油公司与某一个日本石油公司进行争夺的印象，其实，在那个日本石油公司的背后，还是有另一个美资石油公司存在的。

看过了日本对石油的依仗情况，和日本石油公司与美国石油资本的关系，就不能不令人想起第二次世界大战时的往事。那时，日本军国主义泥足深陷于中国战场，很想用扩大战争的办法来挽救它所遭遇到的困难。但是，怎样将战争扩大？是北进进攻苏联？还是南进进攻东南亚？就成了论争的焦点。最后，终于以主张从荷属印度尼西亚（简称荷印，即现在的印尼）拿到石油资源的论调占有上风。与珍珠港事件同一天出现的日军进攻香港、菲律宾、马来亚的事件，便告出现了。

中东的石油公司对于日本来说，既然是那么遥远，而且第二次世界大战时的往事又历历在目，那么，"何必舍近求远"的思想必然存在于日本军国主义分子（包括财阀、政客、军人、反动学者）的头脑中，这个思想，显然就是日本最近觊觎中国台湾省的钓鱼台列岛及其附近的浅海资源的主要原因了。

美日在亚洲的石油活动

美国和日本这两年都把解决它们的石油荒的注意力,集中到亚洲来,因此,不论是东南亚地区还是东海地区,最近都有美日石油资本在加紧活动。

早已有人提出"马六甲海峡石油中心"的说法,这个名词是仿照"苏伊士运河石油中心"而来的。意思是说,海上交通命脉一旦不通,石油运输就要大受影响。所以,这个致命伤一定要彻底解决。

去年三月,美国大通银行在新加坡举办了经济研究会,由该行董事长大卫·洛克菲勒(纳尔逊·洛克菲勒之弟)坐镇。该行副董事长雅可森在会后宣布,估计在一九七〇年到一九八〇年期间,将有三百五十亿美元投资到亚洲及西太平洋的石油工业。

先有去年三月这篇谈话,又有这一年来的美国石油资本加强活动,亚洲石油被掠问题就更加严重了,三百五十亿美元的投资,将赚回多少一本数利的利润,有多少国家的主权将遭到侵犯,都是大堪注意的问题。

单以东南亚地区的油源问题来说,由于美资的加紧活动,已经发生了好几项值得亚洲人民关心的迹象。

第一,有好几个国家大陆棚的石油资源已被侵犯,四月初就要在西贡开标的暹罗湾海底油权乃是其中一例。最近发表声明的已有越南民主共和国政府和柬埔寨王国民族团结政府,它们分别对此表示了主权立场。同样的事件,今后势将还会发生。

第二,美国石油资本与蕴藏石油的国家的政府订立了不平等协议,刮龙过多,反而使产油国油价高涨,甚至于无油可用。例如产油量占世界第八的印度尼西亚就发生了这种情况,引起了强大示威。

第三,有一些地方的政府,表面上对印度支那战争表示超然,实际上却允许大量美资在那里设置炼油厂,就近将汽油输往印度支那前线,支持美军作战,这也是一个不可忽视的动向。

由于以上种种原因,有人观察东南亚局势时认为,美国国内的某些集团(起码是石油集团和工业集团),单是为了本身的经济利益,绝不会赞成美国的军事力量、政治力量、经济力量撤出东南亚。甚至于有人指出,暹罗湾石油问题就是美国进行印度支那战争的真正原因。

东南亚的情况固是如此,东海地区的情况则更加是风浪险恶。因为,这里面还牵涉着领土问题——亦即日本军国主义者企图染指中国领土钓鱼岛等岛屿的问题。

这几年来,日本各石油公司根据第二次世界大战时的经验,拨出了不少资本,投资于对印尼石油的勘探工作,但是所获不多。据日本《每日新闻》去年十二月二十四日报道,西方各石油公司(约四十家之多)在印尼海面的海底钻探、试采工作,已近结束,即将进入商用开采阶段,唯独日本几家石油公司,除在陆上试探尚有收获外,其余均告失败。今年一月的消息说,日本的石油公司甚至将一部分股权转让给美国和西德资本。

为此,日本那些财阀、政客以及军国主义者,对于东海的海底石油,就起了更多的贪念。前年、去年,他们先后两次派出由日本东海大学出面的所谓"调查船"到钓鱼岛附近进行"视察"。

他们打的是"东海大学调查团"的招牌,但人选却是另外一回事情,例如,《朝日新闻》二月十四日透露,两次"调查"都曾到钓鱼岛附近展开活动的一名"东海大学教授",原来乃是日本海上保安厅(相当于海军部)的官员。这是一个多么"有趣"的履历。由前任海军人员去研究海底石油,这就可以证明,其着眼点绝对不单纯是石油。

钓鱼岛等岛,附属于中国台湾省,这是不可辩驳的事实。日本方面以及其他一些人别有用心,打算把领土问题束之高阁,而专谈什么"合作开发"海底资源。这种明显带有侵略性质的行动,必须坚决反对。任何有血性的中国人都知道,所谓"合作开发",不过是几十年前日本军国主义所鼓吹的"共荣"、"提携"的变种。当年,就是在"共荣"、"提携"的幌子下,数不清的中国资源,被送上日本洋轮,源源不断运往日本各岛。同样就是在"共荣"、"提携"的幌子下,从中国东北、到华北、以及其他地区,甚至于东南亚各国领土,都一度被践踏在日本军国主义的铁蹄下。前事不忘,后事之师,难道今天还能允许打着"合作开发"旗号的"共荣"、"提携"卷土重来?

日本军国主义对钓鱼岛等岛的觊觎,不过是一个试探性的汽球[①]。今天对此如不予以当头棒喝,那么,明天他们就会向台湾省、向朝鲜南部,以及更大的地方伸手。

---

① 编者按:原文如此,"汽球"应为"气球"。

从美日的石油问题分析到钓鱼岛等岛的主权,大家都会体会到一件事:无论是地下石油问题也好,海底石油问题也好,那都不是单纯的经济问题。从经济问题引伸出去,就必然在在涉及政治。

近几年,有人把日本垄断资本家称之为"经济动物"(Economic Animal,也有人直接了当译为"经济畜牲"),讽刺其不顾一切,只知赚钱。其实,这不过是一种浮光掠影的看法。只以目前的石油问题为例,我们的头脑如果复杂一些,就可以对于美国政府的东南亚政策,对于日本当局对钓鱼等岛的贪欲,有一个比较清楚的认识!

九　从世界局势看钓鱼台事件

　　认识钓鱼台列岛问题的本质,对于正确地掌握"保卫钓鱼台运动"的方向,认清当前世界的潮流和趋势,端正自己的态度,都是十分重要的。也只有这样,才能把整个运动引向胜利。

　　什么是钓鱼台问题的本质呢？从海外寄回来的数据中,我们可以看到,大多数同学都认为:钓鱼台列岛是中国的领土;反对所谓"合作开发",因为这种做法和"东亚共荣"、"中日提携"的历史上的恶劣先例太相似了;反对日本军国主义的复活;反对美国对佐藤政府的支持及参与掠夺中国海域的油源。

　　这些意见当然是极对的。但除此之外,还有一点也很重要,就是:和世界上发生的一切事情一样,钓鱼台事件也不是一件孤立的事件,它是和当前的东南亚局势及世界局势密切相关的。下文就从这一个角度,试作一个探讨。

　　英国名作家菲列克斯·格林,四年前曾在多伦多大学发表一次关于越南战争的讲演,其中对于世界局势的分析是完全符合客观事实和历史发展的看法。他指出,当前的世界是美国一小撮人集中了世界上的巨大的财富。"在战后,美国收获了世上三分之一的谷类植物,抽取世上七成的原油,使用世上一半的橡胶,产生世上四成半的电力,以及生产世上六成的工业用品。而美国的人口只是全世界的百分之六点五。"应该指出,美国人口中也只有一小撮财阀才是上述巨大财富的垄断者,而上述巨大财富在这四年间还在不断地力图扩大。

　　格林指出,"为了要保持这些所谓成功,维持美国目前的经济,美国便一定要影响及控制世上大部分的地方。而要达到影响及控制的目的,便一定要发展庞大到不可思议的军事系统"。美国就是要用军事力量来保护它在全世界的既得利益。这一事实,在一九七一年二月二十五日尼克逊的《外交咨文》中更得到了证实。尼克逊在咨文的开头就说:"美国所奉行的宗旨一向超过它本身的范围","我们的全世界意识太强烈了","美国要继续起到同我们在全世界上的地位相称的领导作用"。这些话的实际意义就是:美国为保住在世界上的既得利益,为要保持继续压榨,就必须维持它的霸主地位。

　　但是,当一小撮人垄断了这么多的财富,是或迟或早会受到挑战的。在六十年代，美国的势力在全世界受到挑战。那些被选去充当美国利益的管家的各国独裁者，都面临崩溃。而独立自主的、反对美国控制的潮流则汹涌而起，西欧、加拿大、拉美等地区都出现了对抗美国的情势。

这一股反抗美国的霸主地位的潮流，不能不说深受越南战争的影响。当一个工业落后的亚洲小国，以简单的武器，抵抗住世界上最大的超级军事大国的凶恶的侵略的时候，它实际上是给全世界人民和被压迫国家作出了榜样。因此，越南战争是关键性的战争，它的意义是世界性的。

越南战争把美国打得元气大伤，外交上节节失利，内部问题更十分棘手。因此，尼克逊上台后，就推出了先称之为"新亚洲政策"、后改称为"尼克逊主义"的战略，要点是：在越南战场上，加紧装备和训练西贡军，以期实规"越南战争越南化"；在亚洲局势上，则推出日本军国主义，企图用"亚洲人打亚洲人"的手段，来稳住美国在亚洲的阵脚。去年二月尼克逊的《外交咨文》宣称，"日本同我们的伙伴关系将是尼克逊主义能否在亚洲取得成功的一个关键性问题。"今年二月尼克逊的《外交咨文》则宣称，美日是两个"目标相似的强国"，两国政府"都有这样一个信念，就是我们之间的关系对我们都想要的那种世界是极为重要的。我们决心据此行事"。日本则在美国的扶植和支持下，公然表示朝鲜、台湾、印度支那"与日本的安全有关"，宣称从日本到马六甲的整个西太平洋是日本的"生命线"，并大力扩张军备，加紧制造军国主义舆论。在这样的背景下，钓鱼台事件出现了。

日本的□□□□形象已十分明显，更伺机重新发动侵略战争，而油源对日本□□□□却是十分重要的。在这种情形下，钓鱼台及东海海域的石油如落到日本□□□□手上，对亚洲人民将是一个大祸害。因此，钓鱼台事件不仅是民族尊严的问题，不仅是个小岛主权问题，而首先是大片浅海海域的油源谁属的问题。有人认为，钓鱼台列岛的土地主权要肯定是中国的，但"合作开发"则属"经济合作"，可另外处理，或提出主权问题暂时搁置，先谈"合作开发"。这些论调都是很危险的。东海油源的"合作开发"，不同于一般商人的合股做生意，它实际上是帮助了日本军备的扩张，帮助"尼克逊[①]主义"的推行，随着"合作开发"而来的就是"东亚共荣"这一套了。

当前的亚洲局势，焦点在印度支那，那里的连天战火正是世界风暴的中

[①] 编者按：原文如此，应为"尼克松"，下文同。

心。印度支那战争的世界性意义已表现了出来,并继续发挥着作用。美国正加紧推行"越南战争越南化"计划,把西贡军队推到老挝国境。这是尼克逊主义的一个活跃表现。

亚洲局势的另一焦点是日本军国主义的复活。美国正加速起用日本,作为美国"新亚洲政策"的主要"伙伴",逐渐代替美国担当在亚洲的所谓"任务"。这是尼克逊主义另一个活跃表现。

从钓鱼台事件的性质来看,我认为钓鱼台事件不是孤立的,而是亚洲局势的一个部分,并和全世界舆情最关注的印支局势密切联系。既有尼克逊主义,就有"越战越南化",就有日本军国主义的复活,也就有日本对东海油源的觊觎和企图掠夺。而美国在钓鱼台事件上对日本的支持也并非偶然。

民族尊严是要维护的,领土主权是不容侵犯的。这是头等重要的原则。但是,倘能认识到我们的努力目标与世界局势的联系,就可以站得更高,看得更远、更广阔,也就更有信心,有办法使我们的目标实现。

一○ "保卫钓鱼台运动"文摘

一、从历史看"合作"与"共同开发"
——原载美国东部《钓鱼岛简报》第三期

近代历史不乏"共管","共营","合资","共同开发"的例子。分析之下,无非两种。

(一)两国势均力敌。例如今天英法两国的合力搞超音速运输机。固然双方步步为营,总算互有利益。这种合作的例子,少之又少。

(二)大鱼吃小鱼,强国欺负弱国,强国在各方面(特别是资金、科技)占了绝对优势,而垂涎弱国的资源,觊觎弱国的领土。限于当前形势(弱国人民抗争,国际公众舆论,其他强国反应),有所不便于直接立即吞并掠夺,乃威迫利诱弱国当局,假联合开发之名,制造既成事实,一到时机成熟,便公然据为己有。这种"合作"的例子,不胜枚举,详细写来就是一本世界受压迫民族的血泪史。

这里只举出几个中国近代史"共管","共营","共同开发"的例子:

(一)一八五八年帝俄迫使清廷签订瑷珲条约,把乌苏里江以东土地划为中俄"共管"。一八六○年完全吞并。

(二)一八九八年,帝俄租借旅顺、大连,条约规定"共管"。但帝俄马上独自霸占。一九○五年转交日本,改名"关东州",成为"帝国"版图之"一部分"。

(三)一八九八年,英国强租威海卫和九龙半岛(即所谓"新界")。条约规定"共管"(中国官员仍在两地司事,中国兵船仍可使用港湾)。结果一九○○年左右,英国便逐去中国文武官员,完全吞并两地。

(四)一九○一年,《辛丑和约》规定中外共同经营"重修白河,黄浦江"。结果经费大半由中国负担,而收益则由列强分享。

(五)一九一五年袁世凯承认日本所提出的二十一条要求。其中有关"中日共同开发""中日合办""中日合资"六条。

(六)一九一八年,段祺瑞签订中日军事协议,其中有"共管内外蒙古",

"中日共用军事地图"等。

（七）"满洲国"成立之后，日本在中国大搞所谓"日满"合作"开发"的各种企业，控制一切轻重工业，号称"日满经济一体化"，至一九三八年，伪满又将其"股本"以"现物出资"与日资大企业"合并"，成为日本工业之一部分。

（八）一九三七年十二月十四日，汉奸王克敏在北平成立"中华民国临时政府"。为求日本承认，订有条约把华北一切经济事业，托言中日共同开发，完全让给日本。一九三八年三月二十一日，汉奸梁鸿志等在南京成立"中华民国维新政府"，亦订有类似密约，出卖华东权益。一九三七年八月，日本成立"中日"合作的"察南银行"。一九三七年十二月又有"中日"合作的"中央银行"。一九三八年一月"中日朝"银行团合设"中国联准备银行"。一九三九年五月"华东商业银行"成立。大量印发钞票，吸取我同胞膏血。

现在且让我们看看所谓"中日韩"的经济合作。在一九四五年以前半世纪，台、澎、朝鲜南部在日本直接占领下，成为日本帝国的农业资源。这种经济上的主奴关系，并不因为日本战败而完全中止。一九六〇年以后，因为国际形势的发展，台、澎、南韩再度渐渐成为日本经济上的附庸国。

台韩政府今天不但欠下巨额日债，且因采取饮鸩止渴的经济之"繁荣"与"起飞"，引致大量日本资金流入，贸易上对日本之极度依赖而造成日商利用"经济合作"在台韩大量购置厂矿、地产，加紧招延廉价劳工，引诱农村人口流入城市；进一步制造所谓"国货"的日资货物再出口的怪现象。一九六九年佐藤访美的联合公报上，竟然指出南韩、台、澎是日本国防安全所系。至此，日本对台、澎、南韩的支配，已经渐复旧观了。

前车之鉴，历历在目，我们要切切实实的记取这些血的教训。认清帝国主义的面目，彻彻底底的觉悟与帝国主义的列强打交道，谈"合作"，谈"共同开发"无异与虎谋皮。在国际纷争的过去、现在与将来，别的国家，尤其是国力悬殊的邻国，是永远不可信任的，唯一可以信任，可以依赖的，乃是自己的人民。这是亘古不易的真理。

二、"民族性重于政治性"还是"政治性重于民族性"?
——原载美国贝克里《战报》一九七一年二月十五日

在钓鱼台事件发生后,有许多发动保卫钓鱼台运动的人说,这个运动应该是"民族性重于政治性"。我们认为不然,相反的,它应该是政治性重于民族性。我们的理由很简单很清楚,日本侵占我国的钓鱼台是日本政府走军国主义路线的具体结果,而不是出于日本大和民族与中华民族之间存有誓不两立的民族仇恨。

没有人能证明出,基于日本大和民族的血统、语言、宗教、文字、风俗习惯的原因而发展出必然要侵华的结果。但我们却可以找到充分的理论与实例,可以证明出日本过去与今日的侵华主要种因于这个国家所行的经济制度,社会制度,政治信仰和政府策略而造成的①,显然这些因素都不是民族性而是政治性的,如果我们今天特意来强调其民族性重于政治性,那么我们就极容易犯一个观念上的严重错误,而在行动上走到一条极其危险的道路,那就是错误地认为大和民族先天后天都必然命定了要成为中华民族的敌人,因而也必然要错误地把中国人民和日本人民推入世代仇恨的状态中,这是多么荒唐而危险!今天钓鱼台事件的发生绝不能用偏狭的民族主义来概括,它的发生其实是这样的:台北"国民政府"中的昏愦糊涂,不顾国家利益的官吏为着眼前的政治局面而采取了崇洋媚外、逆来顺受、委曲求全的外交路线,这种路线正好配合了佐藤政府中目光如豆、利欲熏心的官吏为着争夺油矿而采取了经济侵略为手段,以武力恐吓为后盾的军国主义路线,在钓鱼台事件里具体地表现出来,造成这两个政府,一个贪婪无厌,一个逆来顺受的原因,可以说十分复杂,但无论如何也扯不到日本民族是贪婪狠辣,而中华民族是软弱可欺这样的结论上来。换言之,两个政府的官员所采取的危险与错误路线,决不该转教两个民族来负担其责任与后果。相反的,如果两个政府之间为着外交手腕的运用,不惜挑起两个民族之间的仇恨,或虽不刻意挑起,却在形势上造成两个民族间的仇恨,这都是恶毒,不负责任的做法,是必然需要两国人民起来共同阻止与纠正的。做为知识分子,不论中国或日本,都不应该互相宣扬不健康的民族歧视观念,

---

① 编者按:原文如此。

反而应该站在两个民族长远利益的观点上，一面从日本内部全力扑灭军国主义死灰复燃的星火，一面从外部，站在坚强果决毫不含糊的立场加以抵抗，打击军国主义向外侵略的魔爪，唯有这样，才是正本清源，不致误入歧途的作法。今天，即使是日本人本身，也有认识清醒，思想进步的人民群众，看清了军国主义的危险性，起而反对佐藤政府的错误路线，这个事实正充分地说明了中日人民团结之间的障碍不是两者之间的民族矛盾，而是为祸两国人民的军国主义。明白了这个道理，我们再来看今天的钓鱼台事件就可以知道其政治性的意义远大于民族性的意义。

三、姚舜疏导记
——原载美国东部《钓鱼台简报》第三期

魏"外长"二月十三日在（台湾）"立法院"宣称，"外交部""极为注意……一部分留美学生酝酿再度请愿"并"已与'教育部'及主管海外事务的有关单位协调，采取疏导措施""以期纯洁爱国青年，不为阴谋分子所煽动"。此时，国际文教处处长姚舜已在旧金山，开始其在美的疏导工作，总计疏导站有五，为时两周。兹整理已有之资料，简报于后：

第一站为旧金山（有贝克里保钓会一二九示威专号的战报，详记"公听会"经过）。十四日上午十时起，到同学六十余。贝克里行动委员会提出九个有关钓鱼台的问题。"有的被支吾其辞，有的根本无答复"。若干问答摘要如下。

问：二月上旬港美报章载日本将在钓鱼台岛设置气象台作为日本领土之象征，"台北政府"如何措施？

答：……我这里有一篇很重要的文件，能够说明钓鱼台的主权，"中华民国"的立场是如此的强，坚定、坚……啊（观众里一阵笑声）（于是宣读该重要文件，原来是被同学们当作政府软弱与含混证据之一的《"中央日报"》八月廿二日的社论）……由此可见我们政府对日本人从来没有松过口。（笑声更多）。

问：我们是问气象台的事。

答：这个，据我所知，并无此事。

问：那 Newsweek 与星岛日报的记载呢？

答：至少我们政府并不知道有此事。

问：政府到底承不承认钓鱼台是我们的领土？为什么政府的声明一直在

谈采油的问题，而避免提领土主权？

答：我们说油权，主权是我们的，也就等于说领土是我们的。……现在钓鱼台是在美军托管之下，如果我们采取行动，就要……要……与美军……呃……冲突。

问：钓鱼台既是中国领土，为什么要美国来管辖？

答：这个，我也不是专门研究这个的，但……第二次大战后，琉球由美军托管，美军把钓鱼台划为琉球管辖。

问：一九五二年，美军单方面把钓鱼台首次划入琉球地图时，政府为何不提抗议？又如果美军把台湾划在美国地图中又该如何？

答：这个我不大清楚。

问：政府准不准备参加五月的"中日韩三国开发会议"？

答：（先扯上一大篇中日合作情形，周恩来四原则都被提到，就是未回答该问题。经再问一遍后，始答）这只是一个构想，还早得很，而且这是民间谈谈，跟政府没什么关系。

（战报按：台湾有哪一个"民间"公司敢以"中国政府"的身份，去和别国开三国开发会议？）

问：为什么政府从去年九月后，便封锁一切钓鱼台事件新闻，直至一月十二日"中央日报"海外版有一大篇含混报导，而国内版连这含混报导也只字全无？

答：这是误会，因九月后新闻都集中在联合国事上，钓鱼台新闻价值又下去了……而且政府要封锁新闻，也只能限制"中央日报"，也无法封锁民间报纸。（同学大哄）……你们不相信？这是事实嘛……。

问：在台湾，中兴大学学生想去美国使馆抗议，为什么警察要"劝阻"不许去？难道只许留学生爱国就不许台湾学生爱国？

答：政府是不会压制学生爱国的，但台湾在戒严时期，不准示威游行。（全场哄然大哗）。

第二站为支加哥，有支加哥保钓会快报第二期记载其事。十七日下午，到有同学三十余人。关于管辖权、主权诸问题，姚舜仍如在旧金山时，都引用"中央日报"的材料向同学疏导。关于国内封锁新闻问题，答案除了说过的联合国问题重于钓鱼台问题外，更有重要的十月庆典新闻。关于日本建气象台问题，此时的答案突与前大异，称政府反应在计划中。

第三站在玛利兰州大学,时为廿二日,到有华盛顿附近各校同学六十余人,会中主要发问人有约翰霍浦金斯的钱致榕教授等。

第四站在狄拉华大学,时为廿六日,到有同学一百二十余人,以上详情未悉。

第五站在纽约哥伦比亚大学,廿八日晚八时至十一时,会议经过极为紧凑扼要。

以下是一些主要的问答(答案均由姚舜即时回答)。

问:第二次大战中国是战胜国,为什么战胜国的领土要被美军托管?为什么中国当时不提抗议?

答:……对于琉球交给美军托管……沈剑虹说过,没有抗议,是基于区域的安全。"外交部"正式告诉日本政府和美军,我们承认你托管,有管理行政权,我们并没有(说)承认你这个行政权就表示钓鱼台你有了主权,我们并没有。

问:假如美国政府认为澎湖跟台湾也有共同防卫关系时,是不是也要被托管呢?……

答:我不同意这个推论。……

问:现在政府是不是承认美军的托管,还是不承认?

答:我们是承认在他托管的范围,但不承认钓鱼台是琉球的一部分。

问:既然没有签字,我们可以不承认,为什么要承认我们的(领土)被托管?

答:我们可以要求政府这样子作①。

问:政府对渔民有没有交待?有没有保护?……

答:现在这个渔季过了!(笑声嘘声并起)

问:日本为什么能够向美国要求不是他的领土当他的领土还给他,我们的领土糊里糊涂地给托管,我们不敢提"领土"两字?假如姚先生没有答复,我们可以自己做一个结论。

答:没有答复。

结论(发问人做,下同):没有答案也很明显,这个答案已经很清楚了。(鼓掌)

---

① 编者按:原文如此,应为"做"。书中多次出现"作"、"做"不规范用法,为保证资料原始性,均不予修改。

（问题转到气象台和界碑，姚处长表示应该采取强硬措施严重态度，应该把界碑去掉。）

问：政府直到现在没有采取行动，是不是政府有苦衷？

答：我不知道政府有没有苦衷，我愿意把同学的意见都带回去。

问：我觉得很奇怪，姚处长几万里路跑到美国来，是安抚我们呢？还是告诉我们政府的措施？为什么所有的答案都不清楚，不肯定？姚处长在 Berkeley 时说"不知道"气象台的事，为什么连姚处长这样高官的人都不知道？老百姓怎么可能知道？还要到我们这里的老百姓才知道？

答：我确实在国内的时候不知道。

问：中国的领土，在被人家要造气象台，造了界碑以后，连姚处长这么高官厚爵的人都不知道，还要大家告诉才晓得，还要看到报纸，看到外国报纸才晓得，这是不是可悲啊？

答：我不愿意回答这种情感的问题。

问：这不是情感的问题，这是中国的领土啊，怎么不能情感呢？就是这种情感，我们中国人才能站到今天这一天啊！

四、也论"日本的军备"

——原载美国东部《钓鱼台简报》第三期

我们对于日本军备的看法，是与"中央日报"海外版不同的。海外版于今年二月五日发表社论认为"现代日本没有军事的侵略政策，却有经济的膨胀主义。"我们认为如果承认了日本经济膨胀主义的存在，而忽视日本背后支持的军国主义，是难以使人信服的。

海外版认为，战后日本"军备要受其宪法的限制，并受其内阁的统率"，因而不可能"发生与发展"军国主义。十分明显，宪法可以制订，也可以修改。内阁统率军备，但内阁本身也可以奉行军国主义。请看前甲级战犯，前"满洲国"工商部副大臣，前首相（现首相之兄）岸信介的话："为了在海外发挥军事作用，必须下决心修改宪法。"请看纽约华美日报二月五日所载中华社东京电讯，岸信介及其党羽，准备在本年五月三日日本行宪纪念日前，完成新宪法草案。也请看日本财阀们叫嚷些什么："马六甲海峡是日本的生命线……必须派海军去保卫。"也请看看统率军备的内阁的阁员们说些什么话："要越过国境，自由自在的向外发展和竞争。"韩国"对于日本的安全是必不可少的","决不能隔岸观火";台湾是"日本安全的一个极其重要因素","必须经常放在心上",这不是明明白白显示出了对外的野心了么？把中国的领土台湾省"经常放在心上",这和当年把"满洲国""华北自治区"经常放在心上有何不同？"大东亚共荣圈"的迷梦又在许多人的梦境中出现了。

  海外版又认为战后日本"自由主义教育制度与社会风气"不致造成少壮军人。好一个自由主义的教育制度与社会风气,且看近年来日本中小学教科书内容的变化,很显著的,战后的一些新观点逐渐失掉了踪影,取而代之的是日、德、意三国签订轴心盟约的照片,是甲午战争时,明治天皇穿着大元帅服的照片,几次侵略战争,都列入"领土的扩大"项下,丝毫不提侵略战争的丑恶,只含混的说,日本曾占领着那边的广大土地。"九一八"侵华事件被含混说成"在沈阳附近","日本军队同中国军队作战,发生了事变",完全抹杀日本军阀处心积虑的预谋。至于对亚洲更大区域的掠夺也被说成"为了东南亚殖民地的解放和建立大东亚共荣圈"。许多少年刊物,把侵略说成"正当的自卫",把山本五十六,东条英机说成"爱国者",颂扬这些战犯的影片接连出笼,《山本五十六》《日俄大海战》《啊！海军》和《军阀》等等。在放映歌颂东条的《军阀》一片时,东京的戏院中还展列了东条生前佩用的军刀,以唤起日人的敬仰。这些影片把践踏别国的领土,残杀别国的人民美化为"讨伐敌寇,向天下伸张正义"！影片还通过主角,高喊"生命线"与"安全论"的必要！而日本的唱片界,突然大量发行了二次大战时的军歌特辑,包括《进军徐州》等。去年九一八,日本《读卖周刊》特别刊登了《啊,满洲！》一文,公然声称东北是他们的"梦幻之地"至今"未能割断悲欢交集的感慨之情"。叫嚷什么不占领中国东北,"日本的独立将受到威胁",而在东北地图上,公然画了一个日本的"太阳旗",这是什么话！这便是自由主义的教育与社会风气么？更不用提什么三岛由纪夫了。

  说到日本现有的军备,海外版只轻描淡写的提到陆军"十八万人"。事实上,日本三军约有二十八万人,更重要的一点是在二十八万人之中过半数是士官及军官,一旦有事,这支干部军队可迅速扩充成数百万人。即以二十八万人来说,这已是二次大战前日本军力的水平,而火力设备无不远远超过,总的来说,它有军队二十八万人,海军艇舰十二万吨,军机一千三百架,它并且打算在短期内扩充到"三,三,三"制,即三十万部队,三十万吨军舰,三千架军机,这难道只是普通的自卫队？

日本军备的重建,得利于韩战越战者实多,两次战争中,日本得到美国的军事订单总数超过一百亿美元,大发其战争财,而日本军备的重建又与日本的经济膨胀密切相关不可分割。二次大战后,日本的垄断资本在东南亚各地,先是搞经济合作,然后由投购股票,进而独占,摧残当地的民族工业,贿赂当地的官僚、机构,最后控制该国的经济命脉,掠夺当地的自然资源以弥补其本身因扩军备战而产生的资源欠缺。在另一方面,为了确保其经济膨胀所取得的成果,则全力准备以武力为后盾。现在日本三井、三菱等大企业已推行了工业军事化,大搞企业合并,并与美国合作,搞火箭导弹,核子工程,军火联营。日本的防卫白皮书上说得十分明白:"日本核子武器在宪法上是可能的。"这一切难道还不十分明白吗?承认日本有经济上的膨胀主义,而不承认日本有军国主义的复活,断难令人心服。经济膨胀必赖武力为其后盾,武力扩张复赖经济膨胀供给资源,二者原为一体两面,息息相关。

五、再评"中央日报"《论"日本的军备"》社论
——原载美国东部《钓鱼台简报》第四期

台北"中央日报"二月五日《论"日本的军备"》社论内容荒诞不经,已成中外笑柄。简报(指美东的《钓鱼台简报》,下同)上期已经用大量无可争辩的事实,驳斥"日本军国主义并未复活"之说。现在就日本的现状,进一步的驳斥"日本军国主义不可能复活"的谬论。

"中央日报"的论据是(一)"钦定宪法"经已作废,军阀"帷幄上奏"之权不复存在。(二)武士制度,武士阶级,武士土地制已经消灭。换言之,天皇制度已经成为陈迹。这其实是自欺欺人的谬说。

日本自德仁(明治)一八六七年"亲政"至一九四五年战败投降,奉行天皇制度,采取神话内政,侵略外交,为祸世界垂八十年。一九六五年以来佐藤荣作、岸信介等军国主义分子一直搜索枯肠,不遗余力,要恢复天皇神话。他们为了向日本百姓重新灌输"尊皇"和"忠君爱国"思想,千方百计搞了无数花样。试举一二例子。

(一)一九四五年日本明明是接受开罗宣言和波茨坦宣言向同盟国无条件投降的。最近几年,日本竟"为了天皇尊严"窜改历史。于是在同一本教科书内,关于德国称五月无条件"降伏",关于日本则居然称八月"终战"。(见朝

日新闻）

（二）日本军国主义分子一向胡说所谓神武天皇是所谓日照女神之后,在若干千年前二月十一日登基,此后万世一系,一直传到裕仁,因此以二月十一日作为纪念节。一九四五年战败后废止纪念节,佐藤政府竟然从一九六七年恢复庆祝,改头换面,叫做"建国纪念日"。

这种以谎言为历史的手法,原是佐藤兄弟的看家本领。一九七〇年八月十五日,裕仁亲自出马,为第二次世界大战"一切战殁"的日本人的"英魂"致默哀(见同日纽约时报)。到了今年,佐藤政府的疯狂,已达惊人的地步,在大叫"大和魂无敌"之余,居然在二月十一日("建国纪念日")用官方名义,大搞一些阴风恻恻,怪影幢幢的活动。神棍道士,财阀文氓,浪人战犯,群聚一堂,载歌载泣,蔚为奇观。其中的口号有"八弦一宇","七生报国","神武创业,昭和维新","以天皇为中心","万世一系的皇军","大和魂"等等莫名其妙,恶声远播的词句。同时电台电视更大肆叫嚷所谓"天皇万岁","捐躯报国"。上下成风,如饮狂药,完全是军国主义还魂的怪剧。

佐藤政府意犹未足,胆大包天,竟然授意"皇居事务厅"向外国记者扬言"天皇即神"(见洛杉矶时报,纽约邮报三月廿日转载)。一九四五年裕仁曾承认"天皇非神",至此又告翻新了!

天皇神话对军国主义分子来说是不可或缺的。以前由"忠君报国,尊皇攘华"的基础,产生了田中奏折;再由御前会议,导致了"珍珠港之奇袭"(原文),"昭南港(新加坡)之攻略"(原文)。日前有日本"高僧"某人在台北为蒋"总统"祈福,感谢他竭力"保存天皇制度",说什么日本百姓不忘大德云云,而"中央日报"竟然熟视无睹,否认天皇制度已经复活,真是可叹! 严家淦先生去年"晋谒"裕仁,居然安排在七月七日(芦沟桥三十周年纪念)宁非怪事?

不管日本军国主义分子要把裕仁装扮成什么样的神,简报还是不卖他的帐,就算"恶毒咒骂天皇"的帽子扣过来,我们还是要照实直说。至于写《论日本的军备》,卖弄日文"技术士""企业者"的那位先生,是否故主情深而发为海外奇谈(或海外版奇谈)则有待证明了。

六、美国教授佛兰兹·舒曼在示威中的演讲词

（一九七一年一月二十九日·三藩市）

——原载美国贝克里出版的英文《钓鱼台特刊》。佛兰兹·舒曼(Franz Schurmann)是贝克里加州大学的历史与社会学教授。

首先，让我以美国籍的中国友人身份向你们致意。我的演说不很长。我所要讲的大都已被以前的讲者提过了。很多美国人民会认为这事件不过是一件小事，钓鱼台也不过是一片很小的土地，为了这些便纷纷嚷嚷的，未免小题大做吧；所以我今天要讲的，便是对这件"小事"，整局综合地提出几点有关背景的意见。

第一点，也是非常重要的一点，就是有关石油的问题。石油的发现，不单局限于钓鱼台，事实上在全南中国海一带、越南的南部、在正处于战争状态中的柬埔寨南部、马来亚、泰国、印尼与菲律宾都有发现。这是世界上石油资源最丰富、最惊人的发现；蕴藏量比阿拉斯加更丰富，油质比中东的好——因为这里的硫磺杂质很少，不会构成污染等问题。而且这里不比多动荡的中东，美国与日本帝国主义者要直接控制，应该是容易得多了。于是一场激烈的油权争夺战便在美日的石油公司间展开了，目的便是要霸占南韩起，经钓鱼台，菲律宾直至印度尼西亚一带的东亚海岸之油权。二三十个石油公司，包括在加州的标准石油公司(Standard Oil)，正在这一带地区进行掠夺，而日本的财团，当然也是不甘后人的。

第二：如果我们看看商业杂志，他们都在说东亚是世界上经济发展最快的地区。在东亚赚钱赢利很容易，比拉丁美洲、欧洲、非洲甚或美国本土都要容易。这的确是经济发展得很快的地区。不但美国的商业刊物这么说，连日本出版的杂志以及在东南亚以各种语言出版的刊物也都是这么说的。这便引起了日本在东南亚投资的极度扩张；而且——我相信——导致日本的加强重整军备。佐藤先生说："南韩是日本防卫不可缺少的一环"。又说"台湾是日本防卫不可缺少的一环"。明天他便会说香港是日本防卫不可少的，然后柬埔寨，然后……。

值得注意的是，美国早已说过同样的话：南韩、台湾对美国安全是举足轻重的。前几天甚至柬埔寨也被形容为美国防卫的生命线了。这"生命线"的扩

展并不单是为了越南战争,也是为了油源的发现和在东南亚市场获取暴利的期望。在这整个的形势下,台湾(而不单是钓鱼台)是非常重要的。像前一位讲者所指出的,日本已操纵了台湾的经济权。日本在这里的投资比任何国家都要多,日本的投资正在把中国商人从台湾挤走。在另一方面,美国操纵了所有枪炮。所有的枪炮、炸弹、汽油、飞机都是从美国来的,而且会源源不绝的运到。现在有两个军国主义大国,美国和日本,两个都在说台湾是自由世界防卫的不可缺少的因素。

那么,为什么有现在这个斗争行动呢?我相信完全是为了人民——无论在台湾的、在美国侨居的或是中国大陆的中国人民——以人民的身份下定决心对这些行动提出了抗议。如果没有这个抗议的话,在台湾的严家淦先生与"台北政府"早已静静的把这件事处理好了。他们早会跑到佐藤先生那里去,坐下来喝杯茶,在"友谊"的、"心平气和"的气氛之下把事情弄妥。因为你们示威,因为你们要把事件的真相公诸于世,才引起世界人士的关注。

最后我要指出,这两个军国主义的大国(如我们在印支所见到的,美国的军国主义已是不容否认的事实,而日本的军国主义也早已复活了)从来就是、现在更是帝国主义者。它们正在东南亚寻求新的暴利、新的垄断投资和新的市场。归根到底抵挡着它们与防止他们干更坏的事的就是一个伟大的国家——中国;这里我不是说中国的台湾省。柬埔寨、越南和老挝的武装斗争抵抗着美国的侵略。这些地区的人民表现了无比的勇敢、毅力和不怕牺牲的精神。但在东南亚的广泛地区则只有一个国家和她的七亿人民,像一个巍然而立的桥头堡,成为抵挡住美日扩张的一股力量。你们在这里的力量是微小的,但这个运动的意义在于表示中国人民,无论他是在中国大陆、台湾、三藩市或麦迪逊、或是在其他大学、其他地方的中国人民,都是反对经济帝国主义和军国主义的一个成员。而我们在这里也是为了要以中国的友人的身份支持你们的行动。这帝国和军国主义如果一任其扩张,那么现在我们在越南所见到的血腥行径、苦难与杀戮便会在东南亚普遍出现;在另一方面,空气污浊(如你们在东京上空见到的)、环境的败坏、可怕的和每况愈下的生活方式也会在东南亚成为普遍的现象——除非从美国及日本所伸展出来的军国主义及经济帝国主义魔爪能及时地受到阻遏。

完了!谢谢你们!

七、钓鱼台事件与"台湾独立运动"
——原载美国贝克里出版的英文《钓鱼台特刊》

"台湾独立运动"是由一小撮台湾人①首创的政治运动。它主张台湾应该是一个与中国割离，由台湾人统治的主权国家。首先声明这运动是有美国与日本政府撑腰的，同时也得声明从历史的观点来看，台湾一向是中国领土的一部分。

从钓鱼台事件发生至现在，"台独"分子始终保持死寂的缄默。表面看来这是不可思议的。溯其根源，难道被日本政府列为非法的不正是台湾的渔民在钓鱼台海域的作业吗？日本侵吞钓鱼台的企图不是正威胁着千万台湾土著的生计吗？再说，这桩事件的最终结果难道不是直接影响到整个台湾的利益吗？"台独"的搅手以台湾的真正代表自命，声称只有他们才知道对台湾人最有利的是什么。果如是，他们怎能解释他们对整个钓鱼台事件的超然态度呢？

要回答这个问题，我们一定得正确地了解"台湾独立运动"的本质。首先，钓鱼台事件激发起中国人的爱国热忱；所有参加保卫钓鱼台运动的人都认为中国的大陆和台湾同是中国领土的一部分。这与"台独"搅手的基本论调是直接有抵触的。其次，"台独"搅手从未把运动带到人民中去。他们不过是一小撮陶醉于自己高人一等的社会地位的知识分子而已。他们只顾袖手旁观，希望有这么一天外国势力会在谈判桌上决定由他们这群知识分子来统治台湾。相对来说，保卫钓鱼台运动却是由人民发起，人民进行的。这是有根基的运动，因此也不会投合"台独"搅手的口味。

最后"台独"是完全倚靠美日当权者支持的。相对地，保卫钓鱼台运动鲜明地反对出卖中国领土和主权的美日阴谋勾结。"台独"拥护者对钓鱼台事件之三缄其口，是完全可以理解的。

在抨击"台独运动"的同时，我们也认识到在"国民党政府"的统治下，台湾省的同胞确曾受到了严重的迫害与苦难。我们完全理解与同情他们的愤懑和

---

① 台湾人，在这里是指在日治时期（一八九六～一九四五）迁移至台湾居住的中国人（和他们的后代），他们说闽南话（闽南话是中国福建省的方言之一种）。在二次世界大战后才从中国大陆迁至台湾的通常都不算台湾人。

反抗的情绪。但归根到底,"台独运动"是解决的办法吗?"不!"这答案是明确而坚决的。基本上,所谓"台独运动"是机会主义的。它希望利用美日的野心来达到它夺取政权的目的,但对面临台湾人民的无数困难,它是没有提供解决办法的。如果他们的目的达到了,也不过是一个统治阶级被踢下来,另一个统治集团爬上去,基本的政策与方针是不会改变的。让我们忠告"台独运动"的追随者们,再深深反省一下他们所走的道路。他们应认识到自己的根源都在中国,只有与全部的中国人民携着手,向着同一目标迈进,才能达到真正的自由。

八、香港、台湾、钓鱼台
——原载美国《纽约香港学生日报》第二十期

香港、台湾、钓鱼台的共同点是:

(甲)都是中国大陆边缘的岛屿。

(乙)都是中国领土,中国不可分离的一部分,由于外来的种种原因,曾经暂时在政治上和中国大陆分离,就一再成为外人觊觎对象。或者有人要问:殖民地主义已经过时,谁会再稀罕中国的土地?事实上也没有人要大量殖民香港,谁会喜欢跟四百万人一起挤在那弹丸之地,钓鱼台虽说风景独好,也不是每一个人都能忍受那孤岛的寂寞;台湾在这方面比较有吸引力,尤其对那些独爱东方风味的人来说。照这样的分析,若有人同时对香港、台湾、钓鱼台三地起了邪念,那自然不是单纯为了要殖民,然则又为了什么呢?

于是有人说,是为了攫夺资源,这也有一点道理。台湾盛产香蕉,对我们这些平常不大吃香蕉的人来说,可能不觉得香蕉供应的重要性,但对吃惯了蕉而自己又种不出蕉来的人来说,确保香蕉源源而来的决心,可能是非我们所能想象的。然而真有人为逞口腹之欲而动台湾的念头吗?这个大概难以令人置信。钓鱼台附近海床蕴藏有极丰富的石油,石油是现代工业国家不可缺乏的资源之一,也是日渐稀少的燃料,这当然足以构成他们觊觎钓鱼岛的动机,事实上也的确如此,要注意的是这动机不是唯一的,因为钓鱼台附近石油的发现是在一九六八年,而一九五一年的日美和约已把钓鱼台划入美国托管的琉球群岛之内。再说香港又有什么资源呢?

其实,要了解觊觎者的基本动机,只需走出香港中学会考历史科官定范围之外,看看近百年的中国近代史,近代那一个列强①,不曾在中国犯下了血腥的罪行!? 除了中国人自己及一般友好的小国外,谁会真心喜欢看到一个富强的,不受侮辱的新中国站起来? 在心理上,他们作贼心虚,在事实上,他们担心非法得来的地位及利益受到挑战,再加上对中国情况的一知半解而产生的恐惧心理,要阻止中国强大起来的愿望就可以很容易理解。要阻止一个国家独立及强大起来,大致上有三个办法:

(一)彻底消灭:这个方法在古时比较盛行,对有广土众民的中国应用起来却有困难,日本以前试过,没有成功。

(二)强民压境:设傀儡政府统治,只宜于在中国;如苏联之对付捷克。

(三)分解:这个办法是对付巨人的唯一方法,因为巨人不是一下击倒,而分解可以逐步进行。另一方面,分解后的东西,总比原来的弱小。若有人对美国不怀好意,想分薄美国的国力,最简单的方法,莫如把美国的五十州逐个变为小国。就谁都不怕美国了。因为美国已经不再存在,只有夏威夷国,阿拉斯加国,加利福尼亚国……等等,岂不干净利落?

要分解中国,最易入手的地方自然是从边缘开始,从有机可趁的地方开始。对钓鱼台是采用强认手法;对台湾是利用"两个中国"或"一中一台"的阴谋;对香港是搅独立运动;名目虽多,但本质则一,就是把中国的土地从中国本土上割离出去。所以香港、台湾、钓鱼台的共同点还有:

(丙)都有国际阴谋想把它们从中国整体上分解出去。我们细心观察一下,还可以加上以下一点:

(丁)某超级大国都在这些阴谋背后。

不能了解及坚持香港、台湾、钓鱼台的共同点,只反对"两个中国"或"一中一台"的阴谋,而不保卫钓鱼台;或者保卫钓鱼台而赞成香港独立,都是未能认清分解法的本质,被奸人利用,做了妄图分解中国的工具,无论是自觉的或不自觉的,都要负同一罪名——汉奸,因为他们出卖中国的土地。

---

① 编者按:原文如此,"那"应为"哪"。

九、钓鱼台运动——回顾与展望
——原载美国波士顿保卫钓鱼台特刊《怒吼》

声势浩大的保卫钓鱼台运动,已有半年历史。它在中国同学间所引起的兴趣、关怀和思考,是相当普及和使人兴奋的。四月上旬全美各地的示威,把这运动带到了它的一个高潮:当问到"中国人能不能独立地站起来?"时,全场两千五百余位中华儿女在震天呼声中站了起来!

是的,我们都已站了起来。可是我们还得小心翼翼,步步提防。陷阱,引诱多的是。我们随时都有再坐下去的可能。可是,我们绝对不该,也不能够再坐下去了,应该乘这个机会,团结起来,为自己,为民族,为国家出一分力量。

这半年来,我们向美、日及"国府"投了无数封公开信,示威了两次。日、美别有居心,没有反应,固然是意料中事。使人痛心的却是"国府"对外委曲求"全",不肯有具体的保土卫民行动,反而向我们要了一次又一次的外交花招。对我们的运动,更是从中阻挠、压迫和分化。另一方面,在美、日朝野与日俱增的"两个中国"或"一中一台"论调,不由我们不怀疑,美帝国主义和日本军国主义是不是同恶共济?美国将钓鱼台"归还"给日本和兴风作浪地大搞"一中一台",都是同出一辙,企图分割中国土地和人民,来巩固他们在亚洲的政治经济利益。这些问题,都一并来了。让我们好好的想一想:我们该怎样捍卫钓鱼台?怎样防止被长期性的分割?这个运动,到了一个转捩点,我们该自我检讨:为什么要参加这个运动?为什么要向"国府"上书?台湾为什么没有回音?为什么没有坚强的行动?为什么要压制和分化我们?

我们常听见台北高唱自由民主,可是真正施行的是什么?是民主,是自由吗?那为何今天要压制我们?理由很简单,也很令人痛心:就是由一九一一年至今,中国还没有统一,由于两个政权的存在,国民党很害怕我们会受到共产党的争取,所以要"疏导"我们,甚至于压制一个基于爱国的运动,朋友们,我们留学在外,畏谈国事,向来不敢面对这项矛盾。结果为我们带来了什么?就是连我们以中国人的身份,本着爱国的立场,保卫祖国的领土也受到迫害。事实上,国民党一开始如果能对我们较有信心,以开明的态度,将精力放在积极保卫钓鱼台上,不就更有希望争取我们的信心和拥戴吗?那向左转的可能性,又自何而来,又何惧之有?

可是，我们看到的是欺瞒蒙蔽，诬害，恐吓，甚至还向敌人暗送秋波，叩见求辱。这些引起了公愤，也使我们醒觉到在台时及来美后的被压迫，使我们开始发问：九一八、七七、一二八……的真像如何①？国民党究竟如何失去中国大陆？共产党为何能够在长征、元气大伤之后，席卷全国？就"国府"应付钓鱼台的手段类推，抗日时期的爱国学生运动，会不会也受到同样的，甚或更严重的迫害？是不是同样的"以坚决态度，断送了东北、华北予日本帝国主义？是不是同样地将农民、学生、工人的生计置之不顾？（在钓鱼台作业的渔民现在怎样了？）这种牺牲穷苦大众的生计和利益以利少数官僚财阀的行为，岂不是违背了孔孟的"民为本""忧民之忧"？违背了孙中山先生三民主义中的民生吗？这种政府值得我们支持吗？是我们督促和谴责所能补救的吗？失去大陆的惨痛的教训并未能使他们醒觉，他们正重新走向尽失民心，将台湾奉给美日政权的路上；他们已病入膏肓了！

让我们来研究一下美日阴谋吧。

日本这一个地少人多的岛国，缺乏天然资源，唯有全力向外扩展，才能保持极高度的生产增加率，配合了当政者的野心，形成了他们要分割中国及巧取豪夺，操纵发展中国家经济的企图，今日财阀不能染指东北、华北，就妄想占取钓鱼台海域丰富的矿藏，就妄想依靠"投资"来剥削和利用台湾的低价劳工。利用低价倾销来控制台湾的市场。所以，他们不会要台湾有真正的独立能力，他们要的是一个半殖民地的台湾，这样子他们才能双管齐下，以投资及倾销奴驭台湾的穷苦大众，害人以自肥，他们怎么能让在台湾的同胞们翻身呢？在政治和军事上而言，他们更是需要分化和分裂中华同胞，才能独霸亚洲，迈向"新东亚共荣圈"！

美国政府也一样的野心悖悖②，虎视眈眈，他们并不一定需要台湾及东南亚的劳工和市场，然而能拥有这些，对美国的资本家是有百利而无一害的，他们也希望以这些作为他们的繁荣的兴奋剂之一，更重要的是：他们要做全球的老大哥，顺我者生，逆我者亡，史有前例。由越南的政变、战争，印尼的"革命"，多明尼加的镇压，厄瓜多尔和秘鲁的渔产纠纷，处处都显露了他们狰狞的面貌。他们要的是一个言听计从，任宰任割的傀儡政权，否则不惜强兵压境，血

---

① 编者按：原文如此，"真像"应作"真相"。
② 编者按：原文如此，"野心悖悖"一般写作"野心勃勃"。

洗四野,他们又怎会要中华民族团结呢?只有分而治之,才能奴驭我们,雄霸全球。

同胞们!日美野心如此,我们要和他们妥协,那无异是与虎谋皮,饮鸩止渴,让我们团结一致,坚决保卫钓鱼台及反对"两个中国"之类的分化运动,让我们为全民服务。同胞们,我们不能再躲避、沉默,让我们勇敢地、开诚布公地面对事实,讨论、认识和解决我们的矛盾,同心协力,踏上统一富强的光辉前程!

一一　资料备考

一、台北"总统府"秘书长张群复留美学人的信
（一九七一年三月）

（"中央社"台北十八日电）"总统府"秘书长张群，今天代表蒋"总统"，对旅美教育界科学界五百多位学人们为确保钓鱼台列屿领土主权及大陆礁层资源权益上电"总统"事，作恳切的答复。

我国留美教育界及科学界人士五百二十三人，于日前上书"总统"，请求政府对钓鱼台列屿主权问题保持坚定立场。张秘书长乃函覆签名人，并请转达留美同学。该函将由我国驻美"使领馆"分别转送。原函全文如下：

××先生惠鉴：先生日前与旅美教育界科学界诸位先生联名函陈"总统"，请求政府对钓鱼台列屿主权问题保持坚定立场，并拒绝参加"中日韩联合开发海底资源协议"之签订会议，"总统"阅后，对先生爱国热忱至深佩慰，特嘱将本案处理有关情形奉告，兹概述如次：

（一）钓鱼台列屿主权之归属。政府对于此项问题之处理至为郑重，因本案关系国家领土主权，寸土片石，亦必据理全力维护，此项立场始终如一，绝不改变，业经"外交部"魏部长道明在"立法院"迭次公开宣布，政府对本案之因应，系以国际法原则为基础，申明钓鱼台列屿依历史、地理使用情形及法理各因素而言，乃我台湾省之附属礁屿，其主权属于我国，政府一贯系在此一基础上对本案全力交涉。

（二）关于中日韩三国民间代表商讨共同开发海底资源问题。中日及日韩间多年来即有民间组织之中日合作策进委员会及日韩合作策进委员会，研究彼此间之友好合作方案，此二合作策进委员会于五十九年十一月十二日在汉城举行联络会议，研究三国间经济方面共同合作之可能性，并于同年十二月二十一日在东京举行会议，就共同开发三国有关海洋资源问题，包括渔业科学研究及公害防制等项，广泛交换意见，并未议及具体方案，会议事项与钓鱼台列屿之主权及该海域之大陆礁层开发，实无关连。

总之政府对钓鱼台列屿之立场甚为明确,对主权之维护素极坚定。先生与我留美同学忠爱国家,政府与国内同胞同深感动,兹特向先生述明问题真相,知必信任政府共赴时艰,并且转达我留美同学,为荷。专复并颂时祺。张群敬启。

二、美国政府对钓鱼台事件的立场

有位在纽约的中国同学写信给尼克逊抗议美国在钓鱼台事件上对日本的偏袒,以下是美国国务院的"中华民国"科科长复她的一封信。

启者:

阁下二月一日来信提及美国对"尖阁群岛"或钓鱼台岛主权的态度,总统嘱我答复。

一九六八年,一群来自美国、日本、"中华民国"和大韩民国的科学家替亚洲及远东经济委员会所做的一个地理勘测,显示黄海及东中国海的大陆礁层底土可能蕴藏着丰富的石油。一些海岸或岛屿国家声明对部分礁层保有宗主权,而"中华民国"及日本就是其中的成员。关于礁层的分割,这几个国家还没有达成协议。

尖阁群岛位于被相信蕴藏有石油的礁层的部分区域上。关于此类小岛的宗主权如何影响宗主国对大陆礁层的分配,国际法律并没有清楚说明。日本及中国大陆都曾对尖阁群岛提出要求,"中华民国"向日本的要求提出争论,而且当然可以假设它亦否定北京政府来代表中国提出要求的权利,同样,北京也否定台北在这方面的权利。

开罗宣言及波茨坦宣言都未提及这些岛屿,阁下所提出关于一九五一年日本缔结和约之前的数点(事实),我们不表立场。在那条约下,美国在行政上把尖阁群岛划为琉球群岛的一部分。在协议第三项中,美政府替南西诸岛获取行政权。据条约,这名称是指北纬二十九度以南,在第二次世界大战结束时为日本所统治,而在条约中又未有特别提到的岛屿,其范围是准备包括尖阁群岛的。美国认为琉球群岛的剩余主权乃属日本。

由于一九六九年时尼克逊总统与日本佐藤首相所达成的协议,预料美国将在一九七二年把从和约中所得的行政权交回日本,因此,在归还后,美国以前执政时的一切权力将归日本所有。美国认为关于尖阁群岛之任何有冲突的要求，应由有关政权解决。

　　附于阁下信中的数据显示中国渔民曾被逐离"尖阁"区域及插在其中一岛屿上的中国"国旗"被毁。当地的琉球政府曾屡次要求岛上及海域内没有入境许可证的中国渔民离去。当局又于去秋把插在其中一个岛上的"中华民国国旗"移去。

　　鄙人希望这些资料对阁下有所帮助。

国家"中华民国"科科长

谭马仕·P. 苏斯密夫

一九七一年二月二十二日

三、论"日本的军备"

（"中央日报"社论，一九七一年二月五日）

　　我们对于日本军备的看法是与□□□□不同的。□□自前年冬季以来，大喊其"反日本帝国主义"的口号。反之，我们认为日本军备在其现行宪法与民主政体之下，殊不至发展为军国主义。

　　□□□□"反日本军国主义"的口号，在其实质上，是三反路线的副产物。今日□□对外斗争是"反美国帝国主义"，反"苏联修正主义"或"反社会帝国主义"与"反一切反动派"。在它这三反路线上，更加具体的宣传活动是反对美日合作，尤其是中日韩合作，同时亦反对苏日合作。因此□□硬要指称日本军备为"军国主义"，以配合它这种政治宣传斗争。

　　我们"中华民国政府"与国民，在蒋"总统"领导之下，先是对日抗战八年之久，获得最后胜利。比及日本投降之后，乃秉持"以德报怨"的大方针，力促其平等合作，共策东亚的自由、和平与安全。我们今日在这政治的与道义的大方针之下，对于日本军备，自当采取客观的看法，作公正的判断，而不可遽然认定其为"军国主义"。

　　我们深知日本过去的军国主义发生与发展，而为祸于东亚大陆与西太平洋，最为重大的因素有如下列二者：

　　（一）过去的《钦定宪法》明定军事三长官有"帷幄上奏"之权，致令其内阁之组成与解体，完全操之于军部之手，使日本的政治不得不服属军事与战争指导之下。

(二)过去的武家土地制度与武士阶级的遗留,再加以军国主义教育,遂演成少壮军人横行,不服从其政治领导,反而胁制其政局。

战后的日本所处的国际地位及其所取的政治体制,皆与战前的日本,大有差异。最显著者,是军备要受其宪法的限制,并受其内阁的统率。尤其是自由主义教育制度与社会风气,所培植者不是少壮军人而是少壮的科学家、技术士、企业者与生意人。我们可以说:现代日本没有军事的侵略政策,却有经济的膨涨主义。亦可以说,日本现在没有武装的大陆政策,却有贸易的大陆政策。而且日本对外经济发展的方向不止于中国大陆,更重要的是北向西伯利亚,南向东南亚洲。

单就日本军备的本身来说:日本陆军现有十八万人。空军现有飞机九百六十架。今后十年内,陆空两军将有缓慢进展。日本现在海军只有驱逐舰以下的舰艇,今后将依防务的需要而稍事扩充。这是本月一日防卫厅长官在日本国会的质询会上明白宣布的实情。我们若是采取客观的看法,就可以作公正的判断:□□□□的"反日本军国主义"的口号并没有事实的根据。

我们不必讳言:我们国家与国民受过日本军国主义武装侵略的惨痛与危害,直至今日,对于日本军备的现状与前途,仍保持高度的警觉。但是今日,"中华民国"与日本同在□□□□侵凌与迫害及威胁之下。我们努力的目标是中日美的合作与中日韩的合作,以抵制与打击□□□□而共策东亚与西太平洋的自由、和平与安全。

我们必须看清□□"反美国帝国主义"与"反日本军国主义"的口号,是以耸动中国人的观感与心情而破坏中日韩美的合作为其目的。我们对于日本军备的现状与前途,固要保持高度的警觉,仍常以客观的看法作公正的判断,方才不至为□□□□的政治宣传口号所迷误。

四、美国五十三个"保卫钓鱼台行动委员会"致台北官方的公开信

"总统"先生：

自钓鱼台事件发生以来，海外同胞业已展开了保卫中国领土钓鱼台运动，宣言、抗议、示威、游行，风起云涌，如火如荼。按钓鱼台列屿为我国领土，法理史事，均不容置疑。而美国政府自一九五二年十二月即擅将该列屿划归琉球行政区，日本政府更于一九七〇年九月公然宣称该列屿属琉球而将于一九七二年"归还"日本，"不容置疑"，并声称我渔民在该区作业为"非法"，擅立界碑于岛上，撕旗逐渔，且将于本年四月间在岛上建立气象台。凡此种种，皆已严重侵犯了我国领土与主权。而"外交当局"至今未曾采取任何具体之行动以确保我国领土与主权之完整，仅在报端含混其辞。海外万千同胞，已觉忍无可忍。现谨送全美各地保卫钓鱼台行动委员会之决议，要求在本年三月廿九日前以明确之答复，公布于"中央日报"海内、外版，并饬令驻外"领使馆"派员出席四月十日各地旅外同胞所举办之游行大会或公听会，当众答复：

一、在三月廿九日前，公告全世界并正式照会各有关政府，钓鱼台列屿为中国领土，不容侵犯。

二、严正谴责日本政府之蛮横侵略行为，强烈抗议美国国务院之无理声明，并公布之。

三、派兵进驻钓鱼台列屿，派舰巡逻其附近海域，以确保我领土主权之完整及维护渔民作业之安全。

四、阻止日本在该列屿私设气象台，并没收其非法界碑。

五、永远停止参加所谓"中日韩"三国共同开采海底资源之会议，并公布第一次会议之记录。

六、公布与四家美国石油公司所签合约之全文。

七、在海外内公布一切有关钓鱼台"外交"交涉之经过及记录。

八、追究责任，撤职查办失职失言之官员[①]。

九、澄清"外交"及新闻官员所作之失职误国言论。

[①] 编者按：原文如此，"撒职"应为"撤职"。

十、不得压迫国内外爱国运动,开放国内言论,报导有关钓鱼台之一切发展。并于接获此信后,在五天内公布于"中央日报"海内外版,香港时报及其他"中华民国"政府机关报纸。

以上十条,只是任何政府在面对公然侵略时,所必然采取的最低限度的措施。我们严正声明,如果"中华民国"政府继续漠视民意,置此公开信不顾,则将失海内外民心!

全美各地保卫钓鱼台行动委员会同启

包括:西雅图分会(华盛顿大学分会,西雅图大学分会,塔克玛社区学院分会,西雅图社区学院分会,太平洋路德大学分会,西雅图中国工程师协会分会),华盛顿州立大学分会,波特兰大学分会,加州大学贝克里分会,史丹福分会,旧金山州大分会,萨克拉满都州大分会,圣多些州大分会,三藩市大分会,海渥州六分会,契可州大分会,兰乃大学分会,缅利大学分会,加州大洛杉矶分会,加州理工分会,南加州大学分会,洛杉矶州大分会,南加州中国同学会分会,密西根大学分会,密州大学分会,辛辛那提分会,伊利诺大学分会,威大分会,威州大学分会,圣路易分会,密窝基地区分会,爱我华大学分会,普渡大学分会,明尼阿波利市分会,西北大学分会,伊利诺理工分会,拉约拉分会,支加哥大学分会,支加哥华埠分会,雪乐桥斯分会,康乃尔分会,布朗分会,波士顿分会,麻省理工分会,费城分会,匹兹堡分会,耶鲁分会,纽约分会,玛丽兰大学分会,约翰霍普金大学分会,罗威尔理工分会,新奥尔良联络中心,普利斯顿分会,德州农矿大学分会,候斯顿分会,华斯大学分会,康乃提可大学分会,罗得岛大学分会,纽约州立石溪分会等。

五、北加州保卫钓鱼台联盟联合宣言

（一九七一年一月二十九日）

——原载美国加州贝克里《保卫钓鱼台战报》一·二九示威专号

中国近百年来的革命运动是人类历史发展中的一页伟大史诗。中国人民从愚昧软弱受欺凌受压迫的绝境里觉醒起来同列强帝国主义者展开了长期艰苦的战斗。历史显示每当侵略者张牙舞爪煎迫紧急之时，中国人民爱国的情绪就愈加高涨，中国人民反抗的行动也愈加顽强。今天中国人民已经站起来了。任何敌人再搞侵华的罪恶勾当，都必然要遭到迎头痛击！抗日战争、中印边境战争、珍宝岛事件就是明白的例证。今天的钓鱼台事件也同样要证明这历史的铁律。

钓鱼台列岛位于台湾省东北、距基隆仅一百廿浬，远在公元一四○三年（明永乐元年）即已出现于我国历史文献。近百年来向为我国渔民作业场所，国人早在该岛建立了码头、工寮、泉井、台车道、数十万渔民的生计皆赖此列岛附近的海域生存。由于最近在该处发现大量油矿，引起日本政府垂涎，从一九六九年开始，相继设碑、撕旗，终至用舰艇枪尖驱逐中国渔民。美国政府竟片面偏袒，未经我中国人民同意，擅自将该岛划归日本版图。这一连串的无理行动严重地侵犯了我国的领土主权，而处于当事地位的"台湾政府"竟一味因循敷衍，对外软弱，对内蒙混，在主权纷争未决前竟签订所谓《中日韩联合开发海底资源协议》。

我们身处海外心怀祖国的留学生还能再保持缄默吗？八年抗战血淋淋的教训记忆犹新，"廿一"条丧权辱国的丑剧绝不许重演！我们在此严重警告日本军国主义者，"大东亚共荣圈"的迷梦早已随同中国抗战胜利而彻底粉碎，任何新的侵略阴谋难逃中国人民雪亮的眼睛，我们同时要强烈抗议美国政府的声明，任何不尊重我国领土主权的片面决定，中国人民绝不承认！我们更要正告钓鱼台事件承办人员，领土神圣不容玩忽，如果一味敷衍软弱，台下交易，则汪、袁、章、陆的下场就是殷鉴！

全体留美学生，不分港台、不分省籍，都是中国人民的一份子，廿年来不问国是、噤若寒蝉的局面早该破除。"读书不忘救国"原是中国学生的优秀传统，我们的声音必定要让全中国听到。现在我们郑重宣告我们的主张：

1. 坚决反对日本军国主义侵略行动,全力保卫我国领土钓鱼台列岛。
2. 坚决反对以交易方式出卖钓鱼台列岛主权。
3. 正告钓鱼台事件承办人员,必须对全体中国人民负责,"廿一"条不许重演!
4. 反对美日勾结阴谋,剥夺中国经济权益。
5. 全体留学生团结行动,发扬"五四"爱国精神。

我们更呼吁爱和平反侵略的日本人民,共同起来,打倒日本军国主义,我们同时唤醒美国人民,维护正义,反对美国政府怂恿助长日本军国主义的复活。

全世界爱好正义的人民,联合起来!!

六、《决不容许美日反动派掠夺我国海底资源》
——一九七〇年十二月二十九日《人民日报》评论员文章

【新华社北京二十八日电】《人民日报》二十九日评论员文章,题为《决不容许美日反动派掠夺我国海底资源》,全文如下:

日本反动派不顾中朝人民的强烈反对和警告,勾结蒋介石匪帮和朴正熙集团,加紧筹划伙同美帝国主义掠夺中朝两国的海底资源。十二月二十一日,在东京举行所谓日、蒋、朴"联络委员会"的"海洋开发研究联合委员会"会议,公然决定对我台湾省及其附属岛屿海域和邻近中国和朝鲜的浅海海域的海底石油资源和其中矿物资源进行"调查、研究和开发"。这是美日反动派对我国和朝鲜民主主义人民共和国主权的明目张胆的侵犯。这是蒋介石集团出卖我国主权和资源的又一滔天罪行。

美日反动派对我国的海底资源垂涎已久。近几年来,它们一直勾结蒋介石集团,在我国台湾省及其附属岛屿的周围海域和其他邻近中国的浅海海域,频繁地进行大规模的所谓海底资源勘察。美帝国主义还同蒋介石集团签订合同,在台湾北部以西海域划定矿区范围,准备开采海底石油。现在美日反动派竟然又要通过成立日、蒋、朴"联合海洋开发公司",大搞所谓"合作开发",肆意掠夺我国的海底资源。中国人民对于美帝国主义和日本反动派这种赤裸裸的海盗行径,表示极大的愤慨。

台湾省及其所属岛屿,包括钓鱼岛、黄尾屿、赤尾屿、南小岛、北小岛等岛屿在内，是中国的神圣领土。这些岛屿周围海域和其他邻近中国浅海海域的海底资源，都完全属于中国所有，决不容许他人染指。只有中华人民共和国才有权勘探和开采这些地区的海底资源。蒋介石集团是一具早已被中国人民唾弃的政治僵尸，它同任何国家、任何国际组织，任何外国公私企业签订的一切有关勘探和开采我国海底资源的协议和合同，不管是打着"合作开发"或者什么别的旗号，统统都是非法的，无效的。

日本反动派不仅蓄意掠夺我国的海底资源，而且妄图把钓鱼岛等属于中国的一些岛屿和海域，划入日本的版图。佐藤反动政府的外相爱知最近一再叫嚷，这些岛屿的"领有权"属于日本。"防卫厅长官"中曾根甚至公然把这些岛屿列入日本第四个扩军计划的"防御"范围。这充分暴露了日本军国主义的侵略野心。钓鱼岛、黄尾屿、赤尾屿、南小岛、北小岛等岛屿，和台湾一样，自古以来就是中国的领土。这是任何人也改变不了的历史事实。日本反动派不管制造什么样的借口，玩弄什么样的手法，它企图霸占中国神圣领土的阴谋，都是绝对不可能得逞的。

我们的伟大领袖毛主席指出："中国的领土主权，中国人民必须保卫，绝对不允许外国政府来侵犯。"美帝国主义和日本反动派必须立即停止侵犯我国领土主权和掠夺我国海底资源的罪恶勾当，把它们的侵略魔爪缩回去。美日反动派如果硬要一意孤行，必然搬起石头砸自己的脚。

七、《中日备忘录贸易会谈公报》

【新华社北京一日电】
中国中日备忘录贸易办事处代表
日本日中备忘录贸易办事处代表
会谈公报

中日双方备忘录贸易办事处代表于一九七一年二月十五日至三月一日在北京举行了会谈。中国方面参加会谈的有刘希文、徐明、吴曙东、林波、丁民。日本方面参加会谈的有冈崎嘉平太、古井喜实、田川诚一、松本俊一、河合良一、渡边弥荣司、大久保任晴、片冈清一、安田佳三。

会谈期间，周恩来总理和郭沫若副委员长会见了日本日中备忘录贸易代表团全体成员。代表团还参观了北京的工厂和人民公社。

双方一致认为,一九七〇年四月十九日双方签署的会谈公报是完全正确的,一年来的事实进一步证明了这一点。

双方一致谴责日本反动派加紧同美帝国主义的勾结,复活日本军国主义,参与美帝国主义对亚洲的侵略和扩张。一年来,佐藤政府积极沿着日美联合公报的路线,进一步把日本变为美帝国主义侵略亚洲的基地。佐藤政府不仅大造军国主义舆论,而且还"自动延长"了日美《安全条约》,提出了《第四次防卫计划草案大纲》和《防卫白皮书》,加紧扩充军备,并且配合美国侵略亚洲的政策,帮助美帝国主义进行扩大侵略越南、老挝、柬埔寨的战争。所有这些,都说明日本军国主义的复活已经成为事实。日本方面表示决心为进一步抨击和粉碎日本军国主义的复活作出更大的努力。

中国方面强烈谴责日本反动派加紧勾结蒋介石、朴正熙傀儡集团,拼凑东北亚新军事同盟。把侵略矛头指向中国和朝鲜民主主义人民共和国。不久前成立的所谓日蒋朴"联络委员会",竟然决定"合作开发"邻近中国的浅海海域资源,这是对中国主权的明目张胆的侵犯,中国人民绝对不能容忍。

日本方面表示理解中国方面的严正立场,并且认为所谓日蒋朴"联络委员会"是日本反动派沿着日美联合公报的路线结成的一个反动组织。这个"联络委员会"决定开发邻近中国浅海的海域资源,这是对中国主权的侵犯。日本方面表示坚决为反对这一切反动活动而斗争。

中国方面严正表示:中国人民一定要解放自己的神圣领土台湾省。解放台湾省完全是中国的内政,任何国家无权干涉。佐藤政府死抱住非法的日蒋"和约",强调所谓"恪守国际信义",只能充分暴露其坚持与中国人民为敌、妄图阻挠中国人民解放台湾进而达到永远侵占台湾的野心。

日本方面完全赞同中国方面的立场,并再次明确表示:中华人民共和国政府是代表中国人民的唯一合法政府,台湾省是中国领土不可分割的一部分,以任何形式制造"两个中国"和"一中一台"的阴谋都是不能容许的,所谓日蒋"和约"本来就是非法的、无效的,应予废除。

双方再次重申和确认,政治三原则和政治经济不可分的原则是中日关系必须遵守的原则,也是我们双方关系的政治基础。为了在此基础上促进中日贸易的发展,中国方面提出了对日贸易四项条件。这就是,中国方面不同有下列情况之一的厂商、企业进行贸易往来:

第一、帮助蒋帮反攻大陆、帮助朴正熙集团侵犯朝鲜民主主义人民共和国的厂商；

第二、在台湾和南朝鲜有大量投资的厂商；

第三、为美帝侵略越南、老挝、柬埔寨提供军火武器的企业；

第四、在日本的美日合资企业和美国的子公司。

日本方面赞同中国方面的立场，认为上述四项条件是使日中贸易在政治三原则和政治经济不可分的原则下得到发展的重要条件，并表示愿意为保障切实遵守这四项条件作出努力。

双方一致严肃指出：佐藤政府变本加厉地追随美帝国主义，顽固推行敌视中国的政策，为中日关系正常化设置了新的严重障碍。日本方面坚决反对佐藤政府敌视中国的政策，并决心为排除佐藤政府设置的障碍、促进日中关系正常化和日中邦交而作出新的努力。

双方一致认为，中日两国是近邻，两国人民有着传统的友谊，中日两国人民要和平、友好的愿望是大势所趋，人心所向。一个要求日中友好和促进、恢复日中邦交的群众运动正在日本蓬勃开展。这股时代的潮流是任何人也阻挡不了的，中日友好的前途是光明的。双方认为，增进两国人民的友好关系，促进两国关系正常化，不仅符合中日两国人民的共同愿望，而且也有利于维护亚洲和世界和平。

双方就一九七一年备忘录贸易事项等达成了协议。

中国中日备忘录贸易办事处代表：刘希文　徐明　吴曙东　林波　丁民

日本日中中备忘录贸易办事处代表：冈崎嘉平太　古井喜实　田川诚一　松本俊一　渡边弥荣司　大久保任晴

一九七一年三月一日于北京

八、新华社报道在美中国学生和华侨的示威经过

（一九七一年四月）

【新华社北京二十三日电】　华盛顿消息：在美国的中国学生和华侨二千五百多人，四月十日在华盛顿举行了集会和示威游行，强烈抗议美日反动派勾结蒋介石匪帮妄图侵吞我国领土钓鱼岛等岛屿和掠夺我国海域资源罪行。

这一天，来自纽约、波士顿、旧金山、洛杉矶等三十多个美国城市的中国学

生和侨胞在华盛顿林肯广场举行抗议大会。学生们强烈谴责美帝复活日本军国主义和美日反动派的侵略罪行,愤怒声讨蒋介石匪帮出卖中国领土主权和海域资源的卖国行径。会上的一位发言人说,在美国的中国学生强烈反对日本军国主义侵略中国钓鱼岛等岛屿,抗议美国政府支持日本反动派侵略中国领土的阴谋。他说:"我们要和美国人民、日本人民以及全世界人民团结起来,共同斗争,才能取得胜利。"一位参加集会的日本朋友在会上以大量的事实,揭露了日本军国主义复活的罪行。他还说,反对日本军国主义对中国领土钓鱼岛等岛屿的侵略,"必须和反对美国政府在东南亚的侵略政策和战争政策结合起来,因为美帝国主义在扶植日本帝国主义复活的同时,还在东南亚扩大侵略战争"。他们的发言博得了与会者热烈的掌声。

集会后开始游行。游行群众高举"七亿人民一条心"等大幅标语,高呼"打倒日本军国主义"、"反对美日阴谋"等口号,到美国国务院、日本使馆和蒋帮"使馆"门前示威,并且分别递交了抗议书。美国国务院官员竟顽固地对学生们声称,美国坚持要把钓鱼岛等岛屿和冲绳一起同时交给日本。美国政府这种横蛮无理的态度激起了学生们极大的愤怒。游行队伍到达蒋帮"使馆"门前时,不断高呼口号,高唱爱国歌曲,强烈抗议蒋帮出卖我国主权的罪行。示威游行一直坚持到下午六点多才结束。

参加这次示威游行的,除在美国的中国学生、教授、科学家以及一些华侨外,还有一百多名美国朋友和旅美日本朋友。

九、日阀胆敢侵吞钓鱼等岛必自食其果
(一九七一年四月三十日)

【新华社北京三十日电】 新华记者报道:最近以来,日本佐藤反动政府勾结美帝国主义,加紧推行侵占我国钓鱼岛等岛屿的罪恶计划。这是日本军国主义为了实现重新侵占我国神圣领土台湾省的阴谋而采取的一个重要步骤。

据日本《东京新闻》四月五日援引日本外务省人士的话透露,最近日美之间达成了"归还冲绳"的协定,这个协定把"尖阁群岛"(按:即钓鱼岛等岛屿,下同)包括在"归还区域之内"。很清楚,美日反动派企图通过玩弄"归还"冲绳的骗局,侵吞我国钓鱼岛等岛屿。

为了侵吞我国领土钓鱼岛等岛屿,日本反动派进行了一系列阴谋活动。

它派"联合调查队"去钓鱼岛等岛屿进行"勘测活动",派人到岛上设立所谓"界碑",赶走台湾渔民等等,妄图造成霸占我国领土的既成事实。与此同时,日本反动派还为霸占钓鱼岛等岛屿大造反革命舆论。去年年底,日本外相爱知揆一大肆叫嚷,钓鱼岛等岛屿"属于日本";接着,"防卫厅"长官中曾根康弘说:"在下一个计划中,重点将放在尖阁群岛……"今年一月二十七日佐藤荣作公然宣称:"尖阁群岛的领土权属于我国(日本),同任何国家都没有会谈的必要"。日本资产阶级报纸还引用日本政府人士的话大肆宣扬钓鱼岛等岛屿"属于日本领土"的所谓"根据":一曰这些岛屿是一八八四年由福冈县人古贺辰四郎"发现"的;二曰日本天皇曾于一八九六年四月一日颁布一项"敕令",宣布"尖阁群岛"为"日本所有",并决定"属于冲绳";三曰旧金山"和约"和冲绳美国民政府一九五三年十二月颁布的第二十七号命令规定,"尖阁群岛"是冲绳的一部分,等等。

但是,谎言毕竟是谎言,它掩盖不了铁的事实。在美日反动派庇护下复活的日本军国主义势力,妄想用这些所谓"根据",把我国领土钓鱼岛等岛屿纳入日本版图,这是徒劳的。众所周知的事实是:日本政府是经过甲午战争用武力从中国夺取台湾之后,才非法地、片面地把钓鱼岛等岛屿划入日本的版图。《朝日新闻》去年八月二十九日发表社论说:"日本(政府)的立场缺乏说服力,因为从地形上看,尖阁群岛是位于和邻近中国大陆和台湾的大陆礁层的尖端近处,但与冲绳群岛之间,却有一条水深在二千公尺以上的海沟。……这样,要主张把"尖阁群岛"作为冲绳的一部分,不能不说有欠妥之处。"

亚非人民团结日本委员会机关刊物《亚非团结》今年三月号发表的《"尖阁群岛"问题和日本军国主义》一文中指出,现在日本政府说"尖阁群岛"是被一位名叫古贺辰四郎的日本人"发现"的,但是,同中国人民从几百年几千年以前就使用这些岛屿的事实相比,那就不足道了。而且古贺辰四郎的儿子古贺善次也说:"(我的)父亲只是说去过钓鱼岛,并没有说发现了这个岛。"文章说,由此看来,不论从那一方面来说,日本政府主张钓鱼岛等岛屿不属于中国而属于日本,这是完全没有理由的。

值得注意的是,日本反动派的这些阴谋活动是在美帝国主义的支持和庇护下进行的。在日本军国主义制造的种种"根据"遭到破产以后,美国驻日大使馆慌忙发表谈话支持佐藤政府,胡说什么"尖阁群岛"的主权属于冲绳。美国国务院发言人布雷在四月九日叫嚷说,根据《对日和约》,美国对钓鱼岛等岛屿有"行政权"，并且声称"在第二次世界大战结束时，尖阁群岛是受日本行政管辖的"。美帝国主义的叫嚷是十足的强盗逻辑，它帮不了佐藤反动政府的忙。大量确凿的材料无可辩驳地证明：钓鱼岛等岛屿自古以来就是中国的领土，根本不存在美帝国主义对这些岛屿行使什么"行政权"的问题。中国人民决不容许美日反动派以任何借口拿中国领土作交易。

美日反动派在这一阴谋活动中还同蒋介石匪帮互相勾结，狼狈为奸。蒋匪帮一方面表示"不同意"钓鱼岛等岛屿属于日本和"要维护钓鱼岛主权"，另一方面却继续勾结美帝国主义、日本反动派和朴正熙傀儡集团共同开发这个地区的海底资源。由此可见，他们的所谓"维护钓鱼岛主权"等等，只不过是为了掩盖他们出卖我国领土主权和海底资源的骗人的鬼话。蒋匪帮的卖国罪行正在遭到中国人民和海外爱国侨胞的坚决谴责。

一〇、《中国领土主权不容侵犯》

（一九七一年五月一日）

最近，美日反动派在玩弄"归还"冲绳的骗局中，竟把钓鱼岛等岛屿列为所谓"归还区域之内"。佐藤、爱知之流不顾中国人民的警告，继续叫喊什么钓鱼岛等岛屿是"日本的领土"，"没有必要同任何国家谈领土权问题"。中国人民对于美日反动派公然策划侵吞我国领土的罪恶活动，表示极大的愤慨，并提出强烈的抗议。

位于我国台湾省东北海域的钓鱼岛、黄尾屿、赤尾屿、南小岛、北小岛等岛屿，和台湾一样，自古以来是中国的神圣领土，其归属是无可争议的。但是，日本反动派为了霸占我国的钓鱼岛等岛屿，使用了种种无耻的伎俩。他们居然搬出一八九六年日本天皇颁布的一项"敕令"作为"根据"。据说，由于甲午战争之后日本从中国割取了台湾，于是"（日本）内阁会议决定这个群岛（指钓鱼岛等岛屿）是日本领土"。这种所谓"根据"是十分荒唐的。难道一个国家可以随便片面地、非法地把别国一时被割的领土划入自己的原有版图吗？日本反动政府当局还不断派人偷偷摸摸地到钓鱼岛等岛屿上去搞侵犯我国领土主权的罪恶活动，以图造成霸占我国领土的既成事实。但是，所有这一切统统是徒劳的。不管日本反动派怎样强词夺理，弄虚做假，都不可能把中国的领土变成为日本的领土。

值得注意的是，美帝国主义竟然公开支持日本反动派侵占中国领土的阴谋。美帝国主义说什么它根据同日本签订的"和约"，对我国的钓鱼岛等岛屿享有所谓"行政权"，要把这些岛屿和冲绳一起交还给日本。这真是岂有此理。钓鱼岛等岛屿是中国的领土，我国对这些岛屿拥有不容侵犯的主权，根本不存在美帝国主义对我国所属的这些岛屿有所谓"行政权"的问题。美日反动派有什么权利拿中国的领土来私相授受？很明显，美帝国主义这种做法，目的是要纵容和鼓励日本军国主义对外扩张，利用日本反动派作为它在亚洲推行"尼克松主义"的工具。这是美帝国主义敌视中国人民的又一新罪行。但是，美帝国主义玩弄的这套拙劣的把戏，是帮不了日本反动派任何忙的，也挽救不了"尼克松主义"在亚洲的彻底破产。中国人民一贯主张美帝国主义必须把它强占的冲绳归还给日本人民，但是绝对不能容许美日反动派利用所谓"归还冲绳"的骗局，侵吞我国的神圣领土钓鱼岛等岛屿。

在侵吞我国领土的这一国际阴谋中，蒋介石匪帮扮演着一个可耻的角色。这一伙已被中国人民唾弃的政治僵尸，无耻地出卖我国的领土主权和资源。他们一方面不得不表示"不能同意"钓鱼岛等岛屿属于日本，另一方面则继续策划勾结日、朴"合作开发"这个地区的海底资源，并且对日本反动派侵犯我国领土主权的横蛮行径，低声下气，奴颜婢膝，以图换取日本反动派对他们的支持。这说明蒋介石匪帮的所谓"要维护钓鱼岛主权"云云，完全是骗人的鬼话。中国人民是绝对不会饶恕蒋介石匪帮的卖国罪行的。

美日反动派勾结蒋匪帮霸占我国领土，掠夺我国资源的侵略阴谋，不能不激起一切有爱国心的中国人的强烈愤慨。我国广大海外侨胞正在纷纷掀起维护民族主权、反对美日反动派侵吞钓鱼岛等岛屿的爱国运动。他们的正义行动获得祖国人民的坚决支持。

我们的伟大领袖毛主席早就指出："中华人民共和国是不能欺负的"，"不允许任何帝国主义者再来侵略我们的国土"。我们要再一次警告日本反动派：用武力强迫中国割地让权的时代已一去不复返了。中国对钓鱼岛等岛屿的主权不容任何人侵犯。在伟大的中国人民面前，你们勾结美帝国主义妄图侵吞中国领土的一切阴谋诡计，都是枉费心机的，必然要遭到彻底粉碎。

春雷之后：
保钓运动三十五周年文献选辑
(1972—1978)[①]

[①] 龚忠武主编：《春雷之后：保钓运动三十五周年文献选辑(1972—1978)》，台北：人间出版社，2006年。

第一节　钓运初期史实增补
（一九七一～一九七二）

一、美东讨论会前后

谢定裕

一九七一年八月，美东讨论会在布朗大学召开，有三百多人参加，是钓鱼台运动中的一件大事。我当时身在布朗，参与筹备美东讨论会。事隔多年，记忆已渐模糊。当年曾有日记，重新翻读，难免有所感慨。现将讨论会前后有关日记摘录于下，应是当年钓运一个侧面的真实反映。

一九七一年六月二十二日

袁旂自纽约赴波士顿过此，谈到密西根将于八月底召开救国会议。美东则拟与耶鲁合作在八月中开美东联合讨论会。

七月十四日

美东讨论会要我们提供一位主持人，主讲中共的教育和社会；又要我们提供两组的讨论主持人。决定由陈继成为主持人，我为该组的主席；张世加和林政雄负责科技组的讨论。他们找不到地方开讨论会，希望我们有办法。

七月十五日

陈继成去问了学校负责人，说可以租宿舍及会场，每人每晚四元，伙食五顿十元。所以每人得费二十元左右，而且需一个星期前告知确切数目。

陈今晚就会和廖约克接洽。我们表示宁愿别人主办，真无其他办法，我们可以勉为其难。

七月十九日

十时半，鲍永平开车一同去波士顿。午前到袁旂寓所。不久，廖约克和项武忠也陆续到。谢渝秀煮面招待我们。一谈下去，不一会就是六点多，只好留在袁家晚餐。九时许，廖约克先走，我们继续谈到快十二点。回到家已一时。

谈话重点是交换意见，了解各地保钓情况，也谈到美东讨论会的场地问题。耶鲁有一营地，如够大可借是最好。否则恐怕只好到布朗。提到讨论会是否要有统一中国的结论。我说如有人自发的提出,且有时间讨论,当然就让大家讨论;但若由讨论会组织者发动,又不安排时间讨论,就有操纵之嫌。我觉得美东讨论会仍应以"讨论"为主,结论不妨到密西根国是大会去作。

袁旂也提到他父亲给他压力,要他退出运动,并回清华去教书。

七月二十一日

中午有午餐会议。因为三天后有"美东讨论会"的筹备会议,鲍永平就提到有人会要想做结论。他说:"人家想了二十年,就是为了要下结论才来开会。"我说如果预期会这样,就一定得留下时间讨论,而且在议程中预先告诉大家,否则就是不尊重群众,等于是少数人牵了群众鼻子走,是一种操纵。

项武忠来电话,说耶鲁也可借到类似布朗的宿舍,租金也相近。

七月二十五日

鲍永平一家明天就离布朗搬到纽约去,晚上他们来话别。

"美东讨论会"已定在麻州大学开,那边宿费每天每人只要二元五角,且有大自助餐厅可供应食物。

八月三日

中午廖约克来电话,"美东讨论会"又需在布朗举行。麻州大学不成,后来想改到布蓝戴斯(Brandeis)也没有成功。这样,我们得忙一阵了。

晚,项武忠来电话,提到讨论会事,认为这些人办事有问题。麻州之不成与他们的立场有关(与我的猜测相同)。耶鲁也有问题,成员多是国民党员,可以想像得到要紧关头时他们的立场。他又提到李我焱向他提起另一组织的需要,并谓因为国务卿劳杰士的声明,拟去联合国游行。我说,留学生的一切实在只有自我教育的意义,其他都是一种表态。表态当然也有用,我绝不反对,但却不一定要人人参加。表态有时是对自己,有时是对人,无非皆是唤醒的意义。

午夜,李我焱来了电话,说了一些事后就谈到"中国统一同盟"。我说我虽不反对,却愿看看讨论会大家意向再定。我仍建议保持钓鱼台运动的组织,可以在名称上有所变化。他还不知道美东讨论会可能要改到布朗来,也觉得十分奇怪。

八月五日

中午,与吴克覆、张世加讨论了一下与保钓第一分会合作办美东讨论会之举。晚上,陈幼石打电话来,说他们大家都有点保留,谈到什么"喧宾夺主",什么"控制"之类的话。我说这事我们只是服务而已。议程都不由我们管,实无风头可言。但既要做事,确需协调。

八月六日

晚,有工作会议。第一分会显然有意来合作,但会议差一点开僵。终于在成立协调中心之后,顺利获得解决。协调中心成员是吴克馥、陈幼石、李子壩和我四人。任建立代表第一分会担负了"吃"的责任,这当然分去了一大部事情。事后我们检讨,确如吴克馥所说,我们中间有人的确太激烈,自以为是,不够温和。

八月十一日

与布朗校方签了美东讨论会的合同。跑来跑去接洽场地,还要开午餐会,甚忙。

八月十二日

中午有"人力协调中心"的会议,似乎吃的准备做得不错。吴克馥认为他们十分认真负责。我这样转告张世加,他不以为然。

八月十三日

晚有美东讨论会的工作会议。在工作分配上,第二分会虽然并不吃亏,但陈幼石却设法把郑永齐推为接待中心的负责人。这时张世加正好走出去不在会场,他就十分生气。

会后,我就和吴克馥到陈继成处,找了张世加来分析,算是把他的气消了一些。但等我回家后,他却来一电话,说他太太要他退出,并且退出第二分会,否则婚姻就可能有问题,我说他这一举动是使亲者痛、仇者快;对我们大家非常不公平,我们不应受此对待。他终于说可以再考虑。

八月十四日

昨晚大概只睡了四小时。

十一时许,与张世加通电话。他已与陈继成等谈过,要我过去。我去了之后,就发现事情又有变化。本来陈继成、林政雄等都觉得第二分会在实质上并没吃亏,此时已为张所改变。有人就主张与第一分会决裂,认为我们自己办,即使在这么晚的时候,人力也够。或者就采取一种隔离的合作。接待组只派鲍永平、黄包过去,别人不供调遣。我当时的感觉是这些都是意气用事,最要紧的是把会开好,会开好就是第二分会的成功。但他们现在情绪如此高昂,我也就顺着他们。最后决定试行隔离区分的合作。

下午二时,有美东筹备会议。李我焱、袁旂、邝治中、项武忠、廖约克、戴永生、胡志钧、薛祝全等都来了。鲍永平也自纽约回来参加。我担任主席。会开得很顺利,到六时半,一切都解决了。稍有争论的是关于有人在大会场发印刷品应否让我审查一事。大家都不主张审查,只有鲍永平一人独持异议,争执了好一阵,并没有说服他。在主讲方面,十一人中,有我们的两位:黄包讲台湾的文教科技,陈继成讲中共的"文革"。

会后,陈幼石请吃饭,吴克馥是助厨。吃饭时,李我焱提到杨振宁现在在北京。

饭后,有电话来,要我去陈继成家。我离开之前,对郑永齐说,接待组第二分会可能只有鲍永平和黄包二人参加,其他人都退出。郑说:鲍永平刚和他说还要加上张世加。我听了之后,觉得有点尴尬。那知到了陈继成处,又有变卦。由于鲍永平的游说,提出了两个方案:一、决裂,二、接待组由鲍永平与郑永齐做联合主席。鲍不在时,由黄庭芳代理。我说,第二分会人力单薄,要独立主办,相当吃力;第一分会肯合办,而且担负了繁重的"吃"的任务,也应该分到一些出头露面的工作。如果能由这次合作,使布朗的保钓裂痕重新弥合,岂不很好。这时吴克馥就问鲍永平,他这一星期是否就留在这里。鲍回答说:"我只是说说大话而已,有人会替我办难事的。"

于是打电话给陈幼石,表示有事要商量。鲍永平、黄包、黄庭芳、陈继成和我五人到陈幼石处,她那边还有郑永齐和任建立。鲍永平开门见山的提出:"接待组方面,我们不受第一分会调度。"就这样开始了三小时伤神的争论。大部分时间是陈幼石和郑永齐在谴责我们。要紧关头看看要僵时,我就说几句圆场的话。事实上真要决裂不太容易。一则他们也已花了不少心血,不愿意心血白费;二则陈幼石也提出恐吓,如果决裂的话,她就会将一切经过通知各地保钓分会。我们虽不怕这点,可是也不必找此麻烦。我仍认为布朗同学还需要努力寻求更多的合作,通过和谐以便教育更多的人,使他们认识运动的意义。

三小时的争论,实质上丝毫无所得,有人却认为争回了一口气,我只感到是一番被羞辱的挫折。

八月十五日

在吴克馥家晚餐。他显然对第二分会的做法,有相当程度的不满。他隐约提到以后要为布朗同学的合作而努力。我想恐怕不容易。

张世加来拿毛笔，提出所有交涉必须获得第二分会通过。我说只能指示主要的方针，其他应由交涉代表决定。做得不当，以后可以批评，但必须支持。这是互相信任的要素。

第一分会今晚开会结果，不接受昨晚的协议。是吴克馁来告诉我的。我们又谈论到一点多钟。我现在只求这讨论会能顺利开成。

晚，第一分会开会结果，不接受昨晚的协议。吴克馁与我又谈到一点多钟，真伤脑筋。

八月十六日

又只睡了四五个小时。

与鲍永平通了电话，谈了近一小时。他认为我由于经验及背景不同，不能理解有些人受气的程度。不论他的理由是否成立，这大概是事实。我把张世加的痛苦看得太轻松，以为他可以凭理性来克服，这自然是我领导能力的错失。

晚上开会时，我讲了一些话：一、不曾有机会深切了解他们的情感，这是我的失败。二、郑永齐也是学生，因此我无法恨他。三、我清楚自己的缺点，使我对他人宽容。有了这些因素，也就影响我做事的方法。

开会的决定是仍然坚持分别负责。不但接待组，甚至其他各组，也分让出去。可说是完全为争气而出让实务。这样应该没有太多问题，一切由陈继成去协商。又取消人事协调中心，由吴克馁负联络两个分会之间的事。

回家和周广菲谈了一阵。她认为我只是口头上承认失败，目的为了安抚而已。我说不仅如此，这是较高层次的失败。以我的标准而言，张、鲍仍是错的，那是由于他们有弱点，尤其是张。所以我有保护的责任，我自然是偏袒他们的。但是在安全的范围内，我还是尽量要求公平。我却估计错了他们情绪的安全限度。

八月十七日

自吴克馁处得知昨晚二陈会谈结果，已签了三项协议，似乎对我们尚有利。但下午却又出现了新问题。协议中有漏洞，第一分会将责备陈幼石软弱，可能又有波折。

去布朗 M 君处接洽一些杂务。公交处的 N 君说，要为美东讨论会发布新闻，届时报馆、电视台都会派记者来。

八月十八日

上午,去 M 君处将住房作最后解决:二二五张床铺好,一百张床不铺,另外还准备三十张便榻。如有人要多住一晚也可以。

显然昨晚第一分会曾经过一番争辩后,已决定采取息事宁人的态度。吴克愎认为他们比较通情达理。

晚,又有工作会议。顺利解决一切问题。我因为昨晚又未睡好,觉得精神不济。希望不致生病。

本以为可以早睡,那知不断有电话来。先是从康州及德拉维州(Delaware)来的电话。到十一点多,陈幼石来电话说,上星期六,黄包说出"一二分会并不平等"的话,她要陈继成作出解释;陈继成答应了,后来却不答应转告,使她很难向第一分会交代。她非常气愤,说要不管这里的事,回贝邙去。我说她是否要回去,要她自己决定,虽然我希望她留下。如果第一分会要不干,要及早告诉我们。美东讨论会是一定开成的。场地住宿皆已无问题。吃的问题也可以调动波士顿和纽约的人去办理。她问我对她有什么建议。我说我可以尽力的是:一、我可以个人表明,我认为一二分会是平等的。二、第一分会以后开检讨会我可以个人身份参加,接受批评,参与检讨。

随后,我打电话给陈继成,仍应准备好"万一"的计划,力求不让人家的作为影响我们的情绪。

八月十九日

上午去保卫科。因为注册时要收钱,得多派一位警员,又需三十元。

电话已装好,却装错了房间。又得去改。

昨晚的暗影显然仍存在,到晚上大概已无问题。如吴克愎所说,第一分会也为此事花了不少时间,现在不干也是损失。

晚有工作会议,为黄包及陈继成的演讲预习,并排定详细的人员工作分配表。

高英茂特来电话要美东讨论会的议程。

八月二十日

美东讨论会今天开始报到。上午作场地的最后勘踏,并借扩音器及银幕。

下午三时起就开始在赛冶大厅接待报到,一直忙到近一时。多伦多有一大车,三十七人;费城有九人,都要在午夜以后或凌晨到。至午夜,铺位已定走二百以上。加上明天会来的及不住宿的,总数会在三百以上。

《普城日报》有记者及摄影记者来访问。袁旂等又另外准备了一份新闻稿,由我送到电视台和报馆去。

鲍永平对第一分会有戒心。工作开展以后,态度变好一些,但仍不放松防谍之心,也不信任吴克俊,怕名单及地址落入第一分会手中。过了午夜,我安排将名单交给袁旂和李我焱,解决了这一问题。

八月二十一日

美东讨论会的议程大致如此:八时早餐。九时大会开始。上午是台湾问题讨论会,有两个小时的四个专题报告,接着是两小时的分组讨论会,共有十组。下午是中共问题讨论会,也是先有两小时的六个专题报告,然后是十一组分组讨论会。六时晚餐。晚上有乒乓球比赛、电影及游艺会,一直到午夜为止。

我致开幕词。上午的讨论大会由王正方主席,下午的讨论会是项武忠主席。

上午的分组讨论会,我去看了三四处。有一处是由陈恒次主持,梅祖麟、陈幼石和魏镛都在,起始以压倒之势企图美化台湾现状。我就说了几句:"我们不是美国人,不能学美国专家在数字上玩游戏。台湾问题多得很是一事实。我们对祖国的感情应使我们去想什么是可做的事。"后来大家情绪转高,我就离去。袁旂说后来梅对我有批评,说既认为社会主义好,何必留在美国。

中午,约了李我焱、廖约克、项忠武[①]、袁旂、王正方、鲍永平、邝治中开会讨论一下议程的一些小变动。李我焱本来认为无开会的必要,我却觉得有此需要。大会本来没有设立常务委员会,这样讨论一下,可收集思广益之效,比一二主持者径行决定要好一些。

下午的讨论会,我到处跑来跑去,没有怎么参加讨论会。较尖锐的是胡志均讲中共内部政策,说了中共没有民主自由,结果群起攻之,情绪非常激昂。在分组讨论时,大家都涌向胡志均所在的教室,有人满之患。袁旂于是调胡前一小时在一教室,后一小时到另一教室。大家都向胡提出问题,有的问题还涉及胡的私人。胡面对有敌意群众,倒仍挺住,守住他自己的信念。我事先关照了鲍永平,要稍尽保护之责,不要让他在会后挨打。

晚上,在大草坪上有晚会,大家一道歌唱:民谣、战歌、及黄梅调。有乒乓

[①] 编者按:原文如此,应为"项武忠"。

赛,都十分成功。

又有电影。我留守接待中心,没有去看。

吃也很成功。早餐除两个油炸圈饼外还有鸡蛋。午餐是双层三明治、梨及李。晚餐有四菜一汤,并有香蕉和桃。这些全亏第一分会的帮助。

陈继成到晚上身体已支持不住。他说有点发冷,怕是生病了。

回家又已一时。

八月二十一日①

上午大会是总结报告和自由讨论,由李我焱主持,两件大事:

一件是《普城日报》星期日版,居然以《三五〇中国学生宣扬"两个中国"》为标题报导了我们的讨论会。症结所在是第一段:"昨天在布朗大学召开、有三五〇中国学生参加的大会上,'两个中国'的政策,有很明显的表示:上午的注意力集中在台湾,而中国大陆则是下午的主题。"这显然是一种牵强附会。当时我坐在主席台上,袁旂递过来报纸,我看了之后,真是气愤。我与李我焱商量了一下,决定由大会去函更正。先仍照议程进行总结报告,但立即交代邝治中拟函,待大会进行到自由讨论时再提出来。因为有此一激,就益发觉得要有统一中国的决议。后来讨论时,有人建议全体去报馆示威,经李我焱劝阻,决定由程君复等十人,于中午去递交抗议书。他们去了之后,取得报馆同意刊登更正函,还在报馆前举牌游行了一阵。

另一件大事是有关去联合国游行的决议案。决定:一、赞成去游行。(以二一八对一通过。反对的一票是魏镛。)二、游行的主旨:(一)反对"两个中国"、"一中一台"的国际阴谋。(二)所有外国势力自中国领土撤出。(三)中国的台湾省问题是中国内部问题,只有中国人民可以解决。(四)反对任何出卖中国领土、主权的集团。(五)中华人民共和国为代表全中国的唯一政府。经过许多辩论,有些人,例如项武忠、薛祝全,不主张旗帜如此鲜明,希望不采纳第五点,没有成功。结果以一一八对六一通过。这一决议使许多人震惊,面色苍白的走出会场,第一分会的会员尤为紧张。

下午有一些专题演讲,大家已没有什么兴趣了,人们纷纷离去。

事后我们有些人聚在一起检讨,焦点集中在决议的第(五)点,觉得会增加许多分会的困难。项武忠尤其生气,因为前四点是他们昨晚要他出面提议的,

---

① 编者按:原文如此,似为"八月二十二日"。

后来竟添了第五点。他觉得有被欺骗的感觉。但大家都觉得这次会开得很成功。地主当然博得不少赞许。我也提出第一分会的会员,虽然意识形态完全相反,却尽心尽力,实在应该嘉许。大家都鼓掌表示。

自威斯康辛来的王春生说,比起上次在威斯康辛的会场,这次会场是成功的。威斯康辛的会像是一布道大会,这次却有针锋相对之处。其实即使这次,也有人说是布道大会。李我焱做主席我觉得十分成功,三百人的大会,居然能将这些议案在一小时内推动表决通过,而且还能容许充分讨论,确实不简单。不过也有人批评他太独断。

八月二十三日

七时起床,去买报。报上登了一小段,报导有学生去报社持牌游行抗议"不正确"的报导。与鲍永平和吴克馥商量,均认为已可收。但还再作了一些努力,去报社要求登出我们的抗议信,他们答应交给读者投书栏处理。

鲍永平昨晚没走,电话来说,对决议一事想了一夜,十分不安。觉得自己有问题,行动跟不上思想。陈继成也有同感。其实我倒无所谓。因为我对任何行动常有各种后果的心理准备,同时我也不在乎个人的毁誉。不过,看来布朗中国人圈子里,当会有一阵扰攘不安。

向陈幼石打电话,转达人家对布朗服务的谢意,尤其是"吃"的方面。

八月二十四日

与M君去结算账目。M提到报上刊登的消息,问开会这些人是不是一群共产党,又提到美东讨论会的大红条幅。我说他们是爱国的民族主义者。但如果唯一的中国是共产中国,他们也接受并承认,这也同美国的政策是相符的。M说若是两年前,情况就不同,恐怕会有麻烦。

中午,陈磊、杨更强两对夫妇来,交换各地学运意见。

八月二十五日

午餐会上大家情绪都有些黯然。似乎布朗同学中,除香港来的黄庭芳、麦思源和新加坡来的庄志锽外,只有林政雄觉得很好。张世加也略有保留。

下月安娜堡将有国是大会。黄庭芳和张世加要去参加,我考虑之后决定不去了。

二、美国参议院外交委员会举行钓鱼台问题听证会

1. 美参议院决为钓鱼台举行听证会

芝大《钓鱼台快讯》

经过数月的努力,说服参议员的工作,最近有了具体的进展。美国参议院在表决琉球归返日本条例前,已决定为钓鱼台事件举行听证会,从十月二十七日开始,一连四天。保钓参议院说服小组并商请杨振宁先生作证,杨先生已正式答应,将于十月二十九日上午十时出庭。

按美国务院为讨好日本,决定以条约方式将琉球送给日本;同时无视于史、地、法律及广大中国人民的反对,私自将钓鱼台列入琉球的一部分,而一并送给日本。日、美的强悍态度,激起了旅美华人的愤怒与团结运动。运动至今,虽然大家体会到钓鱼台的丧失只是表面现象,而致力于更深问题的研究,仍有不少人着力于法律工作,为便于来日国家强大时收回打基础。美国要通过这个条约,必须获得参议员三分之二以上的赞同,说服这小组便是因此产生的,希望让三分之一以上议员了解真相,而修改条约。

配合听证会,以达更大效果,说服小组希望各地保钓会或任何关心爱国华人,协助推动下列两件事:

一、写信给各州参议员,或参加签名说服小组草拟信函。(曾由纽约保钓会分寄各地)

二、打电话给:Senafor Fulbright, Foreign Relation Comm, The Capital, Wash. D. C.,简述"钓鱼台是中国的"等。为争取时效,此法更有效。说服小组希望一人一电报。

(芝大《钓鱼台快讯》,一九七一年十月二十六日)

2. 杨振宁等在美国参议院外交委员会为钓鱼台问题作证

一九七一年十月二十九日

一九七一年十一月十日,美国国会以八十四票对六票批准了"归还"琉球

条约,对钓鱼台列屿主权,置之不问,在华盛顿的参院说服小组,在批约前夜以继日的工作,希望透过若干接触能使参院提出修正案或对钓鱼台列屿作特殊处理。十一月十日的结果不是他们的失败,是全体保钓运动的失败,只有他们自这次失败中当得起虽败犹荣。

十月二十七日,参院外交委员会举行"归还"公听会,说服小组设法请到杨振宁、吴仙标、邓志雄、约翰·芬查(John Fincher)四人作证,证词相当精彩,外交委员会因此在推荐书中提出钓鱼台主权未定的建议,惜未为参院所用。

另有盛宣怀之孙女,持有一份慈禧太后的敕令,将钓鱼台与赤尾屿赐给盛氏采药之用,敕令是一八九三年,这一份是对争钓鱼台主权有力的证据。

我们把一些证辞节录如下。

杨振宁说:

"我对于美国人民及政府有可能卷入中日两国为领土而发生的争执之中,感到深切的关怀。中华人民共和国和在台湾的'中华民国'都坚决地表示这些岛屿(指钓鱼台列屿)无论在地理上、历史上及政治上是台湾的一部分,而两个政府均同意台湾又是中国的一个省份。美国国务院在几次声明中保持着中立的地位,但是,日本并不认为美国在这场争执中是中立的。美国海军计划保持这些岛屿为演习目标使日本更理直气壮。究竟国会有没有意识到海军当局所作的恰巧与上述的中立立场抵触?三个月以前,我有机会到中华人民共和国访问。此行对我有极大的教育意义,因为它使我醒觉以前对人民中国的种种错误观点。我可以肯定的是,中国的领导人极其关注日本军国主义复活的可能性。一天下午,我看了两部日本影片——《日本海大海战》及《山本五十六》——主题是宣扬日本海军。影片的制作人是催促日本重整海军。这些影片很明显地忽略历史对旧日本海军的"光荣"武装扩张所作的裁判,这种武装扩张曾给世界及日本人民带来深重的灾难。在琉球归还协定中留下模糊不清的态度而使日本认为美国在争执中完全支持它,这是不是符合我们长远的利益?播下了美国涉及这项争执的种子,又是不是符合世界和平的利益?让我在此建议,为纠正这个错误,参议院应明确地表示中立,并且应阻止美日海军企图在钓鱼台列屿做成既成事实。"

吴仙标说:

"中华人民共和国的评论员文章(《人民日报》)中指出:'中国人民一贯主张美帝国主义必须把它强占的琉球归还给日本人民,但是绝对不容许美日反动派利用所谓归还琉球的骗局,侵吞我们的神圣领土钓鱼岛等岛屿.'在台湾的'中华民国'对此亦颇强硬,'外交部'发言人指将钓鱼台列屿移交与日本为'不可容忍'。美国国务院一方面宣称在这个领土争执中保持中立,但另一方面却将这些岛屿移交给琉球当局。事实上,美国已曾要求日本准许使用其中两个岛为演习轰炸目标,这项要求使所谓中立根本毫无意义。几年前,中国为了在中苏边境乌苏里江上的一个小岛而与一个超级强国——苏联——发生武装冲突。这个岛是没有人居住,没有任何战略价值,也没有石油。如果中国愿意为保卫这样一个小岛不惜一战,那么,日本是否确切相信它可以根据琉球当局的声明而占据钓鱼台列屿呢?中日两国人民希望以和平手段来解决纠纷。不然的话,美国是有意播下中日冲突的祸根。"

约翰·H.芬查说:

"中国人民当然和美国人民一样恐惧日本的核子武装军备。但是,中国人民对于日本常规武装的重整也是极端不安。这就是他们为何因日本常规海军及陆军的扩张而愤怒。这也使他们因钓鱼台事件而坚信这是美国和日本军国主义者相勾结一大明证。中国攻击日本五月十一日发表公文中竟用美国军用地图来支持它拥有钓鱼台列屿,这幅地图显示琉球本土与钓鱼台列屿之间为美国海军炮弹射程。我也许太清楚政府声明制作的过程了,这些错误是产生于美日军事当局的合作和磋商的。我们切不应误认这些声明是'无意义的'及'宣传式的'。政府不可以发出错误的声明。政府似乎不想强迫日本作公开解释,更不要说是商议了。我希望参议院能准备考虑采用独立的观点来看问题,而且有所澄清。"

邓志雄说:

"中国宣称对钓鱼台拥有主权是根据地理、使用、历史及法理的。我们看到了在钓鱼台海域中的中国渔民于一九七〇年九月为日本警察武力驱逐,我们也看到了'中华民国'的国旗在岛上被除下、被撕破。我们知道日本计划在台湾附近一一〇〇〇〇平方公里海域派十艘装备了三寸口径炮及四十厘米机枪的巡逻艇。日本人说这些炮艇可装上船对船的导弹。我们满怀忧虑地注意到了一九七二——一九七六年日本第四个扩军计划,这个计划预算是一百六十亿美元,这比它以前的三个扩军计划总额还要超出五十亿美元。我们一定要防止这种军国主义的复活,不论是在钓鱼台或在什么地方,我们都应当这样做。由于钓鱼台是中国的领土,也由于我们对日本军国主义复活的恐惧,美国应在此事件中采取严格的中立立场,即将有关这些岛屿的条文从琉球归还协定中除去,这将有利于世界和平。"

李蒙·威尔逊说:

"我们注意到这项协定(《琉球归还协定》)引起了钓鱼台列屿主权归属的问题,我们希望本委员会能在有关协定的报告及解释中清楚表明该协定完全没有裁定或改变中国对这些岛屿主权的能力。我们希望有关方面能尽快以会议方式解决这个问题,或提交国际法庭裁定。"

罗拔·摩利士代表姬莉丝·许小姐说:

"我谨呈上文件以证明纽约市一位美国公民,姬莉丝·许小姐,拥有钓鱼台、黄尾屿、赤尾屿及附近两个小岛的主权。一八九三年,中国慈禧太后将这些岛屿赐给许小姐的外祖父盛宣怀。盛氏其后在遗嘱上将它们让给许小姐(呈上四份文件)。她希望能将她的要求记录在案,而且请委员会肯定协定不会改变她对岛屿的权利。"

(《盘古》,一九七二年一月)

【附录】

(1) 美国夏威夷州华裔参议员邝友良先生在参议院发言记录
——关于钓鱼台列屿之主权争执与徐逸女士所有权

邝友良

邝友良在美国参议院发言(一九七一年十一月九日)记录译文:

"总统先生,今日参议院要决定关于批准美国归还琉球群岛和大东岛予日本的协定,是否提出参考意见与同意。这个条约规定将琉球群岛与大东岛归还日本行政控制。(以下关于美、日关系加强的言词,从略)

"总统先生,在我讲话结束以前,我请我的同僚们注意一个令人困扰的问题,此问题是由于我们决定将这些岛屿(指琉球群岛与大东岛)的行政权交还予日本而引起的。关于这问题许多人都在心中盘算:就是谁拥有钓鱼台列屿的法律的与主权的权利?

"本院外交委员会听证会上,国务卿罗吉斯关于此事曾经承诺:'这个条约完全不影响这些岛屿(按指钓鱼台列屿)的法律地位。不论他们在此条约以前

的法律地位为何，实施此条约后，其法律地位仍将一如从前.'

"同样地，外交委员所提出的报告关于钓鱼台列屿的主权问题并未有所决定，在该报告的第五页，有下列一段：

"'中华民国'、中共及日本都对钓鱼台列屿提出领土要求。国务院的立场是有关钓鱼台列屿美国权利唯一来源，来自金山和约；依据此和约美国只获得行政权，却没有获得主权。因此，美国转移行政权予日本的行动，既不构成基本的转移，也不影响任一争论者的基本要求。外交委员会重予声明的是：(交还琉球群岛)协定的条款，并不影响任何国家对尖阁列岛或称钓鱼台列屿的主权要求。

"钓鱼台列屿是八个无人居住的，面积很小，但石油资源丰富的小岛，与中国大陆及台湾保有密切的关系。他们距离台北一百二十英里，距离琉球群岛二百四十英里，附近水深都在二百公尺以内，但钓鱼台列屿与琉球群岛之间水深，则超过一千公尺。

"除开地理的理由支持本条约不包括钓鱼台列屿在内以外，中共及在台湾的'中华民国'均提出主张，认为在地理上及政治上钓鱼台列屿是台湾的一部分，而台湾则被双方视为中国的一省。

"总统先生，除开上述种种理由反对把钓鱼台列屿包括在琉球群岛归还条约以内，我还拥有一张慈禧太后一八九三年诏谕的影印本，将'钓鱼台、黄尾屿、赤屿三小岛赏给盛宣怀为产业，供采药之用.'

"徐逸女士是盛宣怀先生的法定后裔之一，是美国公民，拥有此项诏谕之原件，因此他代表她自己和盛宣怀其他后裔①，对这三个岛屿提出产权要求。我的诚恳希望是关于她之证明她的家族对此三小岛的要求，应获得各方之考虑。

"总统先生：我请求(本院)一致同意把慈禧太后有关此三小岛的诏谕的英文译文在此时列入(本院)记录."

既无人提反对意见，此诏谕即列入记录。

(沙学浚，《钓鱼台之历史、地理与法律根据论丛》)

---

① 编者按：原文如此，"因此他"应为"因此她"。

(2) 盛宣怀后裔徐逸女士的法律顾问致徐女士函

Robert Morris

亲爱的徐逸女士

　　我想我们去华盛顿的旅行是成功的。我今天已和参议院的外交委员会的主管书记柯尔先生晤谈过，他说该委员会可以说明有关条约(按指美国交还琉球与日本之条约)的行使，不能改变你的基本权利，也不能改变对于(钓鱼台)群岛的主权。

　　我从国务院获得一个意见，便是美国从日本取得的只有行政权，美国不能交付主权的任何权利给日本，也不能干涉你的基本所有权。

　　所以此条的实在结果是下列三点：

　　(1) 在听证会的记录上有一个你的(所有权)要求的记录。

　　(2) 参议院外交委员会有一个陈述，肯定你的权利不受条约的影响，对此群岛的主权也不受到它的影响①。

　　(3) 国务院的记录上也有一个肯定的陈述，指明你的权利不受条约的影响，主权因而也不受到影响。

　　现在关于主权，"中华民国"和日本必须作成决定。此项行动必须由"中华民国"提出。

　　在此期间，假使你需要，我可开始访问日本政府，同意在使日本政府承认你的所有权，如果日本在主权的争论中获胜。请让我知道你关于此事的思想。

Robert Morris 签名

Rice and Rice 律师事务所，美国塔克萨斯州达拉斯城

一九七一年十一月三日

(沙学浚，《钓鱼台之历史、地理与法律根据论丛》)

---

① 编者按：原文如此，"他"应作"它"。

三、由日本海图证明钓鱼台是中国领土
——并论钓鱼台列屿之日本命名

盛承楠

我国古籍中并无"钓鱼台列屿"此名的存在。有明一朝我国的出使琉球使臣,回来的报告《使琉球录》中都称她为"钓鱼屿、黄尾屿、赤尾屿"三岛名。在明朝嘉靖年间奉使宣谕日本国的新安郡人郑舜功,于《日本一鉴》桴海图经卷之二沧海津镜图上,称之为钓鱼屿、黄蔴屿、赤坎屿三岛名。其绘有详图的如上述《日本一鉴》外,以在明朝嘉靖十三年陈侃、高澄首上《使琉球录》,其后嘉靖四十年郭汝霖、李际春均有使琉球录,惜无图可考。待明万历七年萧崇业、谢杰使琉球时,其《使琉球录》"琉球过海图"中方有详细的地图和航行的针路。

在有清一代,于乾隆五十年(一七八五)(即日本天明五年),有日本人林子平著有《三国通览图说》一书,其中琉球国部分图,称之为"琉球三省并三十六岛之图"。后人所辑的徐葆光《中山传信录》,亦采用此图,将宫古、八重山两群岛列入琉球管辖范围,特将钓鱼台、黄尾山、赤尾山表明属于福建,并认定为清国的领土。

有了以上事实的依据,在明清两朝中日两国使臣学者,无论称之为:屿、台、山何种名称,她的主要意义,从来没有更改过,何以近来的最新地图和地理书上,忽然都称之谓尖阁群岛(Senkaku Gunto)?其三岛名称亦改为鱼钓岛(Uotsuri)、黄尾礁(久场岛)(Kobi-Sho)、赤尾礁(大正岛、久米赤岛)(Sekibi-Sho)?

按"尖阁"二字,本为日本人在琉球任教之中学教员擅将台湾宜兰县渔民所称之"尖头诸屿"而日文化之。侵华战争尚未大发,从未战败的大日本帝国时代,不要说钓鱼台列屿,就是台湾亦由它占领,整个中国大陆都在它军事势力下,我政府当局是无可如何!在此期间,国际间人士都重视日本所绘制的地图和地理命名,日本人所发表的,他们也都采用了。唯有我们中国,反不重视中国古有的文献,也去拾人的牙慧,人云亦云,这就失掉了自己的地位了!幸而我们的祖业(物质的、文化的)实在深厚,虽然我们这几代实在不肖,但拿出我们家产簿来,究非此辈鼠窃狗盗者所能妄想和觊觎的。

鱼钓岛是日本人一贯惯用的文法,是名词和动词的倒装法,其意义仍为钓

鱼岛。日本人将黄尾屿改为久场岛,则是取之于琉球人的发音。因明清两朝琉球的王室和贵族,习用汉文和汉语,民间因为琉球只有语言而无文字,王室和贵族写的汉文,说的汉语,并未普及民间,乃利用日本字母之音,讲琉球人的话,这样的文字意义,连日本人也无法了解的。日本人一旦并吞琉球后,就废琉球语而统一了日琉的语文。日本人的字母导源于我国的文字,日本的文化得之于我国,其文化并未同化于我国,反将我国之藩属琉球同化于日本,我国走的是上层路线——王室和贵族;日本走的是民间路线——琉球的人民。在这个时代,它是成功了。

琉球人将黄尾屿称之为久场岛,日本人当亦随之改称久场。但到黄尾屿去的不是琉球人而是台湾人,尤其是宜兰县的渔民,故台湾人没有知道她是久场岛的。只有清朝道光十八年奉使琉球的赵新,回来写了一本《续琉球国志略》,他听了琉球的水手将钓鱼台叫做钓鱼山,而将黄尾屿叫做久场岛,赤尾屿叫做久米赤岛,仅此一人,但仍认此等岛屿属于我国之福建台湾的。大正为明治天皇之子大正天皇的年号,与民国同元。日本人占领台湾,在民元前十六年,它占领了台湾,高兴叫中国人的赤尾屿,琉球人叫她为久米赤岛,他又叫她为"大正岛",其奈他何!

抗战胜利后,我们取回了台湾,属于台湾的钓鱼台列屿,我们是义不容辞应将她一并收回的。占领台湾时期日本人的一切措施,我们无暇置词。但光复台湾后我们为什么不收回钓鱼台列屿,除了负责接收台湾的台湾行政长官陈仪业已死亡外,应尚有负责人在。回想我国"驻美大使"在外次任内,向"立法委员"的报告说,是我们托美代管的,美国要交琉球于日本时,当然我们是不同意她这样做法的,我们只有期待这位外次"大使",如何由代管而收回了。

明治二十六年十一月二日(一八九三),冲绳(日本并琉球后改名冲绳,划入日本本土为县治)该县鉴于钓鱼台列屿各岛,曾有人(台湾尚未占有,所指即台湾人),在该海域从事渔捞等活动,正式备文呈请内务、外务两大臣,要求对上述活动加以取缔,并将该岛屿等划归冲绳县属,正式建立界碑。案经内务大臣征得外务大臣同意,于明治二十七年十二月二十七日,向内阁会议提出,并经阁议于明治二十八年元月二十一日令复冲绳县长。(指令)

(三一二)十月二十一日(一八八五)外务大臣井上馨致内务大臣山县有

明文①：

"事由：为冲绳县与清国间海域散布之无人岛建立界碑，应仍延缓实行一案函请查照由。

"本月九日函为拟在冲绳县与清国福州间之无人岛（即钓鱼台），久米赤岛（赤尾屿）等二岛从事实地勘察、建立界碑，嘱示意见一案。查该岛等与清国境至为接近，实际面积与大东岛相较，虽至狭小，然清国在各该岛等已有命名，近复在报上揭载我政府（指日本）有意占据台湾附近清国所属岛屿，对我政府至表猜疑，似予注意，不宜遽然在该处建立界碑，以免招致清国疑忌。至拟在该岛实地勘察港湾形势、土地产物等，倘尚可行，建立界碑事，仍以等候他日适当时候为宜。"

（三一三）十一月三十日山县内务大臣致井上外务大臣："为在无人岛拟建立国标界碑一案，令复冲绳县（应暂缓施行）函请照令由上述建立界碑事，因该处与清国有关，万一发生咀唔，反不相宜，不宜急切行事，应候令实施。"

（三一四）十二月四日，外务大臣复内务大臣：

"贵部拟令饬冲绳县暂缓在无人岛建立界碑事敬表同意，附还原件。"

此文件证明日本地方官于一八八五年即有觊觎我台湾"钓鱼台列屿"之野心，但中央官员仍认为是清国领土，恐引起清国的猜疑，尚须待他日适当时期。

由于以上日本官方文书的证实，证明钓鱼台列屿一直属于中国。直到一八九五年甲午战争之后，才随同台湾澎湖一并割予日本。一九四五年，台湾澎湖回归中国，钓鱼台列屿自应一并回归中国了。

日本昭和三十年（一九五五）（"民国"四十四年），日本庆应义塾大学英修道教授所著之《冲绳的地位》，其第一部外交史，第一篇"冲绳之沿革"亦曾记此事件原委如下：

"又八重山群岛西北方的久米赤岛、久场（原作者注：原文误场为扬）岛、鱼钓岛等无人屿，最先由冲绳县知事于一八八五年（明治十八年）呈请太政大臣，准予建立该县管辖的标帜，井上外务大臣以该'岛屿邻近清国省境，是蕞尔小岛，且清国方面有日本占据台湾附近清国领土的谣言为理由，让国标建立和岛屿开拓等事，延缓他日有机会时再议。'

"同年十二月，内务大臣有指令给冲绳县知事于一八九〇年（明治二十三

---

① 编者按：原文如此，内务大臣应为山县有朋。

年)一月,向政府呈请准予建立国标,仍然未获实现。冲绳县知事复于一八九三年(明治二十六年)十一月以同样理由,向政府重申前请,终于在一八九五年(明治二十八年)一月经内务阁会议决议将该小岛等列为冲绳县管辖。同月内务、外务两大臣有指令给该县知事谓:'所呈请的标帜建立事已获批准,'于是此案件才告一段落。"

这不过表示日本既取得了琉球、台湾和朝鲜后,其军事政治势力更远及我国的东北及全国国境,对于钓鱼台列屿,已无所顾忌。至民国二十年左右,只有他向我国攻城略地,建立傀儡政权(满州国汪政权)当时琉球为内地,台湾为属地。

虽然如此,民国四年(一九一五,大正四年)由日本帝国海军测量,完成于民国十五年(一九二六,大正十五年),再由民国二十年(一九三一,昭和六年)加入资料,由日本水路部印刷发行之第一二〇三号图,名为"冲绳岛至台湾",于民国二十一年(一九三二,昭和七年)四月十四日公开发行。可注意者,于钓鱼台列屿之命名仍为"尖头诸屿";其三岛岛名亦仍为鱼钓岛,黄尾屿,赤尾屿。按三岛之命名仍旧,"尖头诸屿"本为台湾省宜兰县渔民之俗称,即彼国海军及水路部亦舍"尖阁群岛"而不采用也。"尖阁岛"只是一个蒙混物主的尖头岛的名称。

这就是"钓鱼台列屿"是属于我国台湾省宜兰县的铁证!

水深:米

高度:米

原图(大张)比例尺 1/785 000

原图(小张)比例尺 1/200 000①

我们现用日本的文献证明钓鱼台列屿的主权属于中国。此外还有此岛属于中国人民的私人所有权,而不是古贺!

我们提供了满清最有权威的皇太后慈禧,赏给满清邮传部大臣盛宣怀的御赏黄卷,为盛家药局采药之用。本人又与龙门打捞工程公司负责人张云蔚先生,先后六年于此岛采药及打捞沉船。采药须土地,我在此岛屿上实际使用了这土地,云蔚先生尚在此岛屿上建筑了房舍、台车道和码头等。直到日本霸认主权,才被迫离岛。琉球人说我们可以请我们"外交部"发到琉球的签证继

----

① 编者按:原文如此,并无地图。

续工作。但我们为了维护国土主权的完整，损失了全部工具，房舍亦为琉球人烧毁，因风高浪大，回来时落海受伤，几乎送了性命，负了一身的债，但不愿请求"外交部"签发到琉球的证件去完成工作。如此自愿牺牲而默默无闻，我们两人算是结交了一对生死之交，也自喜为国家尽了国民应尽的天责，不为私利放弃国家主权。在各报章杂志报导我的孤岛奋斗时，我忘不了比我更花钱吃苦的好友云蔚兄。

（《中华杂志》，一九七二年五月）

四、先争琉球，再谈钓鱼台

陆宝千

（一）

中日两国近年为钓鱼台问题，争论甚烈。我海内外同胞，为保卫祖国领土，或纷纷集会，作政府后盾，或奋笔为文，论诸屿之属我。然此尚不无舍本逐末之嫌。何者？日本以钓鱼台为琉球所辖，而琉球之政治地位，尚未分明，琉球既不得为日属，则钓鱼台更何容其置喙？故琉球者，本也，钓鱼台者，末也。我全国上下今日所宜争者，为中山旧国之能否恢复，不能限于少数之无人小屿。兹先略述中日琉球问题交涉之经过。

（二）

中国与琉球之交往，可远溯至隋，但两国间封贡关系之确立，则始于明。洪武五年，太祖遣行人杨载招之，谕曰"帝王之治天下，无有远近，一视同仁，故中国奠安，四夷得所"，命其称臣入贡。时琉球分为三部，曰中山王、山南王、山北王。中山王察度首先遣弟入朝，十一年，山南王亦遣使入贡，太祖以二王与山北互相攻伐，复遣使敕令罢兵，三王并奉命，于是山北王亦遣使偕二王入朝，琉球全部至是皆为明属。洪武二十五年以后，琉球遣子弟入明国学，太祖以其感慕华风，修职甚勤，赐闽中舟工三十六户以便贡使往来。永乐初，明师袭故元主脱古思于沙漠，俘其子天保奴、地保奴，皆徙之于琉球。宣德时中山尽并诸岛,而事大之礼甚勤,凡国王薨,世子必告于朝,请封吊祭,册立如朝鲜王,"虔事天朝,为外藩最"。唐王建号闽中,琉球犹遣使请封,以战乱故,滞留不归。清顺治三年,隆武覆亡,琉使为洪承畴所得,送于京师,自称前朝敕印未缴,未便请封。次年,中山王尚坚率弟尚质奉表归诚,十一年,又缴前明敕印,清廷乃封尚质为琉球国中山王,颁定贡期,但其时郑氏犹奉明朔于台湾,海氛未靖,清使未能得达。康熙元年,重新遣使敕封,琉球始正式属清,修礼之勤,一如明代。

(三)

日本于琉球之野心,由来已久。明万历三十七年,丰臣秀吉侵韩,遣使至琉球索粮,国王尚宁拒之,日本遂发兵南侵,掳尚宁,逼立誓文,强其年向萨摩藩纳粮。此为日本侵明之第二战场,而明廷似未之闻也。迨明治之初,吉田松阴曾曰:"今急修武备,舰略具,炮略足,则宜开发内诸侯,乘间夺加摸察加澳都加,谕琉球朝贡,会同内诸侯,责朝鲜纳质奉贡如古盛时,北割满洲之地,南收台湾、吕宋诸岛,渐示进取之势,然后爱民养士,慎守边围,则可谓善报国矣"。其视琉球为发足南下之基地,直言无讳如此。

清同治十年十月,琉球人民六十余名因风飘至台湾,遇到牡丹社生番袭击,死者五十四名,余人经凤山县送福州。闽省督抚予以安抚,遣回琉球,并令台湾镇道认真查办。

十一年七月,日本鹿儿岛县参事大山纲良请以琉球人被杀案,向台湾兴师问罪。八月,日本册封琉球王尚泰为藩王,清廷未之知也,然是冬已盛传日本将有事于台湾矣。先是,日本与清廷订约缔交,遣副岛种臣来华换约,十二年二月,日人四名,漂至台湾埤南,为番人所劫,日廷遂复以副岛为全权大臣,交涉台湾生番杀害琉球渔民事。四月,副岛与李鸿章换约于天津。旋入北京,遣副使柳原前光访总署大臣谈琉球人被杀事。总署大臣毛昶熙、董恂等答曰:"番民之杀琉民,既闻其事,害贵国人则未之闻。夫二岛俱我属土,属土之人相杀,裁决固在于我。我恤琉人,自有措置;何预贵国事,而烦为过问?"柳原因争琉球为日本版图,并坚谓日人有被害者,且曰:"贵国已知恤琉人,而不惩台番者何"?答曰:"杀人者皆属生番,故且置之化外,未便穷治。日本之蝦夷,美国人之红番,皆不服王化,此亦万国之所时有"。柳原曰:"生番杀人,贵国舍而不治,是以我邦将查办岛人,为盟好故,特先告之"。日使既归,日廷遂借口中国不治番民,以征讨化外为己任矣。

　　同治十三年二月,日本以陆军中将西乡从道为台湾番地事务都督,参议大隈重信为事务局长官,进兵台湾。清以船政大臣沈葆桢、福建布政使潘霨,赴台制止之,交涉遂起。九月,清廷与日本全权大臣大久保利通订立台事专约三条,自称"台湾生番曾将日本国属民妄为加害",承认"日本国此次所办原为保民义举起见,中国不指为不是",并给予恤银兵费等。清廷之意,在求息事,而前年二月,故实有日人在埤南被劫也。然日本则借词琉民为其属民,琉球亦其属地矣。

（四）

　　光绪元年六月,日本驻兵琉球,阻琉球同清入贡及贺光绪登基各大典。琉王遣紫巾官向德宏赴闽陈情乞援,闽省大吏据以上闻。三年五月,清廷着总署传知出使日本大臣何如璋相机办理。如璋抵日后,与日辩难,无所获。次年四月,致书李鸿章曰:日本擅以琉球为藩属,然四年以来,未遽灭其国绝其祀者,则以我牵制之故,欲俟我不与争而下手耳。迟之又久,而我不言,日人或指我为夺琉球,疑我为怯,则行将废藩郡县也,以后更难议矣。并向总署建议三策:一为先遣兵船责问琉球,征其入贡,示日本以必争。一为据理与言,明约琉球,令其夹攻,示日本以必救。一为反复辩论,徐为开导,若不听命,或援万国公法以相纠责,或约各国使臣,与之评理,要以必从而止。总署奏称"自以据理诘问为正办"。八月,如璋向日本外务省抗议其阻琉球入贡,九月,再提强硬抗议,日本置不答。清廷所谓"正办"者,竟无结果。

（五）

　　五年三月,日军侵入琉球,占那霸。其大政大臣正式宣布改琉球为冲绳县。琉王世子讬赴日闽商带密函嘱留华紫巾官向德宏北上乞援。先是鸿章复如璋书谓琉球以弹丸黑子之地,孤悬海外,若以威力相角,争小国区区之贡,务虚名而勤远略,非唯不暇,亦且无谓。鄙意中国与之淡漠相遭,殆即古人不服药为中医之说。中国淡漠之结果,果沦琉球为日本之郡县,如璋前虑竟验。清廷闻讯,恐情形叵测,命沈葆桢等筹办南洋防守事宜,复命如璋留日本,再商琉球案,勿遽返国。另由总署照会日使宍户玑,向日本抗议。

适其时美国前任大总统格兰忒(Grant)来华游历,并将东游日本,总署遂托其居间调停琉事。五月,格兰忒抵东京,与日本执政大臣议及琉事,欲将琉球三分;"中部归球,立君复国,中东(按:指日本)两国各设领事保护之。其南部近台湾,为中国要地,割隶中国。其北部近萨摩,为日本要地,割隶日本"。询中国意将如何,何如璋答曰:"本国意在存球,惟期球祀不绝而已"。七月,格兰忒函恭亲王,不及三分事,唯言日本"情愿特派大员,与中国制特派大员妥商办法。"格兰忒旋返国。八月,总署照会日本外务卿,请其派员会商。九月,日本复称"琉球事系其厘革内政,屑屑间难,非邻好之美,若派员会商,果系消嫌寻好,固所愿也"。调解事竟不成。

(六)

然格兰忒之议,日本实为心动,其所以以游词延宕总署者,盖另有所图也。是冬日外务省授意汉学家竹添进一赴天津晤李鸿章,论琉事。六年二月,复转述其内阁之意曰:中国与西洋各商使均得入内地贸易,而我商民独不得同其例,是疑于厚彼而薄我。中国大臣果以大局为念,须听我商民入中国内地,懋迁有无,一如西人。则我亦可以琉球之宫古岛、八重山岛,定为中国所辖。一面两国奉特旨增加条约,中国举其所许西人者,以及于我商民,嗣后遇各通商国修改现行缔约内管理商民,查办犯案条款,或通商章程,或税则,互相俯就,但均不得较他国有彼免此输,彼予此夺之别。盖欲以南岛易内地通商、利益均沾之利也。鸿章拒之,仍以告总署,总署遂与日使宍户玑商议。九月,议定球案专条:"大清国大日本国公同商议,除冲绳岛以北属大日本管理外,其宫古、八重山二岛属大清国管辖,日清两国疆界,各听自治,彼此永远不相干预"。"光绪七年正月交割两岛后,开办加约事宜"。所谓加约者,即利益均沾及内地通商两款也。

当是时也,清廷议论不一,右庶子陈宝琛奏琉球不宜据结,旧约不宜轻改。左庶子张之洞奏日本商务可允,球案宜缓。惇亲王等则以为宜照总理衙门所奏办理。清廷乃谕令李鸿章统筹全局,切实陈奏。十月九日,鸿章奏曰:从前中国与英、法两国立约,皆先兵戎而后玉帛,被其胁迫,兼受蒙蔽,所定条款,吃亏过巨。厥后德、美诸国及荷兰、比利时诸小国,相继来华立约,率以利益均沾一条例之约内,一国所得,诸国安坐而享之;一国所求,诸国群起而助之,遂使协以谋我,有固结不解之势。同治十年,日本遣使来求立约,曾国藩始建议宜将均沾一条删去。诚以内治与约章相表里,苟动为各国所牵制,则中国永无自强之日。近闻各国驻京公使每有事会商,日本独不得与,其尚未联为一气者,未始不因立约之稍异也。至内地通商,日本密迩东隅,其人贪利无耻;一开此例,势必纷至沓来,与吾民争利,或更为作奸犯科之事,明代倭寇之兴,即由失业商人勾结内地奸民,不可不防其渐,故议改旧约,尚宜酌度。臣传询琉球官向德宏,知中岛物产较多,南岛贫瘠僻隘,不能自立,而球王及其世子,日本又不肯释还。何如璋来书称球王意见,宫古、八重山小岛另立王子,不止王家不愿,阖国臣民亦断断不服。臣思中国以存琉球宗社为重,本非利其土地,今得南岛以封球,而球人不愿,势不能不派员管理,既蹈义始利终之嫌,不免为日人分谤。故议结球案,尚宜酌度。今俄事方殷(按,其时中俄为伊犁交换事,情势甚为紧张)中国之力暂难兼顾,惟有用延宕之法最为相宜。盖此系彼曲我直之事,彼断不能以中国暂不诘问而转而寻衅,俟俄事既结,再理球案,则力专而势自张。

清廷乃谕总理衙门"再与日本使臣悉心妥商,琉案妥结,商务自可议行"。日使宍户矶以中国废弃前议,悻悻离京而返,乃中俄纠纷既解,而安南问题又起,清廷无暇再问此事,琉球案从此搁置。光绪八年,竹添进一为驻津领事,复与鸿章议琉事,亦无结果。中日战后,马关条约,亦不及琉球。故中日琉球交涉,至今尚为悬案也。

民国三十二年冬,我蒋主席应美国罗斯福总统之邀,会英首相于埃及之开罗,会中议及琉球,决定由国际托管,由中美共同管理。及抗战胜利,我军亦未依约进驻琉球。

(七)

一个领土之取得,或作历史,或依条约。从历史言,琉球从未成为日本之领土。盖上自明洪武五年,下迄清光绪五年,琉球皆受中国册封,载在史册,斑斑可考。明万历年间,虽受日本之迫,一度为萨摩征粮,然此乃日本地方政府对中国藩属之掠夺,琉球并未因而终止对中国之朝贡,自不得引为日属之证据。且琉球曾与美国、法国及荷兰订立商约,皆用中国正朔,是其为中国藩属,早为国际所承认。依条约言,中日之琉球交涉,至今仍为悬案,日本之据琉球,并无任何条约之根据。《开罗宣言》中称:"所有日本窃夺之中国一切土地,如满洲、台湾、澎湖,均应由中华民国恢复之。日本因贪欲或武力所占取之土地,亦应予剔除"。琉球者,即日本因贪欲与武力所占取之地,应予剔除者也。

昔朝鲜志士组临时政府于中国,抗战期间,有主予以承认者,而当局反应冷淡。逮日本投降,美、苏各树政权于韩国,遂成南北对峙之局。苟我国当日洞烛先机,承认在华之韩国政府,使同盟友邦,先有一可交涉之对象,则三韩遗黎,何至涂炭若是。

台湾光复,琉球志士蔡璋寄居于此,从事独立运动,执政当局未尝予以照顾。逮美国擅以奄美大岛交与日本,琉球人民,竟无一代表之政治团体,起而抗议,终至美国无所忌惮,允将琉球全部行政权交与日本。若当日稍予蔡璋以臂助,何来今日钓鱼台之事。走笔至此,良用慨然。

琉球群岛屏立于太平洋西侧,地位冲要。吾人固对琉球无领土之意,然有助其自主之道义责任。苟不能自主,落于不友好国家之手,则我海军将只能永远迴游于黄海,不能越太平洋一步。为国家他年发展计,琉球前途,吾人不能忽视,愿肉食者勿再颠顶一朝,贻误百年。

(《中华杂志》,一九七二年五月)

第二节　进入钓统运并举的新阶段

一、保钓运动的性质

简达

保钓运动的两个阶段

我们来到了保钓运动第二阶段的门槛上：

一开始，我们就认清了钓鱼台这个事件绝不是一件孤立的个案。它是一种并发症！是台湾政治癌症开始发作时，首先被诊断出来的并发症！从现在开始，台湾形形色色、各种不同的并发症将陆续发作，从现在开始，我们将面临更多的问题、将挑起更重的担子。

台北这个封建买办军事的反动政权，让它继续苟延，还是彻底干净地扫荡它；台湾这个被美日军经势力所控制的半殖民地社会，让它继续存在，还是彻底干净地清除它，这是我们的运动一开始，便摆在我们面前，必待抉择的两条路线。

一开始，我们认清了钓鱼台这个问题，是政治性的，也是民族性的，而归根结底是民族性的！

然而，在保钓运动的第一阶段，我们强调钓鱼台问题是政治性重于民族性的。这主要的意思，是要集中我们的力量，争取时间，全力争回我们的钓鱼台列屿。全力向牵涉在这个事件里面的三个政府抗议：我们抗议日本佐藤政府军国主义的海盗行为；我们抗议美国尼克森政府的偏袒佐藤；我们抗议"台北政府"勾结美日，只顾油田不顾主权的卖国丑行。当时，我们针对这三个政权，就钓鱼台论钓鱼台争钓鱼台。争回钓鱼台列屿是我们首要的目标，所以，当时我们强调钓鱼台事件是政治性重于民族性的。

就在这个时候，国民党以及它的保皇党们却断断续续地支吾着什么"民族性重于政治性"的谰调，企图瞽乱整个运动的方向和路线。更毒害的是，他们所谓的"民族性"是企图利用八年抗日战争的经历，无端渲染目前中日两国人民之间莫须有的"敌对"情绪，无中生有地制造两国人民之间的"仇恨"，目的是想混淆我们的注意焦点，转移我们的运动目标；想要我们忘掉佐藤和蒋政权之间的勾结，而去向清白无辜的日本人民挑衅算账。他们唯恐我们脚步不乱、思想不混。我们这个自发自动的爱国运动，他们既然没有能力阻扰，只好退而求其次，希望把它弄得乌烟瘴气，没有正确的思想作领导，乱七八糟而终。

然而事实证明，正义与真理站在我们这一边。任何爱国保土的运动是反动卖国的小政权出卖不了的！保钓运动的第一阶段，国民党这种再一次玩弄它愚民政策阴谋，以及它一味想浑水摸鱼贪婪地大搞油田的勾当，一一被人民窥破。面对这种害民卖国的历史事实，我们的运动很谨慎的选择了它的路线——不但不盲目誓作"台北政府"的后盾，反而要加倍地唾弃它的卖国政策。

随着运动的发展，我们一步一步地发现"台北政府"与外国势力——尤其是美国、日本——勾结之牢固。这个政权的政策是：宁可牺牲人民的幸福利益，决不牺牲他们自己一小撮掌权者的幸福利益。面临钓鱼台这个国际事件，表面上，它勉强敷衍应付，暗地里，却与佐藤政权加紧来往，互通款曲，大搞卖国勾当。我们觉察到，"台北政府"，在军事经济上，不能独立自主而必须依赖美日扶植的程度，已经到了病入膏肓，无药可救的地步。因此，要解决钓鱼台这个事件，必先解决台北的政权。也就是说，解决并发症的最好办法，还是从主症下手。这个觉醒而定下的大决心，许下的大心愿，自然地使我们的运动走进新的阶段，同时也延长了我们的运动的生命。就是说，我们运动的目标由钓鱼台本身的事件扩大到整个台湾的问题；同时，我们认识到，台北这个反动政权存在一天，台湾这个半殖民地的现况存在一天，我们的运动就存在一天，我们的斗争就要不断的发扬光大。

保钓运动第二阶段所面临的问题——民族性的问题

一九七一年六月十七日，美日两个政府签订《琉球归还条约》，把钓鱼台列屿并入琉球，将于明（一九七二）年归还日本。先前叫嚷着"钓鱼台为我领土，寸土片石必据理力争"的"台北政府"，面对着这美日的签约，不再叫嚷了，也不再作冠冕堂皇状了。面对着美日的签约，它却沉默了下来，十足充分流露着"没有办法"的颟顸无能的窘态。

这是怎么回事？二十多年来，以非常时期为名，用戒严法控制台湾岛内人民，而以"反攻大陆"的"国策"自许的政府，在自己的领土钓鱼台将被人掠夺而去的"非常时期"，居然没有能力出面与美日交涉理论，反而指责保钓运动的同学是"匪特"、"毛虫"、是"共匪学生"，彻底枪口向内。四十年代被广大的中国人民喻为"内战内行，外战外行"的国民政府，再一次赤裸裸地表现了它的本行。

岛内存在着不能抵御外侮，只会荼毒自己人民的腐败政权，加上国际间美日两个政府蛮横恣意掠夺我领土的海盗行为，这种内外情势的危难迫使我们的运动提前进入第二阶段！

我们知道，全盘考查台湾问题的时候到了！

钓鱼台被"台北政府"这般轻易地断送，而且断送得不声不响，这迫使我们要彻底考查一下，到底台北这个政府是一个名符其实的独立自主的政府，还是一个美日扩张主义者在背后撑腰的封建买办军事的傀儡政府？

二十多年来，"台北政府"的政策由初期的"军事第一"，慢慢的演变为"三分军事、七分政治"，再慢慢的又变成今天的"经济至上主义"。"台北政府"由军事，而政治，而经济的政策改变，实际上，就是一步一步修正，以便名正言顺地符合台湾一步一步被殖民化的实况。简洁地说，"台北政府"的政治早已自己宣告破产！

二十多年来，"台北政府"不但不能抵御外国势力的入侵，反而自己大开门户，把外国军经势力迎进台湾。让别人在台湾当家做老板，自己但求分得一杯羹。二十多年来，自己的民族工业在哪里？从台北的近郊，沿着纵贯公铁路南下，大家可以看见一家一家的工厂，工厂屋顶上的烟囱一根一根地冒着烟，表面上是兴隆着工业呢！但是仔细地再一看，这家是"武田"，那家是"田迈"；这里是"中日合作"，那里是"中美合作"，都是美日做老板，自己呢？自己只能在自己的国土家园里，跟外国人"共存共荣"。把自己的国土和原料拿去充当别人的"生命线"，拿自己人民的时间精力去充当别人的廉价劳力，替别人弄弄零件加工的玩意儿，便美其名曰"工业起飞"、"经济繁荣"。然而，一旦工厂的机件发生故障了，只有苦哈哈，巴巴地等着日本技师，带着新的日本机件前来修理，否则自己一点办法也没有。道理很明显，工厂的重要部门，例如机器、机师、资本等等，是外国人的，自己不想迎头赶上，发展民族工业，制造机器，研究技术，却自满自足于"与人共存，作人雇工"的寄人篱下的局面，这是哪一门子的"工业起飞"？这是哪一门子的"经济繁荣"？

然而却有一批人——包括岛内外的特权阶级和一部分知识分子——很爱惜台湾这种寄人篱下的现状，巴望着"台湾目前的小康局面"继续维持下去。问题就出在这里！在殖民地里，与外国帝国主义者勾结的政治傀儡集团、经济上的资产家，以及一心想攀附特权阶级的知识分子都奉行一种崇洋媚外的哲学。这种哲学，再透过一套系统的教育制度，散播在殖民地境内的各处，以麻醉人民。这一套崇洋媚外的哲学基础是建立在："灭自己威风，长他人志气"一点上。总以为外国的都好，自己的都不行。于是他们觉得，自己不能发展工业，外国的势力进驻，是自明的常识，不驳的真理。不止是政治、经济、工业这些部门，这套媚外哲学是全面渗透的，其他在社会、思想、文艺各方面，都有它们各自为殖民地的现状辩护、替媚外崇洋心理圆说的一套理论。事实上，台湾社会上的"出国留学""崇拜学位""个人利禄名位"；社会思想上，一味想追随西洋的所谓"现代化"、"自由经济"；在哲学思想上迷恋颓废的存在主义，崇尚个人自由主义，向往空洞不能落实的所谓"开放社会"、"没有颜色的思想"、"纯数理逻辑"；在文艺上，沉湎于现代主义的现代诗、现代小说、现代画；种种等等，这些都是密切地跟"工业起飞"、"经济繁荣"等论调，采取相互默许，一致向前的步伐，一窝蜂地正在替台湾的半殖民地现状辩护，并全力在替媚外崇洋的心态作自圆其说的工作。

由于他们奉行这种灭己扬人的哲学，所以，他们毕其一生的最大愿望，便是做个买办政客、买办资产家、买办学人、买办工程师、买办科学家、买办诗人、买办哲学家，等等。于是他们一面要呼吁维持目前台湾的"小康局面"，一面要以冷嘲热讽的态度去奚落任何揭发台湾半殖民地真相的事实。这些假小康主义者们，不是台湾半殖民地现状的始作俑者，便是它顽固的拥护者！

再以财经来说，更有一小撮人，动不动就拿GNP（国民生产总值）来唬老百姓。以为GNP提高，便是经济起飞，社会进步；却从不去问这GNP的背后，到底是谁在当家，谁做主人。这类只看前不顾后，只要店铺体面，不问谁来经营的世界观是错误的！这种唯表面主义的世界观，正是殖民地境内的傀儡政权和外来的帝国主义者，强制当地人民接受做顺民的世界观！更简单地说，就是甘心接受愚民政策的世界观！老实不客气地说，国民党以及它部分的爪牙们，糊里糊涂，动不动就东喊GNP，西叫GNP，根本就是狗P不通的！

事实上，台湾的"工业起飞"、"经济繁荣"、"小康局面"，都是建筑在向外贷款上。例如，除了众所周知的向美国贷款外，一九六五年向日本贷款两亿五千万美元；一九六八年再借一亿五千万；现在又要再借了！

在工商建设上依赖外国的资金和技术，在金融财政上又在外累累负债。这样的一个政权如何而可以独立自主？如何而可以自由？牵连在钓鱼台事件的日本和美国，都是台北的财务债主、政治主子！钓鱼台被"台北政府"一声不响地送出去，这道理已彰显明甚，不喻可知。这更说明了，刚才提到的"台北政府"采取了"经济至上"政策，便是自己宣告政治破产的道理。

今天的亚洲继续进行着反奴役反殖民的战争。台湾的政权，正如南越的政权，南韩的政权，是出卖亚洲人民的利益，而甘愿充当帝国主义傀儡的政权！它们所谓的"自由"、"繁荣"，实在掩饰不了它们的政治丑态。

台北实行的政、经分离政策，从整体亚洲的观点来看，是亚洲人民革命联合战线上的叛徒；就台湾本岛而言，更是直接戳穿所谓"反攻大陆国策"之欺诈台湾人民一项明证！

"台北政府"，在政治上，跟所有与中华人民共和国建交的国家——一绝交，但在经济上，却与它们热络来往——例如法国、意大利、加拿大，等等。这表示什么？这表示在国际政治战线上，所谓"反攻大陆"的"国策"，实际上已荡然无存。然而，在被层层封锁的台湾岛内，这则骗人的"国策"却还高悬存在。其目的是，便利国民党用所谓《总动员法》、《戒严法》等等名目扣在岛内人民的头上，好让那反动的小朝廷内的权贵们，暂时安心搞他们剥削人民、鱼肉百姓的勾当。

在保钓运动开始进入第二阶段的现在，我们的矛头经过刺破了台湾所谓"工业起飞"、"经济繁荣"的假面目，而直指"台北政府"的政治总破产。

在保钓运动的第二阶段，我们负起了更大的挑战；我们的视域从钓鱼台扩展到整个的台湾局面，再扩展到整个亚洲局势。最后我们放眼世界，而拿起反奴役、反殖民、反帝国主义的斗争武器！

而目前，我们的矛头已经直甸甸地指向台湾——中国一块尚未解决的土地。这块有待解决的中国土地，这个有待解决的政治问题，总的说，是民族性的问题。也就是说，这个问题包括了反帝反殖民的斗争课题。

我们从钓鱼台考查到台北政权，从政治并发症检验到政治癌症本身。针对台湾这半殖民地的现状，扣紧实际的各种问题而着手去求解决之道，这才是根本的办法，这才是我们真正能解决钓鱼台问题的正确道路！否则，皮之不存,毛将焉附,昨天钓鱼台,今天南沙群岛,明天将有更多的岛屿将被帝国主义者侵占,被国民党出卖。

民族性的问题即是全面清算殖民地现状的问题

我们说,保钓运动是政治性的,也是民族性的,而归根结底是民族性的。我们又说,保钓运动的第二阶段,我们面临的问题是民族性的问题。这个民族性的问题便是要面对台湾的半殖民地的实况,做一番全面清算的工作。

钓运一开始,国民党的爪牙散布了他们所谓的"民族性重于政治性"的谰调。当时,我们马上提出,并纠正了他们那种偏狭、歪曲、错误、落伍的"民族"定义。真正的民族性的问题绝不是乱指中日两国人民之间根本不存在的"仇恨"。真正的民族性问题,其实就是反帝的纲领、反帝的课题、反帝的斗争。什么地方有帝国主义的侵略、什么地方有殖民地的傀儡政策,什么地方就面临民族性的问题、什么地方就要进行民族性的反帝斗争!

就台湾而言,真正要解决的民族性问题,目前有具体的三项工作:

(一)将外国军经势力赶出台湾岛外。尤其是,美军一定要在期间内撤出台湾,并废除与美国订的所谓《协防条约》。

(二)不容许岛内任何与外国势力勾结、出卖人民利益的买办政权之存在。

(三)台湾问题是中国内政问题,当由中国人民、包括台湾人民,自行解决,不容外国势力横加干涉。

这是目前解决台湾民族性问题的三项原则。不但是台湾问题的解决必须沿循这三项原则,就是亚洲其他尚在帝国主义控制下的国家,尚未解放的民族,也都要依照这些原则,然后国家可以独立,民族得以解放。

正如钓鱼台事件不是一项孤立的个案,台湾问题也不是一件孤立的问题。台湾的问题不但是中国内政的问题,它更是整个亚洲问题的关键之一。二十世纪是亚洲人民要摆脱白种人的殖民控制,争取独立解放的世纪。昨天亚洲人在欧美帝国主义者的皮鞭下忍辱偷生,今天,亚洲人民已经站起来了!亚洲人民要革命求解放的决心是今天两个超级大国的帝国主义所抑制不了的!也是亚洲境内各地勾结帝国主义的傀儡政权所抑制不了的!这是亚洲人民的总觉醒!这就是为什么我们反对南越阮文绍的傀儡政权,而支持越南人民的解放战争；这就是为什么我们反对南韩朴正熙的傀儡政权，而支持朝鲜学生的统一运动；这就是为什么我们反对菲律宾马可仕的唯美国是听的附庸政权，而支持菲律宾各阶层发动的民族战争；而这也正是为什么我们反对日本佐藤政权，而支持日本进步人士的反美运动。

正确把握了民族性的问题，便明了，在亚洲人民要革命的大前提下，人民与人民之间，不但没有什么"仇恨"存在，反而都是站在同一战线上的伙伴。而亚洲人民的公敌，除了超级大国的帝国主义者之外，便是亚洲境内那些少许残余的傀儡政权。

因此，站在正确的民族性的立场上，台湾问题的解决包括了双重的工作：第一，台湾是中国的内政问题，更确切的说，台湾必须解放，台湾人民必须学习向社会主义过渡。第二，台湾是亚洲各国家人民求解放要独立的第三世界革命战线上一个重要的据点。处在这种国际战略的要点上，台湾必须在政治、经济、社会、文化、教育、思想各个岗位上彻底清除崇洋买办的反革命因素，正确建立反帝反殖民的革命思想。

目前保钓运动正进入第二阶段的时候，各地已经开始举办"国是讨论会"，广泛地讨论"中国统一"、"台湾社会主义化"、"台湾自治"等等问题。这些讨论都是从最基本的民族性问题出发的。由于这民族性的观点是正确的、是健康的，我们的运动将会不断的壮大，不断的深入，而终于将扩大成为政治的、社会的、文化的全面革命运动。

保钓运动在不能摆脱学生运动的本质之前，在不能彻底带进台湾岛内，与岛内各阶层人民结合之前，我们应该认清我们的局限，全面发挥我们的功能。我们的局限是，我们目前进行的还是非武装斗争，因此工作的重心自然要落在文化思想的斗争上；而我们的功能正是，我们自信有能力将这文化思想的斗争贯彻到底。在不久的将来，我们的运动深入了解基层的社会，结合了被压迫阶级的人民，进入了不同的阶段，我们将拿起不同的武器。现在，让我们拿起文化思想斗争的武器前进！

(本文系在波士顿钓委会于哈佛大学召开的"七七纪念会"上的演讲辞)

(《东风》，一九七二年四月)

二、钓运带我们来到这里,历史引导我们向前

《东风》杂志发刊辞

先让我们总结过去一年来的钓运的经验。钓运是从台湾民营报纸的青年记者们登陆钓鱼台岛悬旗立碑所引发的,但是这个运动却在台湾夭折了,原因是台北方面官方的压制。其压制的动机有二:1. 年前联大投票台北失利,妄图"以岛换票",保持联大席位。2. 北京政府发表对美日的强硬警告,表示钓鱼台是中国领土台湾省的一部分,台北方面采"敌人的敌人便是朋友"的态度,居然表示钓鱼台主权未定。

这个运动在台湾被压抑下去了,却在美国留学生界普遍燃烧起来。其主要原因是在港台教育之下麻木了的爱国情绪在到了国外后又重新锐化了,留学生了解到国格与人格在异邦的生活中是分不开的。因此在开始时钓运的箭头有两个,一个指着日本(外抗强权),一个指着台北(内除国贼)。"外抗强权"没有人反对,"内除国贼"却引起了不少恐惧。这恐惧有两个来源,其一是台湾的留学生对蒋政权特务手段一向具有的恐惧心理,其二是台北为了压制海外保钓运动,在《"中央日报"》上制造钓运分子受"匪"利用的谣言,白色恐怖加上"红色恐怖",许多台湾来的留学生退出了钓运。但另一些保钓分子对台北这种卑劣的行径进行了反抗,一再上书要求台北公开向日本表示对钓鱼台主权的照会。不料台北方面不但对上书不予置理,反而一方面加紧指名诬指钓运分子为"匪谍",一方面到处以匿名信、怪电话、和雇用打手制造事端,一方面又派人出来"疏导",三管齐下企图制造分化,打击钓运,同时在《"中央日报"》上连月刊载中日友好的文章,向日本示好,对钓鱼台主权的事却只字不提。

台北这种卑躬屈膝丧权辱国的行为大大刺激了钓运中的留学生。有人开始了解保钓最终的目的一定要从促成台湾内部的改革来达成。但改革的话已谈了二十多年,台湾的腐化反而日甚一日,远超过了五四运动时期的北洋政府,也有人提出应请北京方面出来保卫钓鱼台主权,但认真于此的人尚不很多。有人开始检讨台湾蒋家政权的本质,这方面的讨论却非常炽烈,只是思想上尚未触到台湾问题阶级矛盾的核心。

正在这时候美国对中共的敌意忽然转变了。参加钓运的留学生们在这一刻忽然看清了美国过去从一九四九年以来围堵中国的帝国主义居心,也突然

认识到蒋政权为小集团服务卖国苟存的面貌,他们的眼睛开始明朗起来。对保钓,对台湾前途,对久未认识的中国大陆,对社会主义,千千万万的事都要知道,都想去了解。无数的国是大会召开了,旧的问题回答了,新的问题又起来。一些被诬指为"匪谍"及其他一般学生终于开始正式研读社会主义的理论书籍和有关社会主义祖国的一切报导。自然的结果是留学生对祖国的向心增强了,有些已退出钓运或从未参加钓运的学生也研读关于祖国的一切。

联合国召开大会、一些留学生回大陆访问、中共恢复了联合国席位、统一运动、尼克森去大陆、并且承认台湾是中国的一部分等一连串的事件后,留学生对中国的统一走向社会主义是再也没有怀疑了!许多人无法解释这不可避免的历史事实,开始探索历史的走向是否有其必然性?

要认清历史的走向,先应当认清形成历史走向的主力。历史的主要构成因素是人,历史是人类政治活动的记载。在每一个社会中,人民是政治活动的主力。人民是谁?人民包括权力机关以外所有的农人、工人、士兵和知识分子等等。在这些人之中,农人、工人和士兵占最大比率,一向是社会中生活资料和治安的提供者与确保者,一切生产创造社会进步的原动力。因此在政治活动中,他们的福利应当是最首要的考虑,他们的意愿应当是影响政治活动走向的主力,顺之者昌,逆之者亡。

至于知识分子,其拥有知识在本质上是和资本家之拥有资金一样,因此有人把受教育也看作一种投资。但是知识分子只有在跟权力机关或资本家结合以后才能享受到知识的利润。(最明显的例子是世界上只有饱受训练的工程师、研究员、助理人员,却没有一个受过专门训练的总统、董事长或屠宰业巨子。)也就是说,知识分子有依附上层权力阶级的本质。但另一方面知识分子也受着资本家及其所依附或控制的权力机构的压榨,因此对工农兵群众也有其同情。因而知识分子在历史的走向上扮演的是一种时而进取时而反动的角色。

今天的社会主义中国,是一个工农兵群众掌握权力机关的社会,因此工农兵群众的利益便是权力机关的利益,工农兵群众的意愿便是权力机关的意愿。这是人类久远以来的理想,是一个最先进的社会。而今天中国的知识分子也已认清工农兵是历史的主力,无私地为工农兵大众服务,扮演进取的角色。是这种掌握历史主力,服务广大人民的政治现实,使今天的社会主义中国繁荣昌盛,使强梁让步。也就是这个政治现实,使社会主义成为不可抗拒的历史潮流,取代背弃人民卖国求荣的蒋政权,解放台湾,收复港澳,促成中国统一。这便是历史走向的必然性。

钓运已经带领我们来到这里,教我们认识中国,认清历史。我们今后的工作,应该是一方面努力学习社会主义,加强对祖国的认识,一方面团结美加中国留学生,为加速中国的统一与建设而献身。本刊同人也愿以此与读者们共勉。

(《东风》,一九七二年四月)

《明报月刊》所载钓鱼台群岛资料[①]

[①] 孙淡宁编:《明报月刊》所载钓鱼台群岛资料,明报出版社,1979年5月初版,南京大学图书馆港台阅览室藏。

前　言

关于钓鱼台群岛领土所属的争执,因中日和平友好条约的争执而搁置了下来。然而搁置并不是就此不理,更不是中国放弃了主权,北京和台北当局的立场是一致的:钓鱼台群岛是中国的神圣领土,决不容任何国家侵占。

不过要解决这件争执,不是一朝一夕之事,也不是当务之急,目前不妨暂时放在一边,等到将来适当时机再以和平方式合理解决。

暂且搁置,我们不反对。然而在任何情况之下,中国当政者决不能由于一时政治上或战略上的考虑,因而在领土主权上作出任何让步。这是中国海内外全体人民的一致要求。当政者如果违反人民的意愿,决不能为国人所原谅,不能为历史所原谅。一时争不到,不要紧;从此不争,不行!

本书的资料,是数年间在《明报月刊》上所发表过的。我们集在一起,以供关心这个问题的人士参考;也希望将来中国当局与日本交涉谈判之时,这些资料能有些用处。这些资料列举证据、事实、法理根据,证明钓鱼台群岛是中国的领土;其中也报道了世界各地中国人在保卫钓鱼台群岛运动中的爱国热诚。最后附录了《明报》的几篇社论和专论。

——编者

目 录

甲 钓鱼台的历史、地理、政治、经济

"钓鱼台列屿是我们的！"……………………………… 明报月刊资料室

日本对于钓鱼台列屿主权问题的论据分析 ……………………… 丘宏达

关于《日本对于钓鱼台列屿主权问题的论据与分析》一文的补充说明

………………………………………………………………… 丘宏达

中国对于钓鱼台列屿主权的论据分析 …………………………… 丘宏达

慈禧太后诏谕与钓鱼台主权 ……………………………………… 沙见林

日人为谋夺我钓鱼台做了些什么手脚？

………… 黄养志、郭宣俊、韩建中、刘飞、谭汝谦、孙贤铱、赵萱萱、杨钟基

钓鱼列岛（尖阁列岛等）的历史与归属问题 …… 井上清 著　郑钦仁 译

日本虚构事实向美国诈骗钓鱼台 ………………………………… 沙学浚

"钓鱼台千万丢不得"

………… 黄养志、彭宗宏、刘飞、孙贤铱、张显钟、郭宣俊、张纪恩、秦棣华

乙 保卫钓鱼台运动

记华盛顿京城的游行示威 ………………………………………… 李雅明

纽约示威记 ………………………………………………………… 叶培莉

保卫钓鱼台运动西雅图活动概况

………………………………… 保卫中国领土钓鱼台行动委员会西雅图分会

"外抗强权・内除国贼"

美国"北加州保卫钓鱼台联盟"——一二九大示威游行记 ……… 钟显辉

一九七一年四月十日美京华盛顿保卫钓鱼台大游行

中国人的怒吼 ……………………………… 撰文：姚立民　摄影：冯文伤

英国"七・七保钓示威" …………………………………………… 卢文亦

香港保卫钓鱼台运动的实况 ……………………………………… 吴仲贤

香港示威记 ………………………………………………………… 陈维梁

记香港八・一三保钓示威 ………………………………………… 刘达仁

丙　评论

回顾"五四"与展望保卫钓鱼台运动 …………………… 曲浩然
保卫钓鱼台运动的回顾与前瞻 ………………………… 姚立民
纪念"七·七"——展望"保钓运动" …………………… 郭士进
保钓之"路" ……………………………………………… 郭　光
钓鱼台的风波 …………………………………………… 明报社评
钓鱼台列屿属于中国 …………………………………… 明报社评
美国声明　偏袒日本 …………………………………… 明报社评
保卫主权　不可节外生枝 ……………………………… 明报社评
具体行动　人心大快 …………………………………… 明报社评
重心在钓鱼台　不在反霸权 …………………………… 明报社评
不可弃土　不妨缓谈 …………………………………… 明报社评
"和平友好"与直升机场 ………………………………… 明报社评
外交部的答复丧失立场 ………………………………… 明报社评
东海大陆架与钓鱼台 …………………………………… 明报社评
邓小平谈钓鱼岛 ………………………………………… 明报社评
钓鱼台和邓小平的保证 ………………………………… 明报社评
钓鱼台列岛主权不容侵犯！ …………………………… 孙淡宁
也来谈谈钓鱼台 ………………………………………… 王士迪

甲　钓鱼台的历史、地理、政治、经济

"钓鱼台列屿是我们的！"

明报月刊资料室

这个标题是台湾渔民所说的话，也是台湾千万中国人要说的话，更是海外所有中国人心里的话。可是，自台湾渔民说过这句话以后，至今为止（原编者按：是指该文编写之时为止）却再不听到争取钓鱼台列屿主权的呼声了！日本及琉球政府，在美国人的同意下，竟侵犯中国领土主权，对中国渔民横加驱逐，日本及琉球政府无权这样做，美国政府更没有理由要插手，可是中国当局似乎要屈服于这种无理无权的压力之下。

以下材料摘自台方报刊，由本刊资料室加以有系统的剪裁编列，并加标题和按语，使读者知道这次事件的真相，及钓鱼台列屿的地理历史情况。

地理概况

根据旅居琉球群岛多年的杨仲揆先生于一九七〇年九月二十二日"中央日报"上的文章：

这是一群无人居住的小岛，也可以说，只是一群冒出海面的山尖，在台湾基隆东北一百公里处，位于中国大陆礁尖端，属新三世纪砂岩层，本群岛共有小岛八个，计为钓鱼岛、飞濑岛、北小岛、南小岛、大北小岛、大南小岛、黄尾礁、赤尾礁，其中以钓鱼岛为最大，高出水平线三百六十九公尺，北小岛一二九公尺，南小岛一四八公尺，黄尾礁一一八公尺，赤尾礁八十一公尺。（以上根据琉球政府临时土地调查厅监修的《冲绳全图》。）又据琉球政府最近出版《冲绳县史》第二十卷统计集成关于岛屿部分，提到尖阁群岛（钓鱼台列岛）面积为〇.〇二→〇.〇七平方公里。可能指最小岛面积为〇.〇二平方公里，最大岛（钓鱼岛）面积为〇.〇七平方公里。又据美军某单位主管人谈称，钓鱼岛水深一二〇公尺，海拔一五〇公尺，南面悬崖，北面倾斜，有珊瑚巨岩如舞台。

一位曾在钓鱼台列屿从事打捞沉船工程及采集药草工作三年余的市民张

云蔚，在最近向检察院提供了一项亲身体验的事实，这一资料，曾引起监委会的广泛兴趣。

根据张君的资料指出，钓鱼台列屿距基隆一百二十海浬，在我国地图上仅绘有钓鱼岛，黄尾屿两岛，钓鱼岛俗名花鸟山，周围约二十余里，主峰约高一百五十尺，海岛群集故得名，生有棕榈，仙人掌类植物，岛有淡水惜为海鸟污染，如加以建设，可供居住。

岛东南方有千余码阔海峡，对面另有小岛，俗名蛇岛，因多蛇得名，奇岩高耸，怪石峥嵘。海峡为我基苏两港小渔钓船避风良港，果为日方所得，则三千渔船生活问题，将接踵而至。

张君指出：此两岛当初可能为一岛分裂为二，岛西北方约十五海浬是黄尾屿，俗名鸟港，岛周围约十余里，峰高百公尺左右，岛上海鸟见人不避，长夜噪呷。岛又为龙虾盛产地，工人可随便在岛边一个洞窟一捕就是十余尾。当潮涨时，善钓者，花上个把小时，即可钓得土名"厚唇"鱼三、五尾，每尾三、五斤。

岛周海域为通日本必经之航道，群岛一带盛产飞花鱼，数千渔船每去必满载而归。药材有海芙蓉，为治高血压良药。

历史记载

台湾地质学家马廷英博士向"中华民国立法院"提供的资料中表示：

根据一九〇〇年德国出版 Andreeshandatlas 第四版一四〇页图中钓鱼屿与花瓶屿，乃日人近来（战后）改称的尖阁诸岛，尽管名改了，但国际仍公认该区域为台湾的渔场，自应与台湾本岛一同随着胜利归回祖国。

马教授更进一步指出：大日本地理学会于一九三九年出版的《大日本府县别地图并地名大鉴》，各府各县地图皆够详尽。琉球占了八开三整面，大小岛屿乡村与市镇之街道俱全，此中并无钓鱼屿与花瓶屿，也不见尖阁诸岛之名。台湾方面，照例附有花瓶屿、棉花屿、彭家屿之名。小川琢治教授著一九二四年东京成象堂出版的《日本地图帖》第二页中，将钓鱼屿、花瓶屿称"尖头诸岛"，不见尖阁岛或尖阁诸岛之名。由此可以看出，尖阁诸岛系日本学者在大战以后，改台湾渔场之一的钓鱼屿与花瓶屿之新名称。

更早的记载出现于中国、日本及琉球史籍上者，杨仲揆先生指出：

尖阁群岛一词，可能始自日本明治十四年由内务省地理局编印的大日本府县分割图。但该图上未见详细岛名。据"中央日报"九月十八日载《尖阁群岛简介》，船长戚桐欣先生称我国渔民一直称之为"尖头群岛"，亦不知从何时起，从何而来。到现在为止，日琉地图上不见尖阁群岛和钓鱼岛者，仍为多数。

在尖阁群岛中，钓鱼岛、黄尾岛和赤尾岛等，最初见于我国明朝册封琉球诸天使的记载。中国册封琉球，始于明洪武初年，但保存完整纪录的，应自嘉靖十三年陈侃始，据陈侃《使琉球录》，是年五月"十日，南风甚速，舟行如飞，然顺流而下，亦不甚动，过平嘉山，过钓鱼屿，过黄尾屿，过赤屿，目不暇接……一昼夜兼三日之路，夷舟帆小，不能相及，相失在后。十一日夕，见古米山，乃属琉球者……"（仲按琉球亲日正史之一《中山世鉴》亦采载陈侃使录此数段）。

其次嘉靖四十一年郭汝霖使琉球，记称："五月二十九至梅花（所）开洋……三十日过黄茅，闰五月初一日过钓鱼屿，初三日至赤屿焉，赤屿者界琉球地方山也……"

大抵册封使由福州出发，先以基隆为目标（即鸡笼山），然后向东，顺次抵彭家山（平嘉山、彭佳山），花瓶屿、钓鱼屿、黄尾屿等，这正是所谓尖阁群岛地区。

又，清初琉球籍华裔学者程顺则氏，根据其与闽琉双方老年水手访谈所得，著《指南广义》一书，中谓："福州往琉球，由闽安镇山五虎门东沙外开洋，用单辰针十更，取鸡笼头，（见山即从山北过，以下皆同）花瓶屿、彭家山、用乙卯并单卯针十更，取钓鱼台，用单卯针四更，取黄尾屿，用甲寅针十更，取赤尾屿，用乙卯针六更，取姑米山，（琉球西南界上镇山）……"

日本天明五年，清乾隆五十年，林子平曾绘《三国通览图说琉球国部分图》，详列宫古八重山钓鱼台、黄尾山、赤尾山等，尤其于宫古八重山二处，详注支配权属于琉球，侧面说明钓鱼台等即不属于琉球。

从以上记载，及其他中日学者研究资料，我们可以了解下列几点：

一、所谓尖阁群岛（或称尖头群岛），自古即为中琉海上航路指标，最早见诸中国史籍。

二、中国天使记载及清初琉球学术著作（指南广义），均先后指出，或侧面说明钓鱼岛等岛群，原为我国所有。因为诸家均说明姑米山为琉球地界，郭汝霖称"赤屿者界，琉球地方山也"，意谓赤屿为我与琉球接界之山。

三、所谓尖阁群岛，乃与我台湾北部沿海区，同处一个季风走廊和黑潮走廊，自然成为我渔民谋生之重要领域，至琉人欲来是岛，必须远道逆风逆流而行，无怪乎积数十年之经营均无成就。

尖阁群岛以及钓鱼岛等名称，在日文史籍上，甚至政府文献上，均未发现。明万历三十七年日本鹿儿岛萨摩州的岛津氏，曾派兵攻略琉球，三十八年派员测量全琉岛屿土地，调查物产及人口，一百余人，分途测量，遍历宫古八重山及其附近诸岛，但未及钓鱼岛等。

日本明治十二年，正式并吞琉球，明治十四年内务省地理局编印大日本府县分割图，始见有尖阁群岛一笼统名称，而未注明钓鱼岛等。及后，其他典籍，亦仍多缺尖阁群岛或钓鱼岛之名，例如大正十年六月出版之官方文件《冲绳县治要览》，详记宫古八重山，而未及钓鱼岛或尖阁群岛。又如明治十年伊地知贞馨著《冲绳志》附图中，亦未见该岛，又大正十二年冲绳县维新史料编汇会编印之《冲绳绳管内地图》，亦未见该岛，至今甚多日本全图及琉球全图，尚有未列尖阁群岛者。

再上溯明治初年中日琉球谈判期间，美国卸任总统葛兰特曾从中调解，有中日琉三分琉球之议，日本曾一度同意以琉球西南之宫古八重山两岛割予中国，为中国所拒，此时所有谈判中，均未见提及尖阁群岛或钓鱼岛，可见当时日本政府尚未知有是岛，或知之而确认其为中国领域，或至少亦认为系无人礁石，不值一谈。

此外，遍查日琉官方纪录如《冲绳县物产捡查所年报》、《一九六五年临时国势调查报告》、《日本冲绳宫古八重山诸岛地质见取图》，日本国会图书馆藏《琉球统计》（冲绳县八重山岛役所调查），亦未见有尖阁群岛及钓鱼岛。

因此，我们可以确认，所谓尖阁群岛，自始即属于中国，而非属于琉球。

岛屿产物

据台湾省水产试验所的轮船海宪号上一位老经验的陈姓水手，过去他在渔船上工作时，有一次因为避风曾经到过钓鱼岛。描述该岛屿的产物说：

岛上除了棕榈树、野草之外，并有丛生的仙人掌等植物，因为人迹罕到，所以有大批的海鸟栖息其上，故一般渔民俗称为花鸟岛。钓鱼岛上惟一的一条小溪流就是从西北角的平坦岩岸处流入海中，但是这条小溪，却已经被海鸟的粪便，以及落叶掩盖，很难找到它的真正水源了。

而钓鱼岛沿岸的岩石缝中，还生长一种海芙蓉的海草，据说，可以治疗老年人的风湿症。因此，渔民到该处避风时，也就趁机采摘。陈姓水手并且指出：多年前在钓鱼岛上曾经发现一座土地庙的残垣，其形式象是本省渔民所建，但是因为字迹已模糊不清，因此，是何时何人所建，已无从查考。

从望远镜中看去，就在钓鱼岛西北方，惟一可供登陆的平坦岩石上方，有一块白色的牌碑，那就是琉球人在今年七月间登陆钓鱼岛所立的界碑，其上刻有"八重小尖阁群岛"字样。

黄尾屿是钓鱼台群岛中最靠东北方的一个较大的珊瑚礁，其面积远比钓鱼岛为小，由于岛上缺乏水源，不适于人类居住。

黄尾屿平常有成千成万海鸟栖息，每年四、五月间，成群的海鸟，几乎遮住了黄尾屿的天空。大批的海鸟栖息在黄尾屿上，所以一般的渔民都称之为鸟岛，海鸟在黄尾屿上产卵，其数量极为惊人，渔民登岸之后，随手俯拾即得。

台湾宜兰县人士向台湾联合报记者表示：

目前各界讨论到钓鱼台群岛主权问题，似乎只注意到该岛的矿藏，其实最现实的问题是渔业。一旦台湾的渔船不能靠近该岛四周渔场作业，许多渔船便将失去生产能力；许多鱼类加工厂也要关门大吉，许多渔民必须重找出路，另谋生计。

钓鱼台群岛由于四周潮流的缘故，经常有大群大群的鲭鱼回游。到该岛周围作业的渔船，包括基隆市、宜兰县、台北县。根据统计，五十八年基隆市鲭鱼产量三千三百吨，宜兰县一万七千吨，可见该岛渔场对宜兰县关系的重要性了。

宜兰县动力渔船有一千三百多艘，绝大部分集中南方澳，每年九个月，经常有三百艘渔船在钓鱼台群岛作业。由南方澳前往作业的渔船，通常一礼拜左右回来。他们白天作业，入晚便把所有钓具收起来，然后将渔船驶往该岛下碇过夜，因为岛上并无避风港，渔船下碇的地点，都是选择可以挡风的岩壁背面，休息一夜，次日早晨又把渔船驶出继续作业。

如果遇到台风不及回航南方澳，也可采取同样方式，在钓鱼台群岛避难。

南方澳渔民谈起钓鱼台群岛（他们叫无人岛），都是十分熟悉的。他们表示，这群岛如果属于日本，依日本法律规定，他国渔船必须在离岛三海浬以外作业；所产生的后果是：第一、在该岛四周三海浬以内渔场，台湾渔船不能作业，产量势必大大减少；第二、入夜渔船无处下碇住宿；第三、发生紧急情况进入该岛避难，增加很多不便。

渔民说：既然不能在钓鱼台群岛下碇作业，南方澳渔船就只有早出晚归，无形中被迫放弃了该岛的渔场。

宜兰县五十八年度鱼产总额是五万六千吨，鲭鱼占一万七千吨，在钓鱼台群岛渔场获取的鲭鱼约一万二千吨，价值七千万元（台币）之谱，如果该渔场失去，对宜兰县渔业的影响可想而知。

鲭鱼是中等鱼，在台湾省农村有广大销路，肉脆味甜，适于加工做罐头。鲭鱼罐头，和鲭鱼肉松，有一部分外销，如果原料来源断绝或减少，加工厂势非倒闭不可。

除渔民之外还有其他中国人去钓鱼台列岛，如龙门工程实业公司人员，如采药的盛承楠等。这些人曾在这里生利，也曾在这里投资建设台车道、码头、工寮、喷洒灭蜈蚣药剂。生产、投资、中国人一向用的是这种方式处理自己的国土，过去如此，现在如此，将来更必须如此。

日人的反应

钓鱼台事件发生后，日本的一般反应如何？根据中国时报记者常胜君先生在九月十五日发自东京的报导：

东京是日本的首都，政治气氛比较浓厚。钓鱼台列屿的问题，正是最近几天报纸上的热门题目。

记者初抵东京那天，恰逢"中华民国"记者和船员登陆钓鱼台屿的消息传来[①]，日本国营的电视台NHK在新闻节目中首先报导，并映出了自台北传真的插旗照片；当天各报夕刊及次日早报也都以显著篇幅报导。据在东京侨居多年的一位中国记者告诉我：日本民间对所谓"钓鱼台列屿问题"过去根本不太了解，连新闻界也是在礁层矿权问题形诸表面之后，才纷纷找寻资料加以研究。直到"台北立法院"审议大陆礁层公约之际，日本舆论界才开始重视这个十二年前缔订而日本并未参加的国际公约。但是，不论是公开的舆论，或是私人的谈话，多数都认为日本在东海礁层的矿产权益方面，提出主张的根据相当薄弱。换句话说：日本要想染指这一地区的油层，在法理上既缺乏有力根据，在事实上又无法立即进行探测。

---

① 编者按：原文如此，应为"钓鱼台列屿"。

但是，对钓鱼台列屿的领土主权，日本政府却一开始就认定是属于琉球的，也就是说在一九七二年"交还"之后就是属于日本的。尤其是美国驻日大使馆的发言人在答复日本记者的询问时，表示"尖阁列岛"（即钓鱼台列屿）是在美国驻琉球军事管辖权范围之内以后，日本的新闻报导更俨若现在已是一九七二年一般，率性直认定"尖阁（即钓鱼台屿）属于日本"①。因之"钓鱼台插旗"消息传抵东京，日本舆论立刻起了相当强烈的反应，认为"主权"被侵犯；尤其是有的报纸将水产试验船说成"水兵"，更有意无意地歪曲了事实的正确性。

爱知外相两天以后（九月十日）列席众议院外交委员会答复询问时，被问到的就是几乎全是有钓鱼台列屿的问题。

爱知外相那天答询的要点，约略言之，包括下列各项：——

① 钓鱼台列屿的"领有权"，很显明地应属于琉球，也就等于属于日本。对此一地区的领土主权问题，没有和任何国家谈判的余地。

② 美国政府已澄清了有关主权的问题。【原文记者按：美国国务院发言人麦克罗斯基前一天在华府答复日本记者询问时，除重复驻东京大使馆发言人答复日本记者询问的说法之外，并声明有关问题应由有关各方交涉。但在日本报纸上的标题，却是"美国务院发表正式声明，尖阁列岛（即钓鱼台列屿）属于日本"，而爱知外相亦以此为论证之一，可见日本外交当局与新闻记者之间的默契之一般。】

③ 大陆礁层问题，完全为另一问题，日本已照会"中华民国"，准备经由外交程序，谈判解决。

④ 对于"插旗"事件，日本政府正在调查之中，如果属实，则为一"不友好行为"，将要求"中华民国"政府予以适当处理；同时，日本已请求现对琉球群岛有管辖权之美国，采取"必要之措施"。

⑤ 对美国副国务卿强生所称：琉球"移转"可能不克在一九七二年内完成一节，日本政府正与美国积极推进中，务能使能在一九七二年早期完成②。

与此同时，琉球政府也于十日发表了一项"尖阁列岛主权及大陆礁层资源开发主权之主张"，在东京各报十一日都以第一版头题地位刊出，朝日新闻的标题是"琉球政府尖阁列岛领有宣言"。内容大要如次：

---

① 编者按：原文如此，应为"钓鱼台列屿"。
② 编者按：原文如此，"务能使能"似有误。

"北纬廿五度四十分到廿六度,东经一二三度廿分到四十分之间之岛屿为:——。

① 明治十七年日本福冈县人古贺辰四郎所发现,以后渔民往还不绝……

② 明治廿八年一月十四日阁议决定,并于廿九年四月一日发表第十三号敕令,定为冲绳县八重山郡石垣村。

③ 对日和约生效后,日琉分治,美国琉球民政府布告第廿七号所规定之琉球地理范围,包括尖阁列岛在内;一九七二年琉'归还'日本,尖阁列岛自然在内。

④ 尊重大陆礁层公约为国际习惯法有效之理念,琉球对沿岸海底资源有开发之权;依照该项公约之规定,沿岸两国对海底礁层矿权发生疑义时,除有特殊情形外,应由两国协商,或采取中间线划分。"

琉球政府同时透露,日本人民向琉球政府提出请求开发礁层矿源的申请书,截至八月底已达两万四千八百四十一件,经琉球政府审查受理者计三百零八件,到现在尚未核准任何一件。现因对抗"中华民国"之开发措施,计划在本年之内,就已受理之三〇八件申请开发案中,核准一部分。不过,琉球政府人士也表示,此项可能核准案件之中,一定会有一部分与"中华民国"的开采地区发生冲突,将来如何处理,是一大困难问题。

日琉两政府同时分别发表的这两项声明,很显然可以看出是事先协商好的双簧表演。日本方面似乎是在采取另一种"政经分离"政策,对"主权问题"不能让步,礁层问题则愿协商,但琉球方面则除了提出领土主张之外,并要求对礁层矿权亦采"中间线"划分,更进一步表示出要核准部分开采申请的姿态,希望借以增强它的发言力量,在将来的谈判中,也来插上一脚,为日本助一臂之力。

不过,琉球政府所提出的根据,并不十分坚强;首先:它所指为发现钓鱼台列岛屿的人古贺辰四郎早已逝世,但他的儿子古贺善次现尚健在,上月(八月)在东京一家医院检查身体时,被日本记者找到,他却否认该列屿是他的父亲首先发现之说,只承认他父亲曾经去过岛上,但在此之前早已有人去过。至于明治廿九年的敕令,并未明白指出该列岛屿的地名。何况日本最高法院曾在一次判次中确定此一列屿属台北州管辖,所以琉球政府的所谓"宣言"可说是毫无根据,不言可喻。

日本报纸这几天有几篇社论谈这一问题,其内容论调,大致都是和前述官方论点呼应配合，主张向中国政府及早交涉。不过，每日新闻十四日的社论中，特别指出韩国已宣布在日本九州长崎县属之男女群岛和鸟之岛中间海域，设定矿权，该报认为这更是侵犯了日本主权，必须"强化内外体制，进行交涉"。

另外，有一件事颇有关系：日本政府对于领海的界限，一向主张三海里的范围，为了日本渔民公海捕鱼的便利，对所有扩展领海的主张，无不坚决反对。但最近据读卖新闻透露，日本官方正在研究，将领海范围扩展到十二海里，此事虽然是另一问题，但此时此地加以研究，蛛丝马迹，却不无可疑之处，值得注意。

日人的图谋

日本及琉球当局，在钓鱼岛上潜立标界，"中央日报"九月十三日杨仲揆先生文章有如下报导：

甲、钓鱼岛：据日方资料显示，明治十七年有侨居琉球之日人古贺辰四郎者，往钓鱼岛久场岛（即黄尾礁）一带采集鸟羽贝壳等，归报冲绳县政府，次年，冲绳县知事乃秘密向日本政府申请勘查该地，欲立国境标识，但日本政府鉴于当时中日正为琉球事件争议不休，中国举国哗然，为免中国知道，节外生枝，影响谈判起见，而予以搁置。及明治二十三年，冲绳县知事，又以采集水产标本为理由，复申前请，又为东京政府所延搁，迨至明治二十七年底，日内务大臣以之提出内阁会议，延而未决。及次年二十八年初，内阁会议始予通过，从此即多方尝试移民该岛。然皆因逆风逆流台风等自然灾害，屡遭挫折，无法定居。值得注意的是明治二十八年即光绪二十一年，正是中日甲午战争，中国战败，割让台湾的一年。

乙、久场岛（黄尾屿）：明治三十年，古贺辰四郎又向冲绳政府申请获准在久场岛开荒，次年，即在该岛泊船，并招工二十八名移居。再次年又招二十九名替换前二十八名，三十三年，又遣男子十三名女子九名移居该岛，此时俨然形成村落，有居民男女三十三名。但至大正中期，又复撤退，久场岛复成无人岛。

又据悉，昭和初年，古贺辰四郎之子古贺善次，又于战前在钓鱼岛设立鲣鱼工厂，并兼经营有关海岛之各种事业，亦未见成功，但闻古贺善次至今尚坚持他自己对该岛之产权主张（并未表示琉球有领土主权）。

日本人民以上种种偷试，虽云移民成村等等，但在日本琉球、八重山等官方文献如户口统计、物产统计等上面，似均未留下任何纪录。

一九六八年八月，驻琉美军民政府与琉球政府①，鉴于石油矿苗的发现，知未来必起争端，乃先下手为强，共同派员前往调查，前闻曾驱逐我渔民出境（未悉确否）。截至今年七月，又闻日琉双方曾三度派遣庞大的学术技术调查团，前往该群岛作实地探测了解。

一九六九年五月，闻八重山岛公所，竟变本加厉，在尖阁群岛中各岛上，各立高一公尺宽三十公分的水泥标柱。其先立于钓鱼岛，正面写明"八重山尖阁群岛钓鱼岛"，反面书"冲绳县石垣市字登野城二三九二番地"、"石垣市建立"等。同时在钓鱼岛上，又另竖立书有"八重山尖阁群岛"与列举八个岛名的大理石标柱。

以上各情，如果属实，则可视为明治二十七年以来七十四年间，日本人民与政府先后图谋尖阁群岛的全部梗概。

从地理及历史的概述与分析，我们知道尖阁群岛与我们有极为密切的关系。我们即使不对该群无人岛屿之主权提出要求，但因该群岛确在我大陆礁层尖端上，而水深又确在二百公尺以内，依据大陆礁层公约，我对尖阁群岛附近海域资源探测开发具有确切的权利。

日人对尖阁群岛的各种试图，纷纷失败，是由于其违背了自然条件。而我台湾渔民人等，却沿袭历史习惯及顺应自然条件，从未停止过在该群岛的各项作业，美、琉双方面，明知其然，亦无如何，偶或提出交涉，亦未得结果，因为双方可能均未予重视。故吾人可以说，事实上自古至今，自然而顺利长期领有该群岛者，乃我闽浙台沿海渔民同胞。

日政府的横蛮

日本及琉球当局、以及报界（在美国政府同意下），以钓鱼台列屿为己有，在事件发生后，进行了一连串的行动，包括：

---

① 编者按：原文如此，"琉球政府"似为"日本政府"之误。

一、①

《朝日新闻》于九月十五日发表社论,谴责"中华民国"对西太平洋钓鱼台列岛主权问题与日本争论。认为"中华民国"应负引起此事的责任。指台湾当局片面授权美国一石油公司,在该区北纬廿七度之南(台湾东北部)进行探采海底资源。指责"中华民国"当局竟视该岛屿为他们的领土。并声称:自二次大战结束后,依照旧金山和约,钓鱼台列屿乃置于美国行政管辖之下。此列岛现已视为冲绳之一部,而日本仍保持冲绳之主权,所以在一九七二年琉球群岛交还日本时,钓鱼台列岛也自然归还日本云云。

二、九月十六、十七日,日舰干涉台湾渔民作业:

宜兰县南方澳原胜号及金福渔二十号等十余艘渔船,十六、十七两日在钓鱼台列屿附近作业时,遭到日本防卫队的两艘巡逻艇的驱逐。金福渔廿号的船员赖儿熊廿日返抵南方澳渔港时,即向苏区渔会提出报告,要求有效制止日本舰艇的干扰。苏澳区渔会立即召开会议,通过建议政府采取有效措施,保护我国渔民的作业。

赖儿熊向渔会报告时称,日本巡逻艇扬言该列岛是他们的,外国渔船不得在附近作业。当时南方澳十余艘渔船暂时避开,廿日仍前往作业。苏澳区渔会总干事表示:为保护我国权益及渔民利益,政府应像南沙群岛一样,采取适当措施。他并表示,为这件事他将到省渔业局做个详细报告。

三、九月十五日,琉球警察除去"中华民国国旗"

日本共同通讯社报导:冲绳警察今日把尖阁群岛上的一面台湾"国府"旗移去。警方说:这面旗是在该处列岛的钓鱼岛上竖立的,它显然是在台湾"国府"准许一间美国石油公司在尖阁列岛探测石油后才放在该岛。冲绳的三名警察,奉日本政府及冲绳美国民政府当局之命,到该小岛"有礼貌地"把这面旗除下。

东京外务省人士说:由于该岛属于日本,故此把该旗移去是"理所当然"。

四、美联社九月廿一报导:

琉球政府的巡逻艇:"在美国的同意下",上周间曾在钓鱼台列屿区域,两度追逐台湾渔船。台湾苏澳渔民协会人员称:此为自一九六五年以来最恶劣事件,过去台湾渔民,经常在该区被逐,但过去琉球方面态度较有礼貌,此次则

---

① 编者按:原文如此,"一"后无内容。

迹近狂妄,以枪尖指向渔民,用日语高喊。

五、日本将拨款建立气象台

《读卖新闻》九月二十一日报导,日本政府计划增拨三千万日元,给予琉球政府,助其在钓鱼台列屿的一小岛上,建立一座无人管理的气象台。该报引述日本政府方面消息:计划中的拨款,将作为一九七一年补助琉球加强气象观察网之需。该报称,日本政府并拟在钓鱼台列屿之钓鱼岛,建立一座气象台,俾加强其对钓鱼台列屿主权的"拥有者"立场。日本官员对此,既不否认,亦不予证实。

台湾的态度

台湾"国府"的态度,除"立法院"于二十一日通过大陆礁层公约,以示对礁层有开采权,另由"外交部长"魏道明申明对该列屿的主权之外,迄今还未有进一步官方表示。

"外交部长"魏道明九月十一日说,我们愿意与日本就钓鱼台列屿及台湾以北大陆礁层资源探勘及开采问题"交换意见"。

中日双方有关此项问题之会商,可能十月初在台北举行。

魏"部长"重申我政府不同意日本政府主张。他说,关于钓鱼台列屿及台湾以北大陆礁层资源探勘及开采问题,日本方面的主张我们不能同意,此项立场我们已经明告日本政府。他说,我们有充分理由可以支持我们的立场。

"国府外交部"上月间又曾声明,我国对台湾以北大陆礁层资源有探勘及开采之权。我政府并主张:① 海岸毗邻(或)相向之两个以上国家,其大陆礁层界线之划定,应符合其国家领土自然伸延之原则;② 就划定"中华民国"之大陆礁层界线而言,应不计及任何突出海面之礁屿。

台湾民间一般舆论,透过报界的报导,却极为义正词严:

八月三十一日中国时报有以下的严正报导:

基隆、宜兰、台北县地区三千余艘渔船,与这些渔船养活的家口所赖以维生的钓鱼台列岛,位于基隆北北西方一百零二海浬处,其中至少有四个主岛经常留有渔民们的足迹。北部渔民的祖先曾活跃于这些岛屿及其海域,他们的子孙也势必要以这一带为生活根据。他们在这里经常碰面的,都是自己的同胞与乡亲,由于地理环境及海流原因,外国渔民(指日本及琉球)到钓鱼台列岛乃成为得不偿失的事。先民的经营,早在历史上创造了纪录,日据时期台北州的文献,就记载着钓鱼台列岛是该州范围内的一个优良渔场。

现在,基隆、台北县与宜兰等地的渔船,仍然享有充分权利在盛产鲣鱼、鲭鱼、鲹鱼的钓鱼台列岛一带海面捕鱼。过去,这种权利既已存在;将来,这种既得权利更不应该横遭剥夺。所以渔民们理直气壮地说:"钓鱼台列屿是我们的。"

九月四日联合报这样反映渔民的意见:

南方澳(宜兰县)一般渔民希望政府坚持钓鱼台群岛主权,不要一直逗留在"纸上谈兵"阶段,应立刻有具体实际行动。现在琉球人已在该岛竖立水泥碑,上书"八重山"字样,绝对不能漠视,若使琉球人在该岛有进一步行动,我们前往作业的渔船,恐怕就要受到干预了。

渔民们认为,最好能由海关先在该岛建立一座灯塔,派人轮流看守。象征着这是中国的主权,接着再派技术人员进入岛上详细勘查。据目前新闻报导资料,只知道渔岛周围约有二十平方公里,平地不广,坡度甚大,好些地方是嵯峨绝壁,凌锐尖峰,缺乏淡水,农作物不易生长。但是,这些近于原始的地带,是不是可以利用现代人工技术把它开发起来,克服障碍,只有技术人员作详细勘测后,才能作正确答案。也许在现代技术运用之下,可以成为鱼产丰饶的渔村,研究海洋科学的一个据点,甚至可以成为一处海上观光胜地,亦未可知。

渔民们说:何况现在已经知道该岛拥有相当丰富的油矿,怎可不力争到底?

台省"光复"时,我政府接受台北州行政区域,当时未把钓鱼台群岛列入管辖范围,可说是一种失误。多年来,宜兰、基隆渔业的发展,倚赖该岛程度之深,政府也未注意到该岛的主权,未在该岛作任何设施,无疑又是一种失误。现在由于琉球即将归还日本,日本人对该岛提出主权主张,我们绝对不可再有所误了,应该立刻采取行动,作亡羊补牢之计。

自琉球巡逻艇驱逐台湾中国渔民之后,即在九月廿一日以后,台湾报界竟再没有这方面的任何消息。官方也未有严正立场表现,其中一定有什么内在的压力,是不言而喻的。

(原载《明报月刊》一九七〇年十月第58期)

日本对于钓鱼台列屿主权问题的论据分析

丘宏达

> 本文作者丘宏达先生为哈佛大学法学博士,曾任哈佛大学国际法研究员四年,一九七二年,任台湾"国立"政治大学法律系"国家"客座教授,台大政治学研究所兼任教授,现任马利兰大学法律教授,对钓鱼台问题多有著述,本文之一部分曾在台湾杂志发表,由丘先生重新组织、整理和补充,并附有多幅珍贵图表,以证钓鱼台即使根据日人地图,亦确为中国领土。
>
> 本文根据的资料由下列几位青年学人协助收集、整理及翻译:(一)郭明山先生;(二)刘涤宏先生;(三)陈博中先生;(四)赵国材先生;(五)陈长文先生。
>
> ——编者

一、导论

钓鱼台列屿的主权归属问题,是海内外中国人不分党派省籍所一致关切的问题,并且除极少数汉奸分子外[1],所有中国人都一致支持中国政府收回该列屿的合法主张[2]。不过在交涉这个问题时,我们必须注意,我们固然可提出对我们有利的证据,但日方一定也会提出对它方面有利的证据,照常理判断,日本提出的证据大体上可分为三类:

（1）日本史籍、官方文书、琉球史籍等文件上的记载。

（2）中国史籍、官方或民间文书上不利我国主张的记载或论述[3]。

（3）西方关于钓鱼台列屿的有利日本的记载或论述[4]。

本文的目的是要就第一类的日本论据,作较详尽的介绍,将有关文件全文译出或刊出,有关地图也制版,以便使读者对这个问题有较深入的了解。目前海内外有关钓鱼台列屿的论著,大都从中国古籍上着手,而不注重日本的论点,如果连对方的主张根据都弄不清楚,只是自说自话,是难以说服对方及友邦的。另外许多论著所根据的资料,多半只是报章上刊载的,而多半都没有查过原始资料,详加考证。例如,海内外著作中多次引用的所谓一九四四年东京法院将钓鱼台列屿划归台北州的判决，就是一个例子，到现在为止没有一个人找到过这个判决，并且有不少资料证明这个判决不可能存在。本文中所引用的资料，全部由作者及其助理人员亲自查考过，并且尽可能客观地来分析这个问题，对于对中国不利之点，也在适当部分指出，以便读者来共同研究对策或就这些方向再搜集资料，来支持中国政府与人民的合法主张。

在本文中，对日本方面的论据，大体上分三段说明，首先将分析公元一八九五年以前日本琉球的典籍、地图，以及日本学者讨论这段时期琉球版图的记载；其次说明日本窃据钓鱼台列屿的经过；最后说明日本现在图谋再度窃据钓鱼台列屿的荒谬主张之根据。

二、一八九五年以前日琉史籍及地图有关钓鱼台列屿归属的记载

大体上说，在一八九五年（日本窃据台湾之年）以前日本刊行的地图，几乎都未将钓鱼台列屿划入琉球范围，现举下列二幅日本地图为例说明：

（1）关口备正辑的《府县改正大日本全图》，是日本明治八年（公元一八七五年）十一月廿四日出版的，其中琉球部分并未列入钓鱼台列屿。（见图一）*

（2）井出猪之助辑的《大日本地理全图》，其中琉球部分也未列入钓鱼台列屿（见图二）。这个地图上并未记述出版年代，但在哈佛大学温莎地图室中记载说明，此图是属十九世纪出版的。

在琉球方面，康熙四十年（公元一七〇一年）琉球国来使紫金大夫协理府总理司蔡铎进献的《中山世谱》中，所列的地图及说明中，均无钓鱼台列屿，且列举琉球版图为三十六岛，现将日本入伊波普猷、东恩纳宽惇及横山重三人合编的《琉球史料丛书》第四册中所载的《中山世谱》原序及其说明影印于下[⑤]，并将所附地图制版（见图三），以供参考：

除此之外，"国立"台湾大学图书馆中所藏的琉球《历代宝案》一书，也未提及钓鱼台列屿，并且无任何说明提到琉球管辖范围及于该列屿。

日本天保三年（公元一八三二年）阪宅甫所辑的《中山聘使略》中所附《琉球属岛全图》（见图四）中并无钓鱼台列屿，其中说明也未提到此岛。

---

* 编者按：此图及以下各图均略去。本史料集计划专卷出版相关地图，以供读者参考。

《中山世谱》原序

自昔人君膺图命。世必以仁孝为本。此三皇五帝之所共由也。我先王尚贤。神明天纵。德业日新。于万机之暇。念及祖宗之功德。将几于湮没。为忧。随命向象贤。以和文。著中山世鉴一部。而祖功宗德。昭然可稽。仁孝之源。始开于斯焉。今国王。道高五典。学深三坟。善继先人之志。能怡后人之谋。特命尚弘德等。以汉文重修世鉴。颜曰中山世谱。于戏风化百年而后成。制作累世而大备。岂不云乎。丕显哉文王谟。丕承哉武王烈。佑启我后人。咸以正罔缺。夫文谟武烈。既显且承。历成及康。亲先扬烈。至穆王之世。始称咸正罔缺。盖制作若斯之难也。

国朝自舜天王开基。历二百八十余年。而我始祖尚圆王中兴。明王更作。历一百有七十余年。而吾国王。父子相继而立。谱事始能成备。而昭穆青疎。璨然一一可溯。仁孝之风。与三代并隆矣。臣铎等。奉命。来司厥职。敢言固漏无文。遵依史记通鉴之例编成全部。恭备上览。伏愿意万斯年国祚与天地同垂焉。

时
康熙四十年岁次辛巳九月二十七日
紫金大夫现任协理府总理司臣蔡铎顿首谨撰

琉球与地名号会纪

三府五州三十五群
俗叫府州曰方
又叫郡曰间切

中头
中山府
五州(首里三平等・那霸・泊)
十一郡(西原・浦添・宜野湾・北谷・读谷山・越来・美里・中城・胜连・与那城・具志川、是也。原有八郡。康熙年间。分为十一郡)

岛尻

山南府
十五郡（真和志・南风原・东风平・大里・佐炊・知念・玉城・磨文仁・具志头・喜屋武・真壁・高岭・兼城・小禄・丰见城、是也。原有十四郡。康熙年间。分为十五郡）

国头
山北府
九郡（恩纳・金武・久志・名护・羽地・本部・今归仁・大宜味・国头・是也。原有五郡。康熙年间。分为九郡）

三十六岛
庇郎喇（俗叫平良）
姑李麻（俗叫来间）
乌噶弥（俗叫大神）
伊奇麻（俗叫池间）
面　那（俗叫水纳）
伊良保（俗叫惠良部）
达喇麻（俗叫多良间）
以上七岛。总称之曰宫古岛。又曰麻姑山。
伊世佳奇（俗叫石垣）
姑　弥（俗叫古见）
乌巴麻（俗叫小滨）
阿喇斯姑（俗叫新武）
达奇度奴（俗叫武富）
巴梯吕麻（俗叫波照间）
姑吕世麻（俗叫黑岛）
巴度麻（俗叫鸠间）
由那姑尼（俗叫与那国）
以上九岛。总称之曰八重山。又曰太平山。
姑达佳（俗叫久高）
津奇奴（俗叫津坚）

巴　　麻（俗叫滨比嘉）

伊　　奇（俗叫伊计）

姑　　米（俗叫久米）

东马齿（俗叫前庆良间）

西马齿（俗叫西庆良间）

度那奇（俗叫渡名喜）

阿姑尼（俗叫栗国）

椅世麻（一曰椅山。俗叫伊江）

业　　壁（俗叫伊比屋）

硫黄岛（俗叫鸟岛）

度　　姑（俗叫德岛）

由　　论（俗叫与论）

永良部（俗同）

由　　吕（俗叫与路）

乌奇奴（俗叫冲野）

佳奇吕麻（俗叫垣路间）

乌世麻（俗叫大岛）

奇　　界（俗叫鬼界）

凡管辖之岛。星罗棋布。环国如藩。皆隔海之地也。衣服容貌。自古至今。总受中山一统之制。而与他国不类自明。以来中华人所称。琉球三由六六岛者。即是也。

日本明治十年（公元一八七七年）伊地知贞馨著车野安绎校的《冲绳志》（一名《琉球志》）中[6]，所列的宫古（见图五）及八重山二群岛（见图六）中，均未列入钓鱼台列屿，全书中也未说到琉球领域及于钓鱼台列屿。另外明治十九年（公元一八八六年）西村舍三所著《南岛纪事外篇》中[7]，附有二份重要地图，一份是"琉球三十六岛之图"（见图七）及"内地冲绳支那朝鲜"图（见图八）中，均未列入钓鱼台列屿，书中也未提及钓鱼台列屿是属琉球。

在日本官方文书方面，也找不出任何琉球管辖权在一八九五年以前及于钓鱼台列屿的证据，例如，一八八零年中日二国讨论琉球地位问题时，日本出示的草案中，全未提及钓鱼台列屿各岛，现将日本明治十三年（公元一八八零

年)十一月十三日日本井上外务卿上三条太政大臣文中附有关文件⑧,影印于下:

(附属)

(一)

别纸甲号

球案条约拟稿

大清国

大日本国以尊重和好故、将琉球一案所有从前议论、置而不提、

大清国

大日本国公同商议、除冲绳岛以北、属

大日本国管理外、其宫古八重山二岛、属

大清国管辖、以清两国疆界、各听自治、彼此永远不相干预、

大清国

大日本国现议酌加两国条约、以表真诚和好之意、兹

大清国

钦臣命总理各国事务王大臣

大日本国

钦差全权大臣　　　各凭所奉

上谕、便宜办理、定立专条、画押铃印为据、

现今条约、应由两国

御笔批准、于三个月限内、在

大清国都中互换(光绪七年正月、明治十四年二月)交割两岛后之次月、开办加约事宜

附单稿

一

大清国应派员以(光绪七年正月、明治十四年二月)到八重山岛地方、与大日本国所派官办、各呈示凭据、将宫古八重山群岛土地人民、一并交受

一　宫古八重山群岛民人、在交付之际、

大日本国官办应先期加意戒饬晓谕、使其安分、以免纷扰、既交付之后、两界民人、各遵守其国法例、不相干犯

（五）

别纸戊号

照覆

　　十月十二日节略ヲ以ラ彼レノ十月十日ノ照会ニ答ヘクルニ彼レ照覆ノ文体ヲ望ムヲ以ラ节略ヲ照覆盖ニ改ム

前接准

贵王大臣照会、内称两月以来，已商定大致、拟加条约、并另立凭单，彼此意见相同，在宫古八重山所有办法、先行声明、以免将来滋议、中国用意所在、应请贵大臣、转报

贵外务卿巴赐答复等因、惟本大臣奉办理之

旨以来、一意希图保全大局、与

贵王大臣衷情既然、两国痛痒之处、互相体悉、可以斟酌了事、若将

贵王大臣所称径行、转报我外务大臣、本大臣或恐办法未成、彼此再提出前论之不免也、所以本大臣前日谓待定议画押之后、除行照会、仍应请示本国也、

贵王大臣或未察觉本大臣之意耳、

贵王大臣前次节略有二岛设立君长、由

中国主持等语、本大臣谓二岛已归于

贵国之后，以二岛之人、置二岛之君长、不过以

贵国之人、经理

贵国之土地我国不相干预、此则可以先行声明、不须复转报本国也、今

贵王大臣之意、如在得我国编籍之人、以为二岛之君长者、我国理不得不相涉、假使我国交付

贵王大臣意中之人、以为

贵国置立君长之地、是即在我国、一面废琉球、一面立琉球、自相矛盾便不成体面、以此转报本国、本大臣决知其不便了局也、深望贵王大臣、更平心商量、务期妥办、两国之庆、实在于此矣、

由上述日琉史籍及地图等资料分析判断，我们可知一八九五年日本窃据台湾以前，钓鱼台列屿根本不属于琉球的一部分，这点我们再参照日本学者的见解，更可证明上述论点的正确。例如，日本学者英修曾对琉球疆域的演变作下列说明："现在（至日本战败前'即一九四五年以前'）冲绳县的领域，系……

琉球王国之原有领域,加上以后由先占取得之岛屿所构成[9]。"由此可见,在一八九五年以前的琉球领域显然只限于以上各种资料中所一再说明的三十六岛,而不包括钓鱼台列屿在内,后者是日本后来再窃占的。

※　　　　　※　　　　　※

在上述日本及琉球的资料中,有一点值得注意,即上述资料中,虽可证明在一八九五年日本窃据台湾前,钓鱼台列屿不属琉球,但日本可能反口说该列屿亦不属于中国,这一点在将来与日本交涉时,甚为重要,因为目前日本窃占钓鱼台列屿的主要根据是一八九五年时该列屿系无主土地,因此日本可依国际法上先占的原则窃占去(经过详后说明)。所以在研究日本或琉球方面的论据时,还应找寻资料积极证明该列屿在一八九五年以前属于中国。

经过多方查考,作者在美国发现二幅日本地图,其中标明的颜色,明白显示钓鱼台列屿属于中国,现将这个资料说明于下。

日本天明五年(公元一七八五年)日本人林子平刊行《三国通览舆地路程全图》,共五张,并附略说一册,其中关于中琉之间航程图中,明白将花瓶山、彭佳山、钓鱼台、黄尾山、赤尾山的颜色与中国领土同样标为"赤色",琉球则标为"褐色",必须注意,在标色的说明中,"赤"之下同时有[无人岛·支那(即中国)·勘察加半岛],其中所称的"无人岛"是专有名词,即小笠原群岛,这在图中有所说明,因此除了"无人岛"及"勘察加半岛"外,图中"赤色部分"显然是指中国领土,钓鱼台列屿各岛既标为"赤色",当然是划为中国领土。这张附图地图原图作者并未见到,但日本人享香元在公元一八〇一年仿画着色的图,却在哈佛大学找到,现将原图彩色拍摄制版,以供参考(见插页)。

另外上述文献由于非常有价值,因此法国著名学者 M. J. Klaproth 在公元一八三二年将其原图及说明都译为法文,在法国巴黎出版,翻译出的原图也是彩色的,其中钓鱼台列屿等五个小岛也与中国本土一样标为红色,而琉球则标为黄色。现将该图也彩色拍摄制版(见彩色插页)。

为使读者对这个珍贵文献有进一步的了解起见,现将日本学者栗田元次所著《日本古版地图集成》中,对《三国通览舆地路程全图》的说明,摘译一部如下[10],并将该书所载该图封面制版(见图九):

第二十三　虾夷国全图附三国通览舆地路程全图

"三国通览舆地路程全图共五纸附略说一册,东都书林申椒堂藏本版""此图乃朝鲜国、琉球国、虾夷国、无人岛的以天之分野来计算海陆里程配合而成,经纬度的增加、山岳、江河、城市、乡村、名胜古迹、港口、车站,皆以颜色来加以分别。其国的风俗、文字、产物、人物,以至于风俗鸟兽之形态,本书悉有之,此诚可谓空前之珍贵著作。天明丙午〇〇日印行。"

题额:"朝鲜、琉球、桦太""カムサスカ・ツス(海獭岛)等数国"参看接壤形势图

虾夷国全图

琉球三省并三十六岛之图

朝鲜八道之图

"无人岛大小八十余"之图,本名叫做小笠原鸟(实系群岛——原译者按)。

颜色:绿(内地、满州、山),褐(虾夷、琉球),黄(朝鲜、台湾),赤(无人岛、中国、堪察加半岛),蓝(河、海)。

刊记:仙台、林子平图、天明五年秋、东都、日本桥北室町三丁目、须原屋市兵卫发行。

附录:桦太、山丹、アルミ川、室韦、カムサスカ之说。"

不过必须注意,单单靠这张地图并不能绝对证明当时钓鱼台列屿是归中国,但当然是一个对我国极有利的证据。

三、日本窃据钓鱼台列屿的经过

一八七九年日本窃据琉球,其后一度与清朝政府商议愿将宫古、八重二群岛让与中国,但双方未获协议,清廷也不了了之,琉球从此被日本窃占去。日本窃据琉球后,又进一步想窃占中国大陆与日本间的一些小岛以及台湾,钓鱼台列屿就是在这种情况下被日本窃占去的,现将日本窃占的经过,根据日本官方记载,叙述如下:与日本窃占有关的重要日方文书,也全文译出。由于当中经过颇为琐屑,所以先将日本官方自供窃占的经过译出,以便读者有一个整体的概念,然后再将重要文书,按年代先后列出,并加必要的说明。

据日本外务省编纂的《日本外交文书》第十八卷(自明治十八年一月至十二月,即一八八五年一月至十二月)中所载之"久米赤岛、久场岛及钓鱼岛编入

版图概略"中之记载⑪，日本窃据的经过大致如下：

散布在冲绳县及中国福州间的久米赤岛(自久米岛未申之方向约七十里，距中国福州约二百里)，久场岛(自久赤岛午未方向约一百里，距八重山群岛之石垣岛约为六十多里)，钓鱼岛(方位与久场岛相同，然较远十里)。上述三岛不见属清之证迹，且接近冲绳县所辖之宫古、八重山岛，加以有关建立国标之事已由冲绳县令(知事)上书总理大臣，早在明治十八年(一八八五)十月九日时已由内务卿山县有朋征询外务卿井上馨，外务卿仔细考虑的结果，认为上述三岛屿乃是接近中国国境的蕞尔小岛，且当时中国报纸盛载日本政府占据邻近台湾的中国属岛，催促中国政府注意。基于上开理由，建立国标，开拓这些岛屿之事，须俟后日，伺机行事。十二月五日，内务外务两卿乃谕令冲绳知事，勿急于国标之建立。明治廿三年(一八九〇)一月十三日冲绳县知事复呈报谓：上开岛屿向为荒岛，亦无他国设定管辖，近因水产管理之必要，乃由八重山岛役所呈请内务卿指定管辖。明治廿六年(一八九三)十一月二日冲绳县知事又以管理水产，建设航标为由，呈报内务、外务两卿，请将上开岛屿划归冲绳县管辖，并设立国标。因而内务卿乃于明治廿七年(一八九四)十二月廿七日提出内阁议决，并事先与外务卿取得协议。明治廿八年(一八九五)一月廿一日经内阁议通过，并由内务、外务两卿谕知冲绳县令，谓有关设立国标事宜已获核准。

值得注意的是日本明治廿六年(一八九三)十一月二日冲绳县知事再度申请设立国境标记(即正式划归日本)时，日本官方仍不答复。直到明治廿七年(一八九四)十二月廿七日日本内务大臣始行文外务大臣，要求将此事提交内阁会议议决，这个文件颇为重要，因此将其译出于下⑫：

(朱书)
秘别第一三三号　收文日期：(明治)廿七年十二月廿八日
在久场岛、钓鱼岛建设管辖标椿之事，如另书甲号，由冲绳县知事提出申诉。关系本件之另书乙号已于明治十八年(一八八五)时由钧座及贵部(外务部)协议，并发下指令(指暂缓进行此事)，可是由于今昔情况已殊，因此(本人)恳望与钧座取得协议而以另书提出内阁会议。
此致

　　　　外务省大臣子爵陆奥宗光　　　　　　　内务大臣子爵野村靖上

　　这个文件中最值得分析研究的是"今昔情况已殊"一语,究竟是指什么事情,这话如和当时中日关系来看,就不难了解。在日本昭和廿七年(一八九四)清廷因朝鲜问题对日宣战,但到了十月海陆军均告失败,在九月底慈禧太后已倾向和议,十一月初请各国调停,十一月中又派天津海关税物司德璀琳赴日本试探和平,被日本拒绝[13]。此时中日战事大势已定,日本稳操胜算,因此似乎其内务部与外务部才认为"今昔情况已殊",可以径行窃据钓鱼台列屿,划入版图,不必顾虑清廷态度。显然基于这种了解,在明治廿八年(一八九五)一月十一日外务大臣函复内务大臣,同意其窃占钓鱼台列屿各岛的提议[14],同月廿一日日本内阁通过此项提议[15]。

　　日本内阁通过决议决定窃占钓鱼台列屿后,同年四月十七日中日双方签订马关条约,在和约第二条日本窃占台湾的条款中,又明文规定:"中国将管辖下开地方之权……永远让与日本……二、台湾全岛及所有附属各岛屿[16]。"在这种情况下,中国如对日本窃占钓鱼台列屿的行为提出异议,在法律上已不具任何意义,因为在地质构造上,该列屿与台湾岛及其附属岛屿相同,日方显然可以认定该列屿是台湾附属岛屿,包括在和约割让范围内。事实上,清廷可能也是基于这种了解,所以未对日本窃据的钓鱼台列屿的行为,提出异议。

　　由上述的说明,我们有相当理由可以主张,钓鱼台列屿虽是在日本签订马关和约前开始窃占去的,但此种行为在某种程度上可认为系因马关条约中的割让条款而确定其法律根据。换句话说,日本学者认为其取得该列屿主权依据对无主土地的先占[17],但我们却有相当理由可以认为其取得主权至少部分是根据马关条约的割让,这点有较详细说明的必要。

　　日本学者认为日本对钓鱼台列屿的领土取得是根据"先占"一点,有二个问题值得研讨:第一、先占的对象必须是无主土地,钓鱼台列屿在一八九五年以前是无主土地吗?日本官方与学界的资料中,对这点并未举出积极证据,而根据作者前述之《三国通览舆地图说》,日本学者却有认定此列屿是属中国[18]。此外,如果该列屿确是无主土地,那日本在一八八五年就可以去实行"先占",还需要顾虑中国的态度吗?总之,日本要趁甲午战役胜算已定时才来实行先占一事,就可以说明日本当时对该列屿是否系无主之土地一点,也无把握,足见其可以实行所谓先占的对象就值得怀疑。

　　第二、日本现在所举出它实行先占的行为,是内阁的议决,显然是内部行为,而目前我们所看到的日方资料,仅仅指出有这个议决,全文从未见到过,这种内部不公开的行为有对外效力吗?并且在内阁决议后,次年(明治廿九年即公元一八九六年)日皇所颁布的冲绳管辖范围中,完全没有提到所谓尖阁群岛(即日方对钓鱼台列屿的名称)隶属冲绳之事,现将该敕令全文[19]翻译于下:

朕兹裁可冲绳县之郡编制并公布之

御名御玺

明治廿九年三月五日

内阁总理大臣　侯爵芳伊藤博文

内务大臣　芳川显正文

敕令第十三号(官报三月七日)

第一条　除那霸首里两区之区域外,冲绳县划为左列五郡

岛尻郡　岛尻各村久米东庆良间诸岛渡名喜岛粟国岛依平屋诸岛鸟岛及大东岛

中头郡　中头各村

国头郡　国头各岛及伊江岛

宫古郡　宫古诸岛

八重山郡　八重山诸岛

第二条　各郡之境界或名称如遇有变更之必要时由内务大臣决定之

附则

第三条　本令之施行时期由内务大臣定之

由上述资料及说明可知,日本即使曾对钓鱼台列屿实行所谓先占,其所作所为也不完全符合国际法上的条件,例如,著名的国际法学家劳特派特改编的奥本海国际法上就写到:"有效的先占必须具有二点重要事实即占有与管理。(一)占有——先占国必须真正的占有这块土地。为达到目的它需要将此领土置于其支配之下,并具有得到此土地主权的意图。这只能以在当地殖民并伴随着一些正式行为,并宣告此领土已在其占有之下且其意图将领土置于其主权之下。这种行为通常包含一个公告或在当地升旗……(二)管理——在依上述方式占有土地后,占有者应在合理期间内建立某种管理(制度)以显示此领土系由新占有者治理。[20]"日本除了所谓内阁决议(全文其《日本外交文书》中也未刊登)外,并无其他公告、殖民(只在窃据台湾数年后日本曾一度移民到钓

鱼台)或其他行为,这种先占恐难完全符合国家法上的要案。所以日本窃据钓鱼台的法理根据,似乎至少应该有一部分是依据《马关条约》中的台湾属岛连同割让之规定。

四、日本图谋再度窃占钓鱼台列屿的根据

日本窃据台湾及钓鱼台列屿等地后,何时将钓鱼台列屿改名为尖阁群岛并将其划归琉球,并不清楚,查阅《日本外交文书》、日本《法令全书》及有关冲绳的记载,都未提到划归琉球日期或有关公文书。经查阅日本地理与地质方面的典籍,似乎到明治三十一年(公元一八九八年)才出现"尖阁群岛"一词来表示钓鱼台列屿[20]。至于在日本窃据台湾及钓鱼台列屿时代,钓鱼台列屿是在那个行政区域一点,据大正四年出版的《大日本地志》中的记载,是划归冲绳县[21]。另外查阅日本有关地图(虽有不少日本地图根本未将该列屿印出)[22]的结果,似可确实认定是归冲绳县管辖,例如昭和四年(公元一九二九)出版的《最近调查大日本地名辞典并交通地鉴》一书中所附冲绳地图之"管内一览"部分,明白标出包括尖阁列岛、久场岛及鱼钓岛三名称[23]。另外日本窃据台湾时的行政区划中,似乎并未包括钓鱼台列屿,例如,昭和十九年(公元一九四四)出版的《台湾年鉴》中,明白标出台湾本岛极东是台北州基隆市棉花屿东端东经一二二·〇六度,极北是台北州基隆市彭佳屿北端北纬二五·三七度[25]。

不过我们必须注意,在行政上钓鱼台列屿即或是划在琉球,但据日本人自己的记载,这个地区却是台湾渔民经常活动的地区。例如,日本大正四年(公元一九一五年)日本台湾总督府殖产局编纂的《台湾之水产》刊物中,自己供认"尖阁列岛渔场……为以台湾为根据地的鲣鱼船……最重要远洋渔场之一。"[26]并且该刊附有渔场图,明白将钓鱼岛与琉球的与那国岛都划入台湾之"真鲣渔场"范围[27]。

由于在日本窃据台湾及钓鱼台列屿期间,将钓鱼台列屿划入冲绳范围,因此一九四五年美军占领琉球时即根据日本的行政区划,也将钓鱼台列屿划入占领范围,美国这种占领行为并经一九五一年旧金山对日和约第三条确认。最近美国已于一九七一年六月十七日与日本签约要将琉球"归还"日本,其条约中所附地图将钓鱼台列屿也包括在内,这点引起中国政府与人民的极大愤怒。美方所以作此荒谬举动,其主要根据是当一九四五年美国自日本取得琉

球之"行政权"时，是包括钓鱼台列屿在内的，因此"归还"时也应包括在内，中国如有任何权利主张，可以在"归还"后，径行与日本交涉，与美国无关云云。一九七一年美国参院外委会通过建议批准一九七一年六月十七日的美日琉球行政权返还协定时，对钓鱼台列屿的主权问题，作下列说明：

"第一条的附录中，双方明定地理上的坐标，限定本协定所包括的土地。这些坐标显示尖阁群岛（钓鱼台列屿）为所管理的土地的一部分。此外，并且在尖阁群岛上，列有两个美国保留中的军事设施。'中华民国'及日本，这些岛屿提出了领土主张。国务院所持的立场是，关于此方面，和约是美国权利的唯一来源，在和约下，美国仅取得行政权，而非主权。因此，美国将行政权移交给日本的行动，并不构成基本的主权（美国并无此种主权）之移交，亦不可能影响到任一争论者的基本的领土主张。委员会确认协定中的条款，不影响到任何国家关于尖阁或钓鱼台列屿的任何主张。[28]"

日本方面的论点也相类似，日方认为琉球管辖范围在日治时代包括钓鱼台列屿，并且美国承认日本对琉球有剩余主权，一九四五年美方自日本取去的只是"行政权"，因此"行政权"一旦归还，日本即恢复其主权，包括钓鱼台列屿在内[29]。

日美这种观点表面上看来言之有理，但详细分析之下，却有几个重大的漏洞，即它们将琉球问题及钓鱼台列屿问题孤立起来，认为是美日二国间之事，与中国无关，并且忽视了有关的国际协定，这个问题牵涉甚多，因篇幅所限，只能简单叙述。

第一，日本将钓鱼台列屿划归琉球（冲绳）管辖一事，据本文前述之资料判断，是在中日马关和约（公元一八九五年）后，系其国内行为，自不得拘束中国在收回失地时的权利，否则一个侵略国在窃据它国领土后，只要更改当地管区，对方就不能收回失地，天下难道有这么不通的道理吗？

第二，我们有相当理由主张钓鱼台列屿是日本在侵占台湾时一并占去的，因此依据一九五二年四月廿八日签订的中日和约第四条，日本承认一九四一年十二月九日以前的中日条约失效[30]，马关条约当然也包括在内。在这情形下，至少日本窃据钓鱼台列屿的部分根据已不存在，这点与琉球其他各岛日本不必根据马关条约就窃占去的情况不同，所以美国"归还"琉球给日本时，对于钓鱼台列屿自不应与琉球其他各岛一并待遇。

第三，自日本窃据台湾后，台湾渔民就长期使用该列屿及附近渔场，战后也是如此,这点日本方面也不得不承认,例如,一九七〇年九月十八日日本《读卖新闻》自己报导台湾渔民在尖阁群岛(即钓鱼台列屿)一带"侵犯领海"与"不法上陆"是"日常茶饭之事"。

第四,根据一九四五年七月廿六日中美英三国发布的波茨坦宣言,其中规定日本领土限于"本州、北海道、九州、四国,及吾人所决定其他小岛之内。[㉛]"所以美国要"归还"琉球给日本,自应与参与制定波茨坦宣言的中国政府商议,以规定那些岛屿应"归还",那些应由中国收回或其他处置。

五、结论

由于本文只限于日本方面的资料分析,并非对钓鱼台列岛问题作一个整体的分析研究,因此对日本荒谬主张的根据,只指出上述几个疑问,不再对这几点作更详尽的讨论。

自日本方面有关钓鱼台列屿的资料分析,我们可以得出下列几个结论。

(一)钓鱼台列屿在一八九五年以前从未成为琉球群岛的一部分。

(二)日本在一八九五年窃占钓鱼台列屿的行为与窃占马关条约有密切关系,虽然作者所收集的资料还不够充分。

(三)日本所谓依据国际法上"先占"原则取得钓鱼台列屿主权一点,不论在事实上与法律上都有相当的漏洞。

(四)至少有些日本资料显示钓鱼台列屿在一八九五年以前是属中国管辖。

以上是本文得到的结论,不过钓鱼台列屿的主权归属问题,除了参照日本资料外,还应参照我国、西方及有关国际法原则,一并研究,才能得出整体的结论,所以等待作者完成后几部分的研究后,当再写一文讨论这个问题,目前本文只能帮助读者对这个问题,有较深入的了解。

[①] 根据作者及其助理人员详细分析海内外华人的反应,除部分"台独"分子外,所有华人都主张钓鱼台应属中国台湾省,"台独"分子主张钓鱼台列屿(其用日文"尖阁群岛")是日本领土,中国政府与人民的正义与合法主张是"海盗"行为,并替日本策划说是"以该列屿来跟中国划分'东海大陆礁层'中间线的话,日本最低限度还可以保有二十万平方公里的海域。"见东京《台湾民报》,一九七〇年九月十五日,页一;全文转载于《中华杂志》,第九

十四号("民国"六十年五月)。台省籍人士主持的《大众日报》曾在"民国"六十年五月十三日的社论中对台独卖国媚外谬论,严加驳斥,见该日社论《"台独"分子的汉奸走狗本色——从日本"台独"分子的一篇文章谈起》。这种荒谬主张就连日本学者也都不敢公然提出的。例如日本的著名国际法学者大田教授,就曾指出"一个岛屿如仅是大陆礁层上的突出部分,并无理由来考虑以其为划定大陆礁层的基础。"(详见拙著,《大陆礁层与海床开发的法律问题》,载《政大法学评论》,第四期,一九七一年六月出版,页十~十一。)

② 对钓鱼台列屿问题,"中华民国政府外交部"于一九七一年六月十一日曾发表严正声明,其重要部分如下:"该列屿附属台湾省,构成'中华民国'领土之一部分,基于地理位置、地质构造、历史联系以及台湾省居民长期继续使用之理由,已与'中华民国'密切相连,'中华民国'政府根据其保卫国土之神圣义务在任何情况之下绝不能放弃尺寸领土之主权。"见一九七一年六月十二日台北《中央日报》。

中共政权虽在其报刊上曾主张钓鱼台列屿是中国领土,但其外交部迄未发表正式声明,态度不甚明确;并且中共报刊也未刊登任何文章详细说明钓鱼台列屿应属中国的论据。(原编者按:一九七一年十二月三十日北京外交部曾发表声明对钓鱼岛列岛的主权,当时本文作者因在台湾可能未能读到该资料。)

③ 这个问题作者与其助理人员正在研究,惟因不欲日方知悉我方根据的强弱点,所以目前不能公布,到适当时机再另文叙述。

④ 见注③。

⑤ 摘自该书第八~十一页,出版地点年份等见图四①。

⑥ 该书由伊地知贞馨自行发行,东京石川治兵卫等书肆发行,全书五册。

⑦ 东京府平民大泽钺三郎出版,石川治兵卫发兑。

⑧ 外务省编纂,《日本外交年表并主要文书 1840—1945》,上册,东京;昭和四十年(一九六五)出版,页八一、八二、及八三。

⑨ 见其著《冲绳归属の沿革》,载国际法学会编《冲绳の地位》,东京;有斐阁,昭和卅年(一九五五)出版,页三七。

⑩ 见该书页四二~四三,该书是公元一九三二年东京大阪出版。必须注意,林子平虽然似中国人,但据 M. J. Klaproth 所译该书序文中说明,是日本人。见 San Kokf Tsou Ran to Sets ou Ahescu General des Trois Royaumes (Traduit de L'Original Japonais-Chinois), Paris: 1832, p. 1. 最近海内外又有慈禧太后在一八九三年对钓鱼台等三岛赐给盛宣怀的说法,台北《中外杂志》一九七二年一月号并将诏书刊出,这个证据如果属实当然对我国很有利。但作者早在去年秋天就已看到这个资料,对其性质仍在与专家研判中,目前不敢擅

---

① 编者按:图略。

下结论。

⑪ 东京：日本国际连合协会①，昭和廿五年（一九五〇）出版，页五七四～五七五。

⑫ 外务省编纂，《日本外交文书》，第廿三卷（明治廿三年一月至十二月，即一八九〇），东京：日本国际连合协会，昭和廿七年（一九五二）出版，页五三一～五三二。

⑬ 见傅启学编著，《中国外交史》，台北：三民书局经销，"民国"五十五年三版，页一一五～一一七。

⑭《日本外交文书》，第廿三卷，前引注⑫，页五三二。

⑮ 见注⑪所指文件中的叙述。

⑯《中外条约汇编》，台北文海出版社，"民国"五十三年出版，页一五一。英文译文称：China Cedes to Japan in Perpetuity and full sovereignty the following territories … (b) the island of Formosa, together with all islands appertaining or belonging to the said Island of Formosa 载 *Hertslet's China Treaties*, Vol. 1. London：His Majesty's Stationery Office. 1908，p. 363.

⑰ 见注⑨所引之文章。

⑱ 在交涉之时，我国当然也会提出在一八九五年以前对钓鱼台列屿管辖的根据，不过这些问题不在本文的范围，因此从略。关于这一点我们必须注意，目前我国在这方面的证据还不很完备，仍待国人多方搜集。

⑲《法令全书》（明治廿九年）甲，日本东京：内阁电报局印，敕令部，页廿五。

⑳ L. Oppenheim, *International Law*, 8th ed：H. Lauterpacht, Vol. 1, London：Longmans, Green, 1955, pp. 557 - 558.

㉑ 琉黑，《尖阁群岛》，载《地质学杂志》，第五卷第六十号（明治三一年九月廿日），页四九八。日本对于这个岛屿的比较详尽调查似乎是在明治三十三年（一九〇〇），见黑岩恒，《尖阁列岛探险记事》，载《地学杂志》，第十二辑第一百四十卷（明治三十三年），页四七六～四八三及第一百四十一卷（同年九月），页五二八～五四三。

㉒ 例如：一九三六年出版的日本满洲国英文年鉴中所附地图，就是一例，见 Japan-Manchoukuo Yearbook, 1936；Tokyo；1936。但必须注意，在地图方面，有些中国地图也对我国立场不甚有利，例如一九六四年大陆出版的《中华人民共和国分省地图》中，台湾省最北只划到彭佳屿，台湾出版的地图有些也是这样。不过最近"中华民国"政府已下令将钓鱼台列屿划归台湾省宜兰县，见一九七二年二月一日台北《中国时报》第二版。大陆方面还未见有任何动静。

㉓ 该书卷十，东京博文馆出版，页一及三三。

---

① 编者按：原文如此，似为"日本国际联合协会"，下同。

㉔ 国际学术评论社地学研究部编纂,大阪市西川房吉发行,地图载该书页四九。

㉕ 台北株式会社台湾通信社,昭和十九年九月廿五日发行,位置说明见该书页十五。

㉖ 见《台湾渔业》,载该刊第二号(大正四年一月十七日),页十五。台湾渔民使用钓鱼台列屿或附记渔场的记载甚多,郭明山先生正在搜集这方面的资料。

㉗ 见该刊页廿四。

㉘ 引自《食货月刊》,复刊第一卷第八期(一九七一年十一月台北出版),页五四。作者对该刊所载译文稍有修改。美方这种立场,报章多有刊载,因此不详细引述。

㉙ 日本此种立场报章多有刊载因此不详细引述。

㉚ 约文全文见"外交部"编,《中外条约辑编》,台北:"外交部","民国"四十七年出版,页二四八~二五七。

㉛ 引自中日外交史料丛编(七),《日本投降与我国对日态度及对俄交涉》,台北:"中华民国"外交问题研究会,"民国"五五年出版,页三。但应注意,中共反而一直主张将琉球"归还"日本。

(原载《明报月刊》一九七二年三月第 75 期)

关于《日本对于钓鱼台列屿主权问题的论据与分析》一文的补充说明

丘宏达

(一) 在上文中作者曾说明,中共官方机构迄未(一九七一年十二月)发表有关钓鱼台列屿的正式声明,现查中共态度已有改变,一九七一年十二月三十日中共外交部终于发表正式声明,认为"钓鱼岛、黄尾屿、赤尾屿、南小岛、北小岛是台湾的附属岛屿。它们和台湾一样,自古以来就是中国领土不可分割的一部分。美、日两国政府在'归还'冲绳协定中,把我国钓鱼岛等岛屿列入'归还区域'完全是非法的……"并声称"一定要收复钓鱼岛等台湾的附属岛屿。"中共的声明中,同时又声明,谓要解放台湾①。

今年一月十二中共报刊又报导日本政府妄图侵占我钓鱼台等岛屿②。

今年在三月上旬联合国海床和平使用委员会中,中共代表又再重申钓鱼台为台湾属岛③。

(二) "中华民国"政府方面已于六十年底正式将钓鱼台列屿各岛划归台湾省宜兰县,并通知全国学校,现将公文抄录于下:

"教育部"令六一年一月十日台(六一)中字第○八一○号

受文者：台湾省政府教育厅 全国公私立以上学校 台北市政府教育局"国立"编译馆 部属各机关学校

一、奉"行政院"六十年十二月二日台内字第一一六七二号令复"内政部"副本："一、该'内政部'六十年十月廿七日台内民字第四四二五九八号呈为钓鱼台列屿系属我国台湾省之一部分惟应归属该省何县市一节经准该省府先后来函明确主张宜隶属宜兰县拟从其议报请核示。二、准照该'内政部'所议办理除分令外希知照并饬属知照令复'内政部'并分行外希知逋并饬属知照"一案等因

二、令希知照。

三、副本抄送"国防部政务局"并发本部各单位。"部长"罗平云＊

"中华民国国民大会"于三月廿五日发表的声明中，强调"钓鱼台列屿为'中华民国'领土，我'中华民国'决不放弃。"

（三）日本外务省发言人在一九七二年三月八日发表声明称："中国清朝从未统治过该列屿，此种情形已经于一八八五年所作的一项调查中证实。日本政府于一八九五年，即已决定将列屿并入日本领土之内。钓鱼台列屿并不包括在一八九五年割让台澎的马关条约之内。[⑤]"

（四）美国方面据合众国际社东京（一九七二）三月廿三日电，美方建议"中华民国"、日本与中共和平解决钓鱼岛纠纷，日本首相则叫嚣要对钓鱼台列屿采取"措施"[⑥]。

（五）日本有所谓尖阁岛研究会，去年出版了一篇《尖阁列岛与日本的领有权》，详细说明日本荒谬主张[⑦]。

事　由：关于钓鱼台列屿究应归属台湾省何县市乙节转令知照由。

---

① 一九七一年十二月卅一日中共《人民日报》，摘要于《问题与研究》，第十一卷第四期（六十一年一月十日），页八六（总三六八）。
② 见《问题与研究》，第十一卷第五期（六十一年二月十日），页八三（总四五七）。
③ 见 United Nations, March 11 (AP), in *The China News*, March 12, 1972, p. 1.
④ 全文刊《学粹》，第十四卷第二期（六十一年二月十五日），页五九。

　　＊ 编者按：原文缺少注释④，似应在"＊"号所在位置。

⑤（美联社东京九日电），载《自立晚报》，"民国"六十一年三月九日，页一。

⑥ Fredrick H. Marks, "Japan To Take Necessary Measures On Senkakus," Tokyo, March 23(UPI), in *The China News*, March 24, 1972, p. 8.

⑦《冲绳季刊》，第五十六号（东京：一九七一年三月），《尖阁列岛特集》，页八至十五。此文中的荒谬论据，作者当另文介绍批判。

（原载《明报月刊》一九七二年五月第 77 期）

中国对于钓鱼台列屿主权的论据分析

丘宏达

关于日本对于钓鱼台列屿的主权论据，已于前文说明，现在再从我国方面的论据来研析，这样才能对本列屿的主权问题，有个较清楚的了解。由于这个问题同时也牵涉到琉球与我国东海大陆礁层问题，所以叙述之时，也一并论及，才能了解问题的全盘真相。海内外许多报刊中曾提出或讨论过的历史论据资料，除非这些资料在法律上有其意义，否则在本文中一概略去，以节省篇幅及避免重复。又本文写作曾得到郭明山、刘涤宏二位先生协助。

一、钓鱼台列屿的地理情况及名称由来

钓鱼台列屿位于我国领土台湾省东北方，琉球群岛主岛冲绳岛的西南方，先岛诸岛（宫古、八重山二群岛）北方。整个列屿由钓鱼屿（台）、黄尾屿、赤尾屿、南小岛及其他附近的三小礁所组成，其中以钓鱼屿为最大，本列屿的名称就由此而来。

日本将本列屿称为尖阁列（群）岛，其由来是意译自英文的 Pinnacle Island，目前西方不少地图又将"尖阁"一词用日语汉字拼音译为 Senkaku，所以西方地图中的 Senkaku Gunto 就是由此而来。

在地理位置及经纬度方面，本列屿距基隆约一百二十浬（离基隆东北的彭佳屿则为九十浬），东距琉球首府那霸、西距我国福建省福州各约二百三十浬，南距琉球的宫古、八重山群岛约九十浬。整个列屿散布在北纬二十六度与二十五度四十分，东经一百二十三度至一百二十四度三十四分之间。

钓鱼台列屿各岛面积都很小，最大的钓鱼屿（台）约四・三一九平方公

里①；日本则将我国所用名称依日文法改为钓鱼岛；西方人则用 Tia-yu-su（钓鱼屿译音）②或 Hoa-pin-su（花瓶屿译音，因西方人往往将台湾附近另一小岛——花瓶屿——误为钓鱼屿）。本列屿第二大的是在北面的黄尾屿，面积约一·〇八平方公里③，又称为黄麻屿、黄毛屿或黄尾山，西方人称为 Tia-usu 或 Hoan-oey-su（黄尾屿译音）；日本人则称为久场岛、古场岛、或底牙吾苏岛（自英文名称 Tia-usu 译来）④。再次大的是在东面的赤尾屿，面积为〇·一五四平方公里，又称赤屿、赤尾礁、赤尾山或赤坎屿；日本人则称为大正岛、蒿尾屿、久米赤岛，或直接称赤尾屿；西方人则称为 Sekbisan（赤尾山拼音）、Raleigh-Rock 或 Tshe-oey-su（赤尾屿拼音）⑤。其他各岛都面积甚小，也与赤尾屿一样，在一平方公里以下。（参阅图一及二）*

在地质上，本列屿是贯穿第三纪层喷出之幼年锥状火山岛屿，各岛多为隆起之珊瑚礁所围绕⑥，可能是台湾岛的大屯及观音火山脉向东西延伸入海底的突出部分⑦，其附近则厚积了由长江与黄河冲流入海的堆积，其厚度达二公里至九公里⑧。在地质构造上，钓鱼台列屿与其西南的彭佳屿、棉花屿、花瓶屿一脉相承，且同处我国东海大陆礁层的边缘，为其突出海面部分。本列屿与琉球群岛的宫古、八重、冲绳各群岛间，有琉球海沟（Ryukyu Through）水深达一、二千公尺⑨，我国史籍上称为落深、黑沟或沟祭海。

在气候方面，自菲律宾北流的北赤道洋流（通称黑潮），经台湾岛东岸再流向本列屿一带的洋面后，西折与我国大陆的沿岸海流会合，再转向东北方向流经赤尾屿附近而往北流⑩。本列屿又与台湾岛同属一季风走廊，自台湾北部来此甚为方便，而自琉球来此由于季风及黑潮流向的关系，甚为不便。⑪

二、我国对钓鱼台列屿的主权根据

关于我国对钓鱼台列屿的主权根据，是建立在地理、地质构造、历史、使用与法理几部分，现分述于下：

第一，钓鱼台列屿最早为我国人所发现并命名，在十五世纪我国明朝时写的《顺风相送》一书中，首先就提到钓鱼台，作为航路指标地之一，其有关部分如下：

---

* 编者按：图均略去。

"福建往琉球。太武放洋,用甲寅针七更船取岛坵……用甲卯及单卯取钓鱼屿……"[12]

自明朝以来,该列屿即为我国人往琉球的航路指标,在我国册封琉球国王天使的使录中多有记载。例如,明朝万历七年(一五七九年)册封使萧崇业编的《使琉球录》中,随记有钓鱼台外,还有一幅《琉球过海图》,明白画出有钓鱼台[13]。这些都是我国人发现钓鱼台列屿的铁证。

在十八世纪以前,许多国际上的行为显示,在许多场合下,某国因发现某地,而主张得以取得对某地的主权。其后的国际法学者,则对发现的法律效果,加以限制,认为只可以取得一种原始的权利(Inchoate title),必须在合理期间内予以有效管领,才能取得主权[14]。不过我国基于发现一点,在国际法上就有某种权利,是毫无疑问的。

第二,在使用方面,除了上述册封天使作为航路指标外,在日本窃据台湾以前,我国人民就一直有使用该列屿的纪录,日本窃据台湾后迄今仍然如此。例如,日本明治廿三年(一八九〇年)一月十三日冲绳县知事上书日本内务大臣,要求在钓鱼台列屿上树立"国标"的理由,是要"取缔"水产(即管理当地水产),可见当时有人使用该列屿,而使用之人一定是中国人,否则如是日本人或冲绳人,何必去"取缔"。[15]

台湾回归祖国后,我国人民仍旧到钓鱼台从事采药、打捞沉船等工作[16],舟山群岛国军撤退时,所属游击队并曾一度撤至钓鱼台[17],另外据日本"尖阁列岛研究会"的一篇报告中,更自供在一九五五年三月二日琉球船擅自侵入钓鱼台领海时,被中国帆船炮击而造成三人下落不明的所谓"第三清德丸事件"。[18]

第三,钓鱼台列屿是台湾岛的属岛一点,除了地质构造方面外,明朝嘉靖年间出版的《日本一鉴》一书中,明文指出:"钓鱼屿,小东小屿也。"而小东是指台湾,在书中所附图中明白表示[19],可见钓鱼屿是台湾属岛。

在我国使琉球录中,也有说明这些岛屿不属琉球的纪录。例如,明嘉靖十三年(一五三四年)陈侃之《使琉球录》中说,是年五月十日,"南风甚速,舟行如飞,然顺流而下,亦不甚动,过平嘉山、钓鱼屿,过黄毛屿,过赤屿……十一日夕,见古米山,乃属琉球者。"[20]此处既说明古米山(即今琉球之久米岛)始属琉球,反之,则钓鱼屿等自不属琉球,再加上《日本一鉴》中的说明,可以推断应为台湾属岛。

明嘉靖四十年（一五六一年）郭汝霖之《使琉球录》中又说："闰五月初二过钓鱼屿，初三日，至赤屿焉。赤屿者，界琉球地方山也……"[21]此处也说明赤屿（即今之赤尾屿）以西各小岛（如钓鱼屿）不属琉球。以上二个记载，足以证明在我国史籍上明白表示钓鱼屿各岛与琉球绝无关系，并非琉球的一部分。

第四，我国清朝的记载中也有明白表示钓鱼台列屿以南海面为"中外之界"的，例如清乾隆廿一年（一九五六年）册封副使周煌所写的《琉球国志略》中说："过沟，风涛大作，投生猪羊各一，泼五斗粥，焚纸船鸣钲击鼓，诸军皆甲，露刃俯船，作御敌状。问沟之义曰，中外之界也，食之复兵之恩威并济之义也。"[22]

上述说明如果与清代一张公开发行的地图印证，就更清楚。清同治二年（一八六三年）铸版的《皇朝中外一统舆图》中，中琉航线所经各岛，直到姑米山始加注日文译名，在赤尾屿以前各岛如黄尾屿、钓鱼屿、彭佳山等均与中国其他各岛相同无日文译名，可见这几个岛是属中国。

如果再证以日本当时的琉球地图更可进一步证明琉球范围不包括钓鱼台各岛，如日本明治六年（一八七三年）出版的《琉球诸岛全图》，在南部诸岛范围中，并无钓鱼台列屿，且划有一界限，明显钓鱼台各岛的可能位置划出琉球范围之外（见图四）。

第五，本年三月八日日本福田外相在日本众院冲绳北方问题特别委员会发表谈话中表示：（一）自一八八五年日本政府屡次前往钓鱼台列屿作实地调查，并确认其不仅为无人岛，亦无清国统治之"痕迹"，日政府于一八九五年一月十四日提经阁议决定该列屿树立标志，正式编入日本领土之版图。（二）该列屿不包括在马关条约第二条日本自清国受让之台湾及澎湖诸岛之内。[23]

日本这种谬论，在《日本对于钓鱼台列屿主权问题的论据分折》三月号拙文中已有论及，现在仅就该文中未提及部分再作补充说明。关于清朝统治钓鱼台列屿的"痕迹"不知日人是指什么？如果说清朝未曾在列屿上树立界标，这确是事实，但日本窃据该列屿时难道就曾建立界标吗？到现在为止除了一九六九年琉球政府才上去设立的界标外，在岛上看不出任何日本设立"国标"的"痕迹"。日外相所说设立"国标"一事，根本没有其事，更谈不到"正式"编入日本版图。这点只要看日本的《尖阁列岛研究会》的论文说明就知，该文说："冲绳县知事于翌年【内阁决议后】明治二十九年（一八九六年）四月将尖阁列岛顺利地编入八重山郡而完成了国内法上的措置；此后于明治三十五年（一九〇二年)十二月,又顺利地划属石垣岛大滨间切登野城村。"[24]

上述文中所述的一八九六年四月将尖阁列岛顺利编入八重山郡一事,事实上也无其事。据该会另一篇报告中,说是根据日本天皇一八九六年四月一日的敕令编入的[25]。但在三月号拙文中已说明敕令中根本没有提到此事,所以日本事实上是到一九〇二年才将其编入领土,这已是马关条约签后七年的事,而且编入后也没有设立"国标"。在日本窃据后多年,国际上许多地图仍用中国名称(图略),甚至到第二次大战后仍然如此。(如一九六一年德国 Grosser Columbus Wetatlas 地图第五〇页所载中、日、韩地图,就是一例。)

至于日本外相所说窃占钓鱼台列屿与马关条约无关一点,更是欺人之谈,这只要看一八八五年十月廿一日日本外务卿井上馨,答复内务卿劝阻在钓鱼台列屿设立"国标"的公文内容就知,该信内说:

"散布在冲绳县与中国福州间的无人岛及久米赤岛等二岛,冲绳县已实地调查有关建立国标之事……几经考虑并协商后,认为右开岛屿靠近中国国境,非以前所调查过的大东岛可比拟,其周围看起来很小,且中国附有岛名。近来中国报纸盛载我政府占据台湾附近的中国属岛,我们若于此时遽尔公然建立国标,反易招敌中国的疑忌。当前仅须实地调查港湾形状及希望开发该地物产情况作成详细报告。至于建立国标之事须俟他日适当时机……"[26]

如照日本外相所说无清国统治"痕迹",一八八五年就可以去"先占"收为领土,还要等什么"他日适当时机"。日本梦想的"适当时机"果然在一八九四——九五年到来。一八九四年清朝因日本无故攻击我国援助朝鲜的部队[27],忍无可忍,因此在八月一日对日宣战[28]。不幸到十月底,海陆军均已失败,十一月初请各国调停[29],十一月中又派天津海关税务司德璀琳(Gustar Detring)赴日试探和平[30],结果被拒[31]。此时日本已暴露其图谋窃据台湾的意图,十一月十五日李鸿章复张香帅电文中就已说:"署请各国调处,明言听韩自主,酌赔兵费,而日犹未餍。赫德(Hart)谓欲索台湾……[32]"日本内阁决定窃据钓鱼台列屿时,在中日战争中已稳操胜算,所以其窃占行为怎么能说与中日战争及结束战争的马关条约无关呢?

以上是就日本方面及中日关系来说明,现再就清廷方面的行为来看,也不合日本外相轻描淡写一笔抹杀所谓清朝没有统治过的"痕迹"的说法。前已述及自明朝以来我国官方册封琉球天使就经常利用钓鱼台为航路指标,这难道不是官方行为吗?此外,最近还发现一八九三年慈禧太后曾下诏将钓鱼台等三岛，赐给盛宣怀采药，这也是一种官方行为㉝。

我国沿海有三千五百多个岛，在清朝地图中或地方志中没有记载的多得很，这并不能表示这些岛屿就不属中国，也没有什么国家以这点为理由来主张对中国沿海岛屿主权、认为是无主岛而可以先占。在日本窃据琉球以前，中琉之间从来没有因为钓鱼台等小岛而发生纠纷，可见钓鱼台列屿问题所以发生，主要还在日本的侵略野心。

三、一九四五年以来钓鱼台列屿的地位

日本窃据钓鱼台列屿后，将其划入冲绳县管辖，因此讨论其二次大战以来的地位时，必须从琉球问题谈起。琉球原为我国藩属，不幸在一八七九年为日本窃占，清廷交涉没有结果，就不了了之，但清廷及民国政府始终没有承认过日本的窃占行为。㉞

在二次大战期间，琉球问题曾在一九四三年十一月下旬举行的开罗（Cairo）会议中提出。据美方公布的纪录，该案是在十一月廿三日罗斯福（Roosevelt）主席与蒋中正主席餐会中讨论，其经过如下："总统【指罗斯福】……提及琉球群岛问题并数次询问中国是否要求该岛。委员长【指蒋主席】答称将同意美国共同占领琉球，并愿将来在一个国际组织【即后来的联合国】的托管制度下，与美国共同管理该地。㉟"不幸中国这个主张不知何故，未曾写入同年十一月廿六日签署、十二月一日公布的开罗宣言中。

一九四四年一月十二日盟国的太平洋战争会议（Pacific War Council）在白宫举行，中国由驻美大使魏道明参加，会中提及琉球时，罗斯福表示，已征求苏联领袖史太林（Stalin）意见，而"史太林熟悉琉球历史，他完全同意琉球属于中国并应归还它。㊱"

一九四五年七月廿六日中美英三国发布的波茨坦公告（Potsdam Proclamation）中，明文规定"日本之主权必将限于本州、北海道、九州、四国，及吾人所决定其他小岛内。㊲"依此规定，琉球应由盟国决定其归属，波茨坦公告后法国与苏联都加入㊳。但此时琉球已于该年四月由美军攻占，中国并未被允准参加占领。

对日战争在中国政府与人民的重大牺牲与贡献下，终于获致胜利，战后在商谈对日和约时，中国政府一再对美国表示要托管或收回琉球。例如，一九四

七年九月二十三日国民参政会通过建议，要求在对日和约中规定琉球应托交我国管理㊴。同年十月十八日行政院长张群出席国民参政会驻会委员会第七次会议时，也表示："琉球群岛与我国关系特殊，应该归还我国。"并主张在对日和约谈判时，中美英苏四大国应有否决权㊵。

但是中国政府这种合理主张，并未获得实际占领琉球的美国之支持与同情，由于这段期间有关琉球交涉的外交档案中美二国均未公布，所以只有根据外电报导说明。据一九四八年二月二十五日合众社华盛顿消息："……美国官员……已非正式暗示，拒绝中国对琉球统治权之要求。美方表示，琉球亦应纳入其战略托管网之内，盖美国认为此乃其西太平洋之一种任务，中国之要求获得琉球，在此并未博得同情。反之，官方且指出中国向未在琉球行使统治权，仅享有对该地之宗主权，至于一八七〇年，是年因日本之并吞琉球，整个问题遂为之晦涩不明……同时英国方面报导称：关于美国在小笠原群岛或琉球群岛之意图，不列颠联合国（British Commonwealth of Nations）各分子，并不欲加以反对，此一事实既告成立，则上述问题，将来在和会中之结果如何，显然已无疑问，因英美在和会中有举足轻重之势。故美方官员认为，中国与苏联之反对和约采取多数决制并坚持保有其否决权者，即因已认清此一事实之故。㊶"

一九四九年十二月八日"中华民国政府"改迁台湾，对整个大陆失去控制，因此以后与美国交涉琉球问题，并无太多结果，只能一再表明立场，据理力争。如果琉球能够收回，自无钓鱼台列屿问题，目前就是因琉球不能收回，才引出这个问题。

一九五一年九月八日签订的旧金山对日和约第三条中，日本同意美国可向联合国提议托管琉球，并以美国为唯一托管当局，并同意"在提出此项建议并就此项建议采取确定性的行动以前，美国有权对此等岛屿之领土暨其居民，包括此等岛屿之领海域，行使一切行政、立法、及管辖之权力。㊷"美方认为自此其对琉球群岛（包括钓鱼台列屿）已取得"行政权"，并认为日本对琉球有剩余主权（Residual Sovereignty㊸）。这点曾引起"中华民国"政府的抗议，一九五三年美国要将琉球北部的奄美大岛"交还"日本时，"中华民国外交部"于十一月廿四日向美"驻华大使馆"致送照会，表示"中国政府对于美国所作旧金山和约并未使琉球群岛脱离日本主权之解释（即认为日本有剩余主权），不能同意。盖此种解释，将予日本以要求归还此等岛屿之一项根据，此与一九四五年七月廿六日之波茨坦宣言之文字及精神相悖，亦决非旧金山和约之本旨。[44]"

以后"中华民国"政府仍不断与美国交涉琉球问题，但因苏联、中共及其他国家均支持琉球归日，所以立场日益孤立，交涉均无结果[45]。

一九四五年十月廿五日中国政府接收台湾，因为日本已在其窃据台湾时，将钓鱼台列屿划归琉球，所以日本在台湾的官员移交过来的图册中，当然没有钓鱼台列屿在内。后来因为钓鱼台列屿虽被美方认为系琉球一部分在其"占领"或"管理"之下，但中国人到该列屿活动，直到最近（一九六八年）都没有受到干扰，所以朝野并未注意到这个问题，主动向美方交涉收回，不过"中华民国政府"从未表示放弃对钓鱼台列屿的主权[46]，并在美方表示要将该列屿的行政权"交还"日本时，就提出异议，并一再要求美国交还给中国[47]。实际上美国的所谓"占领"或"管理"只是形式，在实质上中国人民早就将其当作自己的领土来使用。

据作者个人分析，钓鱼台列屿在一九四五年四月美军攻占琉球后就已事实上脱离日本控制，日本在该年九月二日签署降伏文书，接受波茨坦公告，承诺领土限于四大岛及盟国决定的其他小岛，自此琉球（包括钓鱼台列屿）在法律上又完全脱离日本。旧金山和约第三条只是确认这点，美日所谓日本对琉球有"剩余主权"一点，在法律上完全站不住脚，这点只要看一九五一年前英美著名学者的著作就知，如奥本海（Oppenheim）、海德（Hyde）、布莱利（Brierly）、哈德生（Hudson）等书中，完全没有这个名词。在钓鱼台列屿方面，又因马关条约的废除与台湾的归还中国，所以中国已恢复了对钓鱼台列屿的主权，不过这个主权之上由于美国的"占领"或"管理"，所以在形式上还未正式恢复，目前美国已表示要结束其"占领"或"管理"，中国自当恢复其完全主权。美方已一再表示其"归还"行政权给日本，不影响中国的权利的主张，此点已详三月号拙文，不过美国政府这种举动，中国政府与人民仍表极大愤怒。

四、钓鱼台列屿与我国东海大陆礁层问题

日本所以图谋窃占钓鱼台列屿，其主要原因在想以这几个小岛为基点，以便进一步分享我国东海大陆的礁层，因此讨论钓鱼台列屿问题时，必须也对有关大陆礁层问题一并讨论，才能彻底了解钓鱼台列屿问题。

"大陆礁层"（Continental Shelf）一词，简单来说，就是海床的具有某种地

理情况的一部分。它的含义在科学上与法律上的意义不尽相同。

在科学上，大陆礁层是指大陆沿海低潮线起向海中逐渐倾斜的海底，直到倾斜角度逐渐加深到相当程度为止。这种倾斜深度就是"大陆礁层"的界限，在通常情形，大陆沿海海底在二百公尺左右逐渐加深到相当程度，当然也有在这范围内或以外才开始变深的。自沿海海底倾斜度陡增之处开始，到深海中的平地为止，称为"大陆斜坡"(Continental Slope)。

从法律观点看，"大陆礁层"的起算线，不是大陆沿岸的低潮线，因为依据国际法，领海之下的海底是属沿岸国所有，所以大陆礁层应自领海外线之下的基线起算。关于这点，一九五八年的《大陆礁层公约》⑧中，在第一条对"大陆礁层"作下列界说："（甲）邻接海岸但在领海以外之海底区域之海床及底土，其上海水深度不逾二百公尺，或虽逾此限度而其上海水深度仍使该区域天然资源有开发之可能者；（乙）邻接岛屿海岸之类似海底区域之海床及底土。"这是现在通常在国际法上多数学说及国家共同接受的"大陆礁层"定义。

如果二块陆地隔着海相对，而这二块陆地分属二个以上的国家，那么它们之间如果有相邻接的"大陆礁层"时，界线如何划分呢？《大陆礁层公约》第六条第一项规定此事应由双方协议规定，如无协议，"除因情形特殊应另定界线外，以每一点均与测算每一国领海宽度之基线上最近各点距离相等之中央线为界线。"换句话说，在这种情形下，原则上划界也应采等距离原则。

以上所说的是《大陆礁层公约》中规定的划界方式，不过这个公约加入的国家到现在为止只有五十个左右，那么假如海岸相对或相邻国家中，有一个或全部不是公约的缔约国时，它们之间的大陆礁层界线应如何划分呢？在一九六九年北海大陆礁层案件(North Sea Continental Shelf Cases)中，国际法院就遭遇到这种问题。

本案牵涉丹麦、荷兰与西德之间在北海地区的大陆礁层应如何划分的问题，丹麦与荷兰是《大陆礁层公约》的缔约国，而西德虽签了公约却未批准，三方向法院提出的问题是，在北海地区三国之间的大陆礁层，应根据何种国际法原则与规则划分。丹荷二国认为应依公约所规定的等距离原则划分，但德国认为公约所订的原则尚未成为国际习惯法，而划分礁层的办法应使每一沿岸国获得公正与衡平的部分(a just and equitable share)。

国际法院认为公约所规定的等距离原则，尚未成为国际习惯法，因此德国并无接受这个原则的义务。至于双方划分界线的原则，国际法院认为应"根据衡平原则并斟酌一切有关情况"(in accordance with equitable principles and taking account of all relevant circumstances)，使沿岸国尽可能保有其陆地领土自然向海延伸的大陆礁层，但不要侵犯到其他国家陆地领土向海中的自然延伸部分。如果适用上述原则发生双方大陆礁层重叠情形，除双方协议划分共同开发或共同管辖外，应采取中线原则。

双方协商划分大陆礁层时，国际法院认为还应考虑到下列几个因素：(一)海岸一般形状及任何特别或异常的特征；(二)已知或可探知的大陆礁层地区之自然与地质构造以及该区域的自然资源；(三)沿岸国海岸钱长度与大陆礁层的合理比例程度(a reasonable degree of proportionality[49])。

虽然国际法院的判决只对当事国及该案有效[50]，但事实上对国际法原则的阐明，有很大影响，在国际交涉时常被引用来说明国际法的原则。所以在公约的缔约国与非缔约国间，或非缔约国彼此之间，显然不能适用公约第六条所规定的等距离原则划分大陆礁层。

在我国东海大陆礁层与日本本土的大陆礁层间，隔着一道深达一千公尺的海床，所以二国的大陆礁层并不相连，根本不发生划界的问题。不过，日本图谋窃占我国东海大陆礁层边缘突出的几个小岛——钓鱼台列屿，以为基点来与我国谈所谓大陆礁层的划分问题[51]，这种主张在国际法上有否道理呢？这牵涉到岛屿能否主张大陆礁层的问题。

一九五八年的《大陆礁层公约》第一条中，承认岛屿可以主张大陆礁层。但是，认为每个岛屿，不分大小，都可以作为划分大陆礁层的基础，必将引起非常不合理的结果，因此在一九五八年日内瓦海洋法会议时，意大利与伊朗都建议，如果岛屿位于一个自大陆开始的连续礁层时，应自大陆海岸线起算，而不计岛屿[52]。另外，英国代表也表示，为测算大陆礁层的界限，岛屿应依大小来决定其是否可作为测算的基础，极小之岛或沙礁虽在该国大陆礁层上，而位于领海线外者应不得为计算大陆礁层的基础[53]。美国代表则认为由于岛屿大小不同，所以难以采行一个一般标准来决定岛屿是否可以作为划定大陆礁层的基础，而每一个岛屿应依其性质另作决定[54]。虽然一九五八年的日内瓦海洋法会议未采纳意大利及伊朗的建议，但由上述讨论时的意见可知，并非所有位于大陆礁层上的岛屿，都可以作为划分大陆礁层的基础。

日本国际法学者大田(Oda)教授认为在绝大多数的情形下，一个岛屿如仅是大陆礁层上的突出部分，并无理由来考虑以其为划定大陆礁层的基础。

当然，岛屿的大小、位置、开发程度、人口等可能构成公约中的"特殊情形"；而得根据衡平原则作为划分大陆礁层的基础。因此大田教授建议一九五八年的公约应该修改，规定岛屿仅在"特殊情形"下才能作为划分礁层的基础。

此外，大田教授并认为在一国大陆礁层范围外的岛屿能否主张为大陆礁层应依具体情况决定。换句话说，这种岛屿并非当然就可据而主张为大陆礁层[55]。

另外著名的国际法学家现任国际法协会(Institute of International Law)主席安得拉西(Andrassy)也认为，如果岛屿离本土过远，是否能适用公约第一条主张大陆礁层不无疑问。他并举例说，如英国的海峡群岛(Channel Islands)接近法国海岸，这种岛屿是否可以主张大陆礁层或适用等距离原则划分礁层，是可争辩的。他主张每一个案子应该个别决定，而应考虑岛屿与有关国家的面积、人口、经济情况，以及取得岛屿的历史状况[56]。他的结论是："在多数场合，最能合乎衡平结果(equitable result)的将是不顾这些岛屿的存在【就是就这些岛屿不能主张大陆礁层】，但每个案子必须根据其自己的情况决定。一般性的解决最多只能在涉及人口稀少或无人居住、微少与孤立的小岛之案子时才被接受。有关国家可能同意在划分大陆礁层时不计及这些岛屿，甚至如果它们不能获致同意，仲裁也可能获得这种结果。"[57]

由上可知，日本想利用位于中国东海大陆礁层上的几个无人小岛，来主张大陆礁层，在国际法上是没有什么道理的。何况"中华民国政府"在一九七〇年九月廿三日批准大陆礁层公约时，对公约第六条已提出下列保留："（一）海岸毗邻及（或）相向之两个以上国家，其大陆礁层界线之划定，应符合其国家陆地领土自然延伸之原则。（二）就划定'中华民国'之大陆礁层界线而言，应不计及任何突出海面之礁屿。"[58]

换句话说，"中华民国政府"对任何想分享中国东海大陆礁层的任何他国主张，已坚定表示概不承认。一九七〇年十月十五日"中华民国政府"又宣布"海域石油矿保留区"，将钓鱼台列屿及其附近海域包在第二区。[59]

五、结 论

由以上叙述可知，我国基于历史、地理、使用与法理各方面的理由，对钓鱼台列屿主张有主权，有相当坚强的根据。不过由于以往朝野对这几个小岛不注意，未能在抗战胜利我国国际地位较高之时，及时收回，才造成今日的问题。不过从这次海外华人（除"台独"汉奸外）热烈支持中国政府收回钓鱼台的正义主张来看，只要能持之有恒，现在即使不成将来也一定可以收回的。这点只要看我国收回台湾的经过就知，当日本窃占台湾之时，如果有人说中国能收回，一定有许多人不相信，但结果台湾终于在一九四五年十月廿五日回归祖国。

至于日本想利用钓鱼台列屿几个小岛来窃据我国东海大陆礁层一点，在国际法上更是毫无道理之事，甚至连日本学者都有人表示异议，东海大陆礁层是我国专有的资源，日本无权来分享，更不准来染指。

① 山口盛包，《石垣町志》，那霸：冲绳书籍株式会社，昭和十年（一九三五）出版，页十三。据博角今、郑励俭著，《琉球地理志略》，上海：商务印书馆，一九四八年出版，页四四的记载，钓鱼岛为四平方公里。

② 日本人称钓鱼屿为鱼钓岛（译为英文为 Uotsuri Shima），因日语文法动词性的字往往置于名词之后。日人有时又根据西文 Hoa-pin-su 译为和平山。

③ 山口盛包，前引注①，页十三。

④ 但也有日本人用中国名称的，如一八〇一年日人享香元仿绘的林子平《三国通览图说》之地图，"称黄尾山"。

⑤ 西人用 Raleigh Rock 的原因，据日人吉厚重康研究，是因此小岛在一八三七年为 Raleigh 号船所发现，见其著《琉球无人岛の地理》，载《地质学杂志》，第七卷，第八十号，东京：一九〇〇年五月二十日出版，页一七九。

⑥ 博角今、郑励俭，前引注①，页四四。

⑦ 见小藤文次郎，《琉球孤岛的地质构造》，载《地质学杂志》，第五卷，第四十九号，东京：一八九七年十月廿四日，页八。

⑧ 贺照礼，《我国积极测勘海底蕴藏石油》，载《中央日报》，国际版，一九七〇年八月十二，页一。

⑨ 高冈大辅，《尖阁列岛周边海域の学术调查に参加しつ》，载《冲绳季刊》，第五十六号，东京：一九七一年三月廿五日出版，页六十三。

⑩ 同上，页五十二〜五十四。

⑪ 参阅戚桐欣，《"尖阁群岛"简介》，载《中央日报》，国际版，一九七〇年八月十八日，页一；宫岛干之助，《冲绳县下无人岛探险谈》，载《地学杂志》，第十二卷，第一百四十二号，东京：一九〇〇年十月十五日出版，页五八六。

⑫ 本书写成日期不详，据英国汉学家李约瑟（Joseph Needham）所著的《中国科学技术史》（Science and Civilization in China），第四卷第一部第二十六章断定为一四三〇年完

成。本段引文及资料引自,方豪,《从〈顺风相送〉探索郑和或其他同时出使人员来台澎的可能性》,载《东方杂志》,复刊第一卷,第二期,一九六七年八月一日,页四九。

⑬ 萧崇业、谢杰撰,《使琉球录》,台北:学生书局影印明万历原刊本,"民国"五十八年出版,页十四。

⑭ 见 Charles G. Fenwick, *International Law*, 3rd ed. New York: Appleton—Century—Crofts, 1948, pp. 344 - 345。并参阅 Green H. Hackworth, *Digest of International Law*, Vol. I, Washington: U. S. Government Printing Office, 1940, p. 389。

⑮ 外务省编纂,《日本外交文书》,第二十三卷(明治廿三年),东京:日本国际连合协会发行,一九五二年出版,页五三一。其他日方资料已详三月号拙文,不再重复。

⑯ 见刘本炎,《钓鱼台研究竟是甚么样子?》,载《中央日报》,一九七〇年八月廿四日。

⑰ 见戚桐欣,《钓鱼台群岛简介》,载《中央日报》,一九七〇年八月十八日,页三。

⑱ 见该会所撰,《尖阁列岛与日本的领有权》,载《冲绳季刊》,第五十六号——尖阁列岛特集,东京:一九七一年三月出版,页十三。

⑲ 引自萧崇业,前引注⑬,页五四。

⑳ 同上,页六六。

㉑ 该书在乾隆二十二年(一七五七年)进呈清帝,本段引自日本天保二年(一八三一年)雕本,卷十六,页三~四。

㉒ 参阅美联社东京三月九日电,载台北《自立晚报》,一九七二年三月九日,页一。时事社东京三月八日电,载香港《工商日报》,一九七二年三月九日。

㉓ 《冲绳季刊》,前引注⑱,页九~十。

㉔ 同上,页二五一。

㉕ 外务省编纂,《日本外交文书》,第十八卷(明治十八年),东京:日本国际连合协会发行,昭和廿五年(一九五〇年)出版,页五七五。

㉖ 见一八九四年七月二十七日李鸿章致总理各国事务衙门电,载《李文忠公集电稿》,卷十六,页三十二,引自蒋廷黻编,《近代中国外交史资料辑要》,中卷,台北:台湾商务印书馆,一九五九年台一版,页五三六~五三七。

㉗ 宣战谕见,蒋廷黻前引注㉖*,页五三七。

㉘ 十一月八日李鸿章致总理各国事务衙门电,载同上,页五五一。

㉙ 见同上,页五五三。

㉚ 见三浦藤作,《历代诏勅全集》,第六卷,东京:河出书房,一九四一年出版,页二

---

* 编者按:原文为"蒋廷黻前引注㉗",疑有误,现将注㉗、㉛中均改为前引注㉖。

六九。

㉛ 见蒋廷黻,前引注㉖,页五五二。

㉜ 诏书原件是棕红色布料,长约五十九公分(二十三・二英寸),宽约三十一公分(十二・二英寸),上方正中印有"慈禧太后之宝"大印,朱色,四方形,每边十一公分(四・四英寸);在"慈谕太常"四字上,盖有慈禧主太后"御赏"腰章,朱色,椭圆形,高七・三公分(二・八英寸)中部宽四・八公分(一・八英寸。)见沙见林,《慈禧太后诏谕与钓鱼台主权》,载《学粹》,第十四卷第二期,一九七二年二月十五日,页五三。

必须注意,本诏书上所用大印与清廷一般政令方面所用大印(玉玺)不同,后者大印是篆(汉)文与满文具列(印框右侧为篆文,左侧为满文)。其格式与一般现存诏书也不尽相同,可能是慈禧私人专用之印,此点作者仍在研判中,但清朝皇帝的私人大印中往往只有汉文,而无满文,作者查阅了数幅清宫古画上所盖清帝大印,大小形式字体与此诏书上的大印,甚为相似。

㉝ 详见拙著,《琉球问题研究》,第二期(一九七〇年六月),页一～十二。

㉞ *Foreign Relations of the United States*, Diplomatic Papers: The Conferences at Cairo and Tehran 1943, Washington, D. C.: Government Printing Office, 1961, p. 324.

㉟ Ibid, p. 869

㊱ *Foreign Relations of the United States*, Diplomatic Papers: The Conferences of Berlin(The Potsdam Conference), 1945, Washington, D. C.: Government Printing Office, 1960, pp. 1474 - 1476.

㊲ Ibid, pp. 1474(苏)及 1555 - 1556(法)

㊳ 《天津民国日报》,一九四七年九月廿四日,页一。

㊴ 同上,十月十九日,页一。

㊵ 同上,一九四八年二月二十七曰,页十。

㊶ *United Nations Treaty Series*, Vol. 136, p. 50

㊷ 见杜勒斯(Dulles)在和会上说明, *American Foreign Policy, 1950—1955*, Basic Documents, Vol. I, Washington D. C.: Government Printing Office,1957,P. 453。

㊸ 照会载《"立法院"公报》,第十二会期第八期,"民国"十三年一月十五日,页八八～八九。

㊹ 交涉经过见注㊳所引拙文。

㊺ 据"中华民国外交部"沈代部长剑虹答复"立委"质询时表示,中国政府对美国占领琉球范围包括钓鱼台列屿未提抗议,是顾虑东亚安全之故。见《"立法院"公报》,第五十九卷,第七十期,一九七〇年九月廿六日,页三五～三六。

必须注意,在国际法上仅仅沉默并不表示放弃权利,见 L. Oppenheim, *International Law*, Vol. I, 8th ed, by H. Lauterpacht, London:Longmans, Green, 1955, p. 876。

日本《尖阁列岛研究会》前引注⑬的文中，认一九六八年的《"中华民国"年鉴》，将台湾最北端列为彭佳屿，所以是"中华民国"政府"否认其对尖阁列岛的主权"，见该文页十五。这种说法是毫无道理的，我国有几千个岛屿，年鉴上怎么可能将所有岛列入。日本窃据钓鱼台列屿时的地图，有许多也未列入该屿。例如，一九三六年的《日本满州国年鉴》所附地图，就是一例。另外一九三九年大日本地理学会编纂的《大日本府县别地图并地名大鉴》中，也没有列入钓鱼台列屿。

㊻ 详细交涉经过，参阅拙著《钓鱼台列屿问题研究》，载《政大法学评论》，第六期，一九七二年五月出版，页十九～廿六。

㊼ 约文见 United Nations Treaty Series，Vol. 499，p. 311 以下；中文译文见《"中央日报"》，国际版，一九七〇年八月廿二日，页一。

㊽ American Journal of International Law，Vol. 63. No. 3.（July 1969，pp. 591－631.）

㊾ 国际法院规约第五十九条规定，"法院之裁判除对于当事国及本案外，无拘束力。"

㊿ 参阅《中国时报》，一九七〇年九月三日，页一，所载该报东京消息："目前日本政府对钓鱼台列岛的基本主张虽尚未完全决定，但据外务省方面透露，将为以下二点：一、根据大陆礁层公约，由中日两国会商决定大陆礁层的境界线。二、如果中日两国不能获致协议，则根据大陆礁层公约，以两国之中间线为大陆礁层的境界线。"

㉛ M. M. Whiteman，Digest of International Law，Vol. 4，Washington：U. S. Government Printing Office，1965，pp. 916，917.

㉜ Ibid.，p. 913

㉝ United Nations Conference on the Law of the Sea，Official Records，Vol Ⅵ：Fourth Committee(Continental Shelf)，Geneva，1958，p. 95.

㉞ Shigeru Oda，"International Law of the Resources of the Sea，"in Academie de Droit International，Recueil des Cours，Vol. 127(1969 Ⅱ，p. 452.）

㉟ Juraj Andrassy，International Law and Resources of the Sea，New York：Columbia University Press，1970，pp. 103－104.

㊱ Ibid.，p. 105

㊲ 《立法专刊》，第三十九辑（第四十五会期），页三十一。批准书于一九七〇年十月十二日存放于联合国秘书处。

㊳ 《"中央日报"》，一九七〇年十月十六日，页一。

（原载《明报月刊》一九七一年六月第78期）

慈禧太后诏谕与钓鱼台主权

沙见林

编辑先生：

贵刊三月号所载丘宏达君所写有关钓鱼台之鸿文，曾提及慈禧太后将钓鱼台列岛赐与盛宣怀氏之说，弟今日搜得一些资料，谨奉寄，希望贵刊转载。此为我国拥有该岛屿之最好证据也。

一、此文系摘自一九七二年二月十五日（"民国"六十一年）台湾商务印书馆总代理之学粹杂志社所出版之第十四卷第二期，"钓鱼台是中国领土"专号。

二、本人绝无意帮助任何人争取该列岛之私有产权。而是纯从中日相争的立场，希望借贵刊替有心之士多一有利于我国的证据。

三、国际间条约对于领土之割让，并不妨碍割让区内原来人民之私产权。若日本政府在据台时未曾没收盛家对此三岛之产权，日本政府今日根本无权拥有此列岛，退一万步说，日本即使硬夺了领土权，其私有产权仍是盛家后人所有的。

四、盛家后人徐逸女士已得美国会、外交委员会与国务院之同意，主权无论谁属（中或日），不影响徐逸女士之产权，而徐氏虽是"美国公民"，却又是"国民政府"的"国大代表"，可见她必拥有双重国籍。

五、根据"中华民国"法律，石油矿不属于土地所有人，或油矿发现人，而是属于国家的。（此并非指海底油矿，是指一般陆上的油矿，海底油矿之私有产权，"中华民国"似无现成的立法。）

六、该文所附之邝友良英文演讲词是邝氏向美国参议院的发言。刊件印刷模糊，今自图书馆中翻印出原文一并寄上。其中文译文并不完整，因系在台发行，而英文讲辞中有涉及中共处。

七、英文演词中，起首及内文我划出的三个 Mr. President 均应译为主席先生，是日之主席为美民主党参议员曼斯斐德（多数党领袖）然并不是议长，美国参议院是由副总统兼任的，若副总统不在场，则由多数党领袖主席。是日，美副总统不在座，比照整天的会议记录便可知道。

谢谢　敬祝　编安　并预祝

我们争取"钓鱼台列岛"主权属于中国的运动的胜利

弟夏宗汉上　一九七二年五月一日于美国

光绪十九年(一八九三年)十月,慈禧皇太后颁发诏谕,将钓鱼台、黄尾屿、赤屿三小岛赏给后来出任邮传部尚书之盛宣怀为产业,供采药之用。此事发生在日本合并琉球(一八七九年)之后十四年,也足以证明钓鱼台列屿并不是琉球的领土,而是中国的领土。

此诏谕原件是棕红色布料,长约五十九公分(二十三·二英寸),宽约三十一公分(十二·二英寸),上方正中印有"慈禧皇太后之宝"御玺,朱色,四方形,每边为十一公尺(四·四英寸);在"慈禧太常"四字上,盖有慈禧皇太后"御赏"腰章,朱色,椭圆形,高七·三公分(二·八英寸)中部宽四·八公分(一·八英寸)。①

此诏谕的英文译文,已列入美国第九十二届国会第一会期记录一九七一年十一月九日出版的第一一七卷、一六九期的一七九六七页,美国参议院外交委员会及国务院主要根据此诏书,认可徐逸女士对钓鱼台的所有权,有徐逸女士所聘之法律顾问 Robert Morris 一九七一年十一月三日致徐女士之信为证。

盛宣怀曾将此诏谕遗赠其四子盛恩颐(字泽臣)。恩颐逝世前于民国三十六年十二月五日致函其女盛毓真(又名徐逸),附寄慈禧诏谕、钓鱼台三小岛到台湾北部略图与"钓鱼台地理图说"。(照片在六十七页)盛毓真曾于一九五九年十二月廿三日将此函及此图说,送交美国纽约州金司郡 Kings County 的大维·凯·尼维 David K. Levy 公证人公证。

需要说明的是盛毓真又名徐逸的原因。盛恩颐与我国名外交家前驻加拿大大使徐淑希(现年八十二岁,住加拿大)交谊至笃,曾将其爱女盛毓真为徐氏谊女,故改名徐逸。徐逸三十六年当选为武进区"国民大会代表",每次"国民大会"开会,徐女士均自美回国出席。

盛恩颐复于民国十七年十月三十二日致函其女盛毓真。

慈禧太后所服食而"甚有效验"的药丸是用石苁蓉,(照片在六十七页左上

---

① 编者按:原文附有诏谕及盛宣怀四子盛恩颐(字泽臣)致其女盛毓真(又名徐逸)之信件等的影印件或照片,现均略去。

角。按辞源上有描述,提及日本称为矶松),用此制成的药丸可治风湿及高血压。此为广仁堂所制及所施的药丸之一种。

盛隆字惺予,生有四子。

长子名应,字彦人。应生子名赞熙,字稷荪,又字次农;赞熙生子名殿颐,字我琦;殿颐生子名毓宽;毓宽生子名承楠。

次子名康,字旭人。康生子名宣怀,字杏荪,又字次沂;宣怀生子名恩颐,字泽臣;恩颐生女名毓真(徐逸)。

盛承楠因其祖父均曾主持广仁堂事业,自幼在广仁堂服务,对于中药制造,秉承家学渊源,具备实际知识与经验,故以药剂师为职业,三十八年自江苏武进(常州)移居台湾,取得其姑母盛毓真之同意,曾多次前往后者之"产业"钓鱼台列屿,采取石苁蓉(及其他生草药)以供制造药丸之用。盛承楠曾于五十九年九月九日在台北市大华晚报发表《钓鱼台列屿采药记》并附印石苁蓉照片。

按盛承楠在钓鱼台采药,不但是一种以采集生草药(而后用以制成药丸)的经济行为,而且是一种特殊的"土地利用"方式;此与台湾许多渔民每年前往钓鱼台四周中国固有领海捕鱼,同等重要。采药与捕鱼这两种合法的使用钓鱼台及其领海,同具有很高的历史意义、地理意义与政治意义,值得特别重视。

特别要请读者注意的是徐逸女士钓鱼台列屿的所有权之列入美国国会记录,应该归功于美国夏威夷州参议员邝友良(Senator Hiram L. Fong)先生于一九七一年十一月九日在美国参议院的建议,以下是该项发言记录的中译文:

邝友良先生在参议院发言(一九七一年十一月九日)记录译:

"主席先生,今日参议院要决定关于批准美国归还琉球群岛和大东岛予日本的协定,是否提出参考意见与同意。这个条约规定琉球群岛与大东岛归还日本行政控制。(以下关于美、日关系加强的言词,从略)

"主席先生,在我讲话结束以前,我请我的同僚们注意一个令人困扰的问题,此问题是由于我们决定将这些岛屿(指琉球群岛与大东岛)的行政权交还予日本而引起的。关于这问题许多人都在心中盘算:就是谁拥有钓鱼台列屿的法律的主权的权利?

"本院外交委员会听证会上,国务卿罗吉斯关于此事曾经承诺:'这个条约完全不影响这些岛屿(按指钓鱼台列屿)的法律地位。不论他们在此条约以前的法律地位如何,实施此条约后,其法律地位仍将一如从前。'

"同样地，外交委员所提出的报告关于钓鱼台列屿的主权问题并未有所决定，在该报告的第五页，有下列一段：

"'中华民国'、中共及日本都对钓鱼台列屿提出领土要求。国务院的立场是有关钓鱼台列屿美国权利唯一来源，来自金山和约；依据此和约美国只获得行政权，却没有获得主权。因此，美国转移行政权予日本的行动，既不构成基本主权的转移，也不影响任一争论者的基本要求。外交委员会重予声明的是：（交还琉球群岛）协定的条款，并不影响任何国家对尖阁列岛或称钓鱼台列屿的主权要求。"

"钓鱼台列屿是八个无人居住的，面积很小，但石油资源丰富的小岛，与中国大陆及台湾保有密切的关系。他们距离台北一百二十海浬，距离琉球群岛二百四十海浬，附近水深都在二百公尺以内，但钓鱼台列屿与琉球群岛之间水深，则超过一千公尺。

"除开地理的理由支持本条约不包括钓鱼台列屿在内以外，中共及在台湾的'中华民国'均提出主张，认为在地理上及政治上钓鱼台列屿是台湾的一部分，而台湾则被双方视为中国的一省。

"主席先生，除开上述种种理由反对把钓鱼台列屿包括在琉球群岛归还条约以内，我还拥有一张慈禧太后一八九三年诏谕的影印本，将钓鱼台、黄尾屿、赤屿三小岛赏给盛宣怀为产业，供采药之用。

"徐逸女士是盛宣怀先生的法定后裔之一，是美国公民，拥有此项诏谕之原件，因此他代表她自己和盛宣怀其他后裔①，对这三个岛屿提出产权要求。我的诚恳希望是关于她之证明她的家族对此三小岛的要求，应获得各方之考虑。

"主席先生：我请求（本院）一致同意把慈禧太后有关此三小岛的诏谕的英文译文在此时列入（本院）记录。"

既无人提反对意见，此诏谕即列入记录。

（后一句话是书记官的说明）

（原载《明报月刊》一九七二年六月第 78 期）

---

① 编者按：原文如此，"因此他"应为"因此她"。

日人为谋夺我钓鱼台做了些什么手脚？

国是研究社供稿
本文执笔人

黄养志　郭宣俊　韩建中　刘　飞　谭汝谦　孙贤铩　赵萱萱　杨钟基[*]

保卫钓鱼台的爱国运动，由一九七一年全球性轰轰烈烈的示威游行，以迄目前的转趋沉寂，显示出我们对保卫钓鱼台的工作，已逐渐松懈下来，可是我们的对手——日人，对谋夺我钓鱼台的工作，却正在全面展开。他们没有大规模的游行示威，但举国上下，从学生、教授、文化界人士、企业家、军事评论家、各政党首要，以迄政府官员，莫不默默地为获得钓鱼台而努力！

在中日两国因钓鱼台主权发生争执之初，许多主持正义的日本人士，曾起来指责政府，声言钓鱼台是日本领土的举动是军国主义复活的象征，是对中国的一种侵略。曾几何时，日本的舆论，在右派学者及政府的各种安排下，已起了剧烈的变化，连原先站在公正立场说话的人士，都已渐渐相信钓鱼台是日本领土的说法。因此，言论一反过来，竟认为我国声言钓鱼台是中国的领土，乃是对日本的一种侵略。诚如日本京都大学教授井上清在他最近发表的《再论钓鱼诸岛的历史与领有权》一文中所说[①]，目下钓鱼台事件，敢出来指责日本政府，敢出来仗义执言的，社团方面，只有一个新左翼；个人方面，只剩下他一个人了。

事态的严重，不光只是日本的舆论，由分歧而趋一致；由指责日本政府，转而支持政府来攫夺我钓鱼台列屿。更严重的是，他们所提出的口号，在内容上也跟着起了变化。最早右派学者只强调钓鱼台对日本的重要性，因此喊出"一滴石油一滴血"的口号；现在他们进而扬言，要动员一亿日人来保卫他们的国土——钓鱼台，来粉碎狂妄傲慢的中华意识！

本社同仁有鉴于此，特别近年来不同阶层的日本人士，对钓鱼台事件的感受、看法、措施，以及许许多多意想不到的转变，作一综合性的分析与报导。俗云："他山之石，可以攻错"。我们迫切盼望国人能多自反省与惕励，希望借着日人对我的刺激，使我们保卫钓鱼台爱国运动的波澜，再度地汹涌澎湃起来！

---

[*] 编者按：目录中与此列出的作者姓名有异，目录中为"韩廷中"，而此为"韩建中"，待考。

美日勾结的关键所在

凡是稍涉日本近代史的人，都知道日本自一八六八年明治维新以后，对外扩张领土，野心勃勃，过去日本军阀血腥的掠夺果实，虽因二次大战的败绩而化为乌有。但战后的日本，对领土的扩张，野心未死。近年来日苏间库页岛的纠葛，日韩间独岛之争，向美"索还"琉球，以及目下的觊觎我钓鱼台列屿，凡此种种，都是极好的说明。

再看美国，自一九四九年中共政权成立，美国一直以中共为其假想敌人之一。军援南韩、"国府"、以及稍后的南越，目的不外在对中共采取围堵。从这种围堵战略观点上看，琉球的地理位置，对美远东的整个防务，是极其重要的（参看图一）*。所以过去将近三十年的岁月，美国对琉球的军事建设，真可谓兢兢业业，念兹在兹（参看图二）。即令目前名义上已将琉球"归还"日本，岛上的美军基地始终未撤。

当日人获悉钓鱼台地区蕴藏着大量石油，而钓鱼台自二次大战以后，一直误被美国列入琉球的行政区域内以后，于是对"索还"琉球，更形积极[2]。妄想借琉球的"索还"，连带将钓鱼台列屿也一起拿走。另方面对美国来说，钓鱼台距琉球本岛——冲绳，近在咫尺，当然不愿意承认，更不愿意交还给中国，否则的话，一旦中国再度统一，不啻使美国远东防务整个破坏。何况，近年来不仅美国因越战搞得怨声四起，国内的经济也因之而闹不景气。在遭受举世谴责和无法继续负担庞大军费的困境下，美国梦幻着扶植日本，使之接替美国，担负起远东警戒的任务。在为了远东的防务，为了讨好日本双重权衡之下，美国对中日争执钓鱼台一事，一直是偏袒日本的。一方面声言钓鱼台列屿是琉球的一部分，同时，在暗中必然对"国府"猛施压力；这是为什么"国府"叫了一阵钓鱼台是中国领土之后，就转趋沉寂的关键所在。日本前外相爱知揆一、福田赳夫辈，也是看准了这一点，对"国府"的交涉时，才敢那末飞扬跋扈，蛮横不讲道理。

捏造证据　用心恶毒

在讨论日人伪造证据之前，我们得向从事研究钓鱼台事件的我国学者，以

---

*　编者按：本文原附有多幅地图及照片，现均略去。

及负责交涉的外交人员提醒一句，大家应特别注意到石油发现的正确日期。因为，这与将来中日钓鱼台主权争执交由国际仲裁，或国际法庭处理时，关系至为重要。盖石油的发现，是导致中日争执的症结所在，必须要认定任何在石油发现以后日美对钓鱼台所作的任何事情，都无法用来作为钓鱼台主权归属的法律依据。

说到研究大陆礁层的地质和石油的发现，我们应注意美国海洋地质学家爱默雷（K. O. Emery）和日本地质学教授新野弘，早在一九六〇年，就合作从事中国沿海大陆礁层研究等事实[3]。到了一九六六年，他们已推测出中国大陆礁层的若干地区，有蕴藏大量石油的可能[4]。

新野弘是一位极端的狭义爱国主义者，这可从他建议日政府在联合国亚经会发表中国黄海、东海及南海勘测研究报告之前，先派勘测队至钓鱼台作实地调查一事看出来[5]。因此，他没有理由在他和爱默雷研究报告发表之前，不先行会知日本政府。据此，我们至少应把石油发现的日期，订为一九六六年。

日本政府于获悉发现石油之后，想趁"索还"琉球之便，以混水摸鱼的方式，将钓鱼台列屿也一并据为己有。可是佐藤等心中有数，钓鱼台列屿既非琉球的一部分，更不属于日本，而是不折不扣的中国领土。故而作贼心虚，在向美索还琉球的同时，偷偷地从事制造伪证的工作，企图用作增强他们掠夺行为的法律依据。

首先，日本唆使琉球政府，尽快地至钓鱼台建立"国标"。为了建立国标，琉球政府动员了一个工程队。该队于一九六九年五月八日出发，一共花了四天的时间，在每个岛上建立一块钢筋水泥的标碑[6]。以钓鱼台为例，标碑的正面书写着"八重山尖阁群岛钓鱼岛"，背面为"冲绳县石垣市宇登野城三二九二番地"，侧面为"石垣市建立"等字样。

琉球政府派出的水警和工程队，除了建立"国标"以外，同时也执行毁灭一切中国人在各岛上陈迹的任务[7]。盛承楠所述，我国渔民曾在各岛建立孤魂庙、天后宫等，相信早已被琉球的水警和工程队，拆毁得尸骨无存。也是在这种原则下，中国时报记者在钓鱼台上树立的青天白日旗帜，被他们"有礼貌"地除了下来！

钓鱼台列屿自二次大战结束以后，虽一直被美国误划入琉球的行政范围，我国宜兰、苏澳一带的渔民，并不因此而中断至该列岛海面作业。乃至琉球当局建立国标以后，美军及琉球水警对我渔民及其他工作人员，亦不加干扰。但到了一九七〇年七月十日，琉球海岸巡逻艇的水警，突然将钓鱼台附近海面作业的我国渔民,以及台湾龙门实业公司等在黄尾屿打捞"海生二号"沉船的工作人员,加以恐吓和扣押,然后晓谕甚么"日本天皇皇恩浩荡",而加以释放。但实令所有被捕过的中国人,必须(一)回台湾去取"出国证",(二)至台北美使馆签证,始准至钓鱼台作业[8]。

这些中国的渔民和工人,回到台湾之后,当然将遭遇经过向有关方面报告,不意台湾警备司令队聆悉原委之后,竟冒冒失失地发给他们出国证。

中国人到钓鱼台地区作业要发出国证,说明了钓鱼台并非中国领土;拿了"出国证",向美国使馆签证,无异承认钓鱼台是琉球的一部分!这些消息,设非日人将之公布[9],我们连做梦也不会想到。谁会料到堂堂台湾警备司令部,遇到这类与国家领土主权有关的大事,会如此颟顸误事。但也由此,使我们深深地领略,日人谋夺我钓鱼台列屿,用心是多么深沉恶毒。

国人的努力没有白废

本来日本的佐藤政府,认为只须在美国全力的支持下,只须在"国府"不敢据理力争的情况下,就可在"收复"琉球的同时,顺理成章地,将我钓鱼台列屿据为己有。可是,他们忘了中国自鸦片战争之后,百余年历经忧患,在许许多多各级学校默默无名的教师、经年累月爱国教育的熏陶下,今日的每一位同胞对国事都是那末热心与关注。佐藤虽可凭借美国的压力,使"国府"缄口,但决不可能就此使每一位爱国的同胞沉默!

当海内外同胞获悉美日勾结掠夺我钓鱼台的阴谋之后,全球各地立刻掀起了保卫钓鱼台的爱国怒潮,除了各地保钓运动而外,另一个对美日勾结具有决定性阻吓力量的是,中共的及时提出强硬抗议。中共的出面抗议和各地的保钓示威,使美国当局感到事态严重。最明显的例子,就是尼克逊不得不于一九七一年五月间下令,警告所有美国油商不得参与钓鱼台地区的石油勘测和投资[10]。

各地的保钓示威和中共的历次抗议,报章杂志已报导得非常详细,兹不赘述。另外值得一提的是,对美国参议院的说服小组工作。在美国"交还"琉球给日本的议案,提交参议院表决之前,美东的一群爱国志士,组织了一个参院说服小组,公推爱国侨商萧诚容主持。他们没有经验,更没有财力上的支持。全凭一腔热血,自动地组织起来。有的负责资料的搜集,有的奔走联络。他们的热心,终于邀请到杨振宁、邓志雄、John Fincher、吴仙标等四位教授,以及盛宣怀孙女盛毓真(徐逸)女士,于一九七一年十月十九日,至参议院作证,给予美国参议院外交委员会,一个获悉钓鱼台事件真相的机会。

在作证之前,说服小组曾透过友人关系,辗转通知每一个当时在华府地区的台湾各报记者,说明公听会的时间是上午九时至十二时,请他们来采访。但当二十九日清晨八点半,说服小组工作人员进入会场时,发现二桌记者席上坐满了尽是些精神抖擞、未被通知的日本记者,人数当在十二人以上,而台湾各报记者没有一人是在公听开始之前到达的。最绝的是"中央社"记者傅建中,到了十一点钟,才睡眼惺忪地蹒跚入场。各位,不论这些事件是好是坏,这都是我国近代史的一页,因此我们把它忠实地记录下来[11]!

中共的抗议、各地的游行、参院的说服,再加上不久美国对华政策的改变,终使美国从极度偏袒日本,改而为若干程度上的保持中立。在美日归还琉球条约上,明文规定此项条约并不影响中国对钓鱼台列屿主权的要求,声明钓鱼台主权的谁属,将由中日两国自行解决。因此,我们要正告国人,大家的努力并未白废!

日本人的坚毅沉潜

日本政府原先的美梦,是想凭借美国的偏袒,在"收复"琉球的同时,一举获得我钓鱼台列屿。没想到美国在我广大舆情压力下,从偏袒而转趋中立,美国态度的改变,对日本的打击是够大的。

从国际法观点上看,大家都知道即使《美日归还琉球条约》,明文规定将钓鱼台的主权也一并交给日本,与我国对钓鱼台主权的要求也并不构成威胁。盖这类两个国家将第三国的领土非法地私相授受,对第三国来说,并无约束力量[12]。这一点日本的政要们是非常清楚的。但他们更清楚,传统上日本人民是盲目崇拜权威的。二次大战美国战胜日本,战后麦克阿瑟以盟军统帅身份之长期驻节东京,以及美国工商业的发达进步,凡此等等,使日本人对美国的一切,都产生了至高至上的权威感。佐藤等就是想利用日人对美的权威感,借《美日归还琉球条约》为依据,耍一手"拿鸡毛当令箭"的手法,使日本人民相信其政府之侵占我钓鱼台是有根据而合法的。只要获得一般民众的信任,到时即令有少数开明正义的日本人士起来说公道话,这些人士的言论不但不易发生力量,且会引起一般日本人民的反感。认为这些无理批评政府的人士,是卖国的日奸。当年日本军阀就是用这种技俩,来压制开明人士批评和阻止他们侵略中国的暴行[13]。目下井上清教授所遭遇的困窘,也是因此而起[14]。

各位必须认清,真正想掠夺我钓鱼台的,只是少数的日本财阀、政客、和极右倾学者所组成的侵略集团。他们自知力量薄弱,无法与我们抗衡。故而有这种安排,妄图设计把他们少数人掠夺我领土的野心,一化而为中日两个国家民族的冲突!因此,我们必须提高警觉,假若我们为保卫钓鱼台的宣传,再不从这方面着手,使日本人民警觉他们之被愚弄欺骗,我们捍卫国土的工作,势必遭遇到更多的困难。

幸而美国对中日争执钓鱼台一事的立场,及时改变,使佐藤等梦想获得可以充当"令箭"的鸡毛,都落了空。日本政府对美态度的改变,当然非常愤怒,这可从福田外相于今年五月中旬对美的抗议中,清晰地看出来[15]。

可是我们别忘了,日本人决不像我们一样,只有五分钟的热忱。别忘了他们处事的态度,向来是沉潜坚毅的。日本的财阀和企业家,非常了解钓鱼台地区的石油,对未来日本工业发展的重要性;日本的政客,特别是军方人士,更明白钓鱼台的战略地位,对日本国防的重要性。因此,他们虽遭挫折,对钓鱼台之夺取,并不就此罢手。相反地,他们正为着谋夺钓鱼台,从事各项的准备工作。目前他们工作的重点,可从(一)实地勘测;(二)法理的研究;(三)舆论的制造三方面来观察:

(一) 实地勘测

中国大陆礁层地区的石油,名义上虽系联合国亚经会主持下发现的,实际上从事研究的是美国麻省理工学院海洋地质教授爱默雷,和日本东京水产学校地质教授新野弘。而所谓发现石油,只是从地层构造、航空地磁测量、以及用震波反射等勘测的研判而推测。正确的石油藏量、矿苗位置、当地地质构造、洋流、水温等对未来实际开采的限制,都有待于进一步的勘测和研究。为了获得更精确的资料,近年来日本政府曾秘密地派遣勘察队,至钓鱼台地区作多次的实地调查。

早在去年九月,本社同仁就从爱默雷处获悉了这项情报。但详情连这位美国教授也无由获悉。可是,我们并不灰心,经过了一年的努力,真所谓皇天不负苦心人,终于被我们探听到三则消息。

(A)当爱默雷和新野弘在韩国地质学报发表《中国东海和朝鲜海峡的海底地层及石油展望》一文之后不久,新野弘曾独自在一九六七年九月份的《日本的科学与技术》学报上，发表了另一篇专论[16]，强调钓鱼台周围的海域有大量石油蕴藏的可能。日本缺乏石油，渴望着有自己的油田，正如京都大学国际法教授高坂正尧所说，"像一头饥渴的野兽之需要食物一样"。日本人一见石油，为了生存，就"恨不得马上将之获得"[17]。

新野弘的文章，立刻就引起石油界财阀、官僚政客、和若干右派学者的注意。一九六八年五月二十日，大家就一致推举任"冲绳问题等恳谈会专门委员"的高冈大辅，负责奔走、斡旋、和促进学术调查团的工作。高冈就分别访问了"冲绳问题等恳谈会会长"大滨信泉、海洋开发技术协会理事沼田贞藏、新野弘、以及所谓的"尖阁列岛领土所有者"古贺善次（古贺辰四郎的儿子）等。在高冈的努力下，不久就组织了一个"尖阁列岛视察团"。

这次视察团的人数为四十四名，成员除了东京方面来的学者之外包括了琉球政府总务局涉外课长新城铁太郎、琉球大学的教授高良铁夫、兼岛清、真荣城守定、八重山警目平良繁治、伊良波幸男等。他们于一九六八年七月七日清晨，搭乘琉球政府水产研究所"图南丸"（一五九吨），自石垣港出发，于次晨抵达钓鱼台岛。

这样一个大杂烩式的调查团，当然作不出甚么研究成果，唯一可记的就是：每遇在钓鱼台列屿附近海面作业的我国渔民，就由琉球警目开枪恐吓[18]。

(B) 在这次调查团回返以后，勘测钓鱼台地区石油的工作就完全由日本政府出面支持。同年八月卅日下午一时半，在东京总理府特别会议室，召开了一次听取"尖阁列岛视察报告"的会议。与会的人共十八名，包括总理府总务长官田中龙夫、副长官弘津恭辅、气象厅海洋气象调查官曾佐富士雄、石油开发公团技术部地质课长岩佐三郎、南方同胞援护会会长大滨信泉、海上保安厅水路部参事官川上喜代四、新野弘、及高冈大辅等。

会议的结果，决定由国家出资组织学术调查团，经费由总理府向大藏省（财政部）支取。但不久日本内阁局部改组，新任的总理府总务长官床次德二民，认为必须要等明年（一九六九）度的预算上才能支出，当时亚经会的"亨特"号研究船虽未出发[19]，但由美国空军担任的航空地磁勘测早已进行。新野弘已经获悉空磁勘测的结果，将于一九六九年四月亚经会在曼谷举行的会议中发表。因此，他坚决主张不能再等，为了日本国家的利益，必须在曼谷会议之前进行勘测。要求在今年（一九六八）度国家预算内，追加学术调查经费。几经争执，才达成协议由总理府出面，要求大藏省拨款二千一百七十六万六千元日币（约台七十万美金），不料总理府的拨款请求，被大藏省拒绝了。当时新野弘已是六十一岁的人了，为了促成"尖阁列岛"的学术调查到处奔走，早已身心疲惫，听到研究经费的预算遭大藏省否决，一急之下就病倒了，进入庆应大学医院。

到了一九六九年一月八日，大藏省才通知总理府，准许拨给九百四十三万五千元日币，充作"尖阁列岛"资源调查经费。在这同时。东海大学愿出资二千四百万日币，石油开发公团出资二千二百万日币。共计为五千五百四十万元日币（约合二百万美金）。当时，新野弘正在庆应大学医院动手术，高冈大辅就跑到医院，将这项"喜讯"告诉了新野弘。

新野弘等知道经费有了着落，就与东海大学校长松前重义，该校的地质教授星野通平和岩下光男等洽商，决定把经费交由东海大学处理。同时商定于二月二十五日上午十时，假南方同胞援护会会议室，举行"日本政府第一次尖阁列岛学术调查连络会议"。这次会议，东海大学、通产省（实业部）、琉球政府东京事务所、石油开发公团等单位，都派人参加。推定新野弘为调查团团长，星野通平为副团长。

这次的调查，定名为"关于尖阁列岛周围海域、海底地质学术调查团"，"东海大学丸二世"处（七零二吨）研究船，于六月十四日，由清水港出发。七月十三日回航。实地调查共十三日，全程四四四一浬。

(C) 第二次"尖阁列岛调查计划"会议，是于一九六九年七月二十八日下午二时，假东海大学校友馆举行的。会议中高冈大辅大放厥词，建议"为了精密查勘，必须扩大探测的范围，应北自九州西部的男女列岛，南迄台湾南部的海面，且须包括澎湖列岛在内，作往返的勘测"。与会人士于聆悉高冈的发言之后，都作会心微笑。从他们不经意的言谈中，可以看出日人的野心，不只在掠夺钓鱼台列屿而已，他们更想等机会把台湾与澎湖也重新占领。

总理府对第二次尖阁列岛的预算，包括在钓鱼台的设立营地费用，为九千九百零二万七千元日币。但大藏省只核准了二千五百五十六万元，后经高冈等苦苦求情，始增至三千一百二十七万八千元。日本政府对第二次"尖阁列岛"学术调查的拨款，虽比第一次多，但除了政府而外，并没有获得其他社团的资助，实际上的经费反比第一次少了很多。也许是这个原因，新野弘只肯担任顾问的名义，而不愿负实际行政上的责任。因此，第二次调查团是由星野通平担任团长。

第二次调查团依然乘"东海大学丸二世"号，于一九七零年六月四日，自清水港出发，同月二十七日回返。由于经费减少，而勘测的范围扩大，故采每日二十四小时轮班式的"强行勘测"。全程为三五〇〇浬,在航程中作了一八一八公里的音波探测(参看图三、图四)。

　　日前我们接获一份长达十二万字"尖阁列岛海域、海底"的调查报告,刻正交由本社地质组和日文翻译小组研译中。我们虽未确悉日人这两次实地勘测的成绩如何,但自若干美国海洋地质教授处,以及日人于一九六九年七月十七日上午假东海大学校友会馆、举行的第一次学术调查报告会议、检讨日本海洋调查技术的报告中,获悉日本海洋地质学者人数极少,素质亦低,而研究船上各种设备尤为落后[20]。因此,他们这两次的勘测,不可能有惊人的发现。也许是同一原因,为什么第二次调查团没能获得日本石油企业的资助。但日本人是肯面对现实,力求改进的。因此在第一次学术调查报告会议中,已决议由政府立刻成立海洋研究人员的特别训练学校。

　　(二) 法理的研究

　　自中日因钓鱼台列屿主权谁属发生争执以来,日本官方和学者为此事而组织的研究会很多,如外务省设置"尖阁列岛领有级*争检讨研究机关"[21],南方同胞援护会中设立的"尖阁列岛研究会"等都是[22]。规模大的,竟拥有六十个教授之多。他们研究的工作重点,不外是搜集有利于日本的证据,和研判我国有关钓鱼台的著作两项。

　　在搜集有利于日本的资料方面,日本的学者用功极勤,除了将若干日皇敕令、官方文书在废纸堆中挖了出来之外,他们把早年日人古贺辰四郎,设在钓鱼台鲣鱼场厂房的旧照片、古贺氏及其子古贺善次历年来(一九〇〇～一九二六年间),向琉球石垣市缴税的单据和报表,乃至民国九年,我驻长崎领事冯冕,颁发给琉球人玉代势孙伴、丰川善佐、古贺善次及松叶等四人,酬答彼等拯救我失事渔民的感谢状等,都给找了出来[23]。

　　当然,日本学者这些证据的搜集,不论在对我交涉或是提交国际仲裁时,都是无效的。理由非常简单,盖当年日本军阀对外侵略之时,在我国东北各省、台湾、以及韩国诸地,不知颁发了多少这类日皇敕令,有过多少次御前会议纪录,至于外交官方文书、土地权领有状、报税的单据,更是随处皆是,假若这类血腥的、贻羞人类文明的侵略陈迹,都可以作为法理依据,那末,日本政府,也就大有理由,可以再度地侵占韩国、侵占我东北与台湾了!

---

　　*　编者按:原文如此,"领有级"疑为"领有权"。

但从另一个角度来看,这些古董对他们也就非常重要。前文已提及日人是一向轻信权威的。因此,在一般日本人民心目中,这类天皇敕令、外交文书、乃至私人契约,都是重要的物证,极易使他们相信中日钓鱼台主权之争,日本是对的。

其次,日本学者对我国有关钓鱼台著作的研判,也是非常用心。他们一方面将所搜集的资料,译成日文。翻译的工作,是由"现代中国语会话教室"等团体主持,用"钓鱼台事件之真相"等名义,以专刊的方式出版,刻已出版了好几册[24]。他们的翻译工作,做得相当忠实,目的在提供不谙中文的日本学者研究阅读之用。另方面,则从事研判我学者作品的工作。我国的学者如杨仲揆、丘宏达等,都在被批驳之列。

因此,我们不得不向我国的学者提出警告,以后撰写有关钓鱼台的文章,应该特别谨慎小心,要知道粗糙的作品,唬唬自己同胞,固然"无伤大雅",但绝不易逃过日本学者的"法眼"。他们正愁找不到我们的毛病,稍一不慎,就会被他们抓住痛脚,猛加批驳的。

举例来说,丘宏达同时在政大《法学评论》及《明报月刊》发表的《日本对于钓鱼台列屿主权问题的论据分折》一文[25]曾指出日人林子平的《三国通览舆地路程全图》中,钓鱼台列屿的着色和中国大陆的着色一样,同为"赤色",而琉球群岛则为"褐"色,因而下断语说,连日本学者都认钓鱼台列屿是中国的领土,足证钓鱼台列屿确是中国的领土。丘氏的热心爱国,是可以想见的,我们非常欣佩。丘氏凭一张民间舆图为法律依据,而论定领土的谁属,虽亦有理,但仍似太嫌急躁了一点。因为地图有时虽可作为法律的依据,但只限于那些由政府绘制,或是由政府审查通过,正式发给出版许可证的地图而言,一般私人绘制的舆图,可用来评论制图人的学养好坏,在法律上却不一定是充足依据[26]。假若不幸,有一位不成材的中国学者,私自绘制了一幅中国地图,却把新疆尽丢掉了,是不是别的国家就可据此而说新疆不是中国的领土?再者,丘氏声言并未看到原图,他所看到的只是另一位日人享香元所仿制的地图,那末丘氏又凭借什么来肯定,仿制者在仿制的过程中,不发生任何差错?

不幸,丘氏的言论结果就被日本学者奥原敏雄尽情的予以评讥[27]。奥原就是指出私人绘制的地图,在法律上并无约束力量。再则,林子平的原图,是用五种不同颜色,分别把中国大陆、台湾澎湖、钓鱼台列屿、琉球群岛、和日本表示出来(见附三图通览舆地路程全图)。因此,奥原竟反讥丘氏说,照丘氏的理论,因林图中钓鱼台列屿的着色,和琉球及日本不同,就可据而证明钓鱼台列屿不属于琉球和日本,事实上,林图中钓鱼台列屿的着色不但与中国大陆相异,就连台湾和澎湖的着色,也与中国大陆的着色不一样,是否可以说钓鱼台、乃至台湾澎湖各岛,也都不是中国的领土?(这种右派学者论调不管有理无理,但亦值得说出来给大家参考。)

当然日本学者对我们的批评无理的很多,有的日本学者,自以为是中国通,但其言论非常幼稚可笑,举例来说,竟有人指慈禧所颁赏赐钓鱼台列屿给盛宣怀的诏书是赝品。理由是中国的诏书,向来注明颁发的日期,而盛家所藏的,只书明"光绪十九年十月",而无日期,因此可以证明这项诏书是伪造的。像这一类的论调很多,我们尽可一笑置之[29]。

(三) 舆论的制造

在广搜证据、研究我学者作品的同时,日本的侵略集团,更在刻意地制造有利彼等之舆论。他们抓住一般日本人民轻信权威的弱点,除了将过去的天皇敕令、官方文书等大量公布示众,更安排各项官方立法的程序。

首先,唆使琉球政府立法院,于一九七〇年八月卅一日,通过了两项请求防卫尖阁列岛的决议案[30]。同年九月十七日,琉球政府又发表一项"关于尖阁列岛领有权"的声明[31]。琉球立法院的决议案和琉球政府的声明,不只迫使美国向"国府"施压力,使"国府"的态度软化,且对此后日本舆论的改变,影响极大[32]。

日本的侵略集团除了唆使琉球当局,要了上述各种官衙文章而外,为了加强日人对"尖阁列岛"的认识和重视,复于日本国家教育电视台(NHK),安排了一个"领有权思想、领土问题的认识"的特别节目[33]。节目主持人是该电视台的评论员山室英男,被邀请参加讨论的计有:

中江要介　外务省参议官
皆川洸　　一桥大学国际法教授
高坡正尧　京都大学国际法教授

接受访问的有:

冈田秀田　石油资源开发社长
石田郁天　政论家
奥原敏雅　国士馆大学国际法副教授

讨论中,中江参议官向日本人民一再呼吁,应自加强对"尖阁列岛"的认识,而冈田社长则强调石油对日本工业发展的重要性,狂喊日本军阀时代最流行"一滴石油一滴血"的旧口号。

另方面,日本军事评论家小山宏内,则在《经济学人》刊物上著文,畅论"尖阁列岛"对日本国防上的重要性。小山指出"尖阁列岛位于日本自卫队防卫识别圈(ADIZ)展开面的西端。由于尖阁列岛距中国大陆较日本本土为近,故此可以成为对中国大陆警戒的前哨据点。因该列岛战略地理位置的关系,既适合设置规模适度的电子警戒装置,又可成为地对空的飞弹基地。"因此,他预测"尖阁列岛"之军事化,是必然的事[33]。

从小山的笔下,我们获悉,目下日本为了避免"刺激"邻近诸国,海上保安厅巡视船,是采伪装方式,巡弋于钓鱼台列屿间的海面。换句话说,我国的钓鱼台列屿,事实上已被日人划入了他们的"海上防卫识别圈"中了。

今年四月十二日,日本防卫局长久保氏,在众议院答询时,曾公开提出了三个要点:

一、将"尖阁列岛"放入防空识别圈是妥当的。

二、关于将防空警戒线扩至中国的舟山群岛一节,因该岛距离中国大陆太近,似应从长考虑。

三、但原则上,防空警戒线能越接近中国大陆越好[34]。

综观上述各点,日本侵略集团处处在利用日人崇拜权威的心理,制造气氛,使日人坚信钓鱼台是日本的领土;同时,又利用日人排外意识和爱国狂热,处处提示钓鱼台列屿,不论从经济上、国防上对日本的重要性,以激起日本的爱国情绪,来支持他们侵略的意图。

日本舆论的改变

日本人并不是个个好战,个个蛮不讲理的。相反,日人之中颇不乏正义之士。这可从二次大战前,许许多多反对日本军阀对外侵略的志士,被判监、暗杀等事件看出来[35];也可从这次中日钓鱼台主权之争执,许多日人出来仗义执言中看出来。

举例来说,东京大学理学院的学生,为了反对日本政府侵略我钓鱼台列屿的行为,就曾发行了多期《钓鱼台问题》专刊,将日本侵略集团的阴谋,一一揭发出来[36]。法政大学日中友好协会,也有类似的刊物出版[37]。许多开明正义的日本文化界人士,由石田郁夫、石田保昭、古波津英兴、和藤堂明保等四人发起,邀约了九十五位学界名流签名连署,大义凛然地发表了"日本文化界正义人士阻止日帝侵夺钓鱼台宣言"[38]。

此外,若干有识之士,如政论家村上薰、军事评论家藤井治夫等,更明确地提出警告,认为日本政府的一意孤行,将自卫队进驻冲绳、尖阁等地,将防空识别圈展扩至中国大陆边缘,无异是自启战端。若不加以阻止,势必使钓鱼台事件,演变成为第二个芦沟桥事件[39]。

冲绳时报记者屋富祖仲启,也以《污染在颠覆冲绳》为题,在《中央公论》上发表了一篇反对日本政府攫夺我钓鱼台的文章。他说:"假祸日本人民的第二次世界大战,追根溯底,是因'一滴石油一滴血'这个口号所导引出来的。如今为了开发尖阁石油,冲绳政府和资本家打成一片。这与当年大日本帝国和财阀的相互勾结,如出一辙。使我彷彿看到中日战争的火花,已在爆发![40]"

阻止日本政府侵略我钓鱼台的日本正义人士之中,最热心的当推京都大学井上清教授。他不但于今年二月在日本《历史学研究》上发表了《钓鱼列岛的历史与归属问题[41]》,更于撰写此文之前,亲自至琉球各地搜集证据,经两三个月的努力,将他新的研究心得以《再论钓鱼列岛的历史与领有权》为题,用专刊方式在今年六月份的《中国研究月报》上发表出来。该文分十四节,共约九万字。文中井上教授将撰写的动机、经过、自己学力上的缺憾、以及第一篇文章若干考据上的错误,都坦白地说了出来。这篇文章最精彩的部分,是指出日本掠夺钓鱼台列屿是在马关条约之前,亦即是在中日甲午战争中进行的,将当时日本军阀各种侵略的手法和步骤,与甲午战争中各重要战役,作了一个比较分析与研究,极具参考价值。我们对井上教授之热心伸张正义,不苟的研究和求真精神,极其感佩[42]!

可是,就在最近的几个月间,日本的舆论界,已起了剧烈的变化。最早是日本商业性报章杂志,如每日、朝日等大报的社论,逐渐由谴责政府,转而为支持政府,一反过来而接受"尖阁列岛是日本领土"的论调[43]。继之是各种学术和政治社团态度的改变。竟连以民主和平号召、反对日本再武装的日本社会党,近来也与日本政府一鼻孔出气[44]。

最奇怪的是,一向反对走资本主义和侵略路线的日本共产党,竟于今年三月三十一日,在他们的机关刊物——《赤旗》上,刊出一则对"尖阁列岛"问题的见解:"近年尖阁列岛地域的海底石油问题讨论纷纭,台湾的蒋介石方面、和中华人民共和国方面，先后提出尖阁列岛的归属问题，本党以为冲绳立法院三月三日通过'明显地尖阁列岛为日本领土'的决议，是适当的。加之，根据本党进一步的调查结果，对尖阁列岛是日本领土一节，更无怀疑。"⑮

　　从以上所举的若干实例，可以看出日本的舆论已逐渐由指责政府，转而支持政府掠夺我钓鱼台了。日本政府统一舆论的成功，所施于仗义执言人士的压力，非常巨大。在舆论没有转变以前，像井上清这等名教授一有批评政府的言论发表，立刻就会带给日本新闻和出版界一阵骚动。开明的人士，会起来发言著论赞同和支持他；右派的人士，则必集中火力讨伐他。可是今年二月间井上清在日本的《历史学研究》学报上发表有关钓鱼台事件的长文，迄今已历半年，不论自由人士、左派人士、甚至右派人士，竟没有一人起来赞同（或诋毁）他的文章。大家似乎都有意地漠然视之⑯。井上先生之被孤立，之被影射为日本民族的败类和日奸的困窘，是极其明显的。

　　其实问题的发展，决不只此，最近更有所谓"粉碎日中议连"行动委员会等的右派学生组织出现。他们高喊"尖阁列岛是日本固有的领土"、"阻止中国对日本固有领土——尖阁列岛的违法侵吞"等口号。自今年四月以来，这类团体每天都雇用若干辆小型巴士，每辆分乘八至十人，纷至中日备忘录办事处、国际贸易促进会、以及东京的各大车站，作巡回抗议示威⑰。若干资本家则在电视节目上，不但起用过去日本军阀所喊的旧口号——"一滴石油一滴血"，且呼吁各界，必要时应不惜动员一亿日人，来"确保"日本固有的"尖阁列岛"，来粉碎骄狂傲慢的中华意识⑱！

日本舆论转变的原因分析

　　近几个月以来，日本的舆论突作一百八十度的转变，实在令人震惊。但如我们静下心来细加分析，就知道这种转变的原因，并不如想象中那样复杂难懂。

　　第一、日本侵略集团利用日人轻信权威的弱点，动员许多右派学者，从事有利于他们证据的搜集。而这批右派学者的研究工作，又作得相当认真细腻，至少对日人来说，颇具说服力量。财力方面，不仅政府出资，且获三菱、三井、以及石油开发株式会社等大企业的资助。因此，他们能在短短的半年间，出版了大批备忘录式的"尖阁列岛"特集。即以本社所搜集到的，就达三十余种之多。许多特集，厚达四百余页。各位必须记住，日本的一般读者，能像井上清教授那样学识丰富、判断力强的，究属不多。当他们看到这许多特集，而特集中尽是日皇的敕令、官方文书、报税单据等，自然容易相信"尖阁列岛是日本领土"的说法。

第二、间接促成日人相信"尖阁列岛"是日本领土的另一因素，是我们没有像样的钓鱼台专论出版。港台间虽有若干钓鱼台专辑的出版，但不少是些资料的堆砌，缺乏整理、考证和诠释的工作。

少数我国的学者，不但把粗糙不负责任的作品发表了出来，更因这类学者旅美日久，感染了美国商业社会的习气，动辄用整页的篇幅，来作自我宣传的广告，把自己一生辉煌的学历、经历乃至著作年表，一股脑儿胪列了出来[49]。却忘了自己的作品，并不如其学历一般的绚烂铿锵。可是，在一般日本读者心目中，却认定了这些作者既是中国顶尖儿的权威学者，一看中国的权威学者对钓鱼台列岛是中国的领土，竟亦说不出个所以然来，于是益发觉得中日钓鱼台主权的争执，是日本有理，而中国理亏了。这是我们应该自我警惕的。

以上的分析，决不是我们臆测之词。日本汉学权威杂志《中国》月刊主编竹内好的转变，就是一个显例。过去《中国》月刊的立场一直是亲中的，最近因竹内好的转变，因而刊登了右派学术打手奥原敏雄的一篇文章。竹内好此举，立刻引起他的友人刘彩品的不满，刘氏因此讥刺竹内说："堂堂的《中国》杂志主编，'中国之会'的代表竹内好先生，竟引用所谓国际法学者的权威，罗列所谓科学客观的事实，用所谓法律观点来证明'尖阁'是日本的领土，来压服轻信权威的日本读者[50]。"竹内好回答刘氏说，自己并无偏袒，只是应读者的要求，传达真相而已。继之，竹内向刘氏挑战地说："那末就请阁下写一篇反驳奥原的法律文章好了！假若你不行，请你推荐一位也可以，我正在物色能写出这样文章的人选呢！"[51]

第三、老实说，日本一般学者的群起为日本的侵略集团努力，已使一般日本人坚信"钓鱼台列屿是日本固有领土"的说法。但日本的侵略集团并不就此罢手，他们有意地宣扬琉球立法院历次请求保护"尖阁列岛"的决议案，公布日帝时代将"尖阁列岛"编入版图的立法程序，以及在今年五月十五日，美日在冲绳举行"归还"琉球仪式之后不久，隆重地安排天皇巡幸冲绳的节目。凡此种种，说穿了都是利用日人崇拜权威的心理，要"百上加斤"的手法，使他们更加信任政府之取得钓鱼台列屿，是合理合法的行为。

第四、到目前为止，人类的道德和知识，依然还没有到达超国界的世界革命,世界大同的境界。日本的人民和我们一样,也是热爱其祖国的。何况,日本人一般来说,正如石田郁夫等所指出的,自明治时代以来,长期地被灌输向外扩张和掠夺的帝国主义教育。在他们的血液中,充满着潜在的排外意识,和极端的爱国狂热[52]。日本的侵略集团看准了这一点,而加以挑拨利用。因此,他们除了一再强调钓鱼台地区的油田,对日本未来工业的重要性,一再强调钓鱼台列屿的战略地位,对日本国防上的重要性,同时,更抓住每一次我国政府对钓鱼台事件有关的声明,加以歪曲和抨击[53]。借此激起日人的爱国情绪,煽动日人起来捍卫"日本固有的领土——尖阁列岛"而奋斗!

其他的零星活动

近年来日本为了谋夺我钓鱼台列屿所作的各种活动,真可谓"处心积虑",无所不用其极。由于篇幅关系,我们无法一一列举。兹再就"窜改地图",和"造成事实"两方面来看日本政府的无聊。

日本外务省于今年三月八日发表的(对尖阁列岛)"公式见解"称:"尖阁列岛一向是构成我国领土南西诸岛的一部分[54]。"日本外务省这项声明,首先就遭受到"现代中国语会话教室"编辑先生的反驳[55]。指出风行一时、东京富山房出版(一九三七年四月廿五日发行)的国民百科辞典第三卷,对南西诸岛及"尖阁列岛"地形说得非常清楚:"南西诸岛在雾岛火山带,而尖阁列岛则属于台湾北部大屯山火山带。"理由是"尖阁列岛"在中国大陆礁层上,而南西诸岛与中国大陆礁层之间,横亘着一条深达二·二七〇公尺的"琉球舟状海盆"(按即海槽)。

此外,该"公式见解"又称:"明治以来,尖阁列岛显然一直是日本领土。……明治二八年(一八九五)一月十四日,阁议决定在尖阁列岛现地建立标识,正式编入了我国(日本)领土……而并不包括于清朝割让台湾、澎湖诸岛的马关条约第二条(明治二八年五月生效)之内。"可是,在明治二八年五月十五日,由富山房出版(改订本)的《大日本管辖分地图》,南西诸岛项下,不见"尖阁列岛"的影子。再者,昭和十年(一九五三)六月二日,富山房出版的《大日本读史地图》,也未提"尖阁列岛"之名。于是"现代中国语会话教室"的编者就问道:"为什么正式编入日本领土的尖阁列岛,会被日本百科辞典、地图、和文部省教科审查官遗漏掉的?"

过去的日本地图虽从未述及"尖阁列岛"是日本的领土，可是最近出版的日本地图，也许是为了配合当前日本对我侵略的国策，已开始作改窜的工作。举例来说，东京二宫书店出版，一九六五年一月十五日发行的《高等地图帐》，其中的"日本的位置、地形、地质"图上，尚没有"尖阁列岛"的记载，但一九六九年四月十日出版的同书同页的图中，赫然已出现了"尖阁列岛"。可是，由于临时改窜，以致该地图集前后并不一致，因此，竟在最重要的"南西诸岛图"中，依然忘了列"尖阁列岛"，凡此，真所谓"欲盖弥彰"，低劣已极！

另一件应加注意的事，是将"尖阁列岛"添加在新出版的地图集中的同时，编绘地图的先生，竟将日本的国界也作了向外拓展的工作。一九六九年出版的地图，日本的国界已向我国台湾省方向拓展了一‧八公分，照该图一千万分之一的比例尺来计算，他们已将我国一百八十公里的地区，擅自划入了日本的领域[56]。

此外，目前日本政府更在从事一连串企图造成"既成事实"的活动。早在一九七〇年时，日本政府就拟在钓鱼台岛上设立一座自动控制的无人气象台。原先的计划，由一九七〇年预算内"冲绳对策"项目下，拨出三千八百万日元，充作设置气象台的经费，后因"国府"和中共双方的抗议而中止[57]。可是今年三月间，日本政府再度提出在钓鱼台岛建立气象台的方案。外务省、总理府和气象厅已开始具体研究设置计划。商讨的结果，一致认为"为了证明日本对'尖阁列岛'领有权的正当性，设置气象台以造成既成事实，从政治观点看，是必要之举。"[58]

此外，海上保安厅也于今年三月宣称："冲绳返还之后，随时准备六艘巡视船，巡弋于冲绳、尖阁列岛四周海域，目前该厅对此事，正在积极部署。"最近的消息，日本海上防卫厅的巡视船，已执行了巡逻任务。禁止一切自苏澳、宜兰等地我国渔船，至钓鱼台地区作业[59]。而日本空防自卫队，也进驻冲绳（目下拥有十八架Ｆ一〇四式战斗机）[60]宣称将于明年七月空警戒起，接替美军，担任防空警戒。根据最近的一项报导，日本政府已训令其外务省，必须统一外交方针："倘中共或'国府'方面一有任何异动，必须将对方好好地整治一番[61]。"综观日本政府这一系列的措施，目的只在造成"既成事实"，以便将来中日两国对钓鱼台主权谁属一案提交国际仲裁时，举出"有效控制"的原则，做为法律上的依据。（参看图五、图六）

上述的各种安排，显示出日本右派法学家、政客、军人和财阀的思想，依然停留在二次大战前帝国主义盛行的阶段。因此，他们忽略了二次大战及战后亚非广大民族自觉运动，早已将这种帝国主义用来作为侵略护符"有效控制"等陈旧的原则，完全推翻和否定了⑫的事实，也忽略了中日钓鱼台主权的争执，是因石油的发现而起，任何在石油发现以后的活动和措施，在国际法上都属无效。所以，目前日本政府的各项活动，是完全徒劳的。

我们的呼吁

一、上述日本舆论的转变，真所谓"积非成是"也可以领略到"谎话讲了一千遍之后，就成真理"这句话，并未夸张。假若我们再不好好地多做点研究工作，多出版些像样的有关于钓鱼台事件的专论，不但日本人民会坚信钓鱼台是日本的领土，日子一久，势必连其他的世界人士，也误以为中日钓鱼台主权之争，是日本有理，是中国对日本的一种侵略！

有一点我们必须提醒大家的，这类研究工作，只宜以个人或私人社团名义发表，切忌由政府或政府机构出面。理由非常简单，因为发表出来的研究成果好的话，政府一样可以用来参考，或在交涉时作为依据，万一所作的研究成果出了毛病，既系个人或私人团体所作，至多说这个中国学者或社团，水平太低，却不须因此而负法律上的责任。

二、近几个月来，每当我们向亲友们提及国是研究社正在编印一部备忘录式的《中日钓鱼台主权之争》时，多半的反应是："钓鱼台早已被美国送给日本了，你们还嚷些甚么？"其实这种看法，决不正确。假若日人真的已拿定了钓鱼台，日本的政府、财阀，和右派学者又何必再花力气来从事伪证的制造，来研究法理，来制造舆论呢？他们之所以如此卖力，之所以大量出版有关钓鱼台的专集，适足证明在他们的心目中，迄今为止，对谋夺我钓鱼台事了无把握。反过来说，也证明我们捍卫钓鱼台的工作，不但仍有希望，且是大有可为！因此，我们呼吁，际此紧要关头，大家对保卫钓鱼台的工作，不但松懈不得，且应倍加努力才是。

三、国共双方，以及海内外左右两派的相互批评攻击，原是极其自然的事，我们只求双方别再拿与国家领土和主权有关的事件，作为攻击对方的题材！不论用什么尺度来衡量，用与领土主权有关的事件来相互攻击，对我国有百害而无一利。首先，因双方的相互攻击，不仅力量容易分散，一旦斗得起劲，往往就忘了我们真正的敌人——日本。再者，由于相互揭短，结果许多原先不易为日人获悉的我们的弱点，就此暴露无遗。举例来说，左派的人，曾利用台湾出版的地图，误将钓鱼台划入琉球范围一事，而对"国府"狂施攻击，同样地，右派人士也曾对中共有类似的批评。现在台湾出的地图也好，大陆出的地图也好，统统被日本右派学者影印出来，炫示于其人民，作为钓鱼台不是中国领土的证据⑧。看到这些资料，实在令人扼腕痛惜！最后，我们更要指出，左右两派这种只顾自相残杀，不做有效阻止日人侵略工作的作风，使得许许多多原先热心的同胞，因感到是非难分，心灰意冷地退出保卫钓鱼台运动的行列。去年四月华府的游行，参加的人多达三千，今年五月的一次，只剩下八百，就是一项有力的说明，如再这样闹下去，眼看这个爱国运动，就将烟消云散了！

四、从上述捏造证据，歪曲事实，统一舆论，钳制日本正义人士的言论，挑拨日人潜在的极端排外意识和狭义的爱国狂热，使原先只是少数人的侵略阴谋，一转而为中日两个国家民族的冲突等，日本侵略集团所玩的每一种手法，所采的每一个步骤，莫不是过日本军阀为了实现其"东亚共荣"侵略美梦所作各种前奏曲的翻版！因此，我们认为今天日本侵略集团的胡作胡为，不只可能将钓鱼台事件，导发而为第二个芦沟桥事件，如由其任意发展，势必危及远东，乃至整个世界的和平。所以我们之起来批评、打击日本侵略集团的意义，并不只是为了保卫我们的钓鱼台列屿，更是为了维护远东，乃至整个世界之和平而奋斗。换一句说话，我们之所以如此做，目的决不只是为了自己的利益，而是为了亚洲和世界之免于再遭战乱的浩劫，同时，亦为了拯救无辜的日本人民，使其不再为少数日本政客，财阀的利益，而充作他们对外侵略的炮灰！

既然明白了保卫钓鱼台的意义和责任是如此的重大，际此中日谈判建交和厘订和约之际，我们不得不向北京当局进一言，谈判中对任何细款末节，都可斟酌。唯独在钓鱼台事件上，必须把握住原则，不可作任何的让步！

最后，我们要向协助本社搜集资料的若干日本前辈学者致谢。他们之中，有的是现任的大学校长，有的是已退休的老教授，有的则正在各大学执教。他们为了伸张正义和维护学术自由，代本社搜集日文资料、订购书籍，乃至作剪报的工作。为了免于使他们遭受到如井上清教授般的困窘，我们暂时不将他们的大名发表，谨志数语，以表达我们的敬意。

附　录

一、琉球政府立法院　决议第十二号

尖阁列岛的石油资源，最近突然引起举世瞩目，正当县民准备大力开发的时候，忽闻"中华民国政府"竟授权美利坚合众国的 Gulf 公司开采，并称尖阁列岛为中国所有，县民无不震惊。查尖阁列岛原属八重山石垣市字登野城的行政区域，设在该市的古贺商店，战前一直在该列岛经营伐木和捕鱼事业，是故我国对该列岛的领有权不容置疑。

因此，本院请求立刻部署阻止"中华民国"错误的主张。谨决议如上。

一九七〇年八月三十一日
琉球政府立法院

二、琉球政府立法院　决议第十三号

一九七〇年八月三十一自琉球政府立法院通过附纸所记"关于请求防卫尖阁列岛领土权决议"。

本院坚决请求本土政府（琉球政府）实施上开县民决议，并请美利坚合众国从中对"中华民国"强力折冲。谨决议如上。

一九七〇年八月三十一日
琉球政府立法院

三、琉球政府"关于尖阁列岛的领土权"声明

琉球政府立法院以尖阁列岛为我国固有领土，身为日本国民及冲绳县民，绝不能容忍别国的侵犯，故此采决"关于防卫尖阁列岛领土权决议案"。

众所周知，最近尖阁列岛海底发现石油，世界石油企业莫不奔走相告，集中注意于该列岛。据悉台湾的"国民政府"曾授予美国 Gulf 公司矿业开采权，并以大陆礁层公约为依据，主张尖阁列岛为该政府所有。如此分明蓄意侵害我国领土主权，不能不加追究。

关于琉球列岛的范围，美利坚合众国基本统治法关于管理琉球列岛的行政命令，规定"美利坚合众国根据对日和约第三条所指，有管辖琉球列岛及其领海之行政权"（本命令所指"琉球列岛"，乃北纬二九度以南的南西诸岛，并不包括和约同条约所定美国让给日本奄美群岛上一切权利在内）。亦即包括：(28°N, 124°40′E)、(24°N, 122°E)、(24°N, 133°E)、(27°N, 131°50′E)、(27°N,

128°18′E)、(28°18′N,128°18′E)诸点连线区域内诸岛、小岛、环礁、岩礁和领海。(美国琉球民政府第二七号布告)

历史上,自十四世纪后叶即知有尖阁列岛的存在。在一三七二～一八六六的五百年间,因琉球中山王朝和中国的朝贡册封关系,朝贡船、册封船频频往来中国大陆福州和那霸之间。尖阁列岛位于此类船只航路之间,而列岛中钓鱼岛及其附近小岛、岩岛,因有岩石突出,是为理想的航海标志。故此,历代册封使录如《中山传信录》、《琉球国志录》、《指南广义》及其附图、《中山世鉴》之类,都有尖阁列岛各岛名称的记载。

诸岛虽有钓鱼台、黄尾屿、赤尾屿诸名称,但在冲绳,有人分别叫钓鱼台、黄尾屿为 Yukun、Kubashima。而赤尾屿因距久米岛近,故又叫久米赤岛。此外,也有人叫久场岛做 Chausu 岛,鱼钓岛为和平山。据此可知,尖阁列岛各岛之名称,虽被多种历史文献记载,其名称皆因人而异。直到明治二八年(一八九五),尖阁列岛并非属于任何国家所有。换言之,该列岛是国际法上无主之地。

十四世纪以来,琉球和中国有关尖阁列岛的文献,没有一种表明尖阁列岛是其国领土。这类文献无非把列岛当作航海标志,仅在航海日志和航海图中,约略提示,或是咏叹旅情的汉诗中,为方便计,给尖阁列岛取上一个名称罢了。

(冲绳)本土的文献,有林子平的《三国通览图说》,林氏书中虽提及钓鱼台、黄尾屿、赤尾屿为中国领土,不过,林子平心知肚明,《三国通览全图》的原典依据,就是(中国人编纂的)《中山传信录》。

他的《图说》是拼凑《传信录》内"琉球三十六岛之图"和"航海图"而成的。"三十六岛之图"并没有把钓鱼台、黄尾(屿)等当作琉球领土,因此林氏就机械式地把列岛另外设色,以别于中国领土。不过,即使在《传信录》的"航海图"中,也找不出证据,说明列岛属于中国所有。"航海图"这种东西,到底不过为航路方便而作,并非因有领土意识而作的。

琉球王国在明治五年(一八七二),改称琉球藩;明治七年,直隶于内务省。明治十二年改称琉球县。在明治十四年刊行,十六年改订,内务省地理局编纂的《大日本府县分割图》,尖阁列岛已在没有附录名称下划入。直至明治十年代前半期(即一八七七～一八八二),尖阁列岛还是无人岛。大约在明治十七年前后,古贺辰四郎才开始以钓鱼岛、久场岛等地为中心,采集阿呆鸟羽毛、绵毛、玳瑁、贝类等。为了适应事态变迁,冲绳县知事于明治十八年九月二十二日，开始向内务卿呈报建立国家标志，及派遣"出云丸"，作实地调查事宜。

明治二六（一八九三）年十一月，冲绳县知事以同样理由，再度向内务外务两大臣呈述该列岛应为冲绳县所辖，及设立标志事宜。是故，内务大臣于明治二七年十二月二十七日征询外务大臣意见，谓拟提出阁议讨论，而外务大臣并无异议。明治二八年一月十四日，阁议遂正式批准、位处八重山群岛西北的鱼钓岛及久场岛为冲绳县所辖。且于该月二一日发出指令，传达阁议决定，并密令该岛知事建立标志。

明治二九年四月一日，基于阁议决定，借发布第十三号敕令到冲绳施行之便，我国对该列岛已完成了国内法上的编入措施。第十三号所指的"八重山诸岛"，据冲绳知县解释，理应包括尖阁列岛，故在划分地方行政区域时，将该列岛编入八重山郡。把列岛编入八重山郡的措施，并非纯是地方行政区域划分编入，且亦是国内法编入领土的措置。

明治二八年一月的阁议决定，将尖阁列岛编入日本版图范围，仅言及鱼钓岛和久场岛。尖阁列岛中的南小岛、北小岛、海面北岩、南岩、叫做飞濑的岩礁（又叫久米赤岛）等小岛和岩岛，全都不在阁议决定之内。然而，在国际法上，除久米赤岛外，我国对其他小岛及岩岛，当然已表明了领有的意义。

由于久米赤岛与最近的久场岛之距离，也有五十浬之谱，其领有意义的表明，必须与前述诸岛分别看待。前述的阁议决定，既然包括鱼钓岛和久场岛，但不知何故并未言及久米赤岛。不过，冲绳县知事在明治十八年至二三年的呈文中，提到鱼钓岛和久场岛时，往往言及久米赤岛。查明治二八年的阁议决定，系县知事呈文原案的照准。而该呈文并无言及久米赤岛应为冲绳县所辖。大概这是唯一的理由，因此阁议决定并未包括久米赤岛。

在汇集有关鱼钓岛和久场岛编入始末公函的《日本外交文书》中，也收录关于视久米赤岛的编入为理所当然的文献。谨此追溯尖阁列岛的编入始末如上。

至（二次世界大战）为止，开设八重山石垣市字大川的古贺商店，向来把尖阁列岛视为私有土地，经营伐木和捕鱼事业。因此，在行政区域上，尖阁列岛亦属石垣市的一部分，不容置疑。具体而言，尖阁列岛的南小岛，座落石垣市字登野城南小岛二三九〇番地，面积为三二町七反三亩一步，系属古贺善次所有。此外，该氏所有土地包括：字登野城北小岛二三九一番地之二六町一反步，和字登野城鱼钓岛二三九二番地八八町一反三亩十步。属于官地的有：字登野城大正岛二三九四番地四町一反七亩四步。以上所述，都有公簿记录在案。

吾人决不容许"国府"漠视如此昭彰事实,主张拥有该列岛领有权,拟趁冲绳目下形势,阴谋略取日本领土。遗憾的是:琉球政府本身并无外交权,唯望政府和美国政府与"中华民国"交涉。兹决议请求两政府采取行动。

为保存我国国土,冒渎恳请政府与美利坚政府早日和"中华民国政府"举行强力折冲。

四、"尖阁列岛分明是日本领土"——日本外务省官式见解

【一】明治十八年(一八八五)以来,政府再三慎重派员赴尖阁列岛作实地调查,确认该列岛不但是无人岛,且无清朝管辖形迹。因此,于明治二八年一月四日,阁议决定在该列岛设立标志,正式编入我国版图。

【一】* 该列岛向来是构成我国领土南西诸岛的一部分,而根据明治二八年五月生效的马关条约第二条,该列岛并不在清朝割让给我国的台湾、澎湖诸岛之内。

【一】因此,旧金山和约第二条并未把尖阁列岛当作我国放弃的领土,而该和约第三条又把该列岛当作南西诸岛的部分,置于美国管理之下。据去年(一九七一年)六月十七日签署的《返还冲绳协定》,该列岛亦在返还地域之内。

【一】对旧金山和约把该列岛置于美国管理地域内的事实,中国从未提出任何异议,因此,中国显然没有把该列岛,当作台湾的一部分。

近两年来,关于尖阁列岛归属问题,中国和"国民政府"屡次发表官式及非官式的领有主张。本月三日(一九七二年三月三日),中国代表安致远在纽约联合国总部举行的海底和平利用委员会上,就该列岛的领有权,与小木曾大使激烈争论。

因此,我国也特地改变客气态度,认为目前已经到达改变政府见解以遍示海内外的阶段。故特发表官式见解如上。

五、《日本文化界正义人士阻止日帝侵夺钓鱼台宣言》

随着强行《冲绳返还协定》,日帝又在进行侵略中国领土——钓鱼台(尖阁列岛)。

我们认为在日帝一连串的"返还"政策("五·一五返还"、自卫队派兵、天皇冲绳巡幸等)中,百年来亚洲侵略史的本质,又将重现。一般来说,用抽象的办法去弹劾日帝再走向侵略之途,是徒劳无功的。然而,当前对钓鱼台的掠

---

* 编者按:原文如此,似"【一】"仅作为各点提示标志,而非编号。

夺,我们无法视若无睹!

　　明治政府接二连三搞"琉球处分"、"台湾征讨"、"日清战争"的侵略活动[63],更于一八九五年强占了中国固有的领土——钓鱼台。目前,日本政府居然再度公开掠夺钓鱼台列岛,倘我们再保持缄默,就是默许日帝的掠夺,是肯定了侵略史实,我们决不能这样做。

　　身为帝国主义国家的人民,我们都有根深蒂固的排外倾向。对"领土"问题,最易接受挑拨,乃至被煽动起来,充作侵略者的炮灰! 当年日韩会谈"李瀬"、竹岛(独岛)等问题,就因排外的意识,我们曾被煽动,被利用来支持日帝再武装的阴谋。

　　在资源贫乏的冲绳附近,一旦发现了大量石油,于是不论保守派或革新派,大家都在叫嚷维护(冲绳)县的利益,殊不知在诱人的魅力中,包藏祸心。

　　侵略者利用我们排外思想的弱点,从维护"尖阁(列岛)"、(冲绳)县等地区性的利益,进而为国家利益,乃至生命线论。于是更可借口保卫冲绳,大搞"全国民意",进而对外出兵的阴谋,个中道理,浅而易见。

　　然而,日本社会党、日本共产党,乃至平日倡言所谓中日友好的人士,对钓鱼诸岛问题,莫不三缄其口,这样麻木不仁,不啻顺从了长期侵略亚洲培育出来、所谓"血与土"的国家传统,抚心自问,能不愧煞!

　　我们之所以清算自己思想上的病源,无非是向各位呼吁,希望大家一起来阻止日帝对钓鱼台的侵略,假若不能有效地阻抑日帝对钓鱼台的掠夺,我们将更无法阻止其侵略整个亚洲。

　　谨此,希望有志一同参加我们斗争的行列。

一九七二年三月二十三日

　　发起人　　石田郁夫　　石田保昭　　古波津英兴　　藤堂明保

　　【在研究日本侵略集团谋夺我钓鱼台的理论根据时,应注意附录第三《琉球政府关于尖阁列岛领有权的声明》,因为几乎所有日本外务省的官式见解,各政党的主张,乃至各报的社论,都是根据"附录三"而撰成的。另一件应注意的事是:所有日本外务省官式见解等,都是紧跟着中共代表安致远于今年三月三日,在联合国海洋资源开发委员会上声明钓鱼台是我领土之后而起的反应。最后,我们得向研究钓鱼台问题的人士提醒,上列各项附录,只是匆促间译出来的,目的只在提示大意,并非定稿,希望在研究时,先行核对原文,以免错误。

国是研究社日文翻译小组谨启。】

① 井上清新近发表的《钓鱼诸岛（"尖阁列岛"など）の历史とその领有权（再论）》一文,是以专刊方式,发表在《中国研究月报》一九七二年六月号上。关于日本舆论的转变,可参看该文第一节《なぜ钓鱼诸岛问题を再论あるが》。

② 一九五〇年,日本趁美苏冷战进入高潮之际,利用两强的矛盾,向美国提出索还琉球的要求。自此而后,索还琉球就成了日本政府每年的例行公事。日本的学生与工人,一向是反美的,自越战以后,学生和工人反对的情绪更高,经常作大规模的反美游行示威,要求美国归还琉球及撤出所有在日本的军事基地。日本政府对这类学运、工运,开始是采偏袒美国,抑制游行的。但自钓鱼台地区发现石油以后,对反美的学运工运,就是明抑制暗鼓动的手法,迫使美国不得不提前将琉球归还给日本。

③ 参看 Niino, H., Emery, K. O., "Sediment of Shallow Portions of East China Sea and South China Sea", *Gool. Soc. of American*, Bull. Vol. 72(1961), pp. 732 – 962.

④ 参看 Emery, K. O., Niino, H., "Stratigraphy and Petroleum of Korean Strait and the East China Sea", *Geol. Survey of Korea*, Report of Geographical Exploration, Vol. 1, No. 1, 1967 pp. 269 – 273.

⑤ 参看本文日本对钓鱼台地区进行的"实地勘测"一节。

⑥ 详见石垣市议员新垣仙水等一九六九年五月十五日《尖阁群岛标柱建立报告书》。(《冲绳季刊》,第五六号,一九七一年三月二十五日发行)页一七四～一七六。

⑦ 过去日本人每欲谋夺我国固有的岛屿,第一步是将岛上的中国人驱走,然后将过去我国人在岛上的陈迹拆毁湮灭然后树立日本的国标旗帜。而自称发现该无人岛的日人,竟"作状"将发现的详情以日记方式记下。举例来说光绪三十三年（一九〇七年）,日人西泽吉次郎之侵占我东沙岛,即用这种手法。详参郑资约《南海诸岛地理志略》及王彦夫《清季外交史料》光绪三四年八月至宣统元月八日的档案。

⑧ 关于一九七〇年七月十日琉球水警在钓鱼台列屿干扰我渔民及拆船工人事件,我国方面有两篇纪载,一篇是盛承楠的《钓鱼台列屿采药记》（刊于一九七〇年九月九日台北之大华晚报）,另一篇是刘本炎的《钓鱼台究竟是什么样子的》（刊于"中央日报"一九七〇年八月廿四日）。但两篇都只是提到琉球水警要中国人办理护照,并未提及曾被扣押情事。但日人奥原敏雄却作了扣押中国人的记载。(详见奥原敏雄的《尖阁列岛の领有权问题》,该文刊在《冲绳季刊》五六号,页七九至九一）。

⑨ 奥原敏雄在《尖阁列岛の领有权问题》文中提及,台湾警备司令部事后就发给中国渔民等"出国证"（见《冲绳季刊》第五六号,页八五～九〇）。我们对这位右派学术打手的言论,表示存疑,很可能是"出境证"之误。查警备司令部无权发给"出国证",至于"出境

证"则任何人出入台湾本岛,都得办理的。

⑩ *The New York Times*,1971,May 14,page 1.

⑪ 本社与吴仙标教授担任参院小组的资料搜集工作,所有该组的工作及四位教授的证词,都将刊于本社即将出版的《中日钓鱼台主权之争》一书之中。

⑫ 关于美日《归还疏球条约》是非的一点,参看 James C. Hsiung, "Outstanding Sino-US Legal Questions and Their Relevant to International Relations in East Asia", presented at the annual convention of AAS,March 8,1972.(New York)。

⑬ 九一八事变以后,为了扩大对中国的侵略,日本军部情报机构使用法西斯恐怖手段,镇压国内反侵略和爱好和平的人士。手法是软硬兼施,首先把意志不坚定的反战分子,如日本共产党重要领导人物佐野学、锅山贞亲、椎名麟三等,迫得"转向"投靠侵略政府。继而"检举"羽仁五郎、市川正一等人士。最后暗杀尾崎秀实等坚决反战人士。同时,政府也组织了"昭和研究会"、"翼赞会"、"日本文学报国会"来操纵言论界,使反战的言论无法在报章杂志上刊出,也无由从电台向日本人民传播。详参春日庄次郎著《关于"岚"》一文,刊于一九四七年出版《前卫》第二○号,及久野收、鹤见俊辅等之《现代日本の思想》(东京,岩波书店,一九六二年)。

⑭ 井上清前文第二节《日本政府等の故意に历史を无视し或はねしまげでいる》。

⑮ *Washington Post*,May 12,1972,p.1.

⑯ 详见高冈大辅《尖阁列岛周边海域の学术调查に参加して》一文(冲绳季刊·五六号,页四二～六五)。

⑰ 高坂正尧在日本国家教育电视上的谈话践音,刊于现代中国语会话教室编译的《钓鱼台事件的真相》,第二集,页九六～一○○。

⑱ 参看日中友好协会(正统)尖阁列岛研究会于一九七二年三月六日,在《日本与中国周刊》上发表的《日本查勘石油》一文。

⑲ 联合国亚经会委托美国海军研究船 Hunr 号,对中国沿海大陆礁层作巡回勘测,是在一九六八年十一月进行的。详参 U. N. ECAFE,Tech. Bull(Bangkok),Vol. 2,1969,pp. 3-34

⑳ 从日人于一九六九年七月十七日上午十时,假东海大学校友会馆举行第一次学术调查报告会议,获悉"东海大学丸二世号"的装备,非常陈旧简陋,连目下起码勘测的装置,如 Airgun,Sparker 等都付阙如。

㉑ 详见《每日新闻》,一九七〇年八月十一日,第十四版,《海洋开发领有纷争に"備え"——外务省检讨,研究机关设置》一节新闻报导。

㉒《冲绳季刊》,五六处,页八～十六。

㉓《朝日亚洲评论》(七二,夏季号),该社编辑之《尖阁列岛资料集》第十六件。页四五。

㉔ "现代中国语会话教室"将我国有关钓鱼台之出版物翻译成日文,用《钓鱼台事件の

真相》为题,以不定期专刊方式出版。一九七二年五月一日发行第一集,七月七日发行第二集。其次,日中书林社,也在从事翻译我国出版有关钓鱼台之文字,他们将译文刊在该社出版的《日中》月刊上。此外"外文出版社日语翻译室"、"中国之会"等机构也作了不少的翻译工作。

㉕ 丘文是同时发表在《政大法学评论》第五期(一九七一年十二月),及《明报月刊》七五期。

㉖ 关于划界的问题,地理学中有一特别的学科,有的叫 Geography of Frontiers and Boundaries,也有叫 Demarcation 的。专门讨论疆界的观念,和划界的若干基本原则。因为不只是国际间常有界务争执,一国之内的州界、郡界有时也有纠葛。所以多数的政府对"界务"都非常注意,以美国为例,美国国务院不但特地邀请耶鲁大学教授 S. B. Jones 为政府撰写了一部划界手册(Boundary Making, A Handbook of Statesmen, Carnegie Endowment for International Peace, Division of International Law, No. 8 Washington, 1945),且发行了一种称为 International Boundary Study 的不定期刊物,供各级政府人员或学者参考。别的国家疆界问题远不如我国之复杂严重,对界务依然如此重视,可知我国的疆界是多么需要大家来作深入的探讨。

㉗ 奥原敏雄《尖阁列岛を领有权归属问题》,《朝日亚洲评论》一九七二年夏季号,页一八至二五。

㉘ 同前注。

㉙ 琉球立法院要求防卫"尖阁列岛"决议案的全文,可查本文附录一及附录二。该等决议原载《冲绳季刊》第五六号,页一七八。

㉚ 全文参看附录三,原载《冲绳季刊》第五六号,页一八○八二。

㉛ 迄目前为止,几乎所有日本政党对"尖阁列岛"的声明,以及日本政府的"官方见解",都是根据琉球政府立法院的决议和琉球政府的声明而成的。因此,我们建议研究钓鱼台事件的人士,应特别留意此三项文献。

㉜ 日本国家教育电视台举办的"领有权思想和领土问题的认识"节目的录音,已在该电视台一九七二年五月四日出版的"NHKTV 教卷特集"上发表。

㉝ 小山内宏所撰的《尖阁列岛周围军事的紧张》一文,是刊在一九七二年六月六日出版的《週刊エコノミスト》。

㉞ 文中所选三个要点是久保防卫局长于一九七二年四月十二日上午,出席日本众议院内阁委员会,答复议员加藤阳三质询时所说的,详见同日出版的《每日新闻晚报》。

㉟ 参注⑬。

㊱ 东大理学院学生所编的《尖阁列岛问题》专辑,是油印本,专以暴露日本侵略集团谋夺我钓鱼台之阴谋为主旨。该刊一九七一年七月出版的第五号,即以《入管鬥爭構築のたあに》为题的专号,反对日本政府将钓鱼台划入日本领土范围以内。

㊲ 法政大学日中友好协会所出有关钓鱼台的专刊,也是油印的,称为《尖阁列岛问题

について》,指责日政府之再武装,再度向我侵略。

㊳ 参附录五。该项宣言,至今年四月十七日,已获得九十五位学界及文化界名流签名支持。

㊴ 村上薰所撰的文章发表在一九七一年八月十七日出版的《週刊エコノミスト》,藤井治夫的《尖阁列島に纷争勃发の要素》一文,是刊在一九七二年四月七日出版的《週刊エコノミスト》上的。此外,一名自称"旧台湾殖民兵"现在从事建筑业的林岁德,亦于一九七二年六月三日出版的《妇人民主新闻》上,发表了一篇《钓鱼台は中国领土、燃え出ツな?日中戰火》的文章,提出钓鱼台事件将导致中日战争的誓告。

㊵ 屋富祖仲启的《污染在颠覆冲绳》一文,刊于一九七一年九月号《中央公论》月刊上面。

㊶ 井上清《钓鱼列岛("尖阁列岛"等)之历史与归属问题》一文,刊于一九七二年二月出版的《历史学研究》(二八一朝)上面,页一至八。

㊷ 根据井上清教授的自述,为了研究"冲绳"的现代史,以及了解一下所谓的"尖阁列岛",是否自古即是琉球的一部分。因此,于一九七一年十一月初旬,亲赴琉球各地作实地研究调查。本拟好研究,但原订于一九七二年一月初赴德国考察的行期,不能更改,因此把研究的初步心得,以《钓鱼诸岛的历史和归属问题》为题,发表在今年二月份出版的《日中文化交流》刊物上。但井上先生自谦是中国史的门外汉,加以时间过分匆促,因此于德国回来之后,再作慎重的研究,将第一篇文章中若干考据上的错误,一一订正。于是撰成这篇长文。

㊸ 关于日本各大报舆论的改变,可参阅《东京新闻》以《尖阁列岛は日本の领土》为题的社论(七二・三・二十),《日本经济新闻》以《尖阁列岛の日本领有権主张は當然》为题的社论(七二・三・五),《朝日新闻》以《尖阁列岛となか國の领有権》为题的社论(七二・三・二十),以及《读卖新闻》以《冲绳返還後の尖阁领有》为题的社论(七二・四・一九)等。

㊹ 详见该党对钓鱼台事件之《正式"见解"——尖阁列岛の领有問題について》,由该党国际局出面,全文刊于一九七二年四月十九日之《社会新报》(该党之机关刊物)。

㊺ 引文只是日本共产党尖阁列岛见解的第一段,并非全文。

㊻ 参看井上清《再论钓鱼诸岛的历史和领有权》一文中的第一节"为什么再论钓鱼诸岛问题"。

㊼ 参看《尖阁问题、日中议连粉碎情宣行动报告》。原文已被现代中国语会话教室所编《钓鱼台事件的真相》(第二集)转载,页九四,(七二・七・七发行)。

㊽ 参看今年五月四日出七＊的 NHK 教育 TV 教卷特集。

㊾ 请参照七二年六月出版《政大法学评论》第六期《钓鱼台列屿问题研究》抽印本,封底内页,和《朝日亚洲评论》七二年夏季号・页六三。

㊿ 参阅刘彩品《日本人にとつて"尖阁"どはなにか,雜誌〈中國〉編輯部,竹内好氏へ

＊ 编者按:原文如此,应为出版。

の疑問》一文,原文于一九七一年六月号之《情況》杂志。

(51) 竹内好对刘氏的答辩及反讥的原文,亦刊于刘氏文中。而奥原敏雄的《尖阁列岛の领有权を〈明报〉论文》一文是刊在一九七一年六月份的《中国》月刊上(页三八至五四)。

(52) 参照本文附录五。

(53) 参看本文附录四。

(54) 同前。

(55) 参看现代中国语会话教室编辑部所撰的《日本地図の面かい見な"尖阁列岛"の真相》一文,刊于该室所编《钓鱼台实事件の真相》第一集,页一〇八,(七二·五·一出版)。

(56) 参看该室编辑部所撰《侵略はかルんルに地図を書き変え、国境线を変更ある》一文,钓鱼台事件的真相第一集,页一〇九至一一八。

(57) 参看《西日本新闻》(七二·三·二七)的一则《尖阁に气象观测所设置へ》的一则新闻报导。

(58) 参看《领有権て既成事實,政府巡視船でハトーんき》一文,《钓鱼台事件の真相》第二集,页八四。

(59) 参看(七二·四·七)《周刊ホスト》登的《冲绳自卫队派遣部队尖阁列岛て战い恐れどあツ》一文。

(60) 《每日新闻晚报》(七二·四·十二)一则《冲绳返还后防空识别圈——防卫厅答复:包括尖阁列岛》新闻报导。

(61) 参看《日本经济新闻》(七二·五·十五),《尖阁领海的侵犯今天开始排除》一则新闻。

(62) 参看本社的《我国的海疆及大陆礁层问题》一文(明报月刊,八〇期页二~十八,及 Easton, Stewart C. *The Rise and Fall of Western Colonialism*, Frederick A. Praeger, Publisher, New York, 1964。

(63) 《朝日亚洲评论季刊》(七二年夏季号),尖阁列岛问题资料集,页四〇至六三。

(64) 关于《琉球处分》、《台湾征讨》及《日清(甲午)战争》,是为日本帝国主义向我侵略最初的一连串阴谋,对中琉、中日、日琉关系史,非常重要。但因为篇幅关系,无法在此评论,只得列举若干史籍,供有志之士参考。关于《琉球号分》,可以参看《吉田文书》(京都大学文学部国史研究室藏稿);大隈重信的《号藩始末》(早稻田大学图书馆藏本);杨仲揆的《琉球历史地理之研究》(中国文化学院油印本)。关于《台湾征讨》,可参看落合泰藏《生藩讨伐回顾录》(一九二〇);渡边几活郎《生藩事件与近代日本の建设》《大隈研究》五,一九五四);王芸生《六十年来中国与日本》(一九三二)。关于"日清战争",可参看陆奥宗光《塞塞录》(一九四一,中文有龚德柏的译本);田保桥洁的《日清战役外交の研究》(一九五一);及其《近代日鲜关系の研究》(一九四〇);井上清《日本の帝国主义》(该书有姜晚成的中文译本,北京一九五九)等。

(原载《明报月刊》一九七二年十月第 82 期)

钓鱼列岛(尖阁列岛等)的历史与归属问题

井上清　著　郑钦仁　译

　　本文作者井上清先生,生于一九一三年,一九三六年东京大学文学部毕业。现任京都大学教授。著作甚多,有《条约改正》、《日本的历史》(上中下三册)、《日本现代史——明治维新》、《日本的帝国主义》、《日本帝国主义的形成》、《部落问题的研究》、《日本女性史》、《战后日本的历史》等。此文刊于《历史学研究》杂志第三八一号,即一九七二年二月号。

　　本文刊出的同时,二月十一日"中央日报"报导,"行政院"将钓鱼列岛划归宜兰县管辖之下。三月三日,中共的代表安致远向联合国海底和平利用委员会演说,提出钓鱼台为中国的领土;当时的日本代表小木曾氏曾提出反论。同月七日下午,日本国际贸易协会(石桥湛山总裁)在东京的大手町农协旅馆召开定期的会员总会,决定该会之七十二年度的事业方针及计划,决定采取反对"策动从中国窃取尖阁列岛"一案,列为本年度的运动方针。

　　日本政府对于日本国内有如此事态的发生,感到问题的严重,其福田外相于八日众议院之"冲绳·北方问题特别委员会"答复冲绳县出身的自民党议员国场幸昌氏之质询,重申"尖阁列岛"为日本的领土。同日,日本外务省发表统一见解,以为"尖阁列岛"是日本固有的领土,是无怀疑之余地。其根据有五点:

　　(一)明治十八年以后,经现地之再三调查,不只是确认该地为无人岛,并经确认清国之行政权没有达到该地之事实,于明治二十八年一月十四日编入冲绳县。

　　(二)明治二十八年五月生效之下关(马关)条约,清朝割让台湾及澎湖诸岛给日本,其中尖阁列岛不包括在内。

　　(三)旧金山和平条约之中,尖阁列岛不包括在日本放弃的领土之中,与冲绳一起置于美国的施政权之下。

　　(四)当时各国政府都没有异议,及冲绳归还之日近,周边大陆棚的石油资源之存在的可能性确定以后,才开始骚动。

　　(五)从来"国府"及中共所指出的历史、地理及地质上的理由,都不能做为国际法上有效的论据。

以上是三月八日外务省发表的见解。但所列之五项理由，都已在井上清教授驳论之列，证明该群岛为中国所有，即为台湾省的附属岛屿。而以上日本政府的第五项声明，否定了不得否认的因素：即地理、地质上的因素，甚至连人类关系的历史因素也一并否定。井上教授又特别指出钓鱼岛为今日国际上受重视的问题，而赤尾屿没有受到注意，日本政府有暗中纳入怀中的企图；赤尾屿应为钓鱼群岛的一部分。

——一九七二年三月九日夜，译者——

一、琉球原以久米岛为西南界

现在日本称为"尖阁列岛"的岛屿，即是北纬二十五度四十分到二十六度、东经一二三度二十分到一二三度四十五分之间散在主国东海的小岛屿群；这些岛屿在中国的文献里，至迟是十六世纪中叶、明嘉靖年间起称为钓鱼屿（或称钓鱼台或钓鱼岛）、黄尾屿等，是经记录下来的诸岛屿之一部分。日本将这些岛屿总称为尖阁列岛，是一九〇〇年（明治三十三年）之后的事，当时冲绳师范学校的教员黑岩恒，接受学校的命令而探险、调查这个地方，在《地学杂志》发表的报告论文中才公开这个名字。

这些岛屿的归属问题为今日中日之间严重的政治问题，是大家所知道的；我对于这个列岛的历史沿革想尽量探求清楚，以便于在正确地解决归属问题时提供参考。

钓鱼岛群，在现存的文献里出现得最早的记录，要算是明嘉靖十一年（一五三二年）琉球中山王尚清受明朝皇帝的册封时，以册封使身份来那霸的陈侃所写的《使琉球录》（一五三四年序）。在陈侃之前到琉球的册封使，自一三七二年以来有十回之多，但是他们的使录现在不存，若是现在还有，其中必有钓鱼岛等记事出现。所以如此，是因为这个列岛在中国之福州往琉球那霸之间，在航路目标上占极重要的位置。很遗憾的是这些作品今日不存在。次于陈侃之嘉靖四十年（一五六一年）之册封使郭汝霖，在《重编使琉球录》中也说，使琉球录是始于陈侃。

陈侃等的船于一五三二年五月八日自福州的闽江口之梅花所出洋，向东南航行，到台湾鸡笼头（基隆）的海面偏东北转，在五月十日过钓鱼屿。他的使录云：

"十日，南风甚迅，舟行如飞；然顺流而下，亦不甚动。过平嘉山（今彭佳礁）、过钓鱼屿、过黄毛屿（今黄尾屿）、过赤屿（今赤尾屿，又称大正礁），目不暇接，一昼夜兼三日之程；夷船（琉球船）帆小，不能及，相失在后。十一日夕，见古米山（今久米岛），乃属琉球者；夷人鼓舞于舟，喜达于家。"

右所见钓鱼屿、黄毛屿（黄尾屿）及此两个岛之间的二小岛和岩礁群，是现在日本政府主张有所有权的"尖阁列岛"，但赤屿（赤尾屿）并不包括在内。其理由若从给尖阁命名者的人看来，或许是因为赤屿与钓鱼、黄尾屿之间有相当的距离，难于看作地理上的一群。但是现在的日本政府由于钓鱼岛已被当作国际问题加以"特写放大"，赤尾屿则在国际上幸而没有那样地被注意，就想将这个岛屿视为日本当然的领土，悄悄地弄为己有的样子。但是从地形图看来，赤屿并不是琉球久米岛的离岛，与黄尾屿更为接近，从上引陈侃的记述和以后册封使的使录看来，赤屿与琉球有清楚的区别，是与钓鱼群岛为一群的岛屿。

以上即是说陈侃从古米山（久米山）起才有"乃属琉球者"的记载。也就是说从中国的福州出发，经过几个岛屿之后，看见久米岛时方以该岛属琉球；因此其前的各岛之赤屿、黄尾屿、钓鱼屿等不是琉球领土，是很明白的。

其次，前面所提起的郭汝霖的使录，记一五六一年五月二十九日从福州的梅花所出洋，"三十日过黄茅（今棉花礁？）闰五月初一日，过钓鱼屿，初三日至赤屿岛。赤屿者，界琉球地方山也。再一日风，即望姑米山（久米岛）。"※

其后的册封使在气候没有异常的变化时，也是出自福州，经过基隆、彭佳、钓鱼、黄尾的北面，到久米岛，从这里穿过现在的庆良间列岛（当时称为马齿山），到那霸入港。清朝之康熙五十八年（一七一九年）的册封使徐葆光之《中山传信录》也引用琉球的大学者程顺则的作品《指南广义》（一七〇八年序），认为久米岛是琉球的西南界。但是作者本人在航行时并没有看到久米岛。今将传信录卷一・《针路》项所引《指南广义》的原文，照录如下。

"【指南广义云】福州往琉球，由闽安镇出五虎门东沙外，开洋，用单（或作乙）辰针十更，取鸡笼头（见山即从山北边过船，以下诸山皆同）、花瓶屿、彭家山；用乙卯并单卯针十更，取钓鱼台；用单卯针四更，取黄尾屿；用甲寅（或作卯）针十（或作一）更，取赤尾屿；用乙卯针六更，取姑米山（琉球西南方界上镇山）；用单卯针，取马齿（今庆良间列岛）；甲卯及甲寅针，收入琉球那霸港。"

以上大意是说，从闽安镇出五虎门东沙之外开始航海，取单辰（东南东）或乙辰（更近于正东）针路，逐一以基隆、花瓶屿、彭家山为目标，经过它们的北面，取乙卯（约南偏东）及单卯（正东）之针航十更（一更约六十华里）取钓鱼台为目标；再以单卯针行四更，取黄尾屿为目标；又以甲寅（北偏东）之针行十更，取赤尾屿；由这里约南偏东走六更取久米岛，穿过庆良间列岛，入那霸港。

笔者所以引用这一篇难读的原文，是因为文中的注释，包含"姑米岛"的注释，不是《指南广义》的原文；而是《中山传信录》的著者徐葆光所写。

台湾的学者杨仲揆把它当作《指南广义》的原文加以引用[1]，香港新闻《明报》社的《明报月刊》也引用杨氏的论文[2]；另外反驳《明报月刊》文字的奥原敏雄氏之《尖阁列岛的领有权与〈明报〉论文》（载于日本《中国》杂志，一九七一年九一号）也同样将"姑米山"的注释当作《指南广义》的原文。但是我所看到的《指南广义》是东恩纳宽惇氏旧藏的蓝色影印本，其中没有上文那样的注；另外也有些小异。其相当于上引部分的全文如下：

> 福州往琉球，东沙外开船（用单辰针）十更，取鸡笼头（北遇），花瓶屿并彭家山（用乙卯并单卯针）十更，取钓鱼台（北过前面），黄麻屿（北遇，用单卯针）四更，黄尾屿（北过，用甲卯及）十更，赤尾屿（用乙卯针）六更，古米山（北过，用单卯针），马齿山（北过，用甲卯及甲寅针）收入那霸港，大吉。

如果《中山传信录》所引用的是《指南广义》的原文，而久米岛的注"琉球西南方界上镇山"也是程顺则的文字，那么到琉球境界的各岛，即赤屿以西不是琉球领一事，已为琉球近世最大的学者所承认；但是无论如何，这不是原文，而是徐葆光的注释[3]。我至今还没看到有这样记载的《指南广义》。

照我的看法，久米山的注是徐葆光的文字，但不因此而减低其为证言的价值。所以这么说，是因为著者的作品是根据自己到琉球的见闻以及研究程顺则及其他琉球人的著作和历代的册封使录等而写成的，其中引用《指南广义》，如果是照我的看法：不是原文，而是著者照亲身所见而加注释，那么这些注释的重要性就更大。徐葆光对于琉球王国的领域十分的关心，卷四《琉球三十六岛》项不仅注意到以北与日本领土的境界；在"西南九岛八重山"条，也记载西垣岛及其附近的八岛，并加以如下的说明："以上八岛，俱属八重山，国人称之皆曰八重山，此琉球极西南属界也。"从著者关心的情形加以推断，以久米岛作为琉球西南方界上镇山，不外是经过详细调查的结果。

① 杨仲揆《从史地背景看钓鱼台列岛》(《文艺复兴》第一卷第十期,一九七〇年十月号)。同《琉球日本史籍所见钓鱼台列岛》(同上第十八期,七一年六月号)。

②《明报》资料室编《钓鱼台列岛是我们的》(日本"中国之会"编《中国》杂志,七一年第八七号译载)。

③东恩纳本《指南广义》有东沙外开船,"用单辰"。传信录的引用,在单辰的单之下注云"或作乙"。我想是引用者的校注,不是原本所有。鸡笼头之下的注也不是原本的注;而是引用者(徐葆光)将原文各岛之下之注"北过"者,综合起来记述的。由此看来,我以为引用文的注是引用者写的。

※译者按:作者所引用之册封使录,多译成日文;译者找不到原书校对者,只得根据日文译成中文;凡此情形,背标以"※"号。又此处引文之前有"一五六一年五月二十九日",此处之月日当指农历,非阳历也。

二、钓鱼列岛原为中国的领土

据明代陈侃及郭汝霖的使录和清初《中山传信录》,久米岛是琉球的西南界;从另一个角度看来,赤尾屿和赤尾屿以西的黄尾屿、钓鱼岛等不是琉球领土,是很清楚的。那么,究竟这些是中国的领土,还是无主地呢?奥原敏雄氏的论文,就当作无主地,他有如下的话:

"《册封史录》是中国人所写的,如果对于赤屿有自己国土的认识,则不致于有如此记述的道理。杨氏(指前提及台湾杨仲揆的论文)的理论之中,在决定其为中国领土还是琉球领土之前,从一开始便忽视了还有不属于两国的情形;这就是问题所在。"

当然,郭汝霖如果对赤屿有强调为本国领土的意思,就会有这样的写法。便是即使没有积极地在文字上明记到这里为中国领土,这里之外为琉球领土,便认为使节对于赤屿没有中国领土的认识,这是决不能成立的。究竟奥原氏是根据什么理由以为使者等认为这是无主地呢?关于这个问题,他无疑是将古人的中国文当作现代国际法的条文来解释,以为没有这样写就表示没有。这种看法,是无助于解决问题的,因为中国文的文势文脉对意思是很重要的。

使节显然是从中国领土的福州出发,又显然是经过中国领土的台湾以北,通过仍旧是中国领土的花瓶屿和彭佳礁,不久过了钓鱼、黄尾而到达赤尾,因此在慨叹之余写下这是与琉球地方为界的山。从这个文势文脉看来,到赤屿为中国领土,是不用解释而自明的;从赤屿之外是琉球领土,才是通常应有的说法。关于文字问题,有待请教于中国文的大家了。

奥原氏又有这样的说法:"如杨氏所指出的《册封使录》主要是关心航路上的目标,只不过因此而提起尖阁列岛的名字;册封使并没有在意识上要使后世确认该列岛是中国领土,而加以记述。"

册封使录之提起钓鱼岛等名字,"主要是关心航路上的目标",并没有错误;但是"主要"之外,对于航路目标以外的领土的辨别,并不是毫无关心。现在从航路记看来,由福州来到久米岛,陈、郭、徐三人不是特别记明从这里起才是琉球领土吗?奥原氏以为除了陈、郭的二使录之外,其他的使录找不到这样的记载;但是《中山传信录》却有这样的记载。(即使是引用指南广义,也是有这样的记载。)此外,以后所提到的康熙二十年之册封使汪楫的使录,也在过赤屿的地方,明白地记下"中外之界也"。

册封使录并不只是个人的旅行记,而是具有公务上出差的报告书的性质,在意识上明确地是为了当时的中国政府以及后代对琉球政策的参考而写的。因此在记载往复的航路时,不仅是将风向、方位记下,对于航海中的行事也记下来;或是对于上面所曾引用过的,对于领土的关心,也有加以说明情形。因此,从所写的内容看,虽然在实质上分量不多,但与单纯是航路向导[注]比较,却有重要的差别。

当然,并不是所有的册封使录都有某地方起是琉球这样的说明而记在航路记里。从陈侃到一八六六年(清同治五年、日本庆应二年)有十三回的册封使往复于琉球,其使录之中十人的全文,我幸而都能够读到;但其中的四人,即前文提起的陈、郭、汪、徐四人的使记,很清楚地对于领土、境界的区分表示关心。十三人之中只有四人好像太少,但是后来的封使对于以前的封使的使录都善加研究,已经有过正确记载的就不再提起。由于有这样的态度,所以到达境界时,再没有记下什么;若因此而认为这些使者并不关心,倒不能成立。

还有,钓鱼列岛"为中国的领土,要为后世所确认",或者在册封使而言还没有这种意识,但是从使者的立场看来,却亦没有兴致勃勃地要从今起为后世所确认的必要;因为这些地方是中国的领土,已经是自明的。盖以当时的中国的领土意识来说,琉球全土的中山王的国土,也是臣属于中国皇帝,是中国的属领。中国由于有这种想法,所以以后日本天皇制之处分琉球时,中国方面起来反对,于是有所有权之主张;遂有清朝与日本之琉球二分案签字的事情发生。然该条约之所以没有生效，是因为清朝皇帝反对该约有附带条件而将批准拖延下来，但并不是将所有权放弃。

琉球国自古领土也被认为是中国方面的一种属领，对于由中国本土到琉球岛途中的各岛——而且这些岛屿琉球方面也认为不是琉球的领土——果然会有无主地的看法吗？从"普天之下莫非王土"的中国人的天下观念来说，这些岛屿也不被认为是无主之地。主张中国方面认为是无主地的说法，只不过是根据中国方面的文献里没有积极地说到这里是我们的领土；因此只凭这一点而认为是无主地，是不足以当证据的，更积极地提出证据是必需的。但是没有地方能找到这种证据；也不会有这种证据的道理。但是赤屿以西是中国的领土，中国方面却有积极的证据，前文曾经略为一提的汪楫的《使琉球录》卷四，有这样的一节：

"又二十四日天明，见山则彭佳也……辰刻过彭佳山，酉刻遂过钓鱼屿，船如凌空而行……二十五日见山，应先黄尾后赤尾，无何遂至赤屿，未见黄尾屿也。薄暮过郊（或作沟），风涛大作，投生猪羊各一，泼五斗米粥，焚纸船，鸣钲击鼓，诸军皆甲露刃，作俯舷御乱之情，久之始息。问郊取何义，曰中外之界也。界于何辨之，曰只悬揣。然顷者恰当其处，非臆度也。食之，复兵之，恩威并济之义也。"※

这是说，赤屿与久米岛之间是"中外之界"；这是汪楫与船长等人的问答。由这一条资料及以上所引三使对于久米岛、赤屿的记述，合起来看，则自福州到赤屿的所有各岛，中国方面都认为是自己的领土；决不是认为无主地，是无庸置疑的。而且中国方面的看法，也是为琉球方面照样地接受。

（注）如明末的《顺风相送》与清康熙末年的《指南正法》之两种航路向导记，由向达校注，合为《两种海道针经》，在北京新华社出版（一九六一）。其中对于福州到琉球的航路虽然也有记载，但对于国境或航海中的行事，则完全没有记载。

三、"中外之界"与"沟"的问题

但是关于"郊"的问题，我尚不知是否有其他使录写作"郊"及有"中外之界也"的说明。次于汪楫的册封使徐葆光，在其《中山传信录》里，完全看不到关于"沟""郊"的记述。再其次的封使全魁与周煌，乾隆二年（一七五六）往复于琉球,但全魁的使录《琉球国志略》为其次的封使李鼎元《使琉球记》(一八〇二年序)所引用,却有"过沟"的记述。

李所引用《琉球国志略》对赴途的记述,谓全魁等自五虎门开洋,当夜看到基隆,翌"十一日"夕见钓鱼台,"十二日"见赤洋(赤屿?),其夜"过沟",其翌十三日见姑米山。还有李所引用的归途的记事,谓正月三十日出那霸港,风向甚恶,二月四日午时过姑米山,五日晨受南向的风,以正西之针航行,其夜"过沟、祭海"。这个沟料在赤屿附近。

然而,善于引用汪楫或全魁的使录的李鼎元,他自己的《使琉球记》屡以"黑沟"或"黑水沟"为问题,最后还是否定它的存在。

先是,李与副使赵文楷(介山)在福州准备渡航时,有这样的记事:"嘉庆五年(一八〇〇年)五月五日,祭黑沟,羊豕官未之备,因与介山捐资购之。"从这里看出这个时代,在渡海赴琉球时,有准备牺牲以祭黑沟的惯例。其次,李在五月九日条记过彭佳山看到钓鱼台时,接着有过沟祭祀的记载:

"惟时水天一色,舟平而驶,有白鸟无数,绕船而送,不知所自来。入夜,星影横斜,月色破碎,海面尽作火□*,浮沉出没;木华(按诗人之名)海赋,所谓阴火潜然者也。舟人禀祭黑水沟,汪舟次(楫)《杂录》:过黑水沟,投生羊豕以祭,日威以兵。今开洋已三日,莫知沟所。琉球伙长(司罗盘针之海师)云:伊等往来不知有黑沟,但望见钓鱼台印酬神以祭海。随令投生羊豕,焚帛奠酒以祭,无所用兵。"

汪楫杂录里的郊或沟,这里作黑沟或黑水沟。又其位置,汪楫杂录以为过赤屿的地方,这里以为琉球的伙长(海师)不知有什么黑沟,只是看到钓鱼台的地方需要祭海;祭祀的方式也稍微有不同。最重大的差别,就是汪楫杂录所说的郊(沟)不仅是海浪汹涛,还有"中外之界"的政治境界之意义;然而这个地方不是过赤屿的地方,故言有不合符节之处。但李鼎元的使录,不仅黑水沟没有什么境界的意义,甚至没有海难之所的意义在内。所以到了钓鱼岛便照例行事,不知有什么意思,只是祭了黑水沟而已。

李鼎元自琉球归国的准备中,尚有与从者问答黑水沟的事情。《使琉球记》卷六、十月六日条记从者之对答云:"闻海面西距黑水沟,与闽海界,古称沧冥,亦曰东溟。球人不知,此行亦未之过,何也?"李于是率直地回答:"渡海者

---

* 编者按:原文不清,似为"駮"。

多,著书者少,登舟不呕,日坐将台、亲书其所见者尤少(李言外之意,自己是其中少有的一人);率一人倡之,众人和之,耳食之谈,何可尽信!球人岁渡海而不知黑沟,则即谓无黑沟也可。"

李等于十月二十五日自那霸出港,其日酉刻,很快地过了姑米山,实在是由于顺风之惠。当天的一天之中,一只鸟也看不到。"视海面深黑,天水遥接,岂即所谓黑沟邪?抑来者皆耳食,未敢亲视,遂妄生奇议邪?是皆未可知,以余目击,固无他异。"

他是一个非常有自信的人,又好像是一个严格的经验主义者。他自己的航海,往复都很平安,对于人人所畏惧的"黑沟"地方,也没有看到,甚至对于经验丰富的琉球航海家也以为他们什么都不知道,所以认为黑沟只是"耳食"谣传之事,加以否定。

然而,他以前的汪楫和全魁都有祭涡沟的事情,次于他的封使齐鲲的《续琉球志略》(一八〇八年)记由福州的赴途,于闰五月十三日"午刻见赤尾屿,又行船四五更,过沟,祭国海神。"※可是齐鲲以后到琉球王国的灭亡,还有两回的封使,他们的使录都没有过沟、祭海的记事。

以上所见过沟的记事都集中在清朝中期的册封使录;但是关于海水的变化,在明万历三十三年(一六〇〇年)的册封使夏子阳之《使琉球录》,五月二十七日条,有如此的记载:

"次日,遇黄尾屿。是夜,风急浪狂,舵牙连折。连日所过水皆深黑色,宛如浊沟积水,或又如靛色(按深蓝色)。忆前《使录补遗》称:'去由沧水入黑',信哉言矣!"

福州到那霸的航路,从基隆、钓鱼、黄尾、赤尾所连成的东西线之南面,是中国大陆棚的水深两百公尺的蓝色的海洋,突然转入两千公尺的深海,在这里有黑潮流过。正是所谓由沧水移入黑水。这个界线,又是海水容易狂浪的地方。这个地方称之为"沟";因害怕而有祭海的事情,想也是当然的。即使琉球的航海家如李鼎元所说的那样,不知有那样一回事,但清代中期的航海家已有过沟的惯例,是不能否定的。

而且,"沟"多在赤尾屿的附近,从地图上看来,也会认为是当然的道理。册封使在普通的情形所要经过的彭佳、钓鱼、黄尾的北面和南面都是大陆棚,赤尾屿的南面正是由大陆棚急转入两千公尺深海的界线,因此这些地方特别有海色显著地变化的现象发生,而且海多汹涌,所以被认为是"沟"。

以上对于"沟"从各种角度加以考察；就如最初所论的，以"沟"写作"郊"，而且以为"中外之界也"的，只有汪楫的杂录。只有这一本作品以为赤屿附近的沟是中外之界，虽然不是航海家普遍的认识；但是另外与"沟"的事情没有什么关系的，即以为久米岛的琉球的西南界，赤屿为琉球地方与中国领土的界山，是为当时一般的认识，但是从这一件事情与"沟"在赤屿附近的事情结合来看，航海家若对汪楫这样的说明，认为沟即是郊，即是中外之界的说法，也并非有什么奇怪。

四、琉球人·日本人与钓鱼列岛

以上自钓鱼岛到赤屿之间的列岛，至迟在明嘉靖年间（恐怕还要更早）便命以中国名，并为中国的领土，是很清楚的。从福州或台湾基隆附近，到中国的东海捕鱼，因风向与潮流的影响，常常到钓鱼列岛；这些地方的中国人，想很早就知道这些岛屿了。尤其是钓鱼岛有小停泊的地方，也有清水涌出的地方，所以避难的渔民利用这个岛也是常有的事。

可是，琉球人与日本人是什么时候才知道这个岛屿？由冲绳群岛的久米岛或八重山群岛及其他的岛屿，要到钓鱼列岛时，其风向与潮流都是逆流；以当时的船航行，极是困难。所以，封使之往复琉球通常是在夏至的时候，由福州到基隆海，通过钓鱼列岛的北面，在赤尾屿附近渡过黑潮，经久米岛入那霸港；冬至的时候，是由那霸经久米岛，大体直走而北上，然后是西航，因此看不到钓鱼列岛的影子。由这里看来，琉球人知道钓鱼列岛的机会，除了册封使之来琉球或琉球王的使节到中国的归途上所看到的之外，一般的渔民就很少到过这个地方。

而且，从琉球王国最初的历史《中山正鉴》起，据陈侃的使录，以为久米岛以内的岛屿为琉球领；程顺则的《指南广义》也作《琉球三十六岛》；其范围，西自久米岛，西南自八重山群岛以内的岛屿为琉球领，钓鱼、黄尾、赤尾等并不在其中。又清朝琉球官学的教习潘相，与进入该校的琉球人郑孝德、蔡世昌等四年之间相处，逐一质询，合程顺则的著作和《中山传信录》以及其他中国人的文献写成《琉球入学见闻录》，其书卷一"星土"条，也只说明冲绳本岛的三山及三十六岛的事。日本人林子平所著的《三国通览图说》之琉球部分，是完全依照《中山传信录》者，地图上虽有钓鱼、黄尾、赤尾诸名，但是与琉球三十六岛有显

然的区别。本岛之外,明治维新前日本的文献,甚至没有钓鱼岛的记载。既然文献没有记载,口碑到底是如何的流传? 据冲绳县出身的琉球学大家东恩纳宽惇【译按:读作 Higashionna. Kanjun】的《南岛风土记》(一九四九年五月序),对于钓鱼岛的记载,以为"冲绳渔民之间,自夙以'エクン·クパシマ'【译者按:读音 Yukun Kubashima】之名著闻,エクン是鱼岛、クパシマ是蒲葵岛【Kobashima】之义。此当是《指南广义》所言'出那霸港,用申针放洋,用辛酉针一更半,见古米山并姑巴甚麻'之'姑巴甚麻'【Kubashima】。海图有'ホアヒンスウ'【Hoapinsu】者,即黄尾屿之华音。"

钓鱼以エクン(鱼岛)或クパシマ在冲绳渔民之间"自夙著闻",那么到底最早什么时候? 该书引用《指南广义》以为姑巴甚麻即是钓鱼岛,不幸这个是大家的错误认识,这一点从引用文也可以看出:该岛是在离那霸不太远的地方,与久米岛并列的岛屿,所以不外是《中山传信录》或《琉球入学见闻录》所记,属于"西马齿山"(庆良间列岛的西半)的"姑巴汎麻山"(木场或古场、久场岛)。在其西的海中有久米岛。所以不能因东恩纳氏引用《指南广义》,而认为当时的钓鱼岛称为クパシマ。

又"エクン"如果是"鱼岛"之意,那么不就与中国人所云鱼岛的"鱼"为关系用语吗? 一九〇〇年黑岩恒的《尖阁列岛探险记事》(《地学杂志》第十二辑第 140 卷,明治三十三年九月号)所引用的"冲绳县美里间切诰山方笔者大诚永城于明治十八年(一八八五年)九月十四日向冲绳县厅提出的书面",也说:"鱼钓岛【Yokon】与申所是在久米岛靠午未之间"。

又据黑岩氏的论文,"钓鱼岛一作钓鱼台,或称和平山,海图记为 Hoapinsu 者。冲绳以为久场岛【Kuba Shima】,然而就本岛探险的历史(冲绳人所作的)看来,以古来'ヨユン'【Yokon】之名为冲绳人所知,在当时,久场岛的名称,是指本岛东北的黄尾屿,致于近年不知何故将彼我之名称互换,以至称黄尾屿为'ヨクン'、本岛为久场,今不欲突然改之"。

钓鱼岛与黄尾之张冠李戴,《南岛风土记》也从另外的观点指出。即是说,同书对于黄尾屿的记载:"海图作 Tiausu,是钓屿之华音,或许与前者错简而来者。"如果东恩纳氏所指出的:"海图"以钓鱼岛作【Hoa-pim-su】是黄尾屿的华音(福建地方的华音?)是正确的话,这"海图"确实是将钓鱼与黄尾的称呼张冠李戴;另外,如果是这样的话,"ホアピンスクパシマ—"之称为和平山,是以中国话的和平两字当作"海图"里的"Hoapin"。"和平山"的名字,在中国册封使的任何文献都找不到。而且东恩纳、黑岩两氏所说的"海图",当是指原来英国海军所制作的地图,该图我还没有能看到,其制作的年代也不知道;料是日本幕府末年明治初年的东西。

琉球人称黄尾屿为久场岛是起于什么时候?"自古"、"自夙"也可以说是五十年前或五百年前,但是明治之前的琉球或日本的文献里,没有一字提及ヨユン和クパシマ。然而中国最后(同治五年,一八六六年)的册封使赵新的使录《续琉球国志略》(两卷),记道光十八年(一八三八年)册封使的航路,有"五月五日五虎门放洋,……六日未刻取钓鱼山,申刻取久场岛,……七日黎明取久米赤岛,……八日黎明西见姑半岛"的记载,又同治五年记赵新自己的航路,有六月九日放洋,"十一日酉刻过钓鱼山,戌刻过久场岛",而十二日未刻过久米赤岛。这久场岛无疑是黄尾屿。因此,从久米米赤岛的位置加以判断*,当是赤尾屿。

此书对于黄尾屿的记载,不用中国固有的名称而用日本的名字是什么原故?这一点恐怕是在船上听琉球人说久场或久米赤岛,而这样记下来的。由此推断,则琉球人对于黄尾屿有清楚的认识,而称为久场岛的时期,至迟可以推溯到十九世纪的中叶。致于琉球人称钓鱼岛为ヨユン(ユクン)是源于何典,没有任何可以用为推测的依据。ヨユン之意为鱼岛,或许是由于中国话里的钓鱼岛经琉球语转化而来。

黄尾屿或钓鱼岛即使在十九世纪中叶或以前,为往复中国的琉球官吏以外的一般人所知而用琉球语的名字称呼;甚至黄尾屿的琉球名为中国最后的琉球册封使之记录所使用,但这些不过是表示这些岛原来不是琉球领土而是中国领土,皆为中、琉所承认的事实,这种事实不受任何的影响。

五、甲午战争夺取钓鱼列岛

明治维新以后,天皇政府自一八七二年至七九年(明治五至十二年)强行"处分琉球";于是由岛津藩的殖民地编入天皇制的殖民地,定名为冲绳县。所谓"废藩置县"的一八七九年,日本政府与清朝之间为琉球所有权的问题之对立激烈化;由于美国前总统葛兰的斡旋;于一八八〇年(明治十三年)九月签订

---

* 编者按:原文如此,疑多一"米"字。

分界条约,即是前文所提到的将琉球分为南北二部;北为日本是领土,南为清朝的领土。

这个二分案最初是日本的提案,清朝最初所提的是三分案,即奄美大岛群岛为日本的领土;冲绳群岛按照"处分琉球"以前的情形,为中山王国的领土;南部的先岛则为中国的领土。

从这交涉经过看来,这个时候,日本还不是主张对钓鱼岛有所有权。所主张的只是自早以来琉球王国所领的所有权;但即使是这样,以后还想将先岛(宫古、八重山群岛)让给中国。可是清朝皇帝不批准此分岛条约,当作清日间交涉的悬案谕示日本政府,因此日本全权公使停止交涉,由北京撤回。其后清日两国政府都暂时将这个问题搁置下来;一八八二年竹添进一郎为领事到天津赴任,再与清政府方面交涉此事而没有结果,于是又照样将问题搁置下来。

其中有福冈县出身而于一八七九年住在那霸采获海产物以从事输出的古贺辰四郎这个人,注意到钓鱼岛,自一八八四年起派人到这个地方,采集栖息于此的"信天翁"的羽毛,以及周围的海产物。

这个人想在这个地方设立半永居性的作业场,向冲绳县厅提出借地申请书,不准,又向中央政府提出陈情,也不成功。其始末在一九一〇年一月刊载于《冲绳每日新闻》以称赞古贺氏功绩,文章有以下的记载。

"明治二十七(一八八四)年,(古贺氏)向本县(冲绳县)的知事提出许可开拓该岛(钓鱼岛)的请愿,因当时该岛的归属,还不明确是否为清帝国的领土之故,而被拒绝。于是重新又向内务、农商务两大臣提出请愿书,同时又上京亲自具陈该岛的实况,恳求开拓,仍不得许可;当时恰好二七、二八年的战役(甲午战争)宣告结束,台湾归于帝国的版图,二九年以敕令第十三号公布尖阁列岛为我属之旨,立即就其开拓的事情,向本县知事请愿,同年九月始予认可,于是该氏达到多年来该岛的宿愿(注)。"

这条资料,极为重要。古贺氏自一八八四年以来,对于采获羽毛与海产物的钓鱼岛,向冲绳县请愿"开拓";这种"开拓"是借地的申请,从《冲绳的百年》第一卷,"近代冲绳的人物"里的古贺辰四郎一条下可以知道,对于他的请愿,县厅以"当时该岛的归属还不明确是否帝国的领土"之故,而不予许可。这是在"明治二十七年"的几月?是在甲午战争开始之前,抑开始之后?此处这样的记载自然不清楚,但是无论如何,这一年,冲绳县厅及中央政府都认为钓鱼岛是否为日本的领土,还"不明确",对于古贺氏再三的请愿,不能批准。甲午战争结束之后台湾省、澎湖岛以及这些附属诸岛屿，都决定割让给日本之后，才开始以钓鱼岛为日本领土，古贺氏也终于达到他的愿望。

总之，由于甲午战争日本战胜的结果，钓鱼列岛与台湾岛等同时割让给日本，但这并不是将从来为无主地的东西，当作日本的领土。如果这个地方是无主地，那么据古贺氏自明治十七年以来在该岛的营业的实绩来说，只以日本人在该岛最早就有设施的情形，在国际上宣称为日本的领土，并没有什么不合适和困难之处。但是到甲午战争时日本的胜利，日本政府还不能够有这样的宣言，并不是因为该岛为"无主地"，也不是其归属之"不明确"，而是因为历史上它确实是清朝的领土。至少日本政府对该岛无法确切地主张它不是清朝的领土。而且由于甲午战争，台湾及其附属岛屿一概割让给日本，从此在台湾与琉球之间的钓鱼列岛，日本政府可以对谁都毫无忌惮地编入冲绳县。上文之新闻记事也由于关系到"台湾归于我帝国的版图"而有钓鱼列岛确立为日本之所有的记载，这是因为当时的琉球人，也意识到两者【台湾与钓鱼列岛】之间有关连之故。

以上的资料提起"明治二十九年以敕令第十三号公布尖阁列岛（这不是当时的称呼）为我所属之旨"，而现在的琉球政府于一九七〇年九月之"关于尖阁列岛领有权及大陆棚资源的开发主权之主张"，也有"经明治二十八年一月十四日之阁议决定，翌年二十九年四月一日根据敕令第十三号决定为日本领土，属于冲绳县八重山郡石垣村"的记载，但二十八年一月之阁议决定是怎样的内容，我还没有查到。"明治二十九年敕令第十三号"的所署的日期是三月五日，公布于三月七日的"官报"。其内容见"关于冲绳县郡编制案"，然第一条所举冲绳县之郡及其所属之地，八重山郡之下只有"八重山诸岛"列入所属。而且其第二条，"郡山之境界若有必要变更名称时，由内务大臣决定之"；第三条又有"本令施行时期由内务大臣决定之"。

根据琉球政府的发言："四月一日根据敕令第十三号"，决定钓鱼岛等编入八重郡石垣村；琉球政府的这种发言或是由于根据这第二条，而在"四月一日"列属于八重山的地域之名称，不只是"八重山诸岛"而已，钓鱼岛等也加入在内；而这种"郡之境界之变更"，是否由内务大臣之决定而来的？这一点希望有人能赶紧调查清楚。假定能够确定是二十九年四月一日决定的，那么"二十八年一月十四日之阁议决定"，何以在以后有一年以上没有付之实行？以上阁议决定之文辞及经过需要弄清楚，同时也需要将其理由弄明白。

另外钓鱼岛等属于八重山郡石垣村时,其名称叫作什么? 这个名称决没有叫作"尖阁列岛"的道理。这个名称如前面本文所说的,是一九〇〇年黑岩恒所定的名称。其由来是英国海军的海图及水路志,因钓鱼岛的东南东三哩半的两个小岛及数个岩礁,依其形状命名为"Pinnacle";根据这个,当时的日本海军的水路志有"ピンナクル"诸岛(尖头诸屿)的记载[注],而黑岩氏由于其尖头的形状,也合用于钓鱼岛,因此将钓鱼岛、尖头诸屿以及其东北十三哩的黄尾屿,总称之为尖阁列岛;见于该论文。因此,前文说过,"尖阁列岛"不包括赤尾屿(今之大正礁)在内。但现在与中国发生所有权的争执的地域,当然包括赤尾屿在内。

注:"古贺氏在琉球群岛的功绩",见《冲绳每日新闻》,明治四十三年一月一日~九日。(收录于《那霸市史》资料篇第二卷上。)

注:前引奥原氏的论文,以为"尖阁群岛"的名称,在明治十九年(一八八六年)的《海军水路部水路志》(寰瀛水路志)第一卷下第十编第八五三页里有之。我没有看到该志,但其所载之尖阁群岛是指ピンナル诸岛,抑是概括钓鱼岛、黄尾屿的总称? 黑岩论文所引用的明治三十年(一八九七年)日本海军省出版的"海图"是说:本列岛是由钓鱼屿、尖头诸屿及黄尾屿而组成的。黑岩氏个人将这些岛总窃称为"尖阁列岛",好像这是他到钓鱼岛实地考查,将其报告发表于地学杂志之前就有的事情。

结论

以上所述关于钓鱼岛列岛的历史的要点,是很简单的。

(一)由钓鱼岛到赤尾屿一连串的岛屿,至迟在十六世纪中叶起,中国方面知道其位置,用中国称呼,明确地自知其为中国的领土。

(二)琉球的王府、人民还有日本人,不认为这些岛屿是琉球领土。相反的,其为中国领土的情形却为琉球人所皆知,日本有识人士也都承认。

(三)明治维新以后到甲午战争日本战胜时,日本政府对于这些岛屿的领有权,似乎不曾有一度主张过,这个地方无论公开的与暗中的都认为是中国的领土。

(四)这个列岛的一部分命以日本名之尖头诸屿或尖阁群岛,是由于英国海军所取的名字。而且黑岩恒氏所命名的尖阁列岛,不包括赤尾屿,但该屿与钓鱼岛等一连串岛屿都是中国领土。

（五）所谓的尖阁列岛及赤尾屿之当作日本领土，是由于甲午战争日本的胜利，从中国夺得台湾、澎湖列岛及其附属岛屿的一环，而开始发生的。

以上的情形，在现在的问题来说，会有什么结论？日本在第二次大战时，接受包括中国在内的联合国之波茨坦宣言而投降。波茨坦宣言对于日本的领土处置，决定"实行开罗宣言的条款"。根据开罗宣言，中、美、英"三大同盟国的目的"：如满洲、台湾以及澎湖等为日本向清朝所窃取的所有地区，归还给中华民国。"（现在当为中华人民共和国）如此，就与日本接受波茨坦宣言之投降，自动地将台湾归还给中华民国政府的道理完全一样，钓鱼列岛也不能不自动地还给中国。因此，日本投降后继续占领琉球的美利坚合众国，不将钓鱼列岛还给中国，而继续占领到现在，是违法不当的。又所谓美国对于钓鱼列岛的施政权与琉球列岛的施政权同时"归还"给日本政府，即使日美政府协定，其协定权不是美国及日本政府所应有的，这是日美之间以中国的领土为交易，所以是无效的。所谓的尖阁列岛或是赤尾屿，应立即无条件地认为是中国领土，不得不说这才是唯一的历史上的结论。

（原载《明报月刊》一九七二年五月第77期）

日本虚构事实向美国诈骗钓鱼台

沙学浚

对于一项争端，任一有关方面，如有理由，应提出理由，不应虚构事实，如果一方虚构事实，即证明他没有理由。

一九六八年开始发生了钓鱼台列屿（日本称为尖阁列岛）主权的争端，各方知道钓鱼台列屿，由中国人"原始发现"、予以命名，先用作中国、琉球间的航海指标，近世是台湾渔民的捕鱼区，六百多年来是中国的领土[①]。下列两事，引发了日本争夺钓鱼台列屿，并由钓鱼台列屿争取东海大陆礁层之野心：（一）一九六八年九月十七日，"中华民国"石油公司与美国四家石油公司订立合约，探勘开采包括钓鱼台海域的石油，（二）同年十月联合国亚洲经济开发委员会调查研究报告说钓鱼台海域有油田。日本控制下的琉球政府首先于一九六九年五月九日在钓鱼台列屿各岛，树立界碑（日本称为国标或标柱），复准备下列包含了虚构事实的文件，向美国施行诈骗，要美国承认日本对钓鱼台列屿的主权要求。

（一）琉球政府于一九七〇年九月十日发表《尖阁列岛主权及大陆礁层资源开发主权之主张》，东京各报十一日都以第一版头题地位刊出，朝日新闻的标题是《琉球政府尖阁列岛领有宣言》。琉球政府"主张"的内容主要包括四点，以第二点陈述为最重要：

"明治二十八年一月十四日（日本）内阁会议决定，并于二十九年四月一日发表第十三号敕令，将尖阁列岛定为冲绳县八重山郡石垣村。"

（二）《冲绳季刊》是日本"南方同胞援护会"的机关刊物，其五十六号定为《尖阁列岛特集》，于一九七一年三月在东京出版，共三百四十页，资料丰富，并附地图多幅和照片多帧，在其二百五十一页的"尖阁列岛年表"上，有下列陈述：

"明治二十九年四月一日第十三号敕令规定冲绳县施行郡制，冲绳县知事乃将尖阁列岛列入八重山郡，指定为国有地。（钓鱼岛、久场岛、南小岛、北小岛）"（按明治二十九年即西元一八九六年，马关条约订立后一年。）

上述两则陈述的共同部分，也是最重要的部分，都是虚构事实，分三点说明于后。

（一）"四月一日第十三号敕令"根本不存在

笔者于一九七二年春间曾托旅居东京的朋友到各大图书馆查阅此一敕令原件以便影印，据告：日本内阁官报局明治二十九年的"官报"，都被借出了，因而查不到。后托华盛顿的朋友到美国国会图书馆查阅此年官报，据告：

（1）找不到"明治二十九年四月一日的第十三号敕令"，但四月一日这一天有四个敕令，编号及其内容是第一一三号：侍从武官官制，第一一四号：炮兵方面条例，第一一五号：（日本本土）郡市警察区域，第一一六号：台湾总督府军务局官制，都与尖阁列岛无丝毫关系。

（2）查出官报第三千八百四号，有第十三号敕令，日期不是四月一日，而是三月五日，因其与冲绳县有关，寄来影印本一份。

从三月五日到四月一日共计二十八天。二十八天以内不可能有两个第十三号敕令，三月五日第十三号敕令的存在，也可证明四月一日第十三号敕令的不存在，这是日本虚构事实第一项。

(二）尖阁列岛根本没有编入冲绳县八重山郡

附印官报上栏,三月五日第十三号敕令内容,关于冲绳县郡编制。"第一条"列举了五个郡,每一郡之下列举了所管辖的岛屿。

第五个郡是"八重山郡",此郡之下只列"八重山群岛",未列"尖阁列岛",足以证明"尖阁列岛列入八重山郡"是一谎言。

如果一八九六年日本确曾将尖阁列岛编入冲绳县八重山郡,一定会在当时向日本国内及国外宣告尖阁列岛的经度、纬度、命名、管辖关系及有关事项,但日本并没有做这样的宣告。（按日本一八九一年将琉球群岛编入小笠原群岛,一九〇五年又将竹岛【靠近韩国】编入隐岐岛管辖,均曾这样做。）

在日本政府及地方政府宣布编入的同时,有关县政府奉命在这个新领土上树立界碑。琉球政府直到一九六九年五月九日才在钓鱼台列屿各岛树立水泥标柱,比一八九六年迟了七十二年之久。这等于婴儿出生后不报户口,等他长到七十二岁时才报户口,真是幼稚可笑。日本即使将钓鱼台列屿编入琉球,在国际法上都不会有效,何况他没有这样做。这是日本虚构事实的第二项。

(三）一八九六年根本没有尖阁列岛名称

上述两项文件都提到"尖阁列岛"。此一名称是冲绳师范学校教师黑岩恒于一九〇〇年命名的,他说：

"此列岛（按指尖阁列岛）迄无总括的名称,为了减少地理学上的不便,余乃新设尖阁列岛之名称。"（井上清著《尖阁列岛【钓鱼诸岛】之历史的解明》东京,一九七二年七十五页。）《尖阁列岛特集》四十六页也提及此点。足以证明一八九六年还不曾有"尖阁列岛"这一名称。这是日本虚构事实的第三项。

凭着"明治二十九年四月一日第十三号敕令"这些虚构事实,日本政府达到了利用诈骗方法争取到钓鱼台列屿的目的。对内他使日本人相信所谓"尖阁列岛"是冲绳县的一部分,因而是日本的领土。日本的诈骗手法对外以美国为对象,其英文资料内容,笔者虽无从阅及,相信上述虚构事实必定包括在内,且列为最重要的部分。美国政府被日本诈骗的效果十分显著,下列两则报导说明美国政府的意见,和日本政府完全相同：

"美国驻日大使馆发言人说：'他们认为接近台湾的尖阁列岛乃是琉球群岛的一部分,并将定期归还日本'。"（一九七〇年八月十二日合众国际社东京电）

"美国国务院一九七〇年九月十日发表见解,指出尖阁列岛的主权属于日

本。"（日本时事社九月九日华盛顿电）

八个月以后，美国政府的态度有些改变，不坚持钓鱼台列岛是琉球群岛的一部分。一九七一年五月二十一日，国务院代理国务卿威廉布莱（William D. Blair）曾代表尼克逊总统致函中国留美学人，表明美国对钓鱼台问题的态度，兹将其重要部分抄录如下：

"依一九五一年对日和约的第三条，美国取得北纬廿九度以南'南西群岛'的行政权。这项条约一般了解为包含尖阁列岛。当第二次世界大战结束时，尖阁列岛在日本行政之下，和约未曾明文提及这个列岛。"

"一九六九年尼克逊总统与佐藤首相协议的结果，美国将于一九七二年将其依和约取得之南西群岛行政权归还日本。然后日本将取得任何原来在行政权未移转前所享有的权利。我们认为对于尖阁列岛所有权的任何不同主张，均为当事国所应彼此解决的事项。"

美国态度所以有改变，大概是全球中国人爱国游行、示威、请愿、反对、反驳及抗议的结果。但是美国是否知道日本政府虚构事实，还是一大疑问。

注一：沙学浚著：《钓鱼台属中国不属琉球之史地根据》有详细说明。该文包括十节：（一）钓鱼台列屿地形简述，（二）六百年前钓鱼台被中国人发现命名当然是中国领土，（三）日人发现钓鱼台说被中国史实日本文献否定，（四）钓鱼台在中国、琉球间针路上的重要位置，（五）钓鱼台被中国人不被琉球人发现之原因，（六）钓鱼台属华不属琉有中国文献为证，（七）钓鱼台属华不属琉有琉球官方文献为证，（八）钓鱼台属华不属琉有日本官方文献为证，（九）钓鱼台所使用价值由中国独享被琉球漠视之原因，（十）日本如占有钓鱼台列屿对中国非常不利。该文附照片八帧，地图十幅，原载《学粹杂志》双月刊第十四卷第二期"钓鱼台是中国领土专号"，一九七二年二月台北出版。

（原载《明报月刊》一九七四年三月第99期）

"钓鱼台千万丢不得"

黄养志　彭宗宏　刘　飞　孙贤铱
张显钟　郭宣俊　张纪恩　秦棣华

　　本文诸位作者，经过许多日子的努力，披阅资料达七千多页，研究和分析钓鱼台各方面的问题，更重要的是，指出中国沿岸大陆礁层石油的发现经过及对中国工业发展的重要性，并附列精细的绘图。从资料之丰富，研究之深度及广度看，是当前有关钓鱼台问题的最重要著述之一。

——编者

（一）从石油的形成、油层地质、说到中国大陆礁层海底石油的发现

　　广义的说法，石油是指所有地下的碳氢化合物（hydrocarbons）而言，包括天然油气、液态油、及半固体蜡或固体。通常以前两者为最常见。一般来说，须有相互沟通细孔的岩石，才能存储石油，因此，沉积岩，特别是砂岩是最理想的储油岩石。世上绝大多数的石油是蕴藏在沉积岩层，特别是海相沉积岩中，含有天然油气或石油的岩层，厚薄不一，由数公尺乃至数百公尺。这类出产石油的地区，称为油田（oilfield），在同一油田，可以有一层乃至若干的含油层。

　　石油形成的学说不一，我们不能在此一一加以介绍。不过有几项和石油产地有关的事实，也许能帮助我们获得若干石油是如何形成的概念。首先，海相沉积岩层是最常见的石油地质构造，因此，我们可以知道石油的形成，与海洋息息相关。其次，石油量有机物转化而成的碳氢化合物[*]，于是我们可以知道，海水中有机物是石油的来源。这类有机物，可能是本来生存在沉积地区的动植物，也可能是随河水而带入海洋的生物体。石油藏量丰富的地区，不但沉积岩层很厚，同时，其岩层系由颗粒大小不一的砂石，沉积而成，显示出迅速沉积的现象。由于迅速沉积，有机物才比较有机会被埋积在地层中而保留下来。第三，沉积作用的迅速与否，与供应量的多少与快慢有关。通常大河流的入海处，是沉积物最多亦最快易沉积下来的地区。倘若海底的岩层无法承受不断

---

[*] 编者按：原文如此，"量"疑为"是"。

累积的沉积物时，就造成地层下陷的现象。因沉积而下陷的地区，称为地槽（Geosynclines）。地槽的沉积层，可厚达十公里。世上许多重要的油田，都属古老的地槽地带。

细菌、放射性、以及温和的热变质作用，是为使沉积的有机物转变为石油的三个重要的因素。变化的过程不外：（一）由有机化学作用先将有机体分解，然后经放射性、或热变质作用，将之转化而为石油；（二）由有机化学作用，直接先将有机体化为油质，再因热力、压力、或放射性等作用，使之转变成为石油。

页岩（shale）和黏土（clay）虽因质地细密，不能储存石油，但石油很可能先在这些岩层中形成，然后才溢出而流入质地疏松的砂岩。盖因页岩和黏土不仅有机物含量多，同时放射性也较其他的沉积岩为高，比较容易将有机物转化为石油。

石油在地层中形成以后，会自动地汇集在一起，成为有开采价值的油田。这种能将石油汇集在一起的地质构造，称为油陷（trap）。地质上形成油陷的方式很多，（一）含油层因受褶皱、断层、或两者并至的作用而变形拱起；（二）含油层因受地层的尖灭作用而造成的地层封闭；（三）含油层因次生的作用，如地层的破裂、溶解，而后再凝结为油陷等。为了方便说明起见，我们举一个最典型的油陷地质——背斜构造（anticlinal form），加以说明（见图一）[*]。含油层的上端，必然有一层严密封闭的不透层，如页岩或是硅化的石灰岩等。作为石油汇集的天然盖子。否则的话，石油将气化蒸发而消失。在不透层的底下，始为石油汇集层。含油层通常又可分为三部分，最上面的是天然油气，其次是比重小于一的石油，在石油之下，往往是比重略大于一的咸水。

陆上的石油开采已有百年以上的历史，但海底石油的开采迟至一九四七年才开始，当时因地质构造的分析与地球物理探测的结果，测出大量含油地层伸向美国路易士安那州南部的密西西必河口及墨西哥湾的海底，后因该区海底采油的成功，遂掀起了勘测海底石油的浪潮。北海（North Sea）、波斯湾等地，遂相继成为重要的世界产油中心。具有极大潜能的中国沿海大陆礁层，由于海底地质资料的缺乏，距主要石油市场较远，及政治上的不稳定，却一直被遗忘了。

---

[*] 编者按：原文中附有样图及地图，现均略去。

最早有关中国大陆礁层海底沉积物的研究报告，是 Shepard，Emery 及 Gould 在一九四九年发表的《东亚大陆礁层沉积物的分布》(Distribution of Sediments on East Asiatic Continental Shelf)[①]但他们只凭借古老领航图上的沉积物符号所作的研究，不甚可靠。一九五八年，Klenova 所发表的《海底性质图》(Ocean Bottom Character Chart)[②]，也只是一笼统性的介绍。一九六一年 Emery 和日本地质学家新野弘共同撰写的《中国东海、南海浅水部分的沉积物》(Sediments of Shellow Portions of East China Sea and South China Sea)[③]一文，对海底沉积物的分布，始有比较详细的说明，但仍未提及海底地质的构造，以及含油层的可能性等（参看图二）。直到一九六七年六月，Emery 和新野弘才依据中国东海大陆礁层周围陆地上的地质构造，推想其所延伸至海底的地层；再用由海底打捞上来的岩石、化石标本等作综合比较，而发表了《中国东海和朝鲜海峡的海底地层及石油展望》(Stratigraphy and Petroleum Prospects of Korea Strait and the East China Sea)[④]。

　　Emery 和新野弘在文中指出，中国、韩国、日本、及琉球岛弧上，都有前寒武纪至第三纪火成侵入岩及变质岩的出现。在基盘（basement）岩层上，都有中生代，甚至古生代的沉积岩层，透水性很低。这些岩层既然出现在中国东海大陆礁层的四周，照理也应该延伸到深海地底才对。然而部分突出海面的小岛，以及自海底捞起来的岩石，并没有类似的古老岩石，说明了此类古老地层，可能深深埋在海底。再者，新生代第三纪岩层出现在台湾、日本、琉球群岛，同时也在大陆礁层的小岛上发现。例如钓鱼台北端有新第三纪海相岩层，其上有软体海生物化石。据此，他们推想台湾与日本之间的大陆礁层，很可能被第三纪沉积岩所覆盖。在他们的报告中说，本区二十四个打捞起来的岩石标本中，只有三个是属老第三纪的，其余都是属新第三纪沉积岩，且大多是砂岩，包括了代表地层年代的典型化石在内。这类证据，说明了上述推论的正确。

　　根据大塚的报告[⑤]，在第三纪的时候，特别是新第三纪，有五个主要的褶皱带在本区内形成，将新第三纪很厚的地层变形弯曲拱起。因此，推想在中国大陆礁层上的主要构造，是台湾——宍道褶皱带（Taiwan-Sinzi Folded Zone）。换句话说，是台湾和日本宍道褶皱构造的延伸，故整个褶皱带应该是沿着大陆礁层的边缘发展。事实上，台湾、琉球群岛，以及日本的油田，几乎都是沿着这几个褶皱构造新第三纪地层发现的。因此，从台湾往东北方向，经过钓鱼台列屿而达到日本九州的大陆礁层，蕴藏石油的希望很大。更令人兴奋

的是，靠近推想中的台湾——宍道褶皱带上，已发现有两处石油直接的渗出。（参看图三）

　　远在一九六六年，联合国亚洲及远东经济委员会（ECAFE）成立了一个"联合探勘亚洲近海地区矿物资源台作委员会"（Committee for Co-ordination of Joint Prospecting for Mineral Resources in Asian Offshore Areas）来帮助侦察探勘亚洲东海岸海底矿物的开发。最初这个委员会是由中、日、韩、菲等四国所组成。之后又邀请英、美、法、西德为技术顾问。该会以 Emery 及新野弘的研究报告，及在一九六八年六月份美国航空地磁实测的结果，一致认为地层和构造上都显示在琉球群岛，台湾至日本间的大陆礁层边缘地带，黄海、及渤海，都很可能有石油的蕴藏⑥。

　　为了正确地估计大陆棚上新第三纪沉积层的厚度及构造，地球物理的勘测工作是必须的。一九六八年十月十一日，研究船享特号（R: V, F. V. Hunt）为此在中国东海及黄海作实地地球物理勘测⑦，包括海水深度、表层沉积物剖面，以及地磁等的测量；及用震波反射测量海底地层的剖面、表层海水特性，及悬浮物的含量分析等。调查分三个地区进行：

　　（一）黄海：海深平均在五十五公尺左右，最深地区不超过一百二十五公尺。因受长江黄河的影响，西边近大陆的海底比东边平缓。近河口的地区浮悬物含量较远海区大十倍。大部分浮悬物为无机物，但因溶解在河水的营养质，也同时流入黄海，故微体藻类得以大量繁殖。转使浮悬的有机物也相当丰富。远海地区的总浮悬物含量虽然减少，有机浮悬物的比数却因是相对的提高。在整个新生代期间，很可能是因长江黄河不断地带入大量的沉积物及营养质，故含有机物的细微沉积物，大量地堆积在黄海及近陆的大陆礁层上，这是形成石油最主要的材料。

　　再则地磁的资料告诉我们，黄海区的基盘岩石礁系中生代以前的火成或变质岩体。海底震波反射刮面显示＊，在基盘岩石上的地层是老第三纪，或更老的沉积岩，为一不整合面。在此之上，便是新第三纪以后的沉积岩。从长江口到韩国南端之间，有个突起，称为福建——越南地块（Fukien Reinen Massif），将沉积物阻聚于黄海之内。黄海的海底地形是由三个盘地所组成，沉积岩的厚度，在靠近长江口的两个盘地为一千四、五百公尺左右；在靠近山东半

　　＊ 编者按：原文如此，"刮面"似为"剖面"。

岛尖端的盘地,其沉积层为一千二百公尺。根据 Holeman 的估计[8],黄河每年排出的沉积物,约为二十亿八千万吨,占世界第一位。长江为五亿五千万吨,列第四位。这些大量沉积物的快速沉积,有助于有机物的保存,为后来石油形成之要素。

(二)大陆礁层:大陆礁层的范围,北自朝鲜海峡,西北以福建——越南地块为界;南部以沿着长江口以南的中国大陆及台湾海峡,东南以一百二十公尺等深线为界。面积约为四十一万平方公里。黑潮沿大陆礁层外缘流动,这个高温、含盐分多,以及透光度大的暖流,带给大陆礁层边缘地区极丰富的有机沉积物,是为形成石油的原料。其次,海底剖面显示,礁层西部边缘有个突起,是为福建——越南地块;东部边缘则为台湾——宍道褶皱的脊梁。由地震波传播速度,可断定台湾——宍道褶皱带是由沉积岩和一些火成岩所组成。空中地磁测量也清楚地显示出,在台湾及日本间的大陆礁层边缘,的确有个油陷构造带的存在。关于基盘岩层上面的地层为新第三纪沉积岩一点,前面已经论及。其厚度自东北向西南方向增加,近朝鲜海峡的地区,厚度不足二〇〇公尺,至钓鱼台附近增至二千公尺,可能延至台湾达八、九千公尺。

(三)海槽、海脊、及海沟:这是指冲绳海槽、琉球海脊,及琉球海沟而言。冲绳海槽在大陆礁层斜坡外,槽内沉积平坦,厚达一千二百公尺。琉球群岛为岛弧露出海面之海脊,系由火成岩及经褶皱之新第三纪地层所组成。本区最后的特征为琉球海沟,最深处达七八八一公尺。沟内成积物*,厚度自零至数百公尺不等。

这次海上地球物理的勘测,证实了陆地地质构造,确系向海底延伸。在中国东海和黄海的海底地质构造,是一连串东北——西南走向的突起,将海底分成若干个沉积盘地(见图三)。这些盘地大多数被新第三纪沉积物所堆积。石油很可能蕴藏在黄海和东海大陆礁层上的沉积岩中,盖此等地区属长江黄河的出口,沉积物很迅速地沉淀堆积在一起。加之,这类由河流带入的沉积物,营养质素含量高,生物繁殖茂盛,故专家们一致强调最可能含大量石油的地区是台湾东北方(即钓鱼台附近)二十万平方公里的地区。一位不愿透露姓名的ECAFE 专家指出,台湾到日本之间的大陆棚,很可能是世界上石油蕴藏量最丰富的地区。可能等于整个波斯湾石油的藏量[10]。第二个很可能有石油的地

---

* 编者按:原文如此,"成积物"似为"沉积物"。

区是黄河的三个沉积盆地。其中两个近中国大陆,另一个接近韩国,沉积岩层约为一千五百公尺,有机物含量可能高过大陆礁层的沉积物。同时,也由于这次的勘测,发现很多不整合面、背斜,和断层。这些地质是最宜于汇集油气而成为油陷的构造,增加了整个地区含油的可能性。(参看图四)

(二) 海底采油的技术与如何处理海水污染问题

海底采油至今不过二十多年的历史。一方面由于是新近发展的工业,另方面则因对海洋的认识有限,特别是海浪的波高、波强等的了解不足,因此,对钻台(Platform)的设计,遭受到许多困难,诸如海底流砂的控制,钻台位置的固定等等。目前流砂的问题,虽可用塑胶混合法来控制;深水钻台亦可借自动定位器(automatic position equipment)来稳定[11]。海底采油的技术虽已距成熟阶段不远,但装置及维持的费用仍嫌过高。

目前海底钻油因地质不同、深度不同而有不同的设计,通常以下列三类为最常见:

(一) 海底支架式(bottom support):此类钻台的特点,是将其底架直接放置在海床上,故只适用于海深不足一百公尺的浅海地区。海深不及三十公尺的地方,可先建一人工岛,然后将钻台放置在人工岛上。但若海深超过三十公尺时,一般均采 A. 自动升降式钻台(self-contained jackup platform),此型钻台的脚架系插入海底,且可自动调节高度,以广泛适应海深一百公尺之浅海开采;B. 沉水式(submersible)钻台,利用充水下沉之圆柱为脚架,最大使用深度为六十公尺[12]。

(二) 漂浮式(floating rig)钻台:漂浮式钻台系用普通碇泊(anchor)以固定位置,适用于海深在二百至三百公尺之间的浅海区开采,漂浮钻台又可分为半沉水式(semi-submersible),和自动推进钻井船式(self-propelled drilling ship)两种。半沉水式与沉水式相似,所不同者,其底端之圆柱充水,仅至下端海面风浪影响甚少之深度为止,半浮沉于水中。至于自动推进钻井船,即是将钻台装置于船壳(hull)上,机动性大,但稳定性及工作空间不及半浮沉式。[13]

(三) 具自动定位装置之漂浮钻台(automatic dynamic position equiped

floating rig)＊：此类钻台亦分半浮式与自动推进两型，适于三百公尺以上之深海开采。所不同者，只是用自动定位的装置，以代替普通抛锚碇泊。（参看图五）

由上述钻台的分类，可知二百公尺，为海底开采石油的临界深度。海深不及二百公尺，可采海底支架钻台，超过二百公尺，就得采用费用较大的漂浮式。目前海底钻井的技术已发展至五百公尺，预计在五年内，即可发展至任意深度。且深海钻井，逐渐向海底系统方向进行，计划至海底来从事石油的开采，包括遥控（remotecontrol）装置的活门，向中枢收集的输管潜水工具，及海底站的建立等。[14]

现在海底石油的产量，已达非共产国家石油总产量的百分之十七，预计至一九八〇年，将增至总产量的三分之一。但花费的巨大也是惊人的，单就美国一地，自一九四六至一九六九，即已投资了一百三十亿美元。

海底采油的新技术，虽为人类增添了动力资源与财富，但也为人类带来了新的忧愁——海水污染问题，海底漏油，泄漏的石油因比重的关系，势必广泛地被覆水面，不仅导致鱼、鸟、及其他海底生物的大量死亡，且破坏了海洋生物界生息循环的平衡。倘油层飘至海岸，附着在沙滩、岩石间，更破坏了近海地区的自然环境，影响人类健康，且清除不易。因此，海水被油污染的问题，多从海面上设计处理清除。

自海底采油成功以后，海水被油污染的事件，已发生过多次。大多系油船、油槽损裂所致，很少因油井的破裂的例子。可是一九六九年一月二十八日，在美国加州圣塔巴布拉的油井泄漏事件的严重性，已引起举世的关注。[15]

海底漏油的处理，第一是尽早制止油源之继续外泄。阻止油井继续外泄的步骤是立刻埋置钻油管（drill pipe），填灌挖井泥浆（circulation mud）以达封井的目的。倘因油压过高，无法用上述步骤阻抑漏油时，可在漏井附近挖掘释压井（relief hole）。泄放部分石油，减低油压，以便顺利进行灌浆封井[16]。其次，是控制水面油层的扩张。盖泄漏的石油一旦浮至水面，势必迅速向四方扩张，如不加以控制，必将增加清除工作的困难。控制海面油层的扩张，第一步是在漏油区四周海面敷设飘浮栏架（floating boom），以阻制浓厚油层的扩展。然后再用具有吸取机（vacuum equipment）设备的驳船，吸取海面油水混液至

＊ 编者按：原文如此，"equiped"应为"equipped"。

附拖着的储槽内,来清除海上最严重的油层。至于飘浮在海面较远较薄的油层,通常是用化学分散剂(dispersant)来处理。最新的考烈克西(corexit)分散剂,对海洋生物的损害极微,且能将油层分裂成细小油珠(oil droplet),然后将油质破坏,恢复海水原来的水质。[17]

圣塔巴布拉漏油事件,就是以上述的方式来处理的。但灾情依然相当惨重。第一,阻塞油源泄漏的工作,就进行九天才能完全控制。估计一天泄漏三万桶(一桶为四十二加仑),八天之中一共泄漏了二十四万桶油。其次是海上气象之变易,使塑胶飘浮栏架被海浪冲击折断;加之,油水混合一久,油渐变质,使分散剂失效,以致油面海水面积扩大,计浓油层约三十五平方英里,薄油层为八百平方英里。虽改由铺散草类来控制水面油层,每天以三万磅之速度铺散,仍不能阻止油层登陆,二十八哩长之圣塔巴布拉的海岸沙石,全被油层污染。虽动员了海岸巡逻队,南加州各大都市之消防队,森林消防队,一百一十九名囚犯,三百名联台石油公司(Union Oil Co.)员工,以及一千名临时招募人员,出动了五十四艘船舰,一百二十五架清洁机,及三架喷洒分散剂的飞机,耗去了一万八千九百尺的飘浮栏架,三千吨草,仍然得化去为时两个月的时间*,始将泄油清除。这次漏油使得三千五百只水鸥(water fowls)因之死亡,至于对海洋中的鱼类及其他生物的损害,更是无法估计。[18]

以上只是扼要地将海底采油所引起的污染问题,及其处理经过作一概述,虽未涉及细节,已使我们感到问题的严重。我们既想开采海底资源,首先对这些可能发生的意外,应有一全盘的应付计划与准备,不可等问题发生后,才惊慌失措。

(三) 钓鱼台事件及其主权问题

当联合国亚经会于一九六七年中国黄海、东海大陆礁层蕴藏大量石油的消息通知"中"、日、韩、菲各国以后,引起上述各国在外交上、政治上一连串的反应与安排。但从各国只注重争夺利益,不顾后果一事看出,各国都乏眼光远大的政治家。

各国政要对上述因海底开采石油所可能引起的问题,以及因海水污染而

---

* 编者按:原文如此,"化去"疑为"花去"。

牵连的国际诉讼等问题并不关注,相反的,各国分别偷偷地和美国各石油公司签订开发合同,态度一致恶劣,想凭借美国为靠山,以压制对方的法宝。结果,韩国和美国德士古(Texaco)、海湾(Gulf)、贝壳(Shell)及温德菲烈(Wendell Phillips)等公司,签订了一千八百六十万亩的礁层采油合同;"中国"和克林顿(Clinton)、海洋(Oceanic)、海湾、和阿姆哥(Amoco)等公司签下一千五百万亩礁层采油合同*;日本可比韩国和"中国"利害,它不仅和美国德士古等公司签订开采合同[19],同时更向美国"索还"琉球群岛。因为一旦获得美国的同意,日本就可借现行美国托管琉球的行政区划,向我索取钓鱼台列屿。[20]

从图六显示:若干礁层是中日韩同时要求开发的,有的是日韩相互争执的,有的是中日争执的。目下所知,将来美韩间的利润分配比例,为五十对五十;美日间的分配也是如此。[21]"中国"与美石油公司的利润分配比例,大约因事关国防机密,无法获悉。但"中国"所得决不会超过日韩,据此,我们不难看出,自韩国以迄台湾海峡的广大礁层的开采利润,一半以上已为美国所得。

在此,我们不得不向中、日、韩三国政要进一言。第一、中日韩都是动力资源极度贫乏的国家;第二、目下海底开采石油的技术已在迅速发展,所需成本亦逐步在减少。那末为什么不等上两三年的时间,一边训练自己的专家技士,一边筹集开发资本以使自己来开发?为什么要把每个国家的一点动力资源宝藏,任由别人来剥削?难道也要去学那些落后的阿拉伯国家,以一桶(四十二加仑)一角美金的低价售于美国油商?[22]

也因为中、日、韩划界开采石油,引起了中、日两国对钓鱼台主权的争执。开始,"国府"对争取钓鱼台列屿颇为积极,但九月十日美国国务院发表袒护日本的声明,以及日本外相爱知在同一天所作的蛮横宣言之后,台湾当局对钓鱼台的态度,立刻就作了一百八十度的转弯,竟对日政府唆使琉球警察之驱逐我渔民、撕毁我国旗等挑衅行为,也能以等闲视之,保持沉默!

当日本重新暴露其对我领土觊觎之野心,及台湾当局摆明有失国体的外交立场以后,香港的爱国同胞首先组织起来,一面发行《开放》特刊,昭告钓鱼台事件的真相,一面呼吁海外同胞团结起来,为保疆卫土奋斗。继而,这一爱国运动,亦立刻在美国旅美学人及同学们之间展开,于是确保钓鱼台运动如火如荼地在全球蓬勃起来。

---

* 编者按:此篇的"中国"是指台湾蒋介石政权,请读者加以辨别,下同。

现在让我们大家平静地讨论一下钓鱼台列屿的主权问题。目前国际法对岛屿的法律依据，不外：(一) 历史上的证据；(二) 邻接原则(The Principle of Contiguity)；以及(三) 主权的实际行使。关于历史上的证据，及邻接原则两项，各报章杂志不但已讨论得非常详尽，且已百分之百地证实了钓鱼台确系我国的领土。因此，本文我们所要讨论的在于"不断地、和平地表明主权的行使"原则下的时效问题(Prescription)。所谓"时效"，就是在不究主权行使国当初是如何取得其衔称，经过长期继续的实际管辖(de fact jurisdiction)，可以排斥另一国家对该主权的要求。㉓

时效原则在国际法下，依然是一个有待进一步探讨的规范，虽然大多数的法学家在原则上都表示赞同；但对其内涵，特别是多长时期才构成时效等问题，却无定论。一般来说，时效可以分成两类：(一) 消灭时效(extinctive prescription, or prescription liberaioire)和(二) 取得时效(acquisitive prescription, or prescription acquisiti)。时效原则渊源于罗马法下的占有法则(Usucapio of Roman Law)。诸如所有权(res habilis)，有意占有(animus)等㉔。这类将国内法所有权的原则应用到国际法领土主权的管辖，实际上迄今并未被接受而成为国际法一般原则的一环。举例来说，国际法的始祖格老秀士(Grotius)就不同意此一延用，只承认所谓"永久时效"(immemorial prescription)才可构成时效建立领土主权㉕。

就目下国际实际综合观之㉖，时效的依据可归纳于下列几个要件：(一) 在他国领土上行使主权；(二) 此项主权行使必需是"未曾中断，未受挑战的领属"；(三) 时期的裁定，全以裁判员或法官的决定为依据。㉗

第二次世界大战结束后，美国依据美日和约第三条与日本签订美日安全条约，因此被授权托管未来地位尚待确定的琉球群岛㉘，在美国单方面划定琉球管辖区的范围时，错误地将原归属中国台湾省管辖的钓鱼台列屿及其附近邻海，划入琉球辖区。因此若干国人忧虑将来取得琉球主权的国家，可以依据此项行政权管辖的时效，而取得钓鱼台列屿的合法领土主权。现仅就上述的时效条件，一论钓鱼台主权的问题。

诚然，美国将钓鱼台列屿划入其琉球托管范围之界线内时，我国政府没有立即提出异议，可以说是一种大意与疏忽。虽然我国未曾有意放弃(Animus Derelinpuendi)对该地区主权的行使。但因此使他国在我领土主权上建立主权管辖的行使，进而因时效问题，于我对钓鱼台主权要求构成一项不利的因素。但如我们对中日和约后中美的外交关系,中国对琉球未来地位所采之立场与主张,以及中国渔民从未因钓鱼台列屿之被误划入琉球辖区,而中断彼等至该列屿的作业,以及中国渔民亦从未遭遇美国当局的干涉等事实,一一细加分析,就知过去美国之误列钓鱼台列屿为琉球辖区,不能构成时效问题。

第一,依照美日和约,只规定以北纬二十九度为日本本土与琉球群岛的界线。对琉球群岛其他界线并无明文规定。事后美国曾片面地多次划定琉球界线(见图七、图八、图九),这类片面的划界,虽具美国国内行政法效果,但在国际法上对他国并不构成约束力量。换言之,我国可以不承认此一片面的划界行为。

第二,我国基隆、苏澳等地的渔民,并不因钓鱼台列屿之被美国误列入琉球范围,而中断其前往该列屿海面捕鱼;中国政府亦未通知其渔民,因该列屿之被误划入琉球管区而下令彼等终止前往;更重要的是,在石油发现以前(一九六八),琉球的美国当局亦从未干涉我渔民之前往作业。由于这种事实的存在,足以说明美国在钓鱼台列屿之主权行使,绝不能解释为"未曾中断、未受挑战的领属"。

第三,当琉球交于美国托管之后,我国政府对琉球未来之地位,曾屡次重申保留的主张。再者,当一九六九年十一月二十四日,美国总统尼克逊宣称:美国将于一九七二年将琉球"归还"日本时,"国府"不仅立即一面要求将钓鱼台列屿归还我国,并重申其对琉球地位保留的主张。中国政府一再声明其对琉球地位之保留意见,以及对美国片面地决定将琉球"交还"日本之声明,即时提出归还钓鱼台列屿的要求等,对美国之对钓鱼台列屿"继续的、和平的主权行使",当然构成否定的效果。

第四,在美墨的边界纠纷中,仲裁人员认为任何的协议、或就有关争执主权交换照会,即足以构成反对此项主权衔称的取得时效。[23]外交上的抗议或照会固是正当准则以构成"继续的、和平的主权行使"的否定效果。再则"未曾中断"主权的行使和"默认"二个原则,在一九二八年美荷就有关明纳加斯(Minagas or Palms)的裁决案中,同被引用,但并未衡量此二原则在冲突时何者优先的问题[24]。以常理论,我们可以假设二者不可偏倚,具有同等重要地位。因此,我国未曾有意放弃的立场,足以构成挑战"未曾中断"的原则。

第五,何况时效的期限,各方意见虽殊,解释时收缩性极大,每一案件都须视其特殊情况而定,但通常都采取五十年为时效的期限。例如,一九○四年英属几亚纳和委内瑞拉仲裁案，仲裁人员即解释称五十年为时效的期限；其次，一九五一年国际法院就英国挪威渔业案（Anglo-Norwegian Fiheripes）也采用了同样的原则⑧。因此，即令美国之误将钓鱼台列入琉球范围解释成合于时效原则，自美日和约至一九六八年中国政府之正式要求归还钓鱼台列屿为止，为时不及二十年，也不能据此达成时效的年限。

从以上的分析，我们可以得到一个结论，美国在过去不到二十年对钓鱼台的行使主权，绝不是"未曾中断、未受挑战的领属"和"继续的、公开的与和平的"行使其主权。故就国际法观点而论，不论是美国抑是日本，均不能以"时效"问题而不将钓鱼台列屿之主权归还中国。

我们更想澄清的是，钓鱼台列屿主权的争执，实际上是联合国亚经会（UNECAFE）正式发表台海地区大陆礁层蕴藏大量石油之后，中、日两国各自与美国石油商签订共同开采合同才引起的。因此，此一案件之决定性日期当在一九六八年。以后两国所表现的"主权行使"之任何行为，实际上都与本案无关，不能用作辩护的依据。所以，"国府立法院"迅速地通过加入国际大陆礁层公约的行为，以及日本之唆使琉球当局在钓鱼台上树立界碑，及驱逐我渔民等行为，从国际法观点上看，都属幼稚，都无法据此要求对钓鱼台主权之确立。

当钓鱼台列屿主权谁属的纷争尚待解决之际，"国府"的官员却已在奢言中、日、韩共同开发海底资源。国际共同开发问题，决不如"国府"官员们想象中那么简单。即以现今国际惯例及所牵涉国家的国内法的制订上看，我们就面临下列几个法律问题：（一）有关开发海底资源国际法的发展趋向；（二）国际共同开发大陆礁层资源的租约问题；以及（三）国际公司污染问题的法律制裁。

按照一九五八年联合国在日内瓦召开海洋法会议所达成的领海及邻接区域公约（The Convention on The Territorial Sea the Contiguous Zone）第十二条，岸屿国在领海基线向海洋延伸至十二浬处，包括领海在内，可以行使对海关、财政、移民及卫生等的主权。但对海床资源的开发，岸屿国有完全排外的主权，甚至包括公海之大陆礁层。同年达成的大陆礁层公约（The Geneva Convention on The Continental Shelf）对大陆礁层的定义，不只以二百公尺深度以上为界，且也引用开发可能性的开放定义。

日本小田茂（Shizeru Oda）教授在亚洲海岸地区共同探测资源促进委员会（The Committee for Co-ordination of Joint Prospecting for Mineral Resources in Asia Offshore Areas，CCOP)中，对于超出大陆礁层的海洋开发，他提出有些官方或非官方的建议，对大陆礁层界线的划定，是以五百公尺、二千到三千公尺，或是以距离海岸的长度为准则㉜的主张。接着他更引用一九六八年国际法院对北海大陆礁层案的判例，指出共同岸屿国当以各自海岸基线及海岸线的长度比例等，作为平分大陆礁层的准则。最后小田茂又建议"岛屿必须以其各自特有的价值，包括面积大小、位置，及开发程度等加以衡量。㉝"我们对小田茂的谈话，必须深自警惕，很明显地日本想等一九七二年美国将琉球交给日本之后，利用这种对日内瓦公约扩大解释为依据，与我们平分东海的海底资源。

其次，有关国际开发公司的租约问题，也是须要从长计议的。海底石油的开发，不仅在国内税收是一个大的来源，且是整个国际经济发展的一环。实际上，此种开发公司的租约，为《国际商业法》的一部分，暗示着国际商业的交往，同时，多多少少也牵涉到政府本身，以及国际贷款等。

此种租约通常具有下列性质：(一)签约者是一个国家的政府和一家或数家外国公司。(二)租约必须提供长期开发资源的条件，包括永久设备和长期的关系。(三)租约通常创立了权利，此种权利不单纯的契约性质，且更接近财产权利，持有签约国家领土主权的一部分……(四)此种协定大部分是受国际公法约束，只小部分受国际私法的限制。(五)对于执行协定，常常涉及外国公司国内法的保护。(六)东主国和外来公司的法律系统，常常不相一致。(七)争端发生，通常都不引用东主国及外来公司所域国之法律，以为解决的依据㉞。

这种性质的国际开发，和两家私有公司签约之完全受国内法管辖的性质不同。其次，此种租约的实质内容，常与签约国之经济发展有密切关系。有的政府将重点放在税收下，落后的国家为了招徕投资，往往牺牲税收㉟。通常工业国家，都以公司间竞争为原则；落后国家则以谈判方式达成协议。前者的开发，大多没有政府股份，后者则一定有政府的参与。目前大部分石油输出国家组织(Organization of Petroleum Exporting Countries，OPEC)的成员，多将生产的石油，羊肉当狗肉般卖，以极低的价格输出，极少用作本国工业发展上面。

以上对国际开发一般原则和实质内容的分析，指出了我东海大陆礁层开发应注意的各点。外资的引用原无可厚非，问题在于如何确定这种开发之能在我国内法律管辖之内进行。

最后,我们要讨论的是国际开发公司因技术问题,因而产生漏油和污染海水等问题。以上已讨论过漏油及污染,虽只涉及技术的处理方法,但已令人感到事态的复杂性和严重性。何况圣塔巴布拉漏油影响所及,只在加州一地,就法律上言,只须采美国国内法即可解决。但若在中国黄海或东海大陆礁层上发生漏油事件,影响范围势必因洋流而扩及邻国(参看图十)。因此,海水污染不单是如何清除油渍,而是牵涉到法律制裁问题。诸如究应采取国际法、或是国内法来制裁?倘若采用国内法,则又涉及采用哪一国的国内法等问题。同时,也涉及应采用受害住民法(Lex Domicilli)、国际开发公司管辖之契约法(Lex Contractus),抑系以当地法(Lex Loci)来赔偿?

假如为了促进国际开发,势必采取从轻处分污染的趋向,以维护国际开发公司之开采进行。例如当美国法院在受理其国民控诉在巴西航空失事的赔偿时,法官为了维护巴西民航的发展,因此判以当地法为判决根据,受害者只获得了一百七十三元的赔偿费[⑰]。其次,美国联邦第二巡回上诉法院在接受同一性质的航空失事赔偿诉讼时,为了维护受害者的利益,就采用了住民法[⑱]。此外,最显著保护受害者利益的例子,是美国国内汽车失事事件的处理,如住所法提供最佳保险赔偿时,法院就坚持引用住所法[⑲]。

从以上的整体分析,我们建议:

一、对日内瓦大陆礁层公约,应从严遵守最初的立约精神——以海深二百公尺为准则,千万不可附和工业先进国家的主张而从宽解释。尤其是美日的立场[⑳],这方面如稍有不慎,很可能导致为害我国在东海的权益。我们可以遵行联大第二十五届所作有关大陆礁层的规范,及国家管辖权限界外之海洋地层原则的宣言[㉑]。

二、国际开发公司租约的签订,当基于国内立法条例及我国长期经济发展蓝图而进行,千万不可如中东国家那样的乱订。

三、从速讨论国内法有关海洋污染的处罚条例。原则上当以维护国民健康、国民生计为出发点。

(四)钓鱼台列屿千万丢不得

钓鱼台的主权应属中国既系一客观事实,海内外同胞督促"国府"坚强起来对付新的日本侵略，以确保钓鱼台列屿主权的完整，自是一极其理性的爱国行为。可是这种合理的要求，"国府"不但不予接纳，最初竟下令所有在美国接收"国府"津贴的华语报纸，拒绝刊发有关钓鱼台的新闻，而国内的报纸，更用"孤立消息"的手法，不刊登海外爱国游行的消息，国外版也只刊登"外交部"一些推搪塞责的官腔。到了二月五日，"中央日报"竟然刊出了向日本侵略者乞怜的社论——《论"日本的军备"》，执笔者施出混身解数，处处为佐藤申辨日本军国主义并没有复活。这种厚颜无耻的社论，设非活着就应列入"贰臣传"的媚敌者以外，还有谁能写得出来！

我们虽然不满"国府"之蔑视民意、不满其玩弄海外侨胞爱国热情等的作风与态度。可是身为今日苦难中国人的我们，又能作些什么？为了中国的前途，为了我们未来的子孙，我们仍愿向"国府"进一言——不论从经济、政治、甚或未来世界和平观点看，钓鱼台都是丢不得的！

从经济观点看：中国虽然大，物产可并不博。与我国面积相等的任何一个国家比较，就知我国不仅耕种的面积极小，矿藏，特别是动力资源，更是贫乏得可怜。不管中共对大庆油田作了多少宣传，黑龙江大庆油田的蕴藏量只有六亿桶（一桶为四十二加仑）[⑪]。大陆上所有新旧油田藏量的总和，只有三十八亿桶[⑫]。（台湾石油的藏量和产量，更是微不足道，一年的生产，只够台湾本身三天的耗费。）假若和美苏等国相较，尚不及别人的百分之五（见图十一）。我国动力资源值缺乏是为发展重工业之一大障碍，也是无法与美苏等国竞争的致命缺憾。现在好不容易在黄海、东海，特别是钓鱼台列屿的大陆礁层上发现了石油，不论为了目前国家的税收，抑是未来工业的发展，我们都得珍惜这些新发现的资源。

何况，钓鱼台之是否我属，并不光只是关系着八个无人居住的岛屿的主权问题，而更牵涉到将来大陆礁层的划界问题。依照一九五八年联合国对开发大陆礁层所订的日内瓦公约第六条第一款的规定：

"两国或两国以上之领土接近、海岸相对，其大陆礁层之划界……应以中线为准——中线即是最接近各滨海国家海岸基准线等距离诸点之连线。"（参看图十二）

大陆礁层公约第六条第二款规定，两个毗邻的滨海国家分配大陆礁层的方式：

"互相毗邻的两个岸屿国，对所属同一大陆礁层之划界……亦应以中线划

分为准——中线即是最接近各岸屿国海岸基准线等距离诸点之连线。"（参看图十三）[43]

根据以上两项规定，倘钓鱼台列屿依然是属我国，则我国与日本对大陆礁层之划分将如图十四 AB 线所示。但如万一钓鱼台列屿为日本所有，则中日间大陆礁层之划分，势必如图十四 BC 线所示。

从图所示，我们不难看出钓鱼台列屿的问题，更关联到如图十五所示一块面积超过二十万平方公里的大陆礁层的开发权。依照一位麻省理工学院海洋研究所权威教授的估计，这块在地质上称为台海盆地（Taiwan Basin）*的大陆礁层，至少蕴藏着如整个波斯湾同样巨量的石油，最保守的估计为八百亿桶[44]。

上面的数字只是台海盆地的石油储量，并不包括黄海、台湾海峡，及东京湾各地大陆礁层藏油量在内。但是，就凭这一点，我国的石油资源就可超过美、苏等的第一流强国（参看图十一）。我们深信，目前的中国政治情况是暂时的现象，中国迟早是会再度统一起来的，到了那天，中国的各项工业都待台海石油而得发展。再就退一万步说，且不论推展未来中国工业的重要性，就算如阿拉伯国家一样，以一桶一毛美金的贱价出售而论，八百亿桶的石油，至少可使"国府"不再需要因借外债而受人奚落。

从政治观点看："国府"对在大陆时期种种的失败不肯作痛定思痛的反省，一味用美援不力，又以自由思想的作祟等等借口来推卸责任，这就是为什么"国府"退到台湾，二十多年来一直光喊"反攻"，而又一直要局促在台湾的真正主因。

大家都知道，当年的"国府"不论人力、物力，都远较中共为强，其所以失败，完全系因某些基本观念上的错误所导致。第一、"国府"对维护其政权之不堕，远较其维护中国领土主权的完整，及维护自己同胞的生命安全更为重视。第二、"国府"一直太过看重"盟邦"的支持，太过依赖外力，亦太过轻视了自己同胞的力量。这两种观点的结合，导致了"国府"做下许多丧失民心的事件。举例来说，当年"国府"为了换取史大林不支援"共匪"的承诺，竟在日本军阀宣布无条件投降的那天，由外长王世杰和苏联签下丧权辱国的中苏友好条约[45]。同样地在一九六一年，为了争取美总统甘廼廸不支援中共入联合国，而同意不

---

* 编者按：原文如此。

使用否决权以阻外蒙之入联合国。㊻

事实证明,"国府"付出去的都是事实上领土、主权等的权益,交换回来的尽是些口头的承诺,结果,苏联既不因中苏友好条约的签订,而终止其对"共匪"的支援;美国亦从未间断其对中共之谈判。可是我们的外蒙,却如大江东去,永不回头了!因此,就连最最拥护"国府"的我们,也不免心生"醋意"总感到"国府"对外国人——就连曾在抗战中杀戮七千万同胞的日本鬼子——都比对自己的同胞为和气、为仁慈、为大方!

说句实话,"国府"的这种作风。怎能不丧失民心,怎能不从大陆上失败下来,又怎能号召海内外同胞跟着"国府"一起来"反攻大陆"?

由于"国府"在外交上有过这些记录,加之,半年来"国府"为钓鱼台事件对美对日态度的暧昧懦怯,使每一位关心国事的同胞,都不免产生"国府"又将拿国土作交易了的疑虑,现在我们很愿意就目前钓鱼台事件的发展与国际形势,一陈利害。

"国府"在钓鱼台事件上之一再对美、对日的容忍让步,目的不外为了争取美日的支持,以保留其在联合国中的席次,以及促使美日继续不承认中共而已。但是,(一)一九七〇年联合国对中国代表权问题的投票,中共获得的支持票已超过"国府"。加之最近智利、意大利、加拿大等的相继承认中共,"国府"在联合国的地位,明显地已不再能因美、日等国的支持而不动摇。(二)再就美日承认中共的问题看,也不乐观,最近美国政府之准许中共商品入口,签发赴中国大陆访问护照,而日本政府亦在其议会的压力下,对"国府"之态度逐渐冷淡,这可从日本的出版物看出来,举例来说,读卖新闻年鉴过去一向称"国府"为"中华民国",自去年起已改称为台湾。凡此种种,真所谓一叶落而知秋至,在两国民意压力下,美日之将承认中共,都只是迟早的问题。因此,不论"国府"付出多少代价,那怕连台湾本身一齐给了佐藤或尼克逊,亦将无法挽回此种趋势。

再看海内外各地因钓鱼台事件所掀起爱国怒潮,正在汹涌澎湃,方兴未艾,最近奉派出国担任疏导工作的国际文教处长姚舜,想必已深深地领略到"众怒难犯"的滋味!这种爱国热情,原是可以用来支持"国府"以对抗外力的,但若"国府"仍然一意孤行,在钓鱼台事件上对日作了任何的让步,那么这股爱国的怒潮,也势必转而成为反"国府"的主流。从以上的分析明白的指出,"国府"在钓鱼台事件上对美日作任何的让步,无补国际"姑息共匪"之大势,但比招来海内外一致的反对,如何取舍,全凭"国府"自决。

　　从世界和平观点看:古谚"兵凶、战危",此所以历代名臣对以消弭战争于无形为急务,而不以挑拨仇恨为能事。倘若"国府"在钓鱼台事件上对日作了任何让步,这种对中国领土不合理的割裂,何异为我们子孙播下再度与日作战之恶果?因此,我们认为为了未来世界的和平,钓鱼台也是丢不得的。

　　在此,我们不得不郑重警告日本佐藤首相,做为一个政治家,眼光必须要放得远大一点,不要为了近利,又走上军国主义的绝路!际此广岛长崎的疮痍待复,中日间旧嫌未释,切不可再为两国间凭添仇恨。钓鱼台是我们的领土,决不容侵犯!我们可以不计过去日本军阀残害我同胞的暴行,我们亦可不索取战争赔偿,但每一个中国人都有誓死的决心,起来捍卫祖国领土的完整。你们尽可以欺侮那些自身立场就欠坚定的"国府"官员,但却不能以八亿中国人为敌!

　　请记住九一八事变后,贵国外相币原"吞满洲如吞炸弹"的名言②!不要为了钓鱼台列屿,再度愚蠢地吞下另一枚炸弹,再度学着东条,成为日本民族的千古罪人,为未来的中国人、日本人,乃至世界的和平计,我们都有义务向你作此警告。即令你们可自"国府"手中轻易地将钓鱼台攫去,但这种侵略的成果,对未来的日本决非一种幸福!

　　我们要再次严正的忠告政府,世上的政权,不论中外古今,决不可能像秦始皇想象般的"一世、二世……乃至万世"而不变的。这说明了任何一个政权,都不能凭借其御用文人杜撰的历史,来掩饰其罪愆;没有一个政权,可以规避后世史家的裁判。但另一方面,只要一个政权对外能抵御强权,对内能爱惜民命,做下一两件好事,也就足够后人怀念的了!

　　无庸讳言,"国府"在过去几十年中,做了不少令人齿冷的事,过去的都不必再提了,只盼"国府"不要再为了维护自己的政权,特别是为了些不相干的"正名"问题,如维护联合国席次等而再度对他国作领土与主权上的让步!盼望"国府"记取历史的教训:"外力不可持"、"民心不可失",把握住这次钓鱼台事件的机会,为国家主权,为中国人利益做一件足为后世矜式的工作!

　　① Shepard, E. P., Emery, K. O. and Gould, H. R., 1949, Distribution of Sediments on East Asiatic Continental Shelf, Allan Hancock Found. Occasional Paper 9, p. 64.

　　② Klenova, M. V., 1958, "Ocean Bottom Character Chart" *Oceanologia et Limnologia Sinica*, Vol. 1, No. 3, pp. 243-254.

③ Niino, H., Emery, K. O. "Sediment of Shallow Portions of East China Sea and South China Sea," *Geol. Soc. Of Am.* Bull. V. 72(1961), pp. 731–762.

④ Emery, K. O., Niino H.: "Straigraphy and Petroleum Prospects of Korea Strait and the East China Sea," *Geol. Survey of Korea*, Report of Geophysical Exploration, V. 1, No. 1, 1967, pp. 249–263.

⑤ Otsuka, Y. (1939): "Tertiary Crustal Deformations in Japan," *Jubilee Publ in the Commemoration of Prof. Yabe*, H., 60th birthday, Vol. 1, pp. 481–519.

⑥ Meng, C. Y.: "The Structural Development of the Southern Half of Western Taiwan," *Geol. Soc. China Proc.*, No. 10(1967), pp. 77–82.

⑦ Emery, K. O., et al.: "Geological Structure and Some Water Characteristics of the East China Sea and Yellow Sea," Bangkok, U. K. ECAFE, ……, Tech. Bull. V. 2 (1969), pp. 3–43.

⑧ Holeman, N. J.: "The Sediment Yield of Major Rivers of the world," *Water Resources Res.*, V. 4(1968), pp. 737–747.

⑨ Wageman, J. M., Hilde, T. W. C., and Emery, K. O.: "Structural Framework of East China Sea and Yellow Sea," *AAPG Bull.* 54, No. 9(Spet. 1970), pp. 1611–1643.

⑩ "Boundaries Cloud East China Sea Outlook," *The Oil and Gas Journal* (August 10, 1970) pp. 83.

⑪ Kipp, E.,: "The Evolution of Petroleum Engineering as Applied to Oilfield Operations," *J. of Petroleum Tech.*, Vol. 23(Jan. 1971), pp. 107–114.

⑫ Bascom, W., "Technology and the Ocean", *Scientific American*, Voe. 221, No. 3, (Sept. 1969), pp. 199–217.

⑬ Amari, S, "Whats New in Oceanographic Machinery in Japan", *Ocean Industry*, Vol. 4, No. 12, (Dec. 1969), pp. 51–52.

⑭ 秋怡:《世界钻井技术新知》,石油通讯,第二○九期,一九六九年一月一日,页七~八。

⑮ "Channel Well Licked, but Storm of Opinion Continues to Blow", *The Oil and Gas J.*, Vol. 67, No. 7(Feb. 17, 1969), pp. 43–44.

⑯ "Huge Channel Oil Spill Blows up Strow", *The Oil and Gas J.*, Vol. 67. No. 7 (Feb. 10, 1969) pp. 50–51.

⑰ Gaines, T. H., "Oil Pollution Control Efforts-Santa Barbara, Calif" *J. of Petroleum Tech.* Vol. 22. (Dec. 1970). pp. 1511–1514.

⑱ Samson, C. P., Director of California Disaster Office, "Information and Material concerning Santa Barbara Oil Spill." Hearing before the Subcommittee on Flood Control and Subcommittee on Rivers and Harbors of the Committee on Public Works, House of Representatives, 91st Congress(Feb. 14,1969).

⑲ "Independents Grab China Sea Awards", *The Oil and Gas Journal*(Oct. 12,1970), p. 61.

⑳ "Japan-Taiwan Butt Heads on Drilling off Senkaku Chain", *The Oil and Gas Journal*(August 24,1970), p. 35.

㉑ See footnote⑲.

㉒ Abelson, P. H. ," What Is a Fair Price for Oil?", *Science*, Vol. 171, No. 3972 (Feb. 19,1971), p. 1.

㉓ J. L. Brierly, *The Law of Nations*(Oxford,1963), pp. 167–171.

㉔ See, Lee, *Element of Roman Law*(1964,ed.) pp. 116–119*.

㉕ Oppenheim, *International Law*, Vol. 1. (7th ed. ,by Lanterpauht, 1948), p. 526.

㉖ (a) British Guiana-Venezuela Boundary(1940);(b) Chamizal Arbitration(U. S. vs. Mexico), *American Journal of International Law*(A. J. I. L.)(1911), pp. 782–833;(c) The Palmas Island Arbitration,A. J. I. L. (1928)

㉗ D. H. N. Johnson, "Acquisitive Prescription in International Law", *British Yearbook of International Law*(1950), pp. 332–354.

㉘ "Security Treaty between the United States of American and Japan. Signed at San Francisco, on September 1951", *United Nations-Treaty Series No. 1835*(1952), pp. 216–219.

㉙ Ibid. , p. 806.

㉚ Italy v. Venezuela(1903), referring to William W. Bishop, Jr. , *International Law, Gases and Materials*(New York,1962), pp. 41–44.

㉛ 参看注廿三。

㉜ UN. Report on the Six Session of The Committee For Co-ordination of Joint Prospecting For Mineral Resources in Asian Offshore Areas, E: CN. 11. L. 239 (26 June 1969), p. 30.

㉝ Ibid. , p. 30–31.

㉞ McNain, "The General Principles of Law Recognized by Civilized Nations," *British Yearbook of International Law*(33); Wolfgang Friedman, "The Changing Structure of International Law" (London,1964), pp. 176–177.

---

* 编者按：原文如此，似有误。

㉟ Kaufman, Alvin, "International Offshore Leasing Practices", *Journal of Petroleum Technology* (March, 1970), pp. 247–252.

㊱ Tramoutana v. S. A. Empresa de Viacao Aerea Rio Grandense, 350 F. 2d 468(D. C. Cir., 1965), cert. denied 383 U. S. 943(1966).

㊲ Gore v. Northeart Airlines, Inc., 373 F. 2d 717, 724, 726(2d Cir. 1967).

㊳ Babcock v. Jackson, 12 N. Y. 2d 473, 191 N. E. 2d 279(1963).

㊴ Ely, Northcutt, "Legal Problems in Undersea Mineral Development", *Journal of Petroleum Technology* (March, 1970), pp. 237–245.

㊵ UN, Resolution Adopted by the General Assemble, A.：RES:2749(XXV).

㊶ Klemme, H. Douglas. "What Giants and Their Basins have in Common：The Oil and Gas Genera", March 1, 1971, pp. 85–90.

㊷ Ibid., p. 88.

㊸ 见范发彬译 Dr. Gholam-Reza Tajbakhsh 所撰之《国际公法的大陆棚》一文，刊于台湾出版《石油通讯》第一八九期（一九六七年五月一日）页 19 至 22 及第九〇期（一九六七年六月一日）页 27 至 30。

㊹ 同注⑲

㊺ 张忠绂《迷惘集》（作者自传），香港，页二〇六。

㊻ Schlesinger, Arthur M., Jr., *A Thousand Days John F. Kennedy in the White House*, Houghton Mifflin Co., 1965, p. 444.

㊼ 见傅启学《中国外交史》，台湾三民书局，一九五七年，页四一一。

（原载《明报月刊》一九七一年五月第 65 期）

乙　保卫钓鱼台运动

记华盛顿京城的游行示威

李雅明

> 一九七一年一月卅日上午，美国华盛顿京城的中国留学生，举行了保卫钓鱼台列屿的示威，本文记述示威的详细经过，作者李雅明先生是这次示威的领队，亦是向日本驻美大使馆交涉的三位代表之一。
>
> ——编者

自从钓鱼台列屿的问题在报端逐渐披露以来，在华盛顿哥伦比亚特区附近的同学们就对它十分注意。可惜平日大家对这个台湾东北方一百多公里的岛屿很少有什么认识，除了读读报纸上面的消息，并希望"中华民国政府"能够坚持我们的立场以外，也很难再有什么其他的行动。去年年底的时候，我们接到由普林斯顿大学一些同学发起的保卫钓鱼台列屿行动委员会的电话：希望我们能够响应一个今年一月底在全美国各学校同时举行关于钓鱼台问题讨论会的运动。在华府郊区的马利兰州立大学的中国同学们，每两个星期的星期五晚上都举行一次学术性座谈会，每次请一位同学讲一个专题，从开始举行以来，已经有二十余次，每次都非常成功。于是我们立刻决定尽可能为钓鱼台问题也做一次专题讨论。讨论会的主持同学在海报上特别标明："凡我中华热血儿女务请出席"。

一月廿二日晚上讨论钓鱼台问题的座谈会终于举行了，平时总还可以找到座位的大客厅，这次水泄不通，许多同学都只能站着听。两位主持同学，一位解释钓鱼台问题的由来和经过。一位回答由于钓鱼台而牵扯到的许许多多的问题。大家对这些问题兴趣都很浓，我们讨论到日本的经济野心，日本军国主义可能再起，和我们应该的作法。一位熟悉日文的同学并把日本杂志上面关于钓鱼台的日方主张翻译给我们听。

这对于大多数不懂日文的同学而言，实在是弥足珍贵。听到日人的狂言，不由得心中激起阵阵愤怒。

会后，一群心里面热血在沸腾的同学们，不觉自然而然的留了下来，他们还在期待着，期待着比只是坐在家里空口白话讨论一番更多的一点什么。大家已经耳闻到纽约附近的中国留学生准备在联合国大厦前面游行示威，告诉日本政府我们中国人可不是像以前那么好欺负了，纽约只不过有一个日本领事馆。我们在华盛顿，日本的大使馆近在咫尺，我们难道什么都不做么？要做的话，华府附近只有马利兰大学有不少中国学生，这已经不容推诿了。于是大家重新坐下来，正式开始讨论我们的行动。几乎是无异议地，大家决定在二月二日到二月五日中的一天在日本大使馆前示威，还选出七位负责同学，联络巴尔提摩的约翰霍普金斯大学、华盛顿的天主教大学、乔治城大学、乔治华盛顿大学、美利坚大学和霍华德大学的中国同学。不分省籍，不分来处，不分在学就业，我们欢迎所有还惦念着国家的中国人参加。

为了配合纽约、芝加哥、旧金山和其他地方的行动，我们最后决定也在一月卅日上午举行示威，在这一天行动，我们失去了一些本来可以由其他地方赶来支援的力量（匹兹堡同学已经决定来参加），却可以收到同时发动，互相配合的效果。讨论会后，示威以前的几个晚上，大家都在忙于制作标语，联络同学。我们的标语都经过大家仔细的讨论，华府是一个政治气氛很浓的地方，我们的标语可能会受到较多的注意。

一月三十日是星期六，我们事先不知道日本大使馆是否上班，所以在前一天的和当天上午我们特别打了电话去告诉他们我们将要去示威，并表示我们有一封信请大使转交日本政府。他们也答应了。我们并且分别联络了华盛顿的四家电视台，两家报纸，希望他们能够派员采访。

三十日早上，天气很好，卅日前后只有这个上午是温暖而没有风，真是天公助我。九点钟，大家都准时在马利兰大学的学生活动中心集合，有的同学负责纠察，有的负责标语，有的负责交通，甚至我们还请了一位女同学负责救护，以防万一。四位同学已经先期出发，接应直接到达日本大使馆的同学，我们向警察局申请的示威时间是一个小时，十点半到十一点半，我们在十点一刻已经全队开到。此时已经有十位左右的警察在附近布岗，如临大敌。警察局的规定是只能在距离大使馆五百呎的地方示威，虽然后来我们走得比五百呎近些，但仍然只能对街而望，实在颇为遗憾。日本大使馆在华盛顿西北区麻省大道2520号，"中国大使馆"在同一条路上是2311号，相去不远。我们示威的地方就选在两个大使馆之间，距日本大使馆最近而又能为警察允许的地方。同学们分成两半，分布在对街上，围成长方型的圈子，来回地走。标语用绳子挂在身上，中英文都有：

"钓鱼台是我们的！"

"中国领土不容日本染指！"

"日本军国滚出钓鱼台！"

"Japan Aggression Again"（日本再事侵略）

"Beware of New-Japanese Militarism"（警惕日本的新军国主义）

"Japanese Imperialist Get Out of Tiao Yu Tai"（日本帝国主义滚出钓鱼台）

"Tiao Yu Tai(Senkaku Islands)Belongs to Rep. of China"（钓鱼台属于"中华民国"）

"No New East Asian Coprosperity Sphere"（大东亚共荣圈不容重演）

"We Protest Japan's Violation of Territorial Integrity of Rep. Of China"（我们抗议日本破坏"中华民国"领土完整）

"Our Attitude：Return Hatred With Forgiveness。What's Yours?"（我们的态度是：以德报怨，你们如何？）

"American Friends，Join Us"（美国友人们，支持我们）

另外我们还有两条长幅白布黑字的大标语，用木棍撑着迎风而立。

"WE PROTEST JAPAN'S INVASION OF TIAO YU TAI"（抗议日本侵略钓鱼台）

"WE MUST PROTECT TERRITOIAL INTEGRITY OF REP. OF CHINA"（我们一定要保卫"中华民国"领土的完整）

"中央通讯社"的李先生到的最早，他一直与我们在一起，盛情可感，"中央日报"的汪先生不久也到了。接着华盛顿的电视台 WTTG（第五道 Channel 5）和 WMAL（第七道）的记者都到了，我们打过电话去，他们真的来采访为我们报道，使大家感到非常兴奋。美国记者问了很多问题，领队同学都一一作答。

十一点正，我们与日本大使馆人员约定的时间已到，三位同学（两位台湾来的男同学和一位香港来的女同学），在一位美国警察的陪同下，走到日本大使馆门口，大使馆门口有五、六位美国警察在警戒，在门口等了一下，日本使馆人员出来说,你们可以进来了。三位同学在两个使馆人员的引导下进入会客室,由日本使馆新闻官接见。我们的代表先宣读了一段话,表明我们是华盛顿附近的中国学生,我们认为日本对钓鱼台的要求是不合理的,钓鱼台应该属于"中华民国"。我们请他转交一封信给日本政府,希望他们注意到这件事。(信的内容见附录)

新闻官先生在大致看了该信以后表示他愿意转交此信,但是他不能同意信中所云。他表示日本政府已数次照会"台湾政府"(他用的字是Formosa),"尖阁群岛"属于琉球,因而要归还日本。他并说,证据之一就是尖阁群岛现在在美军管辖之下,所以应该交还日本。他继而问了我们代表一些问题,问我们是从什么地方来的,代表什么人等等。在使馆内约十分钟,我们辞出,代表们最后向新闻官表示,希望钓鱼台事件不要影响中日之间的友谊与邦交。

代表们回到队伍,示威仍然继续,到我们快结束的时候,一个日本记者匆匆从日本大使馆那边走过来,把我们的示威摄成电影。他照的特别仔细,几乎每张标语,他都拍了照,他还要求我们多走两圈让他拍照。我们抱者"来者不惧,惧者不来"的态度,也同意了他的要求。他显然不只是了报导新闻,而且还记录下什么人在示威,用了什么标语,作为他们别有用心的"参考"。

华盛顿邮报的记者到得最晚,但态度最慎重,他不但要去了一份我们递交信的副本,而且下午打了两个电话来询问详情。

十一时半,我们申请示威的时限已到,收起标语,走回集合的地方。大家的心里都觉得很充实,我们毕竟为国家、为民族站出来做了一些事,虽然是一些小事。

当天晚上在电视上播出来的采访如下:

WTTG 的报导:

中国学生的发言人告诉记者说他们希望能够引起大家对这领土争执的注意。他说:"中国人首先发现这个岛屿,并且一直是中国渔民的渔场和坏天气时的避难所。"大约经过一小时的示威以后,三个年青人进入大使馆递送一份备忘录。他们被接见了,事后他们说他们与大使馆人员有一次恳切的交换意见。

WMAL 的报导与问答:

在纽约,今天有一千位中国学生示威。在"中华民国"与日本为了五个可能产油小岛的争执中支持中国,这些小岛是在台湾与琉球之间,在华盛顿日本大使馆附近今天有五十个中国学生的和平示威,他们的标语上有"新日本军国主义""日本侵略"的字样,他们的发言人说:

"我们要表示我们反对日本政府关于中文叫钓鱼台,日文叫尖阁群岛的所有权主张。我们认为我们中国人首先发现这些岛屿,而且我们不断地以此为渔场已有数世纪之久。我们认为这些岛屿是我们的,我们要保护我们的领土完整,我们要日本政府撤回他们对这些岛屿的要求。"

问:"这个争执有多久了?"

答:"自从这些岛屿附近有油源发现以来,日本政府就觉得可以利用这些岛屿做为他们要求开采海底油矿的根据。"

华盛顿邮报第二天(三十一日)在本市新闻栏中,以相当显著的地位登出一段报导,语气之间,虽然仍旧袒日,但能为我们争取到一些"宣传",也算难能可贵了。

这次示威,所有的同学,不分省籍,不分来处,大家通力合作,终于能有一个差强人意的结果。华盛顿地区的中国学生本来就很少,这次估计有六十多人参加,人数虽然不多,但能来的大部分都到了,这真是值得我们欣慰的。

(原载《明报月刊》一九七一年三月第 63 期)

纽约示威记

叶培莉

自从钓鱼台列屿的问题在报端逐渐披露以来,美国的留学生就对它十分注意。威斯康辛大学和普林斯顿大学的中国同学,发起保卫钓鱼台运动。十二月十九日(一九七〇年),普林斯顿大学、耶鲁大学、宾州大学、康乃尔大学和塞拉古斯大学的中国同学代表在普大座谈,决定一月三十日组队到纽约游行。纽约区内各大学的中国同学代表,在二十二日于哥大集会,最后决定组织"保卫中国领土钓鱼台行动委员会纽约分会",参加三十日的游行。并计划到各校宣传,使这个保卫国土的运动,在全美各地的中国人群中广泛展开。结果,海外中国人第一次发出的正义怒吼,如火燎原,迅速得到美国各地留学生的回响,旅居美国的中国人决定分别在一月二十九日和三十日两天,在纽约、芝加哥、西雅图、旧金山、洛杉矶、华盛顿等城市,进行大规模的示威游行。

纽约的游行是最具规模和最有代表性的,所遇到问题也较多和复杂。

在游行之前,大会曾派人数次和亲中共的"义和拳"谈判。谈判结果,大家同意不树任何旗帜,不管是青天白日旗或五星旗,以防万一自己队伍先发生摩擦。我们决定在中国人的事中国人来办的原则下,互不排斥,亦不准用"打倒"和"万岁"这类标语。

在讨论行动方针及宣言时,一度发生激烈争持,折衷的结果,游行目标定为:

(一)鼓动美国舆论,争取美国人民支持;

(二)打击日本野心分子;国际阴谋分子;

(三)号召海外中国同胞,团结一致;

(四)策励当事中国政府坚定立场,确保领土主权完整。

宣言的内容亦决定为:

(一)坚决反对日本军国主义的再起;

(二)全力保卫中国对钓鱼台列屿的主权;

(三)反对美国偏袒佐藤政府的阴谋;

(四)主权未决前拒绝任何国际共同开发行动。

在游行示威前的几个晚上,大会的工作人员忙着编印《保卫钓鱼台游行手册》,写制标语,联络同学及新闻界;而且准备了医疗人员及法律顾问。为了游行的秩序,规定了六点游行规则和六种口号——很慎重小心,尽量避免可能引起外界的误会和挑剔。

这次工作,纽约香港学生联谊会同学任劳任怨的精神,令人感动。其中一位留学生的话,最能代表目下海外同学的心声:"来美这么多年,只有参加这次运动是我觉得做了一桩价值最高而又心甘情愿的事,更不用说这是自己对中国唯一的贡献。"

三十日上午十一时三十分,天气虽然有点冷(摄氏零度左右),但天色晴朗,来自美国东部各地区的中国同学和一些中国青年,陆续在纽约联合国总部前的韩马绍广场集合。其中匹兹堡同学经八小时长程夜车,不远四百哩兼程来会;康乃尔及塞拉古斯两校,于凌晨三时正出发,牺牲睡眠,赶来参加。

游行示威得到纽约市警察局批准,警方派了三十多位警察来维持秩序。据警方估计,总人数约一千二百多人。参加的地区和单位有:匹兹堡、康乃尔、普林斯顿、波士顿、纽海芬、新泽西、德拉瓦、费城、石溪、哈佛、圣西门、哥伦比亚、圣约翰等各地大学的学生,及纽约香港学生联谊会、纽约潮社、苗社等等社团组织。

下午时分,位在第一大道的韩马绍广场上,正式举行游行集会,先由联络之一的邝治中同学宣布这次游行示威的宗旨和规则,继由王正方、曹心姝和李我焱分别发表演说,对日本军阀侵略中国的史实,佐藤政府企图掠夺钓鱼台岛主权的阴谋,加以抨击,并把经过详细扼要报导。及谴责美国政府在这问题上偏袒日本的态度。站在临时运来的茶几上,持着手提扩音机,大声疾呼,历数美国、日本的罪行,四周爆起阵阵"钓鱼台是我们的!""同胞们,团结起来,打倒日本军国主义!""反对出卖钓鱼台!"的口号呼声。

在十二点十分左右,大队便依次在上书"钓鱼台是中国领土"的大旗前导下,循第四十七街西行,口号此落彼起,"满江红"(纽约分会的改词,其中"八年抗战耻和辱,一寸山河一寸血……甲午耻,犹未雪;家国恨,何时灭?"很能代表我们的情绪。)的歌声,激荡在这个周末的街头。大队在到达第二大道时,转向南下,到了四十二街再转西行,到了日本总领事馆楼下停留下来,群众的情绪也达到最高潮。这支壮大的队伍和雄亮的吼声,吸引了不少人围观,宣传组乘时散发传单。同时由李融小姐用中文发表演说,廖约克(哈佛代表)用英语重复一遍讲词(旁边围观的美国人很多),说明钓鱼台属于中国的法理根据,警告日本军国主义复活的危机。

离开日本总领事馆,游行队伍继续前进,转第五街(纽约的商业中心),再转北,直向日本航空公司进发。在经过"高岛屋"(日货总汇)和"新力"电器公司时,队伍中的情绪便更加澎湃起来,口号叫的特别响,有些同学激动得要去砸破"新力"公司的玻璃,不过在游行工作人员和警员的劝导下,并没真的采取行动。下午二时十五分,队伍到达五十二街街口的日本航空公司门前,大家便停下来高喊口号,齐唱"满江红",可惜因那地区不准用扩音器,演讲较为逊色。盘旋了十五分钟便整个队伍解散。从十一时半集合,到二时三十分解散为止,这支千多人的队伍,在摄氏零度下熬了三个小时,情绪的高昂激烈,自始至终不减。有一位同学说:"当了二十多年的中国人,为中国做事就只有这几小时。我们只能献出冻僵的身体和炽烈的心来参加这次运动。"

在游行里,有一小撮(大约二十多人)"义和拳"的人混入,不过也没发生什么特别事故。又有一位同举取了一面"青天白日满地红"的小旗出来,经大会的主事人劝告，事件也平息了。

我们检讨这次的游行，有着无比的激动，尽管我们有些来台湾，有的来自香港、星马，有些生长在异乡；尽管大家的背景有这样大的差异，但是我们毕竟是团结起来了！我们大多数从未参加过一次如此自动自发组成的游行，我们第一次意识到群众的力量！我们不再是一个单独的个人，而结成了目标相同的群体。

从我们有记忆开始，便有太多人告诉我们，我们——这一代"无根的"、"浮夸的"、"没理想"的一代，我们也真以为自己的确是醉生梦死，胆小如鼠，现在我们不再沉默：再有谁敢说我们是沉默的一代，我们便会用吼声去答复他们！

(原载《明报月刊》一九七一年三月第 63 期)

保卫钓鱼台运动西雅图活动概况

保卫中国领土钓鱼台行动委员会西雅图分会

保卫钓鱼台运动在美东发起的消息于元月九日传到西雅图：当晚正好有华盛顿大学中国同学会的电影晚会，《新娘与我》。电影开放两分钟后即有人要求暂停，灯火复明，当即由两位同学站起来分别用国、粤语把事件经过大致报告了一遍，宣布行将召开讨论会，请大家参加。

次日星期天，六位同学在张智北家里开了会，决定成立行动委员会西雅图分会，立刻草拟发出公开信（附录一）和《钓鱼台事件须知》资料小册给"华大"中国师生及其他西城中国人，并联络本州东部的华盛顿州立大学，南部的太平洋路德大学以及奥立岗州各大学。当晚走访此地波音中国工程师协会会长副会长等人，结果他们表示支持运动，不赞成游行。五天后，华大中国同学会干事科一致通过加入行动委员会。

元月廿三日，讨论会在华大学生中心召开，会前发出各种资料，特刊及各地宣言等。出席近两百人，主要是华大同学和教授，另有自 Pullman 赶来的华盛顿州立大学代表十人，以及来自西雅图、塔克玛区域其他学校、机关的中国人。首先由主席臧英年致词，继由张智北报告运动发起经过，孙自刚报告募捐及财务概况，吴安报告示威游行，然后进行讨论。会中发言热烈，情绪激昂，同时传签给"中华民国"政府的信。讨论会并发表宣言，见附录二。

响应全美的游行示威定于元月卅日下午举行。事先利用各种可能方法联络华大同学及西城其他中国人,估计约有六、七十人会参加。廿五日与警方联络好,并拟就给日本政府的抗议书,再附上各种英文资料,随同一份两页的新闻稿派人亲送三家主要电视台:美国广播公司(ABC),国家广播公司(NBC)和哥伦比亚广播公司(CBS)及三家报社(西雅图时报,西雅图邮报和华大日报)。廿七日晚上十六位工作同学在华大开游行前最后一次会,决定游行细节。廿八日上午先派代表走访日本及"中国总领事馆",请他们星期六派人留守,接见游行代表。我们对日总领事说:星期六游行非办公时间,不致影响他们正常业务,如果他们不来,我们只好在平常办公时间来了。日总领事馆当即答应准时到场。"中国总领事馆"从头开始均甚合作,故毫无问题,下午又再派人走访各电台及报社。

元月卅日当天,有十二位同学自东部的华盛顿州立大学兼程赶来,另行十四位自塔克玛的社区学院和太平洋路德大学赶到;本城的则来自华大、西雅图社区学院、西雅图大学及波音公司等。下午一时在华大校门口集合,分发标语牌,并练唱"钓鱼台战歌"及"热血",宣布游行注意事项。一点半,分乘三十部汽车开到市中心"朋玛雪"百货公司停车大楼,会合先到该处集合者,共约一百七十至一百八十人,达原估计数三倍之多,其中包括许多华大教授及眷属,乃原先未预料者。停车完毕,整理队伍,练唱两遍,然后宣读大会中、英文宣言,呼口号。两点整自"朋玛雪"出发,由游行总指挥吴安领队,梁汝坤锣鼓前导,另有佩桔黄色臂章纠察队员十四人分别带队。一路由魏斌及曾宪政指挥唱"钓鱼台战歌"、"热血",队伍排成三列纵队,在行人道上前进,警察汽车一辆及摩托车六部在旁保护并指挥交通。全队最前之横布上书:"Chinese People Protest Against Japanese Aggression"(中国人抗议日本侵略)

两点半游行队伍抵达日本总领事馆所在之"诺顿"大厦。楼前广场后,由臧英年及土生华侨(华大四年级学生)Allen Sing 分别发表中、英文演说,慷慨陈词,主要内容为中国人团结一致,以行动抵抗外侮,然后宣读给日政府的抗议书(附录三)①。两点四十分,代表张智北、刘汉渝及臧英年在口号声中进入大厦,乘日领馆派人预定好的电梯而上,直扣办公处大门,应门而出的一个年青日人,执礼甚恭。西城因日人逾万且为美日贸易、航运枢纽,日领馆之地位

---

① 编者按:原书缺附录三。

有如台湾驻旧金山"领馆"。入馆后,但觉宽大,馆内各房间寂静无声,隐约听见楼外示威群众的响亮口号和雄壮歌声透墙而来。年青日人入报不久,日总领事出来,介绍完毕递交抗议书并众宣读。日总领事之面色随读声逐渐转白转青,读毕说道:"We don't agree with you, but I will be delighted to forward your letter to our government"。(我们不同意你们的说法,但我很愿意把你们的信转交给我们的政府。)代表三人随即告退,由年青日人送至领馆门口。下楼后由臧英年报告递交抗议书经过,于呼口号后在歌声中向"中国总领事馆"继续进发。

三时左右抵达"中国总领事馆"所在地"莱永"大厦前。先由王昑宣读给政府的信(即各地所流传签名者)以及附件——西雅图元月廿三日大会宣言,然后呼中文口号。随后"总领馆"刘"副领事"引导代表张智北、王昑、臧英年上楼。进入"总领事馆"后由"副领事"沈泰民陪同入见李"总领事",说明来意,王昑随即宣读给政府信及西城大会宣言。李"总领事"于受信件及宣言后表示愿即转呈政府,并谓已获训令对留学生爱国情殷表示高兴,随后代表即告退,由刘"副领事"送出大楼。代表向队伍报告入见经过,然后在口号及歌声中转由第三街回头向集合地点前进,回程时经过市中心最热闹区域,一路唱歌,打鼓,路人围观,传单散发至最后略有不够。队伍于四时前返抵"朋玛雪"停车楼,解散前的最后一段演讲是:"今天是中国人团结一致采取行动的开始,绝不是结束。在我们的领土未争回之前,我们还要有第二次,第三次……的行动!"

西雅图三家主要电视台中的两家(NBC和CBS)在晚间新闻中都报导了游行消息。CBS报导约半分钟,放映影片并说明来龙去脉,最后一句评语说是:"This is the first time Chinese people united nationwide to act."(这是第一次全美中国人联合起来的行动。)NBC报导长达两分钟,介绍事件、地图之外,并把在日总领馆前愤慨激昂的演讲录音随游行影片播了出来。报纸方面,华大日报在廿九日发布新闻,西雅图邮报于元月卅一日有第一版报导游行消息及照片,并于二月二日再刊一次。元月卅一日西城大多数广播电台,包括ABC、NBC和CBS三家电视公司所直属的无线电台,全日都播出邮报所刊载的新闻。

今后西雅图地区活动计划包括联络加州各同学成立西部联络中心,发动国人写信给国内亲友及投稿国内报纸,美籍公民写信给国会议员,加强宣传(尤其要联络到更多各地留学生及中国人)。然后视有关国家政府和国人之反应,配合各地运动展开下一步行动。

附录一

各位同胞:

　　最近钓鱼台列岛的事情也许您曾在报纸上看过,它是位于台湾北部一百二十哩海面上的一群小岛,从明朝起中国渔民就在这个小岛附近作业,谁也不曾否认甚至怀疑过它是中国锦绣河山的一部分。

　　今天我们示威的目的在于引起美国民众的注意,对于在台湾的中国人说,这些岛屿属于他们的。当美国在一九七二年把琉球归还日本的时候,他们要弄清楚这些岛屿不要一起给了日本。

　　一九六八年这群小岛附近被发现可能是世界上石油藏量最丰富的地区,于是引起日本对于这群小岛的觊觎之心,意图染指。我国政府在九月中以前为此曾一再表明态度,强调这个地方是中国的领土,别国无权逾越。但是日本政府罔顾事实,除了强调这些岛屿自然归属日本所有"无意讨论主权问题"外,并派遣炮艇驱逐我渔民,在岛上设立"界碑",并拟在该岛建立气象台,更示意琉球警员拔除我在钓鱼屿所植"国旗",加以撕毁,态度之蛮横,完全是三十年前军国嘴脸。经过八年浴血抗战的中国人,不得不震惊于侵略者的专横跋扈,竟未为历史所湮灭。

　　正当双方争执时,美国政府为了想退出东亚,自去年开始扩充日本军备,为了希望日本能够在东亚负起反共责任,不惜把甜头给日本。这次美国国务院九月十日居然不顾道义,公开声明把中国领土钓鱼台在一九七二年随同琉球送给日本。此时正当联大代表权投票前夕,也是日本对台贷款三亿美金之时,"中华民国"政府突然对日人的无理要求及美国自私偏袒的态度沉默下来。我们不能不意识到在国际(政治)严寒的覆罩下,我们的政府,我们的人民以及我们的领土所受到的冷酷压力和无理的掠夺。政府态度的沉默,使海内外的中国人都感到惊讶和难受,正如去年九月二十九日台大教授萨孟武所说:"对此重大的领土问题态度太过冷静,冷静到几乎沉默。""廿年前的战胜国遇到廿年后的战败国,未经一战而态度软弱到如此,实出乎全国民意料之外。"

　　百年来,中国一直在苦难中挣扎,每个中国人都该了解到"外抗强权,内除国贼"是我们建国的重要方针。但廿年来台湾的繁荣和安逸似乎使我们忘记了这些血的教训。在海外的中国人经常也讨论时局,批评国是,但每遇重要关头总是表现出出奇的缄默。现在似乎是我们检讨自己态度的时候了,有良知的人都该知道国家的领土属于国民全体,维护领土主权更是国民天责之所在,不容规避,不容退缩。

为此 Princeton 及 Wisconsin 两地的中国同学于去秋分别呼吁海外的中国人,为个人争人格,为国家争权益,为民族争尊严,坚强的团结起来,不容美国政府慷他人之慨,将中国领土作雅尔塔式的私相授受;更不容日本的巧取豪夺和鲸吞蚕食;并提出了当时北洋政府任列强宰割时,中国学生所喊出的"五四"运动宣言:"中国的土地,可以征服,而不可以断送!"

随后东部宾州、波士顿、纽约、D.C.,中部伊利诺、印地安那、爱我华、密西根等地学校风起云涌,群起响应,最近各地的同学在 Princeton 成立了一个联络中心,准备在各地发起开会讨论、捐款、签名,并计划于元月卅日在有日本领事馆的各地举行游行,发动舆论,主持正义。

西雅图的中国同学为响应这项运动,将在一月二十三日(星期六)下午二时在华大 HUB 举行讨论会讨论我们应采取的步骤,相信作为一个有血性的中国人,你一定会尽力来参加的!祝好。

保卫中国领土钓鱼台行动委员会西雅图分会敬上
元月十二日

附录二

保卫中国领土钓鱼台宣言

旅居华盛顿州的中国人,于一九七一年一月廿三日在西雅图城华盛顿大学举行钓鱼台问题讨论会,参加约两百人,分别来自:① 华盛顿大学,② 华盛顿州立大学,③ 西雅图大学,④ 西雅图社区学院,⑤ 塔克玛社区学院,⑥ 太平洋路德大学,⑦ 西雅图塔克玛区域各高中,⑧ 西雅图中国工程师协会,⑨ 西雅图中华妇女会,⑩ 其他中国人及华裔人士。讨论会兹发表声明如下:

我们认为钓鱼台列屿根据历史、地理及政治的沿革,是台湾省的一部分。最近日本意图染指该岛的主权,是军国主义蛮横作风的重演,而美国偏袒日本的态度,是自私和对中国人民不友好的表现。"中华民国"政府在列强要挟之下竟忽视其保卫国土人民之天责,使我们深觉失望。

我们要求日本和美国政府立刻停止对中国主权的侵犯,并希望两国人民为维护正义共同抗议其政府之无理行为。

我们要严格地督促"中华民国"政府勿忘作为一个政府的基本责任,同时我们也誓为抵抗外侮的前驱。希望政府当局能在争取广大民心的支持之间,作一明智抉择。

最后我们呼吁所有的中国人不分彼此,不顾政治立场的异同,一致团结起来去维护民族权益和采取行动粉碎任何损害中国主权的企图。在此我们愿重申"五四"运动的口号:

中国的领土,可以征服,不可以断送!

中国的人民,可以杀戮,不可以低头!

(原载《明报月刊》一九七一年三月第63期)

"外抗强权·内除国贼"
美国"北加州保卫钓鱼台联盟"——一二九大示威游行记

钟显辉

自发的学生抗议

"我们首先要澄清外间报章的误传,今天在此地召开大会抗议日本谋侵钓鱼台,参加的同学,是由八间大学中国留学生自发性的组成,北加州保卫钓鱼台联盟,与"金山湾中国同学会"完全无关,我们主要向日本、美国和中国三个政府抗议:

(1) 抗议日本政府的军国主义复活。

(2) 抗议美国政府偏袒佐藤政权的不当。

(3) 抗议台北"国民政府"对此事件所表现的"对外软弱,对内蒙混"的态度。

作为中国国民一分子,我们严正地抗议!

这是保卫钓鱼台联盟发言人刘大任响亮的呼声。一九七一年一月廿九日,日正当中。

对!一下子我们便烧得热烈起来了。我们要联合起来抗议。我们留学生有的来自三藩市州大、三藩市市大、来自圣多些州大、海渥州大、也有远远从契可州大、沙加缅度州大、和来自史丹福大学、柏克莱加大等等……我们在各地响应美东留学生发起的全美行动：游行示威，出小册子宣传，向美国总统政要及"台北政府"写信抗议，和学习钓鱼台事件所引起的政治意义。一月廿九日和三十日这二天，我们分别在美国各大城市游行示威。我们要冲破静默，说出我们是中国人的心声。

在三藩市华埠孙中山先生铜像下，人来了，没有见过那么多中国人自发的参加政治性聚集，在这个冷淡的年代，没有见过一下子便聚会了六百多人，而且那么热烈。一个天气晴朗，但微寒的冬天，太阳终于出现，在孙中山铜像前，我们发誓要做一个好的中国人，我们首先要学习政治。政治是众人的事，孙先生说，我们也是众人中一部分。六十年前，孙中山也曾在这里与华侨交换过意见。四十年前的昨日，日本军国政府发动一二八淞沪侵略，暴露了狰狞的战犯面目，当时的中国学生一致起来，抗议日本的罪行，抗议"国民政府"的软弱不抵抗主义。我们记得。记得这历史教训，我们今天聚集这里，向爱好和平的世界人民说，中国留学生不能再坐视三国政府纵容下，另一次军国主义的复现。举起你手中的抗议牌，兄弟们，我们联合一起。

钓鱼台事件的讨论

史丹福大学同学梅告仁将他们化了许多时间去考查的钓鱼台历史[①]，地理背景向我们报告，原来明朝已有钓鱼台历史地理记载，钓鱼台与台湾省同属一个季候风与黑潮走廊内，千百年来一直是中国的领土，也是台湾省同胞渔业地方。近日因海底油矿关系，日人妄想染指我国大陆礁层，所以滥指属于琉球一部，美国驻琉球舰队纵容日本，说这是在琉球军管区内。钓鱼台不只海底有丰盛的宝藏，而且屏障东海，对生物环境有莫大关系。钓鱼台是我们的，我们决不容许任一政府不谈主权，进行任何共同开发的台底交易。

美国人民代表，柏克莱大学历史学者 Franz Schurmann 教授，接着揭穿美国在越南穷兵黩武的秘密，主因就在贪馋东亚大陆礁层所储积的油矿。今年起美国财阀控制之油公司已纷纷在越南沿海开采油矿。美国政府其实已为几

---

① 编者按：原文如此，"化了"应为"花了"。

个实力庞大的财团把持，为其利益在国外进行侵略战争。近年勾结日本，当然会有牺牲中国的又一次表现，我们必须认识这个唯利是视的国际帝国主义之面孔。

三藩市州大俞立功同学报告全美各地中国同学的最近行动及示威游行准备情形。强调了我们并不孤单，我们更乐于听见一位日籍的朋友站在我们这一边，支持我们反军国主义的活动，高呼"权利归诸人民"。我们一致地为她鼓掌，打倒军国主义，中国人民方能与世界人民和平地生活在一起。

日本军国主义的复兴，加州大学傅运筹同学宣称，是美国战后扶植的结果。在美国是玩弄两面手法，希望中日对峙，美国从中挑拨离间取利，日本则死灰复燃，狼子野心犹作大东亚共荣圈迷梦。现在日本已渗透资本入东南亚各地，左右地方的经济权，采用大吃小的资本主义经济侵略计划，打击民族计划。以台湾为例，三菱三井广泛投资，利用台湾廉价劳工，来垄断台湾的企业。台湾现在的电器、汽车、造船、铜铁全由日本技术支持。我们必要密切注视日本近年工业军事化和企业合并的现象。

对日本帝国主义，来自大陆和香港的同学，有普遍的愤怒，纽约香港同学已呼出"抵制日货"的口号，美国各地同学已普遍地接受。三十年前，日本不是用类似借口蚕食我们土地吗？八年抗战，我们多少同胞，多少先人遗泽，多少性命财产，不是受日人炮火毁灭吗，我们不能坐视，历史不能重演，要知道钓鱼台虽是一个小地方，但东北也是一个小地方，不就被日本人在九一八强占去了吗？上海也是一个小地方，一二八、八一三，日本不是也横行无忌吗？豺狼性的军国主义，那知钓鱼台不是再一次侵略的先声。在我们向侨胞同学捐钱支持这运动时，有一个老侨胞捐了二十元，一边说，孩子，三十年前我们每星期捐一天工作钱抗日呵！另一次我们去复印纽约同学的保卫钓鱼台宣言时，印刷的中年侨胞说："兄弟，在你的年纪时，我也一样叫着抵制日货，反侵略必胜的口号。我支持你们，我只拿一点纸张费吧。"我们并不孤单，我们的侨胞永远和我们一起。反对日本军国主义的复活，是中国人民一致的意见。

严厉地批评台湾"国民政府"的"外交"

自去年九月底起，台湾报刊已封锁钓鱼台事件消息。发表在"中央日报"航空版的，只是对外粉饰。台湾省同胞没有看到，国内版只字不提。历史经验告诉我们,这又是一宗台底交易,秘密外交的放弃领土主权的卖国行动。圣多些大学同学邓义生就在会上强烈地表达留学生的意见,指责严家淦"副总统"到日本要求贷款时,竟忘记七月七日是中国国耻,是神圣抗战的民族重生纪念日,是中国人就不能忘记这个同胞被屠杀一千万,财产损失千亿美元以上的国耻,严家淦居然于这一天叩见日皇。损失国家尊严。钓鱼台事件处理之失当,政府官员事后"不置评"、"无意见",甚至沈剑虹代"外交部长"居然说是美军管理,这种推搪责任的懦弱外交,我们必定要站起来,尽国民一责来监视这种行动,不准台底出卖领土!

几天前,加大同学曾要求通过"领事馆"与台湾各大学同学联络,及希望在中央、联合等报刊登广告。

"外抗强权·内除国贼",重揭五四精神

"五四运动的精神是外抗强权,内除国贼。五四运动是里外都加以攻击,特别要攻击的是自己政府的腐败。这批官吏随时会抛弃人民的利益,为了自己的方便,为了自己的利益,随时准备出卖国家。"愤怒的郭松芬同学,他活在人民里,活在我们里面,说出我们心坎上的每一句话,他强烈的责备现阶段的中国学生之政治冷感,他们害怕白色恐怖,怕上黑名单,害怕以家人作胁的政权。他控诉,向中国人民心中控诉,控诉一个以杀人、囚政治"犯"为统治手段的政权,控诉倡言经济进展、而实际帮助帝国主义剥削人民的骗局,控诉管制知识分子,无所不用其极的压迫言论的愚民政府。他向那些职业留学生作诛心的责备。他强调五四的爱国革命运动,那时的时代精神在勇赴国难。民不畏死,奈何以死惧之,他唤醒我们的心,要我们不依赖任何武力政权,而只向人民负责,只想照社会上、文化上跟随中国人民。他呼唤大家携手,"立即以行动来继承光辉的五四革命精神,全力支持保卫钓鱼台运动。"

我们立即列队在三藩市华埠示威游行,巡回地向华埠同胞推行这种国土主权的认识,和督责政府的国民责任。但最后教育的是我们自己,我们留学生本身。确实,二十年来,我们沉默,打着自由主义的名义,却龟缩在海外娶妻、生子、入美国籍。留学生的爱国运动到我们一代曳然断绝。我们的祖国爱到那儿去了,我们的民族使命感到那儿去了。简单地,被一个分裂的事实就粉碎了吗?二十年来我们毫无行动,毫无声息,而现实的世界发生过多少事情?中

国的历史应该改向过多少次？留学生做过什么事？扪良心自问,我们应以血泪来洗这份漠然。钓鱼台是一个开始,二十年来留学生政治冷感的解冻的开始。这世界是我们的,我们定要争取发言权,我们要关心国家、关心政治。钓鱼台事件启发了我们的眼睛,我们看得更清楚假自由民主的面目。我们已不能再容忍,要集合行动起来,尽一切力量抗议日本,更尽最大的去关心台湾的政治。这是一个开始,我们要从此回归中国,不再逃避现实了。

我们队伍走向"中国领事馆"提抗议书,要求转达我们的意见,卖国条约,丧失主权的历史不许重演。我们也在日本领事馆前抗议,中国人民已站起来,不能玩弄两个政府间从中取利手法,更不许借机复活军国主义。

这是一个历史的转折点,钓鱼台虽然是一个事件,但可能是帝国主义侵略的第一步。在五年前我们很可能没有勇气正视这现实,抗议这丑恶的历史行径。如今,潮流改了,四处都是人民参于政治的行动,我们已不再害怕,我们骄傲地做今日的中国人,我们不再害怕外国的,本国的特务的恐吓、威胁,我们知道,这个讯号一开始,中国留学生会继续行动,直到争取永远胜利,永远和平为止。

(原载《明报月刊》一九七一年三月第 63 期)

一九七一年四月十日美京华盛顿保卫钓鱼台大游行中国人的怒吼

撰文:姚立民　摄影:冯文伤[①]

一、几点感想

谁说海外华人一盘散沙,不知团结？谁说海外华人明哲保身,不问外事？由于二千五百人参加了四月十日的华府示威大游行,我们可以看出:繁重的生活负担,抑制不了我们的民族正气;沉重的书本压力,减低不了我们的爱国热忱！

---

① 编者按:图片略去。

缅怀五十几年前的五四运动先贤，我们这次的运动，和他们的相比，实在大同小异。

相同的是：同为外抗强权的爱国运动，同为保护国家领土主权，五四先贤要保卫的是山东半岛，我们要保卫的是钓鱼台列屿。

不同的是：五四运动是中国学生在国内发出的爱国呼唤，这次运动是中国学生在海外的爱国的吼声。同属保土卫国，但有国内与国外之分。此外，五四运动是由点而线而面，由集中而分散。北京方面首先发难，然后全国各大小城市纷纷起而响应。这次运动恰恰相反，先是各大都市（如纽约、芝加哥、洛杉矶、旧金山、西雅图、费城、波士顿、底特律等地）的留美同学会分别发起集会和游行，然后，八方风雨会中州，在美京华盛顿集其大成，这是由面而线而点，由分散而趋向集中。

值得我们特别注意的，不是上面所述的异同，而是今后的影响。众所周知，五四运动演变为新文化运动，使国人接触到了"科学"和"民主"两位西方客人，中国整个旧的文化基础为之震撼，整个旧的社会结构为之动摇，无疑的，这是近代中国意义极其重大，影响极其深远的一项运动。至于我们这次的运动，目前仅是一个开端，今后对中国是否有良好而深远的影响，就要看我们今后的努力如何而定。摆在我们面前的将是一条极其漫长而崎岖的行程，我们决不能半途而废，我们不能只有几星期或几个月的热度，我们的工作日程，是要以"年"为单位来计算的。值得欣慰的是，我们已经有了一个好的开始，这虽不见得就是成功的一半，但至少已为我们建立了充分的信心！

这次爱国运动的本质，与五四运动极为相近，那就是："外抗强权，内除国贼"。换言之，这次运动，是爱国的，但大体上说，对台湾"国民政府"表示了相当不满。在二千五百人浩大的游行行列里，绝对拥护"国民政府"的，不是没有，但毕竟是少数。

平心而论，"爱国"与"反政府"二者，是不互相冲突的，而且，这种"反"也不是"反对"，只是一种督促，希望政府能站起来保卫国土，据理力争。再说，一个爱国运动，可以拥护政府，也可以反对政府，端视该政府之值得拥护或值得反对而定。理由很简单：国家是永久的，政府是暂时的。姑不论民主国家之政府四年或五年一换，即使是在专制政体下的古代中国，最长的王朝是周代，也不过八百年（包括春秋、战国在内）。最专制的王朝是秦代，始皇梦想传之于子孙万世，但实际上只传了二世，两代称帝时间也不过十五年。国家则是永久的，只要地球一天不毁灭,咱们中国就一天会存在!

在这次运动中,何以有许多人对台湾的"国民政府"表示不满?这是值得"国府"人士深自检讨的!孙中山先生创"知难行易"之说,目的就是要革命同志们,能坐而言也能起而行。蒋中正先生继中山先生之后,倡王阳明"知行合一"之说,重点也是在于"力行"。在今天的台湾,"国府"的当政要员,照理论上讲,应该个个人都是孙先生蒋先生的信徒,何以他们竟是能"知"而不能"行"?"外交部"发言人,屡次强调"立场坚定","寸土必争",但这只是"知"的一面,在"行"的一面,应该至少包括以下三点:① 向国际发表严正声明:钓鱼台列屿是中国领土,不容他国侵犯;② 派兵舰巡弋列屿附近海面,保护我渔民作业;③ 拆除他国在该列屿上所树立之界碑,并制止(必要时不惜使用武力)他国在列屿上建筑任何工事(如气象台)。以上三点,是海外华人自运动开始以来的一致要求。请问台湾的"国民政府"做到了没有?因为"国府"当局毫无实际行动,所以才掀起了海外华人心中的愤怒之火。

凭良心说,做到以上三点,并不太难,只是"国府"不必要顾虑太多。古人说得好:"宁为玉碎,不为瓦全。"更可况①,在今天诡谲险恶的国际社会里,放手去干,玉未必碎,南韩前总统李承晚志愿遣俘就是一例;反之,委屈求全,瓦未必全,中苏友好条约之签订,又是一例。抗元民族英雄文天祥,置大元帝国的高官厚禄于不顾,终于写下大义凛然的《正气歌》,然后从容就义。抗日民族英雄蒋先生,既对日本"以德报怨",放弃赔款于先,又岂可因区区之对华投资与对华贷款而对日本妥协于后?希望蒋先生以国家利益为重,以自己晚节为重!

笔者个人以为:这次爱国运动的参加者,都是热心爱国的人士。当然我们不能说没有极左派的分子参加,虽然我个人不赞成极左派,但我认为极左派分子和其他任何国民一样,都有爱国的权利。有一点笔者可以相信:这个运动自开始以至现在,没有所谓"匪特分子"在操纵、在把持。理由是:假如这一运动一开始便为"匪特"把持,那又何必字斟句酌,一改再改地起草"公开信",然后又苦口婆心,千辛万苦地征求各地分会签名。然后再以挂号信寄出呢?该函正式名称为"致'中华民国'政府公开信",这至少证明一点:签名者正式承认"中华民国"合法政府,正式承认蒋先生为"总统",岂有"匪特分子"而承认蒋先

---

① 编者按:原文如此,"更可况"疑为"更何况"。

生为"总统"之理？

再看四月十日的华府大游行，大会正式宣布这是一无党无派的爱国运动，游行时不得携带任何代表政党的旗帜。所谓"无党无派"也者，并非表示有党籍的人士不得参加，而是说在游行中不得发挥其"党性"而已。事实证明，"无党无派"这点，做得非常成功。虽然有二三位同胞讲词过于激烈，但大会主席一再声明：讲词内容只代表演讲者个人的意见，并不能代表大会。假如有"匪特分子"操纵，正唯恐其不代表大会的意见，借以表示反台湾"国府"声势之浩大，却又何必如此一再声明？假如有人问：何不禁止这些人发言？事先为何不审查其讲稿内容？答案是：在民主国家里，这是办不到的。

我们可以做一个合理的假设：当发出"致'中华民国'政府公开信"的以前和当时，多数人虽不热烈拥护"国民政府"，但也不至于剧烈反对"国民政府"。这正符合蒋先生"不是敌人，便是同志"的号召。假如公开信中的十条要求全部或大部实现，我敢相信，一定有很多人鼓掌称快，由中立一变而为拥护。到那时，纵使有"阴谋分子"想分化离间，也有无从下手之苦，正如同一个身体健康的人，病菌无法侵入一样。不幸的是：这封公开信"侯门一入深如海"，对于这些"从此萧郎陌路人"的签名者来说，由观望变为失望，由中立变为反对，自是意料中事。到这时，"国府"不谋亡羊补牢之策，反而认为"不是同志，便是敌人"，再加上替日本军国主义的义务辩护，其结果是徒增离心力之加速而已！这好比一个人平时不讲求保健之道，一旦病魔缠体时，便大骂病菌该死，医生饭桶，这不但于事无补，而且怒火攻心，对病体更加有害！

说到这次大游行的直接收获，实在是微乎其微。只有给美国人一个印象：在美国的华人，不再是书呆子，不再是明哲保身，而会团结起来，组织起来，为自身的权益，发出愤怒的呼声了！

美国国务院对我们抗议书的答复是：美国将钓鱼台列屿同琉球群岛于一九七二年归还日本的决策将不改变。"中国大使"周书楷（即将出任"外交部长"）对我们请愿书的答复是一赖一推，简直像是三岁小孩子们办"家家酒"时耍赖皮，实在处不高明之极！赖的是："那封公开信没有收到，所以对数十项要求无从置答。"推的是："中日韩三国会议第一次会议记录，尚未整理就绪；俟就绪后，是否公开发表，须视日韩二国政府是否同意而定。"日本大使馆对我们抗议书的答复更难令人满意。多数回答是"不予置评"，问到日本扩充军备问题时，答复是"为了日本的防卫，必须如此"。

虽然直接的收获极微，但间接的收获极大的：① 这一运动，促使海外华人觉醒，促使海外华人团结；② 这一运动将使中国政府当局认清"民气可用，民意难侮"，这将极有助于钓鱼台列屿主权的争取！

二、八方风雨会中州

以下是四月十日华府示威大游行的实况报导。

依照住址与身份来分类，笔者是属于"美东中华专业同人联合会"。本会特备专车一辆，预定于四月十日凌晨五时自纽约州普济市（Poughkeepsie）出发，行三百里后于中午十二时前抵达华府。但专车司机于六时始姗姗而来，迟到竟达一小时之久。来美八年，遇到不守时的美国人倒也不少，但是都给这位司机先生比下去了。

在华氏廿几度的料峭春寒中，我们一行廿五人，一面等车，一面在路灯下练唱游行的歌曲。为了遵守"无党无派"这一原则，大会筹备人员煞费苦心。游行时的口号、标语和歌曲，都经过极谨慎的选择，再向代表大会（由各地区代表组成）上提出，经讨论通过后，才能使用。关于歌曲，只有四首歌入选。第一是由威斯康辛大学同学作词作曲的《钓鱼台战歌》，第二是黄自作曲的《热血》，因其雄壮激昂，可适用于任何场合。第三是冼星海作曲的《保卫黄河》，第四是聂耳作曲的《毕业歌》，这两首歌虽与钓鱼台无关，但前者的歌曲太好，后者的歌词很棒，均足以激扬群众情绪。至于聂耳的《义勇军进行曲》，虽被列为世界名进行曲之一，但因为政治色彩太浓，所以被大会否决。

上车后，我们练习呼口号。中文口号是：

① 保卫（众），保卫什么（独）？保卫钓鱼台（众）！
② 打倒（众），打倒什么（独）？打倒日本军国主义！
③ 钓鱼台，我们的！
④ 反对出卖钓鱼台！
⑤ 打倒国际阴谋！

英文口号，除上述中文口号的翻译外，再加上一条：

We Want Justice（众），When（独）？Now（众）！

后来事实证明，占华府居民比例多数的黑人们，对这一口号最为欣赏。因为他们对钓鱼台一无所知，对日本军国主义不感兴趣，也不会理会什么国际阴谋,他们只知道需要正义!

　　我们的专车在新泽西大道上奔驰,极目远望,高山上还是白雪皑皑,公路两旁有许多许多新叶待吐的垂柳,在金黄色朝阳的沐浴下,发出一片令人心醉的淡绿。"草色遥看近却无"的"草"字假如改为"柳"字,将是此时情景的最好形容。我生平最爱看的是绿柳和丹枫,由柳树便不期而然地联想到玉门关外延绵千里的左公柳,和那首虽非出自名家但是脍炙人口的七绝:"大将西征久未还,湖湘子弟满天山,亲栽杨柳三千里,引得春风度玉关"(按唐王之涣的《凉州词》,有"羌笛何须怨杨柳,春风不度玉门关"之句,极为著名)。想左宗棠以古稀之年,凭着一股爱国热忱和一股骡子干劲,在交通不发达的当时,率领湖湘健儿,跋涉万里,西出玉门关,敉平回乱,约占中国面积六分之一的新疆,从此划为行省,正式收入中国版图。前贤风范,实令人心折不已!由新疆而想到钓鱼台,更令人仰天无语,感慨万千!

　　专车在高唱"热血滔滔"声中抵达华府。樱花怒放,灿若雪海,春风骀荡,吹面不寒,精神为之一振。游行的集合地点,是在林肯纪念堂附近,宪法大道和二十三街交叉口的一个圆形广场里。

　　关于标语牌,一律由大会统筹制订,统筹分配。每个团体只能自制写有该团体名称(中英文并列)的硬纸牌,如"美东中华专业同人联合会"、"威斯康辛大学"、"田纳西大学"等等。统一制订的标语牌,分中英文两种。中文方面最引人注意的是:"外抗强权,内除国贼","中国的土地,不可以征服,更不可以断送","中国的人民,不可以杀戮,更不可以低头"等等,五颜六色,琳琅满目。

　　当我们刚到集合广场的时候,我们的估计是:"现在大概到了三百多人了吧?"接着东走走,西谈谈,有些多年不见的朋友,在这里不期而遇了,有些相隔千哩的同学,不约而同地在这里碰头了。过了几分钟,再一估计人数,增加了许多,"大概有六、七百了吧?"再朝那个方向走走,说不定又会遇到一些熟人。走不了数十步,人数又多了起来,"现在大概有上千的人了吧?"这是大会筹备人员预计参加的人数啊!"哟,好消息,一片澎湃的人潮,还不停地向广场涌进呢!"再过一盏茶工夫,身前身后,身左身右,全是黑压压的人头,举目环顾,视线完全受阻,要想估计也无从估起了,"就算他是二千人吧,可真是壮观啊!""且慢,纽约市的十几部包车还没有到呢!""啊!纽约市,这是华人集中区之一,今年一月卅日纽约市大游行便有上千人参加呢!""可不是!这一来一定又是一大批,怕没有好几百人?""来了,来了",一连串十二辆桔黄色的大巴士开来了，前后衔接，像是一条待飞于天的黄龙。广场上的人叫着跳着，挥动手中的标语牌，向车中人致意，车中人也满面笑容，纷纷挥手还礼，这是一个感人的场面，我禁不住心情激动，泪珠润湿了眼角，喃喃自语地说："海外华人同胞们啊！我们总算是觉醒了，总算是团结起来了！"

根据协助维持秩序的美国警察的估计，参加此次游行的是二千五百人，其中以青年男女为主。但是，我曾偶尔看到有几对年逾知命的老夫妇，也曾见到有几对中年夫妇牵一个抱一个赶来参加。有两件令人感动的事是：① 一位年近花甲的老先生，带着一位老年得来的爱子，大约十一、二岁。老先生说："我老了，为祖国效力之日已经无多；这是我的接棒人，我要让他从小起就有爱国的思想。"② 一位学究气很重的某大学教授慨乎言之地说："做了卅多年的中国人，只有今天才尽到了一点做中国人应尽的责任！"

下午一时许，大会主席李我焱（哥伦比亚大学教授）宣布游行大会开始！并简单说明此次游行的意义。从主席的报告中，我们知道，参加此次游行的各团体，系来自美国各地（只有阿拉斯加和夏威夷除外）及加拿大各重要校区。路程最远的是两岸的旧金山、洛杉矶、西雅图和温哥华，他们都是乘飞机赶来。中西部及南部的许多同胞，都是坐专车来的。由中西部来，单程需十八小时，由德州来，单程需三十小时以上，这份爱国热忱，实在令人敬佩。除华人同胞外，还有少数美国友人，韩国友人甚至日本友人（他们是反对军国主义者），也参加此一游行队伍。

主席报告后，有三位同胞先后用中英文发表演讲。其中一位是来费城的王君，言词激烈，但因其演说技术高明，且极富煽动性，所以获得掌声最多。

下午二时正，游行队伍开始出发，在我们自己的纠察人员的妥善安排下，以团体为单位，四人一列，极有秩序得鱼贯前进。纠察人员除维持秩序外，还高举扩音器，沿途领导高呼中英文口号。位于廿三街旁的美国国务院，是我们游行的第一站。由三位代表进入国务院提交抗议书，其他游行者则在国务院左侧之停车场集结，等候回音。按规定，除代表外，其他游行者应在距离游行目标五百呎以外集结，其目的系防止游行者感情冲动，而有肇事越轨之意外发生。在等候代表交涉期间，有一位来自普林斯顿大学部的美籍华人女生以及一位美国青年，先后用英文演说。前者自华工雇佣来加州开金矿筑铁路时说起，大肆攻击美国对华人之不合理待遇，演辞既长，又复离题太远（此次游行目的，在于保卫钓鱼台，而不在于反美），遂引起台下观众之不耐，有些人用英文高呼"我们只谈钓鱼台问题",呼声越来越响,纠察人员赶紧来打圆场,该女生的演说遂亦草草结束,这是大游行中唯一不愉快的小插曲。

代表们回来报告抗议书的经过(美国务院之答复见前述)后,我们又在雄壮的口号声中向第二站"中国大使馆"前进,这次集结地点是"大使馆"左前方的圆形广场,两位同胞先后发表演讲,对台湾"国府"深表不满,他们怪的是:"国府"不以全力对付日本,而千方百计地分化并吓阻在美同学的爱国运动。据主席介绍,第二位演说者是自西雅图飞来的张君,他原定今天结婚,后因参加游行而将婚期延后(大家热烈鼓掌,以示敬意)。

代表们带回来周"大使"一赖一推的答复(见前述),不能令人满意,群情鼎沸,有人高呼"周书楷出来跟我们讲话",甚至有人喊"把周书楷抓出来"。结果周书楷自己没有出来,当然也没有人进去抓他,我们又前往第三站也是最后一站的日本大使馆。

中、日两"大使馆"同位于麻省大道,相距仅一箭之遥,但我们格于"不得接近游行目标五百呎"之规定,只得绕道迂回,以十余分钟的时间,抵达马来西亚大使馆门前的小广场,并在此集结。先后发表演说的是耶鲁的项武忠教授,日本籍的一位老太太,威斯康辛大学的王女士和约翰霍浦金斯大学的钱致榕教授。项教授慷慨激昂,令人激动;钱教授从容不迫,语重心长,他们都赢得热烈的掌声。王女士不用讲稿而条理分明,兼之口齿清晰,抑扬中节,顿挫有致,在平静语调中蕴有煽动力量。所巧的是:费城的王君和威大的王女士,是口才最好的两位,但也是反对台湾"国府"较激烈的两位。那位日籍老太太,所操的英语,极为流利,似是在美出生的日侨。她态度公正,认为钓鱼台应归中国,听众对她的反应极为良好。在她演说完毕后,大会主席声明:我们反对的只是日本的军国主义,而不是善良的日本人民。

代表们带回来日本使馆一连串的"不予置评"的答复后,大家极为愤慨,"打倒日本军国主义"的口号,响遍了每一角落!

下午六时,大会主席李我焱做结论时说:这一爱国运动,我们必须坚持下去的。钓鱼台一天不归属中国,我们就一天不罢休!接着,主席宣布就地解散。

三、检讨

(甲)优点：

游行秩序良好，纠察人员尽责。大会所议决的口号与标语各团体均能切实遵守，并无节外生枝事情。

(乙)缺点：

(1) 与美国新闻界联络不够理想，以致美国 CBS、NBC、ABC 三大全国性电视网于当晚均未能播出游行的新闻及实况。

(2) 将日本大使馆列为最后一站，实为一大失策。因为，到了最后一站，大家已成强弩之末，喊起口号来远不及开始时那样响亮而有力。而事实上，日本大使馆是最重要的一站。记得代表们报告了日本大使馆的答复以后，台下一时竟然沉寂无声，幸亏马利兰大学教授晋聪先生及时提醒："我们要高呼口号"，于是"打倒日本军国主义"的呼声，才像春雷一样地爆发。为什么竟有这好几秒钟的沉寂？我想原因是：大家都累了。

(3) 在游行中，只闻口号，不闻歌声。大概是忘记歌词。但如《热血》、《保卫黄河》等歌，听的人不需要懂得歌词的意义，单是那有力的旋律和雄朴的节奏，已足具先声夺人之势。

(4) 中文口号叫得太多，英文口号叫得太少。游行时呼口号的对象是美人日人而不是我们自己。所以，除在"中国大使馆"前应全部呼中文口号外，在其他场合，以尽量多呼英文口号为宜。

(丙)其他：

据非正式估计，此次参加游行之同胞。来自香港者多于来自台湾者，因后者顾虑较多之故。还有小部分同胞，愿意去美、日两站，但不愿在"中国大使馆"前集结，以免有"反'国府'"之嫌疑。他们何以有这样多的顾虑？是莫须有的自己神经过敏？还是真正地"有所据而云然"？这就不是昔年只身在台的笔者所能理解的了。

四、尾声

四月十日下午八时，我们的专车自华府出发，驶向归程。自清晨四时起到现在,恶补(练习唱歌与呼口号)、游行、呼口号,几乎没有一刻钟的真正休息。这时,大家坐在靠椅上,先后进入黑甜之乡。我也闭上双目,放松肌肉,但久久不能入睡,脑海中思潮起伏,真个是"像江里的浪,像海里的涛"。耳畔不时回荡起那些声音;"保卫钓鱼台","打倒日本军国主义","七万万同胞啊,洒着我们的热血,去除强暴"……

下面是记华府之行的一首七律,以用来结束本文。

华府春光独占先,樱花赛雪艳阳天。
只因国土强权下,遂使书生阔步前。
热血翻腾东海浪,豪情挥舞祖生鞭。
八方风雨中州会,正义伸张在我肩!

一九一七年四月十二日于醒狮墩

(原载《明报月刊》一九七一年五月第65期)

英国"七·七保钓示威"

卢文亦

英国成立了"保卫钓鱼台行动委员会"之后,积极进行宣传工作,向英国以至欧陆的中国人详细介绍钓鱼台的历史地理情况,报导了美日勾结侵略钓鱼群岛的经过,唤醒我们保土卫国,伸张国际正义的责任,并于七月七日举行了巡行示威。战后以来,因为国家分裂,海外华人对国事怀有惰性,殊不知沉寂了多时的海外华人社会,现在为了钓鱼台事件醒觉过来。

伦敦的保钓行动委员会,由一群青年学生组成,共有委员卅一位,年龄从二十至二十五岁不等。经过了多次会议,才决定七月七日为巡行示威日,举行声讨大会,向美、日两大使馆递抗议书。这是中国人难忘的日子。更想不到这群未亲受过中日战争祸害的青年人,也能以七七为未忘日。他们一洗过去被人误会为浑噩度日的书呆子风气。在目前西方青年颓废败坏的情况下,他们的行动,更令人肃然起敬。

行动委员会创建的过程,我们可以体会到一定是经过了一段艰苦的奋斗的。但在保卫领土的大原则下,终于能放弃一切成见,组成广泛统一的阵线,向全世界控告日本政府占我领土之劣行。他们极有组织和计划,排除了一切障碍，先后于伦敦唐人街街头及戏院，召开三次群众宣传大会，尽量争取侨胞的支持。同时于示威前数星期，行动委员会每日均派有代表，站于唐人街每一角落，散发数以万计的传单。过路的人有人热情的询问和关心，当然也有人漠然冷视，亦有人背后嘲笑，"你们年青人又在搅什么鬼！"在这个良莠不齐、自私自利的社会里，以及或左或右的复杂政治背景中，这些情形是难免的，但行动委员会坚持到底，在艰苦的道路上成长起来。

"七七"当日，伦敦的天气晴朗艳丽，参加巡行示威的侨胞，约有五六百人。出发地点定在伦敦的海德公园，时间为下午三时。不懂英语及不熟识道路的侨胞，则于下午二时在唐人街集合，由行动委员会的代表带路往海德公园会师。出发巡行之前，先举行声讨大会，负责人首先义正词严的说明这次示威的意义。接着有三位外宾及一位从西德赶来的侨胞，向大会发表演说。他们的演讲，都博得了会场热烈的掌声。三位外宾中，两位是英国人，一位是美国少女，他们分别代表中国互学会、英中了解协会、东亚学会这三个团体。他们不但在言论上声讨美日罪行，还加入了巡行队伍。这三位西方人的热情，给我们带来了莫大的鼓励。

参加这次巡行示威的人，绝大部分是来自香港的侨胞，青年学生又占了队伍的多数。总之，自始至终这件事的发起和推行，青年学生是主要动力。

声讨大会后，巡行队伍浩浩荡荡地向美、日两大使馆进发，示威群众有秩序地沿途高唱战歌及高呼大会所规定的口号。歌曲有《保卫钓鱼台列屿战歌》及《团结就是力量》。主要的口号是："全力保卫钓鱼台列屿"、"Defend Chinese Tiao-Yu Islands"、"打倒日本军国主义"、"Down With Japanese Militarism"，中英俱备。于美、日两大使馆前，群众高叫"滚、滚、滚。"、"Out, Out, Out"。值得一提的是，这次巡行示威，警方与行动委员会两方面，互相都极为了解和合作，沿途有警察护卫，绝未对示威加以任何干涉。

据大会负责人透露，本年十月左右，美国和其他各地的华人，正计划联合一起，来一次世界性的示威，这是可喜的信息。侨胞的民族良心，并没有因为国家分裂而分离，相反，因为国共不和，海外华侨更殷切的需要中国的统一。

笔者来英差不多十年了，干的是餐馆生活，对行动委员会任何一人都不认识。我这次参加示威运动，纯然是出自民族良心。我所认识的朋友之中，事前事后都曾与我谈及这件事，他们的反应都很好。可惜有些人不愿参加，有些人怕发生意外，有些人就只是"害羞"不愿公开露面。但更多的人是所谓"洁身自爱",中国人许多年来遗传下来的怕事性格,以及明哲保身的观念,令人慨叹。无论如何,我和我的若干朋友,对这次"保钓运动"却领悟到团结的可贵。十年来海外漂泊,沉重的心情为之一振,谨在此祝"保钓"成功,并为"保钓运动"的负责人祝福。

一九七一·七·十·伦敦

(原载《明报月刊》一九七一年八月第 68 期)

香港保卫钓鱼台运动的实况

吴仲贤

　　香港青年自本年二月开始,开展保卫钓鱼台运动以来,先后经过了六次示威,一次"抵制日货大会",以及无数次的论坛和研讨会,每次较大的活动都由各报章加以报导。但因为香港政治环境复杂,各报刊又各有不同特殊政治态度和立场,报导大都不详尽,且间有歪曲和中伤的地方,甚至有少数报章,指斥参加保卫钓鱼台,是受"阴谋分子利用",使学生青年纯洁的保卫国土的行动,蒙上被诬加的"不良政治色彩"。为了使公众明白迭次保卫钓鱼台运动的真相,澄清视听,兹将历次行动的策划及进行经过,撰文报导。同时为了使海外特别是美、加各地的人士,能明了香港保卫钓鱼台运动的态势,特将本文投寄海外有广大销路的《明报月刊》。

　　笔者为参加保卫钓鱼台运动的成员之一,行文可能带有个人的成见和主观的判断,若有不当之处,欢迎读者及有关人士,加以指正。

二·一八示威

　　二·一八示威,是"香港保卫钓鱼台行动委员会"第一次的公开行动。这个委员会是在二月十四日正式成立的,包括《盘古》、《生活月刊》、《文社线》、《盟刊》(现已停刊)、《创建学会》的成员,和几位工人、知识分子等。早在一月二十六日,他们已开始交换意见,成立了"保卫钓鱼台临时联络小组",对外联系美国的保卫钓鱼台组织,对内联络《中国学生周报》、《学苑》、《大路》(香港大专社会服务队刊物),供给稿件和资料,踏实的进行扩大宣传、号召群众的工作。至于决定二·一八示威,则是委员会成立后第二天,即二月十五日的事。

二·一八示威的宣传工作,在二月十五日、十七日进行。宣传的主要对象是政府承认的两所大学(中大和港大)的学生。宣传工具是问答形式的传单。到示威那天上午八时左右,大概有四十多位委员会的成员,学生和工人等,分别在香港天星码头和九龙佐敦道码头会合,派发传单。当时警方已予严密监视。到了八时四十五分左右,传单派完,便在香港港外线码头会合,然后步行到日本驻港总领事的国际大厦。抵达的时候,大概是九时三十分。其中四位代表吴兆华(中大联合学生、《盘古》编辑)、陈志强(中学毕业、前《盟刊》编辑)、冯可强(港大毕业、前《学苑》、《七零年代双周刊》[①]编辑)、高耀(搬运工人),直上十九楼的领事馆向驻港总领事递交抗议书。抗议书原文如下:

日本驻港总领事先生转日本政府览:

根据一切理由,七亿五千万中国人民对钓鱼台列屿及其海域资源,不但权益上享有绝对主权,更在保卫上具有绝对信心。

由于日本政府忘记历史教训,战后以来,经济扩张之不足,更兴领土侵略之心;不论言行,都是如此目中无人,行险侥幸。

策动"台独"及侵略钓鱼台列屿两事,且见日本政府、财团对中国人民的主权心存问鼎,对中国人民的力量意图催坚,日本政府、财团虽不自量力,中国人民却本好生之德。故对之再三警告,希能回头是岸。

我们四十余人,只是中国人海中的一小点滴,然而以小见大,也能深知是非利害。此来特向贵馆就钓鱼台列屿事件,指出一针见血的关键,希能转告贵国政府:

石油是中国人民工业化的鲜血,谁要侵略钓鱼台列屿的石油资源,谁就对中国人民犯了谋杀罪!附上传单一纸,列举我们提出的各项问题及论证,日本显然颇有罪嫌。

我们要求贵国政府对此提出公开答复,如有任何误会,尚可以澄清。是否与七亿三千万中国人民为敌,日本军国主义者仍可三思。

香港保卫钓鱼台行动委员会
一九七一年二月十八日

其他示威者便在使领馆下面列队示威,虽然他们没有准备标语(相信是避

[①] 编者按:本文中"零"和"〇"互用。

免和警方冲突),但却由九位青年在胸前挂着一幅白布,分别写着"反日军国侵略钓鱼台"九个大字,但很快便遭警方干涉,命令立刻离开,否则拘捕。于是,他们便绕着国际大厦,游行了一周,结束了这次示威。

二·二〇示威

二月二十日的示威,是由《七零年代双周刊》发动的。在二月一日出版的第十九期《七零年代》中,夹了一份橙黄色的特刊,其中文章全部都是转载,特刊的一角写着:

"为了钓鱼台,我们一定要示威,再不能缄默了,否则我们便是日本的帮凶,请在二月二十日晨早十时,携带我们的标语,到中环德忌笠街基德大厦,日本文化馆前示威,我们要证明,中国人是爱和平的民族,却不是懦弱的人民,同胞们,行动起来吧!"

这份特刊便是示威的主要宣传文件。二月十九日晚《七零年代双周刊》的编辑,和决定参与示威的朋友们开会,商量警方干涉时怎样应付。结果,有十多人决定情愿给警方拘捕也不愿应命离开。

到了二月二十日上午十时左右,大约有三十多人来到日本文化馆前,高举写着"誓死保卫钓鱼台"、"中国领土不容侵略"、"反对美日勾结"、"捍卫国土,人人有责"、"同胞们,行动起来吧!"等标语。当时,警方早已到达,坐在现场附近横街的大型警车上,只由两名警司到文化馆前命令示威者散去,但却没有人离开,反而愈来愈多。到接近十一时的时候,人数已超过二百了。

十一时十五分左右,示威者队游行到日本领事馆。在游行时,警方下令不准举高标语,到达国际大厦后,示威者再站立示威,但停留不够十分钟,便在警方的强硬态度下解散。有几名示威者,虽然收集了所有标语,想直上日本领事馆,却给警方拦截,而且很快便关下大厦的铁闸。那次示威,自始至终没有唱《保卫钓鱼台战歌》,也没有高喊口号,亦没有递抗议书。不过,原定计划的焚烧日相佐藤像,和焚烧日本军国旗,都在紧张的情绪下而有没有执行。①

---

① 编者按:原文如此。

四・一〇示威

　　和二・一八和二・二零两次示威一样，四・一零示威也是响应美国华人风起云涌的保卫钓鱼台运动，和重申香港中国青年保卫钓鱼台的决心。四・一〇示威并不是由《七零年代双周刊》直接发起，而是由部分编辑会合其他青年共同发起，组织香港保卫钓鱼台临时行动委员会直接策划四・一〇示威。临时委员会的成员包括《七〇年代》一位编辑，联合、浸会、珠海、新亚、英皇中学等校学生，以及两位在职青年。

　　四・一〇示威的宣传和联络，都比二・一八和二・二〇筹备得较为周详，不过，由于缺乏积极的工作人员，所以离完善的阶段还很远。宣传的工作，主要是透过学生青年刊物和公开派发传单，而间接又引起报纸、电台和电视等大众传播媒介的注意，得到广泛的宣传效果。可是，由于大部分学生刊物都不准时出版的缘故，所以只有《七〇年代双周刊》和《锋芒》来得及刊载示威的消息，以致日后很多人都以为四・一〇示威是《七〇年代》策动的；甚至香港政府对此也弄不清楚。

　　四月三日，香港政府警务处处长写了一封信给《七〇年代》编辑莫昭如，指出示威于法不合，并引了一段香港政府的法律作为依据。事实上，莫昭如根本不是临时委员会的成员，所以只好知会临时委员会。临时委员会经开会详细考虑后，发现若根据香港政府的法律，申请示威要在七日前申请，即使批准，亦势不能在四月十日举行，又因临时委员会是未经社团合法登记的组织，如警方以此为据，要我们先行社团登记，则示威之游行更是遥遥无期了，是以，委员会决定照原计划举行示威。并在四月九日的电视访问中，由发言人一再表示这次示威是爱国表现，也是和平的抗议，纵使警方干涉也决定绝不退缩。

　　四月八日，临时委员会在各交通要道派发号召示威的传单，遭遇警方干涉，但依然在两日内派发了四万多份。另外临时委员会又希望各大学院校，发动更多的大专学生参加。曾经联络的院校，包括有浸会、珠海、岭南、港大、崇基、新亚、联合等，但由于缺乏积极的联络人员，工作不太成功。当然，大专学生缺乏国家民族意识，或者缺乏行动的勇气，也是很重要的因素。

　　四月十日下午一时三十分左右，接近三百名武装警察和为数不少的民装警探，已在日本文化馆附近布防。准备参加示威的同胞和旁观者，开始在现场附近的行人道上集结,到二时左右,现场已站满了超过一千人。二时三十五分,十多名示威者携带标语,抵达现场,行到德忌笠街口的时候,已给警察包围。示威者一面和警司交涉,一面高唱《钓鱼台战歌》。可是,在歌声、支持示威的掌声、向警察喝倒采的嘘声中,警方只是警告了两声,便猝然下令拘捕示威者了。在拘捕时,部分警察确是采用了"暴力"手段,拳打脚踢,当场引起群众的愤怒,几乎一触演成暴动。从示威开始,到拘捕二十一名示威者,及驱散其他示威者为止,不过是几分钟之内的事吧了!

其他的示威者却并不就此回家。在三时十分左右,大概有百余人在中环皇后广场结集起来,商量善后的办法。结果,决定一方面筹款保释被捕的朋友,当场便筹得七百多元,另一方面又拍发电报给美国的保卫钓鱼台组织,希望他们回电支持。还决定在当日下午六时,在九龙明爱中心大专同学会会所举行记者招待会而且立刻分批进行工作。

下午四时许,四十多名青年来到中央警署门前,准备保释被捕青年,但遭拒绝,警方紧闭大门,不准他们内进。他们便只好在大门外苦候。后来更索性坐在警署门口,情绪激动,把传单张贴在警署墙上。到下午五时左右,警方再一次驱散坐在门口的青年,于是,除了五名代表外,其余的人都赶去明爱中心参加记者招待会。在会中,由主要发言人莫昭如(七〇年代双周刊编辑)、钟伦纳(香港专上学生联会会长)、林永森(大专同学会会长)报告示威真相,强烈谴责警方强横粗暴的态度,重申以和平手段示威的权利。

到晚上八时左右,所有被捕者已保释出来。四月十三日提讯的时候,全体不认罪,押后到二十六日再审,全体被捕者又改为认罪,各判罚签保七十五元,守行为九个月,不留案底。这次示威,时间虽然很短暂,但却发挥了很大的作用。又由于有六位崇基学生和一名港大学生被捕,所以引起学生界的不满。四月十二日,中大学生报、学风、臻文学讯、曙晖、学苑和学联报等联合出版一份特刊,报导四·一〇示威始末,谴责警察采暴力行动。这份特刊,公开到街上派发。警察虽然干涉,但在游击性的战术下,终于派完了二万份。接着,又刺激了大专学生发动了四·一七示威。

四·一七示威

四月十七日的大专学生示威,是"香港专上学生联合钓鱼台研究及行动委员会"的第一次公开行动。示威的地点分开两处，港大的荷花池和崇基的球场。不过，这次和平示威，只限学联会的会员参加，并严禁其他人士加入。所以，学联发动示威的宣传工作，都局限在大专院校之内。对外方面，学联发表了一篇声明，原文如下：

"一、我们为保卫中国领土的完整，坚决反对美日勾结阴谋，企图染指中国神圣领土，掠夺中国天然资源的野心。

二、我们呼吁海内外中国人民团结起来，为维护中国的主权而呐喊，为保卫中国领土而奋斗。

三、我们本着五四的爱国精神，正告任何一个中国政府，必须为巩卫中国领土而坚守立场，以防止二十一条的再演。"

十七日上午十一时，七百多名港大、联合、岭南的学生，参加荷花池畔的示威。示威开始后，先由港大会长冯绍波指出和平示威是基本人权，不容任何政府侵犯，接着由"香港保卫钓鱼台行动委员会"的代表冯可强致词，提出了委员会三点声明：

（一）反对日本军国主义的复活。

（二）七十年代的中国人，应该具有钓鱼台精神，也就是不容欺负的精神。所以，台湾、香港和美国的中国人，都应该站起来，为钓鱼台而战斗。

（三）不应容忍港府干涉钓鱼台行动。

香港联合国协会的主席马文辉先生，也发表了一篇慷慨激昂的演讲。大意是斥责香港政府在四月十日暴力镇压和平的保卫钓鱼台示威，违反了联合国的世界人权宣言。此外，又有很多学生发表演说，其中包括二十一位被捕者之一的陈树强，前任学苑总编辑陈婉莹等。到示威接近解散的时候，一位学生提议立刻拿出真正的勇气来，列队到日本领事馆去游行示威，当场获得热烈的掌声。但负责示威的同学，包括前任学苑编辑陆文强、学联监议会主席徐永祥等，立刻控制会场激昂的情绪，禁止"保卫钓鱼台临时行动委员会"的委员谈可平登台演说，并赶紧把这次示威结束。

崇基的示威在上午十时三十分开始。全体肃立高唱《钓鱼台战歌》后，由劳思光、孙国栋和黄志涵三位先生先后发表演讲，再由六百多名示威学生自由发表意见。最后全体学生列队游行，高举"保卫钓鱼台"和"保中华、保国魂、保我钓鱼台"的大横幅，绕校游行一周。接着把一个代表日本军国主义的纸人上吊在一时左右结束示威。

由于示威的两处地点都在校园内，所以警察没有干涉，只是派了两辆警车在附近戒备，而示威的整个过程，也显示了策划的工作者的高度组织能力。在香港所有保卫钓鱼台示威中，这是最有组织的抗议，但是，也是最安全的一次抗议。

四·一八公开论坛

早在三月的时候，"香港保卫钓鱼台行动委员会"已计划举办公开论坛，结果决定和学联会合作，在四月十八日下午二时联合书院篮球场举行。

是日，大概有四百余人参加，大部分都是中学生和工人。按照程序，首先由浸会讲师余阳从历史方面证明钓鱼台主权属于中国。再由中大讲师王德昭发表演讲，号召在香港抵制日货，从经济方面打击日本军国主义的经济基础。最后，又邀请了崇基讲师李欧梵就国际法、历史、地理的观点，证实了钓鱼台是中国的领土。演讲过后，与会者纷纷发表意见。有位激昂青年，甚至当场在台上摔破日本手表，表示抵制日货，保卫钓鱼台的决心。最后，又有人高喊"打倒'台湾政府'，打倒蒋介石！"参加者有少部分人拍掌，却有更多人报以嘘声。

结束论坛的时候，全体站立齐唱《钓鱼台战歌》，和大喊"打倒日本军国主义！"的口号，还要发誓表白保卫钓鱼台的决心。在整个会议中，武装警察并没出现，只有数位便衣警探在场外监视。

五·四示威

经过了二·一八、二·二〇、四·一〇、四·一七和四·一八的一连串行动后，很多积极分子都认为保卫钓鱼台运动不应该只是偶发的行动，应该连绵不绝的进行下去，使运动的影响更深更广，所以决定在意义深长的五月四日，再组织一次示威。他们集合决心在五四参加示威的朋友，组成一个"保卫钓鱼台五四行动委员会"临时工作小组。

在五月四日示威前，五四行动委员会油印了一份声明。自五四示威消息传出后，报纸的报导很混乱，有些甚至很不负责任。但是他们这篇声明，不但指出了示威的意义，而且把与香港政府的交涉经过，详细交代清楚。其中所说的，都是笔者亲见亲闻的事实，所以特别转载如下：

五月四日下午二时在皇后码头侧空地举行的和平示威,有下列两个意义:

甲:发扬五四爱国精神,重申香港中国青年誓死保卫我国领土钓鱼台的决心。

乙:重申和平示威的基本人权。

今年,是我国青年以热血保卫领土的五四爱国运动五十二周年。五十二年后的今天,日本的军国主义者又在蠢蠢欲动。并且在美国政府支持下,企图夺取我国神圣领土钓鱼台。因此,我们呼吁全港同胞一齐行动起来,发扬五四精神,反对日本军国主义的复活,及其对我国领土的野心。

我们同时恳切提出:(一)坚决反对美国政府扶植日本军国主义复活。(二)所有不同政治立场的同胞团结起来,坚持领土完整的原则,反对美日勾结,私相授受我钓鱼台。

今次示威行动,遭受香港警方无理拒绝发给准许证,我们严正声明如下:

(一)四月二十六日西区裁判署法官在判决四月十日示威中以非法集会罪名被拘控的廿一名爱国青年时指出:香港政府尊重该次示威的目的,惟根据法律,示威者事先须与警方合作,向警方预作申请,以确保示威不会妨碍公众安宁。

(二)为了尊重香港的法律,为了考验警方对保障示威基本人权的诚意,我们乃依据法律,向警方申请批准此次示威。其详细经过情形如下:

(1)四月二十三日,我们去函警务处长,申请于五月四日在皇后像广场示威,预料有五百名青年参加。

(2)四月二十七日,警方复函,询问申请人施纯顿(七〇年代编辑)、莫昭如、侯万云(工人)系以何种资格进行申请。

(3)施、莫、侯三人于即日回信,谓彼等系以私人名义申请,并无代表任何团体。

(4)警方遂于四月二十九日来信,谓示威不获批准,理由系恐阻碍车辆及行人交通。复函中又谓如示威在公园或大会堂等地举行,则可能获得批准。

(5)我们接得该信后,感觉警方拒绝批准示威的理由,有欠充分,令人不能不怀疑警方的诚意。乃于四月三十日招待记者,严重抗议警方漠视示威之权利,并决照原定时间地点举行示威。

(6)警方遂于翌日在报章透露,解释其拒绝批准之理由,并强调在不影响车辆行人的原则下,愿意考虑批准于其他地点举行。

（7）为了表示尊重法律，我们郑重考虑后，于五月二日再次去函警方，表示愿意于五月四日下午改在皇后码头侧海傍空地示威。盖该地点地方宽阔，行人稀少，绝无阻碍交通之虞。而且，三月十四日曾有三百青年在该处举行中文运动示威达六小时之久，该日且为星期日，惟经过平静，并无任何意外或交通阻塞情形发生，足为明证。

（8）警方于五月三日回信，谓皇后码头侧之空地，"乃公众人士用作通路及娱乐活动之用"，故"碍难批准"所请。

我们接到该信后，认为警方处理此次示威申请，屡次以各种不成理由的理由，加以拒绝。为了"誓死保卫钓鱼台"，为了"重申和平示威的基本权利"，我们现作出庄严的决定，保卫钓鱼台示威，决依时在皇后码头侧空地举行。我们预料警方将重施四月十日的技俩，无理拘捕示威者，惟我们仍将昂然以赴，以行动实践我们保卫钓鱼台的决心，以被捕表示我们支持人权的信念。愿意被抓者，于警方警告示威者散去时，仍将静坐地上，不加任何抵抗，接受警方的拘捕。他们的牺牲行动，是香港人权运动的曙光。

我们呼吁全港热爱国家，拥护人权的同胞站起来，支持我们的行动！

五月四日下午二时左右，武装警察已麇集示威现场周围布防，人数超过三百名，大型警车超过十辆，同时，准备参加示威的同胞和旁观者，也开始成群的站在附近。当带头举标语的示威者从人群中进入空地，开始示威时，武装警察立刻重重包围，然后由领队警司发出警告，下令立刻离开，结果，十二名青年坐在地上，自愿给警方拘捕。

没有被捕的青年，很多立刻跑到美国领事馆前继续示威。警方只派员在旁监视，没有闯入领事馆前空地拘捕示威的近百青年，直到五时三十分，示威才告结束。至于被捕的十二名示威者，则在下午七时保释出来，被控罪名见"非法集会"，五月六日首次提讯时，全体不认罪，押后到六月二日再审。

也许由于十二名被捕的爱国青年，不是在职便是中学生，所以大专学生团体组织，完全没有声援或支持。相反，密西根、芝加哥等地的保卫钓鱼台组织，却拍发了声援的电报。不过，倘若有一两位大学生被捕，形势也许会改观。

五四抵制日货大会

"五四抵制日货大会"是由"香港保卫钓鱼台行动委员会"发起，联合"曙晖"、"盘古"、"生活月刊"、"文社线"、"香港向日索偿协会"等团体，在九龙明爱中心篮球场举行。

大会在五月四日晚上八时开始，参加人数大约二百多人。首由香港联合国协会马文辉先生演讲。他极力强调现在再也不是空谈的时候，而是切切实实行动的时候，他表示抵制日货，应该彻底的做，所有人都做，甚至在时机成熟的时候，发动码头的工人，拒绝搬运日货等。接着上台慷慨陈辞的，有"曙晖"的曾永泉、"生活"的黄维波、"盘古"的李清荣等，台下群情悲愤和激昂。

大会还演了一幕宣传剧，由两名青年化装成日本军阀和财阀，九时许大会的工作人员把日制的收音机、杯碟、酒瓶等物摔毁，表示抵制日货的坚决意志。接着，大会发动所有参加者往卖日货的"大人"公司，在内阻塞他人购买日货，当场全部赞成，于是立刻出发到了大人公司。于九时四十分左右，大批警察也跟着到达。该公司提早关门，警方并带走两名青年，但于十时许便予释放。

五·一六示威

五一六示威由"香港保卫钓鱼台行动委员会"发动。委员会的成员都是中学生，而且平均只有中四年级程度。示威在美领事馆前举行，参加者约有六十多人，由下午二时半到五时。示威特别强调"美日勾结"这个主题。四时左右，撕毁日本旗以示抗议，由于示威地点是属于美领事馆私人物业之内范围，所以警方只派员在旁监视，并不加以干涉。

结论

香港保卫钓鱼台的几次主要行动，上面已简单的介绍过了。当然，还有其他一些行动，例如浸会的钓鱼台事件论坛，珠海、广大、香江、联大、德明、远东、华侨、清华八间私立大专学生会主办的"钓鱼台问题座谈会"，和其他组织的座谈会等。不过，这些都是对内的活动，着重于教育意义，所以发生的影响不算很大。

从上述几次示威和论坛中，不难发现几个主要的钓鱼台运动组织，合作和呼应非常不够。例如在短短三日之间，为什么接连有二·一八和二·二〇两次示威？为什么响应美国的四·一〇示威中，"学联"和"行动委员会"按兵不动？为什么在四·一六的公开论坛中，不由所有有关组织联合主办呢？在整个运动中，除了极小时期的合作外，不单是各自为政，且更有互相排挤的倾向。这几股力量是香港保卫钓鱼台运动的动力泉源，"香港保卫钓鱼台行动委员会"、"香港专上学生联会"和各大专院校学生会，及以《七〇年代双周刊》作中心的其他保卫钓鱼台组织，如"香港保卫钓鱼台临时行动委员会"、"五四行动委员会"、和"中学生行动委员会"。

在四一〇示威爆发的当天晚上，三派积极分子都聚在一起商谈。当时有人向与会的人询问："为什么小小一个香港，连搞爱国的保卫钓鱼台运动，也不能团结一致？"当时没有人作出圆满答复。事实上自始至终，几个组织都强调团结一致，不分立场；然而这只不过是见诸于文字，而鲜见于行动。

其实分裂的原因很简单，上述所谓三股力量，彼此代表不同的意识形态，不同的路线，不同的手段，不同的目标，向着三个不同的方向发展，而这三种方向，正是香港青年从昏睡中醒来的三种形态。日后的青年运动怎样发展，甚至是香港未来命运的走向，都要看这三股势力如何发展而定。钓鱼台运动在香港的成败，更视乎他们日后的努力和团结的程度。但是照目前趋势看，他们的团结和合作，绝不乐观。

(原载《明报月刊》一九七一年六月第 66 期)

香港示威记

陈维梁

自从钓鱼台列屿被日本军国政府侵略的消息出现以来，香港青年就十分重视，先后曾有多起签名运动，座谈会，和在学生杂志展开广泛的讨论。及至一月廿九三十日美国纽约及其他大城的示威消息传来，我们更觉得要有更实际的行动之必要了。

二月十八日及二十日，香港青年学生继美国留学生之后，先后举行了庄严的示威。十八日的示威参加者为四十人左右，二十日则有二百人。

参加者绝大部分是青年学生，其中以大专学生为多，也有不少中学生。都是闻讯后自动自发来参加的。二十日上午的示威，有一位美国女学生参加，她说反对美国政府在这件事情上的态度，反对日本军国主义。所写的标语当中有日本文的，则是出自一位日本青年的手笔，他说："他反对日本佐藤政府对钓鱼台的侵略。即使自己是日本人,也义不容词①。"这些外国友人的正义行动,使我们极为感佩。

示威在十时至十一时十五分,在日本驻港文化馆大门外举行。继而在"保卫钓鱼台"横幅大字前导下,经过中环大街游行到近海旁的国际大厦日本领事馆。沿途路人围观,有些人大叫"拥护"与"支持"。我们所散发的传单,有不足的现象。很多人自动向我们要取传单,仔细的阅读。有位残废的中年擦鞋匠,拿了传单之后,把生意搁下,站在一旁热切的读起来。

十八日的示威曾有一份抗议书致日本政府,强烈谴责日本的非法行动,日本代总领事接受之后,答应转致政府,对钓鱼台事件拒绝置评。二十日的示威,我们派出代表三人要见日领事,但该馆预早把大铁闸关上,我们不得其门而入。日本领事馆这种举动。实在是作贼心虚的表现。

香港的示威虽不如美国留学生之热烈而庞大,但是我们毕竟行动起来,唤起了广大香港中国人的注意。"八年抗战,血泪未干","丧权辱国,岂容坐视",我们要誓死保卫钓鱼台,不达目的,誓不罢休!

(原载《明报月刊》一九七一年三月第63期)

记香港八·一三保钓示威

刘达仁

本年二月以来,香港保卫钓鱼台的示威凡七、八次之多,警方在最初两次虎视眈眈的监视,但自四·二○起,便开始拘捕和平的示威者,以非法集会的法律条文来阻扰青年学生保卫国土的行动。但当举办示威的团体循正当的法律手段申请示威时,却受到当局无理的阻扰和镇压,"保卫钓鱼台五四行动委员会"及"香港专上学生联会"分别举办的五·四及七·七示威,当局先以推搪态度来敷衍,继而出动警察防暴队拘人和打人,导致青年学生对香港政府丧失信心,认为当局假借法律名义钳制人权。

经过七·七流血事件后,香港保钓运动并不因此而被镇压下去,相反,更增加了他们勇往直前的决心。由"保卫钓鱼台临时行动委员会"、"五·四行动

---

① 编者按:原文如此,应为"义不容辞"。

委员会"、"中学生行动委员会"组成的"联合阵线"于八月九日向报界透露,将在八月十三日在维多利亚公园举行保钓和平示威,但鉴于上次维园事件警方出尔反尔的态度,决定不向警方申请,只交警方一封"示威照会书"。假若警方采取行动,示威者不作反抗,从容就捕,以显保卫国土的坚决信心。消息传出后,舆论界颇为忧虑,怕造成社会动乱,且有人认为是次示威除保钓的目的之外,还有反殖民政府的倾向,纷纷著文反对,觉得青年意气用事,法律虽荒谬,不可不遵守云云。甚至上次七月七日举办维园示威的专上学生联会也公开表示不支持"八·一三示威"。八月十一日警方向报界声明未经申请的示威会被视为非法集会,届时必会采取行动,透过电视、电台、报章呼吁市民约束子弟,尽量禁止前往参加。但警方在记者招待会上又说希望举行示威的组织,最低限度应向当局作出申请的尝试,即使他们的申请书,于八月十三日送抵有关部门,警方亦会认真考虑,至于申请是否批准,同时亦向外界声明即使申请不获批准,和平示威仍如期举行。出乎一般意料之外,警方于八月十二日即宣布批准是次示威,但需遵守九项条件。这样,数日来紧张的空气才得到缓和。

示威前一天,举办团体三名代表分别前往日本驻港总领事馆美国驻港总领事馆及港督府,呈递《抗议及声明书》。十三日示威在指定地点依时举行,在场穿上制服的警察只有男警数名及数十名女警。并且,未带警棍。坐在草地上示威约二千余人,男女老少,士农工商各界都有,站在旁边围观的亦有四五千人,是香港保卫钓鱼台运动以来人数最多的一次。

示威大部分时间是喊口号及唱保卫钓鱼台战歌,进行一半时开始讲述一九三九年八月十三日日本袭击上海的侵略史实,从美国回来的留学生报告保钓近况,最后全体向国父遗像宣誓"誓死保卫钓鱼台",并焚烧日本国旗。在整整一个半钟头内,五、六千人麇集下,秩序良好。主办团体依照警方规定设有纠察队维持秩序。群众中一有情绪激动及骚动,纠察就不断齐叫"请各位坐低"、"保持冷静"的口号。警司勒宁咸带领两名警员在示威人群中走过巡视,一度引起示威者不满,发出喝倒采嘘声,主持人立即呼吁大家和警方合作,重申此次示威纯属和平性质。焚日本国旗时,人群及记者蜂拥上前,眼看马上就会发生骚动,但主持者力持镇静,且声称若大家不守秩序就取消焚旗,群众虽然坐下,但数百记者要摄取镜头,仍纷纷涌上前,群众中有人喊"请记者坐下",一唱百和,烧旗一幕乃得在内心激动外表平静的情况下进行。示威结束时,主持者把传单、标语带离现场,纠察在场收拾废纸。维多利亚公园的工友事后表示，维园虽经数千人示威，但一片废纸都没留下。

示威时警司勒咸宁与主持示威者握手，警务处长薛畿辅事后公开声明这次示威堪为以后使用公众地方举行示威集会树立楷模。七·七维园事件青年学生与警方的对立，以及警方在公众中所造成的恶劣印象，至此一扫而光。

这次示威还有一个极好的表现，呼喊的口号中除了"誓死保卫钓鱼台"、"钓鱼台是我们的"、"打倒日本军国主义"、"打倒美日勾结侵略我们钓鱼台"之外，还不断喊出"中国人大团结万岁"、"不分左右、团结保卫国土"、"我们要奋斗"等等口号，我们知道香港保钓运动开始时，由不同的团体分别努力，虽然同是为了一个目标，但因政治立场的不同，并无衷诚合作的表现。左中右的对立在全球各地的保钓运动中几乎无不出现，尤以美国最严重，这次大家叫出"团结"的口号，可说是非常及时而必须的。

目前香港的保钓团体并没有弄到相互攻击分裂的地步，更可喜的是，继八·一三之后，"香港专上学生联会"、"保卫钓鱼台行动委员会"、"保钓联合阵线"，及海外留学生四个组织继团体携手，于二十二日在香港大陆佑堂举行"保卫钓鱼台声讨大会"，盼望香港青年保钓运动能从此真正团结起来。

但八·一三示威并非没有可改善之处，例如，喊口号和唱歌所占时间太多，不妨加插静默，多些演讲，甚至可组织歌唱团，邀请有名望的歌唱家参加行列，令示威更能发挥公众性的影响力。这次的程序安排不能不说是颇为凌乱的，演讲、喊口号、唱歌等等似乎都是急就章安插上去的一样。但确是时间筹备过于迫促，能有这样的收获已经很不错了。

八·一三示威的另一意义是一次爱国的、民主的教育。这次赢得了警方的合作，舆论界的一致支持，使大部分只求安定、不知国体大事的香港居民，明白示威绝不是捣乱而是表达意见的权利，同时知道保卫国土的重要。市民认识到示威并不是一桩怎样可怕的罪大恶极的事。然而这一点点的教育收获，是无数的牺牲换来的，几个月来，多少青年被捕，罚款，留案底，被殴，被打，才令香港各阶层的中国人对保钓运动有些关注，最后迫使警方不得不采取合作的态度，但是，我们的国土——钓鱼台可以保得住吗？不管怎样，日本的蛮行我们一定要抗议，美日的勾结一定要声讨。

希望更多的人，广大市民和高级知识分子如教授、文化工作者，都一同站出来，以示中国人之不可欺，不可侮！

(原载《明报月刊》一九七一年九月第69期)

丙 评 论

回顾"五四"与展望保卫钓鱼台运动

撰文：曲浩然

追本溯源，近年来全美国沸腾的学潮，是从八年前"自由言论运动"开始(Free Speech Movement)的。那个运动先从加州大学（柏克莱校园）发动，各大学纷纷响应，随后发展成反越战、反征兵规模壮阔的运动，全世界的学生运动，都受到感染和影响。自由言论运动在加州大学酝酿期中，有些美国师生曾以"五四"做榜样，他们希望美国也有同"五四"那样的文化运动。

现在正在怒火高烧中的"保卫钓鱼台行动"，一开始便号召要继承"五四"精神。"五四"已过半个世纪，至今它还向世界扩散光芒，到现在，它还对中国青年传递精神与希望。"五四"将成为中国的国宝，"五四"将成为人类开拓新文化的里程碑。

"保卫钓鱼台行动"和"五四"拉上血缘关系，是一件非常有意义的事情。"保卫钓鱼台行动"一开始，就打出爱国旗帜，成为中国人的空前团结的行动，连左、右素不两立的学生团体（如：纽约义和拳）居然也一起参加；其意义之重大，影响之深远，自不待言。因此，际此"五四"五十二周年的日子，"五四"就更值得我们怀念和重视，同时，也让我们对当前的"保卫钓鱼台行动"，作一番检讨和展望。

留学生的空前壮举

十年前中共和印度，为身份不明的"麦马洪"界线而起争执，终于以战火相向。从法理言，那个"麦马洪线"中国并没签字承认，是帝国主义片面之词，当然于法不合。再就战争的发动而言，实起于印度的冲动和"挑衅"。从中国的领土、主权角度而言，海外知识分子理应对那场冲突，有所表示。但是，向来关心国家领土的知识分子们，那时候却很沉默，不单没有什么表示，更无任何所谓"行动"。

前几年久已争执不下的中、苏边界问题，终于在中苏之间引起武斗。各国舆论多直言指出，领土原属中国，苏共当局，早曾声言归还。现在苏联的负责人却想赖掉，甚至还想再把势力范围扩张到黑龙江、新疆边境地带。对那多次动武，向来不忍坐视国家领土主权损失的海外知识分子和青年，又是默默无言。

反过来看钓鱼台，这几个小到连地图上都不易找到的群岛，却引起轩然大波。海外学生，知识分子，为抗议日本掠夺，展开壮阔行动。先由新闻记者和出版界呼吁，后来留学生发传单、写宣言、演说、游行、示威、请愿、开讨论会，向日本领事馆、大使馆抗议，找"中国领事"说理，向美国舆论界指责美方处理不当。再后，连多年不过问政治的学者们，也签名上书蒋"总统"要"寸土必争"。

"总统府"秘书张群，已向海外学人复信，表示决不放弃钓鱼台主权。泛亚社东京电讯也报导说，日本方面，因中共抗议，业已中止参加勘测开发钓鱼台附近的油源。

按说事已至此，运动应该告一段落，至少应等待各方政府的交涉，可是，事实却非如此。四月里还有大行动，全美华人学生到美京华盛顿再示威、请愿，向美国国务院有所指斥，向日本大使馆再度抗议。此外，美国各城镇的中学生，也纷纷就地展开示威抗议行动。现在酝酿中的行动的主题，已从钓鱼台的主权问题，发展成抗议"日本再武装"，题目比以前更鲜明。

由钓鱼台而触发的留学生行动，规模如此之大，为时如此之长，恐怕是中国留学生历史上空前壮举。比辛亥革命之前，中国留日学生的爱国革命行动还要广泛，比第一次世界大战之后，中国留法学生抗议巴黎和约损害中国权益的声势，还要蓬勃和激烈。也比《九国公约》在美京华盛顿签字时，由罗家伦、段锡朋等所领导的留学生请愿示威行列大得多，罗、段那一次爱国示威，只有二百多名留学生参加。

更值得注意的是，保卫钓鱼台行动是学生自发性的运动。最初酝酿于"普林斯顿"和"威斯康辛"二校。实际行动的展开则始于波斯顿和旧金山区的突出策划。东部"波士顿"是哈佛所在地，西部旧金山（柏克莱）是加州大学本部。这两个大学，好像国内的"北大"和"清华"，在学运上向来起带头作用。美国所有的学潮，只要这两校一介入，东西策划呼应之下，定会成为弥漫全美的风波。

香港和南洋的读者，恐怕很多不了解美国大学学潮的渊源，姑且以国内作比喻。大家知道，在中国自"五四"、"一二·九"、"二·二六"、"鸣放"，到"文化大革命",这一连串的全国性学潮,都是先从北大、清华闹起的。在美国也是如此。从一九五〇年代起下来的"比尼克运动"、"自由言论运动"、"民权运动",一直反越战,反征兵,在行动上,加大与哈佛总是领着"大旗"走在行动的前面。这次"保卫钓鱼台行动",加州大学所出的《战报》专号,又成了激进的先锋。

背景和心理状态

为钓鱼台这丛小群岛,为什么会触发这么壮大的留学生行动?冷静观察,此事并不偶然,似与左列背景有关:

一、中国政局胶着已久,快到了要变的关头。留学生和年长知识分子对大局也突然敏感起来。其中因素,如:彭明敏出走案,刺蒋经国未遂案,严家淦访英的左、右派暗中冲突事件,美国对华政策的暧昧,以及联合国为中共加入与否的投票案等等,都促发了大家对政局的注意。

二、美国政潮起伏,经济不振,知识分子与科技专才就业困难,学生工读与奖学金机会较前大减,加重了数万师生,读书不易,就业维艰的苦闷。

三、美国青年反战,革命意识强烈,激荡感染之下,使中国师生"神不守舍",对政治不能再逃避。

四、日本经济繁荣发展,大有赶上美国之势,国人在心理上本已构成威胁,如今又要加速"再武装",于是促成了中国反日的普遍意识。

五、中共"文革"渐趋缓和和安定,经济与科技颇有刺激性的表现,使部分留学生、年长知识分子,另眼看待中国大陆。

六、台湾社会不安、香港就业亦不易,东南亚许多地区多事,以致多数中国留学生(包括东南亚侨生)加重了家归不得的苦痛。甚至有些人,根本无家可归。因是,内心中蕴藏着一股无名之火。

由于以上的心理和环境因素,使留学生和年长知识分子们,内心苦闷、失望、忧虑、不满、激愤,留学生和年长知识分子们,几乎是到了退无可退,忍无可忍,守无可守的心绪状态。于是要找机会发泄和发展;要一反过去埋头读书、研究、跳舞、恋爱、就业、安家,不问国是、逃避现实的态度。

留学生和年长知识分子的心理状态如此,因此钓鱼台运动可以说是一种"欲罢不能"的境遇,在客观上,他们注定要继续行动下去。或沿着钓鱼台的线索发展,也许再找一个主题。但不管主题是什么,行动的实质,恐怕摆脱不了中国历史因素,脱离不了中国知识分子的文化传统。

"一·二九"不是"一二·九"

个人行为总少不了动机、心理因素和人格成分。正如社会行动不能抹杀社会环境和文化遗传的影响,中国人,尤其好讲历史和文化传统,每遇大事或要作大的行动,必先从历史上找经验,在文化传统上找依据。青年学生的行为,也受这些"历史规格类型"所支配。像保卫钓鱼台行动,一开始许多留学生很自然地以"五四"为范型;要继承"五四"精神;要"外抗强权,内除国贼"……。第一次在美国全国性的示威,订于一月二十九日展开,定名为"一·二九"大示威。许多事外人一听"一·二九",就敏感地想起一九三五年,中共北方局在平、津一带暗中策动"一二·九"反日学潮扩延全国的往事。人们很机警地联想到,这次大示威,很可能又是中共地下势力策动的。其实,他们没加思索,中共那次策动的学潮,是十二月九号,这次示威是一月二十九。这个"一·二九"不是那个"一二·九",但人们的历史文化潜意识,很容易不自觉的把两者连在一起。

行动的检讨

单就行动来比较,钓鱼台运动是很像当年巴黎留学生反对英、日妥协损害中国权益的行动,都是"急就章"的自发行为。就美国各地区初期的行动看,以西雅图的行动最能收宣传之效。他们行动的目的,是让美国人了解"行动"的意义。几乎当地所有电视、报纸都录载这个秩序井然的示威,也达到向日本领事馆抗议的目的。

就人多势众而言,纽约和华盛顿地区为最突出。他们不分党派,不分地域,在严寒之下结成一个壮大行列,没有打架和冲突,没有在洋人面前当众出丑,真是中国人的莫大光荣。

就行动的组织能力说,芝加哥地区的行列表现得也不错。因为芝城"龙蛇"杂处,黑社会势力向称强烈。在这样复杂的环境中,留学生自发性的示威行列,居然没受到警察与恶势力的阻挠,恐怕连洋人也认为是奇迹。

就行动的气势而言,旧金山区可能最激烈。他们的出版物——《战报》,

编、写、印刷都很工整,其中"当头棒打自由主义者"那篇文章,火辣辣地从"硕士行尸、博士行尸、教授行尸,一直写到胡适"。这篇文章惹出许多是非,将来必成为"历史文献"。文章的主题正确与否,各有不同论点,不在此文范围之内,但就骂的苛刻说,文章是够"火候"的。

旧金山地区的行动,还有另一突出表现,他们不仅号召中国人保卫钓鱼台,而且也邀请洋教授、日本人登台演讲,反对"日、美掠夺钓鱼台石油"。洋教授还指出,越南之战,与美国寻求石油有关。

四月里的留学生保卫钓鱼台行动,已进入第二个阶段。四月九日,旧金山又有人结队到中国城演讲、示威、抗议,还要求惩办失职官员,因言词激烈,引起打斗,幸大批警探在侧,警戒制止,没发生惨案。但他们并没有因为受到阻挠、打斗而散队,还是依照计划,到日本领事馆、"中华民国领事馆",和美国联邦政府(在旧金山)的办公大厦分别去示威抗议。

四月十日到美京华盛顿的示威有教授和学生二千五百人之多,可以说是保卫钓鱼台运动的一个高潮。分别向日本、"中华民国"大使馆及美国国务院示威和抗议。他们多来自美国东部各城镇,长途跋涉,精神可嘉。

但在这个期间却发生了许许多多小波折。比如:芝加哥地区行动委员会的两位负责同学,被警方以嫌疑藏毒加以非法搜查,一位并遭逮捕。有些留学生,认为是国民党地下工作人员唆使所致。

再如旧金山的少年中国晨报,四月七日在社论栏刊载了驳斥"柏克莱保卫钓鱼台行动委员会"所出版的《战报》。另外还有一个"西部中国爱国学生联盟"的机构,用油印的公开信,痛斥"柏克莱保卫钓鱼台行动委员会"负责人董×霖、郭×芬和刘×任等(×为原信所写)是"毛虫"。与此同时,还有印刷精良的《畅言》,和油印的《芝加哥学生论坛》等出版物出现,影射攻击各地"保卫钓鱼台行动委员会"的过激行动。从措词及印刷风格来看,这是来自台湾方面的"行为"。

旧金山四月八日大示威的前夕,"总领事"周彤华,曾在报上公开声明:"盼学生不要受野心分子利用。"

"四·九"示威在旧金山发生打斗之后,《金山时报》和《少年中国晨报》所发表的报导,文词一样。且明白指出,打斗因攻击"台湾政府"而引起。

其他的谣言还多……。

据报导芝加哥两位行动委员会的同学,遭警察叩门搜查时,一位同学很机警,问警方有无法官所签署的"搜查令"。有一位警员立即掏出一张搜查令,但名字不对。经质疑之后,警员临时改写。

据说搜查之下并无发现毒品,居然也把一位同学用手拷加以逮捕。而且这位警员,并不隶属这一区域,而是属于芝城"唐人街"的。因此,许多学生认为这是芝城唐人街"黑社会"无理取闹,借无知的洋警,干涉中国学生的人身自由。

至于《少年中国晨报》的"文章",和"西部中国爱国学生联盟"的信,以及四月九日旧金山中国城的打斗,一望而知是同一源头,都可能与台湾当局派来的人员有关。因为少年中国晨报,是孙中山先生创办的报纸,一向是国民党的代表报刊。

就事论事,《战报》的文字和措词,是有些"过火"的地方,当然更欠郑重。不过,是否就因此而要加罪为"毛虫"、"统战分子",似也值得考虑。他们即使行动,但是否真是"匪特",最好是先弄清楚而后攻击。否则,会有"官逼民反"的反效果。

假如芝加哥的学生被捕,和西部中国爱国学生联盟的"痛斥信"及旧金山的打斗是台湾系统下的人物所为,恐怕也是地方性的仓促决定,而非来自于"最高当局"的授意。因为就全面"行动"来看,纽约的示威居然能容纳"义和拳"红卫兵式的组织,为什么不能见容于芝加哥、旧金山区内的两三个"积极分子"?

就事实言,这次"保卫钓鱼台行动",多由各校优秀能干的同学出来奔走苦干而形成。就行动的影响来说,对台湾"国民政府"支持大于贬抑。至少说这次行动使台湾当局,在对日、对美交涉谈判时,增加了说话的力量。

从事理言,如台湾无能拒中共于联合国之外,仅只在几个老学人、穷留学生(也只限于台湾护照者)的身上"大做文章",说是"打击政府威信",这个"文章"的作用实在不大。反不如放手任年轻小伙子们去闯撞一阵,一方面可显示当局有气魄,另一方面他们自己也许还能闯出一条路来。

如怕三、五个"小毛虫"把留学生带跑了,那是多虑,留学生的"小算盘"比台湾当局算得并不差,他们何至于那样盲从。

再反转来看整个保卫钓鱼台行动,从诸多迹象分析,这个"行动"发展得太快了,中共似乎还没弄清"理路",更谈不上指示和领导。假如,真的是中共地下分子领导策动,恐怕"行动"远比已有的更"过火"。他们的领导分子,也决不会抛头露面，让"官方人马"一望而知是"毛虫"。

"五四"与"钓鱼台运动"的态势

保卫钓鱼台行动既然以"五四"精神为号召，在"急就章"行动之后，各地区业已冷静下来，深潜地去研讨"五四"精神、"五四"经验，以便充实下一步的行动内容。现在各地区纷纷组织讨论会，设计出版物，便是很好的例证。就作者所知道的地区，讨论的过程（有形式的和不拘形式的讨论。）已从"五四"的爱国精神，进展到以"科学与民主"为精神基础。

保卫钓鱼台行动，在实质上是捍卫中国领土维护国格尊严，但在理念上只有一个模模糊糊的爱国情绪，然而到底是爱的什么国？是"中华民国"，还是中华人民共和国，在行动上就有分歧。

以下我们就"五四"与"钓鱼台运动"作一比较，提供有心者参考：

第一、"五四"虽然是由留法学生触发，不过运动的展开，毕竟还是在中国的土地上。今天，保卫钓鱼台行动，没有自己的"行动空间"，只能在别人国度摇旗呐喊。所以，行动和对象，比起"五四"有很大出入。

第二、"五四"爆发于第一次世界大战"和约"未定期间，那次大战的结果，民族自决意识成为时代主流。今天，距第二次世界大战终结廿五年于兹，和约虽早缔结，但第二次大战没打出什么新意识。诚然，各国战后都向往民主，都学"民主生活方式"，但"新民主主义"和"旧民主主义"，把许多人弄得混淆不清。战后由联合国所产生的"人权宣言"，固然给我们这个时代增加莫大光彩。可是不久联合国形同虚设，"人权法案"和"宣言"也都褪色。因此，这廿多年所成长起来的青年，可以说是生长在无光彩的时代。或者说，出生成长于乱哄哄的、无理想、无精神的时代，的确是属于"失落的一代"。

这两三年来，反越战爆出许多火花，青年人流了不少血，但是，血是白流的。因为，成千上万青年静坐、打斗、示威，到底所表现的是什么精神？所要争取的是什么？除了粗枝大叶地说："为了和平"。谁也再说不出什么，再也没有什么积极主张，谁也打不出鲜明的旗帜。

中国有句俗话："旁观者清。"其实，美国学生反越战，中国学生们在一旁看，我们中国人，一样不清楚应该怎么办，和美国学生一样迷惘。

第三、"五四"发生的时候，孙中山先生所领导的国民革命，由于军阀阻挠，帝国主义刁难，革命主力困挫于广东一带，但他们所策动的革命影响，已深入北方。蔡元培先生以国民党支柱身份主持北京大学，李大钊先生以国、共两党中坚身份，参与地下策动学运工作，使北方青年普遍倾向打倒军阀、迎接统一的理想，但我们今天还没有共同的口号。

第四、从大形势比较，"五四"时候在中国的北边，苏联十月革命成功，出现了一个"社会主义天堂"，给青年人很大诱惑。今天，留美学生虽然多数不满意美国的社会和生活方式，但不满意社会主义国家生活方式的更多。

第五、第一次大战之后，由于英国要封锁苏联，来了个"英、日"同盟，助长了日本的国势和强权，威胁到中国东北和山东一带。今天，日本重整军备的背景，是美、日"谅解"下的后果，主要目的是监视中共，绥靖东南亚，美国好借此减轻"负担"。

"五四"是为反对"廿一条约"而发动的，主要对象是日本帝国主义。保卫钓鱼台行动，主要对象又是日本。不过，现在在日本背后撑腰的不是大英帝国，而是美利坚合众国。"五四"的怒火，第一是针对日本，其次是英国，今天的保卫钓鱼台行动，第一目的当然是日本，但次一目的还不明确。

因为多数留学生"吃"美国饭、"读"美国书，身家性命也要寄托在美国，故对美国发不出势不两立的恶感。但大陆"反帝"的最大对象是美国，一切宣传多是针对美国、南越，其次才是日本的军国主义（也仅只是在现阶段）。

台湾受美国支援已二十一年了，一向谅解美国，但年来由于种种难以澄清的倾向，台湾对美国有若干程度的不谅解，在某些层次上有意在不言中的"反美情绪"。

由于上述种种原因，留学生的保卫钓鱼台行动，对美国慷他人之慨，偏袒日本，也意在不言中的反对起来。这种"反对"实质上是大陆、台湾、美国留学生的三种态度立场不能统一之下，情绪偶然爆发起来的会合。

从以上分析比较，不难看出"五四"和保卫钓鱼台行动在态势上的异同。"五四"已成为划时代的运动，正在发展中的钓鱼台行动，是不是也会发展成为另一个划时代的运动呢？

共同意识的启发

就保卫钓鱼台行动的蓬勃气势看，前途"方兴未艾"，但如从发展前途看，

似不能有"五四"运动那样的深远影响,因为:

第一、"五四"之前,白话文运动业经胡适之、赵元任、陈独秀等人的尝试与推行,普及新语文成为新文学运动的基础。新文学运动,含蕴着、扩散着各种新思想。而且开风气之先的多是留学生。由于新文学运动的感染,因有创作性的出版物如雨后春笋出现,诗、小说、散文、话剧(文明戏)的创作、翻译和批评,早在国内青年群体中,普遍风行,成为知识分子的共同兴趣和语言。现在的出版、印刷、发行工作,虽远比六十年前不知好过多少倍,可是除了宣传品之外,有意义的文学出版物实在不多。海外年长知识分子和青年学生的共同兴趣是什么?除了武侠小说拥有较多读者之外,恐怕就算《明报月刊》了。但是我们的"共同语言"是什么?我们的母语大家都还不能交通,而英文只是我们的社交语言和学术表达工具,而不是代表心声的共同语言。因此,现在留学生的"精神食粮",是在"虚脱"状态。因此,留学生和年长知识分子之间,似乎没有共同意识。

第二、"五四"之前由留法、留日学生所介绍的巴枯宁、克鲁泡特金思想,和无政府主义,不仅滋润到政治思想的层次,也在文艺圈里开辟了新的境界,在社会行动上,业已有人身体力行去试验。由欧洲泛起的社会主义,在知识分子与青年中,业经纷纷介绍,由留美学生所带回国内的詹姆斯、杜威的实验主义哲学,在文教界已有相当深厚的影响。泰戈尔的诗和印度哲学,以及对佛教的再认识,在文坛和课室里,也有采讨的热情①。再加上杜威、罗素现代两大哲学家,亲在北京讲学。史学大师威尔斯也到北京设席开讲。其他如泰戈尔、杜里舒(Hans Driesch)等名家源源而来,以及地质学权威如葛利普等长期留在中国,领导中国地质学界不断作有价值的科学贡献。

因此当时的北京,不仅集当时思想的大成,而且也是东、西、中、外、古、今思想交汇的重要所在。五四时代由于当时第一流思想家、学者纷纷写文章、撰创作,在这种启示、感染和培育之下,"五四"的思想基础雄厚,"五四"的文化果实,也特别丰润壮硕。

环顾当前,我们的思想家在那里?我们的哲学家在那里?那里有力行的教育家和社会改革实验者?从这个角度检讨,"钓鱼台行动"几乎是浮土上的幼苗,急需要培育与扶持,也需要一个"再启蒙"的阶段。

---

① 编者按:原文如此,"采讨"似为"探讨"之误。

"五四"不止得天独厚,有思想家和学者的启发,而且也得助于型范人物的辐射和领导,青年人的行动需要师表,需要型范,需要领袖。纵然不是组织领袖,也需要精神感召的领袖。否则便群龙无首,精神无法凝聚集中,行动便失去方向。

型范领导亟待培植

我们不必分析五四当时所产生的型范人物的社会环境,更不以今日功过标准去衡量前人,只就客观行为"模式"的表面论,"五四"时代的知识分子,给我们留下以下几种型范:

兼容并包、伟大崇高的型范蔡元培

翰林出身、民国元年已官拜教育总长的蔡元培,他给"北大"一个灵魂。

他加入同盟会,赴欧留学考察之际,除了修习西方哲学、美学、科学之外,还兼理欧洲留学生的革命工作。袁世凯阻挠革命,有意称帝之心,他最先识破,在欧洲连函转陈孙中山先生。不仅如此,他还研究军事,在欧侦悉北洋军队在德国所购置大炮的种类、数量、射程。他联络当时留学生中的制炮、炮术专家,并拟就计划购置射程达九千米之大炮(较清室及袁氏之炮,射程远二千米达),以便北伐扫荡北军之用。

他主持"北大",使它成为国民党在北方的精神堡垒,和党务前进的总指挥所,他在军阀环攻之下而不惧,且能兼容并包,把"北大"培育成中国"文艺复兴"的苗圃。他能文能武、威武不屈、富贵不移,有思想、有德行、爱国家、重真理、尚民主、崇科学,给中国新知识分子,立下一个百世难忘的伟大型范。

自由主义的型范胡适之

胡适的《文学改良刍议》,固然是新文学运动的第一面旗帜,其实他"多谈问题、少谈主义"的主张,以及他始终不结党、不营私的行为,和对政府保持批评和反对的态度,都是他给知识分子立下的、一个自由主义者的开明典型——自由主义者并不是不从政,从政更不见得就是当官,更不必结党营私。至于他对政府所持的批评态度,从出任驻美大使起,一直到"中央研究院"任上逝世为止,从没含糊过。但他不结党,一直到"自由中国"案,亦只是对知识分子道义友谊的支援。

勇于牺牲的型范李大钊

李大钊先生本可不致惨遭北方军阀的毒手。因为，事前许多友好告诉他，军阀对他要采断然行动。但李先生不愿离开革命工作岗位，不愿"见危思迁"。由于他的大无畏精神，追随他的许多男女青年和北大学生，也都继续不顾危险从事革命。

虽然那时他是北大的图书馆长和教授，但他也是国民党要员和中国共产党创始人和负责人。他受两党委托在北方策划革命行动，打击军阀和帝国主义。他的"革命分量"在军阀和帝国主义心目中，是北方的"毒害"，也是对全国青年有号召力的"危险分子"。因为，第一，苏俄专使越飞与孙中山先生的会见和合作，是由他介绍促成的。第二，他在北方是代表"国共合作"的具体行动力量。第三，他与苏联北京领事馆人员过从甚密，以便策划联络当时苏方对革命的援助。在军阀看来他是"通敌卖国"的首要。

李先生不畏艰险，坚守北方工作岗位，终于被捕，受刑不屈，最后惨遭处死。随难者男女青年廿四人，多数是"北大"学生，但并非都是共产党人，其中也有国民党身份的。有的则是爱国学生，并无政党背景。李是中共的首批牺牲者。他的死，也是国民党的惨重牺牲，当然也是整个爱国运动的莫大损失。中共党人因李之死，有了不畏牺牲的楷模精神。国民党因李之死，对北伐工作更殷。但时至今日，国共两方对李的牺牲，均持漠然态度，实欠平允。

为国从政的学者型范蒋梦麟

蒋梦麟、罗家伦、段锡朋等，人所共知是"五四"行列中的健将。尤其蒋梦麟，因"五四"蔡元培先生受军阀压迫，不能继长"北大"和为国民党主持北方文教大计。"北大"校务遂由蒋先生接任，坚苦持撑，他本着"五四"以来的科学、民主、爱国精神，在北方奋斗，一直到"七七"抗战前夕，日本军阀、帝国主义，对他多次威胁而不稍事退避。人们以为北方学运一直蓬勃，多由中共地下分子策动而来，殊不知如没有蒋梦麟先生这面民主、科学、爱国的大旗，在北大公开飘扬和号召，仅靠少数地下分子，是很难策动的。

蒋梦麟先生保持和发扬"五四"精神，固然值得称道，他承前继后的进步精神，可以说是"一以贯之"。从他早年在加州大学留学生活起，即追随孙中山先生奔走革命。孙先生到旧金山策划革命他时来协助，倡学运，创学刊，撰文章，筹款项，多参与其事。但从不以革命元老自居，反而总是和青年站在一起，与在野文人采取同样态度。"北大"之有科学，是由他惨淡经营，打下基础。"清华"在理工方面之所以能遥遥领先,是经他从侧协助之功。他主持"北大"多年,从不以党国显要自居,任劳任怨,循规蹈矩。人事、经济公开,学术自由,皆由他的风范而巩固下来而成为传统。

"国民政府"撤至台湾,内外交困,经济拮据,蒋先生主持农复会,艰苦经营之下又是成绩斐然,中外称道。台湾工业今天有欣欣向荣的基础,实赖蒋先生早年经营农复会之功。如没有良好的农业基础,台湾很难农业发达,轻工业进步,重工业兴起。

蒋梦麟先生从"五四"起,为下一代立下良好的型范。"五四"的爱国、科学、民生精神,他兼而有之。他是学者,但他不放言高论,能具体而微地,一点一滴,一步一步,把事情做出来。不但做出来,而且做得好。他是国民党党员,守国民党的立场,但遇事首先为国家设想,为国家做事。他是从政的官员,但他始终没有官僚气,永远保持学者、公仆的作风,所以他能与各派学人合作,各种同事属员对他多有知遇之感。他是"五四"时代了不起的人物。

国士的型范张君劢

以胡适之先生的批评观点,张君劢先生似属保守派,但从胡、张二位的整个人生作为来观察,除了在新文学运动方面,张不如胡活跃之外,在新文化运动上,张所起的作用至少不次于胡。再以"五四"的精神,"民主"、"科学"、"爱国"这三方面而言,张所代表的分量,较胡则有过之而无不及。

张君劢先生力主参加欧战,策动梁启超先生共同奔走,促成参战行动,否则中国在巴黎和会上,当无一席之地,更谈不上权益之争了。留法学生便失去了示威,抗议的法理依据。"五四"将更是无名之师,行动不起来。

为了抗日救国,他号召反对党,捐弃党派成见,参加"政协",与执政党共济时艰。抗日胜利,国共两党各持武力怒目相向,战火迫于眉睫。他以一介书生,力言国、共双方应将军队交给国家。他这种书生之见,惹得毛润之先生著文痛斥。(今日《毛选》尚存此类文献)也惹得蒋介石先生有说不出的"不痛快"。

后来为共商国是,他委曲求全参加"国大"制宪。"国大"开会期间,他不为名利、权势,集中时间精力,为国家拟妥了宪法草案。就法理与"德莫拉西"精神而论,张氏的"宪草"至今为多数法学家所赞服,与老牌民主国家的宪法相比,绝不逊色。他不为一党之私(张先生为民社党),开诚布公,为反对党起草立宪的开阔胸襟,恐怕是前无古人,后无来者。

内战扩大,政权变色,张先生不为权势低头,不怕生活穷苦,不顾年事高迈,一直为国家忧虑,为抢救民主而奔走,为提倡民主而大声疾呼,为中国文化与世界文化交汇发扬而著书立说。他老死不信洋教,没入外国籍。为了坚守他所立的宪法精神,宁愿把老骨头寄地异邦,而不愿葬身于违宪的故土里。

像张君劢先生这样有节操的"五四"老人,海外所余者不多。

社会教育改革的型范晏、梁、陶

"五四"新文化运动扩延全国之后,有些知识分子投身于政治洪流,但也有很多青年知识分子献身于形形色色的社会教育改革行动。晏阳初博士所从事的"定县重建实验",虽自识字运动开始,但其源流则始自第一次世界大战华工"识字运动"和"平民千字课",兼而有杜威哲学、基督教和中国的民本精神。声誉和影响为世界所熟知。

梁漱溟先生所创导的乡村自治运动(简称乡建村治派),也是"五四"新文化运动激荡下的行动。"乡建村治运动"所起的影响,以及在文化、政治、社会重建方面,所发生的作用泛及全国。

梁先生的教育实验,于万难中从北平、山东、河南而发展到广西等地。由村治而演化的自治辉煌成绩,先见于河南"皖西"四县,后来扩展豫南十三县之多。不仅"路不拾遗,夜不闭户",而且河无决堤,田无荒芜,烟毒绝迹,交通、土产、轻工业、学校、民团,都办得成绩卓然。抗战军兴之初,蒋委员长召见"自治领袖"刘廷芳先生[①],把这个"土老头"委为民军司令。抗战期间,这个"自治区域"贡献之多,民团战功之大,书不胜书。日本侵华军队,被久困于大洪山与伏牛山之侧,实得力于当地民团戮力配合国军行动所致。胜利在望之际,汤恩伯兵团军纪废弛,军民关系恶劣,民团不惟拒与配合作战,且大事狙击溃散国军,以致第一、第五两战区,相继失去依托,相继自洛阳、老河口败退。

刘廷芳所行的自治,实受梁漱溟的村治理论所启发。其功效不仅见于八年抗战。国共内战后期,长江以北,国军几无立足之地,而这一"自治区",与南下共军周旋甚久。这时刘廷芳已去世数年,但自治与民团影响仍在,尤以邓县、浙川、镇平等县民团,均据城死守,村镇各自守战。因此,中共当局竟要动用刘邓兵团(刘伯承与邓小平所领导),会同陈赓兵团,数路大军,苦战力攻之下,始把这几个顽抗的县城攻略。

---

① 编者按:原文如此,"刘廷芳"应为"别廷芳",下同。

刘廷芳领导自治的事实，国共双方历史均不愿提及。我们也不愿在此讨论国、共是非，但就这一段自治成绩而言，其真正精神，是来自"五四"民主的启发，与社教的结合。（豫西民团与共军作殊死战的片断史料，一九四八年重庆大公报曾有若干报导。）

抗日时期，人所共知广西省自治，非常有成效，"教"、"养"、"卫"三位一体。广西的自治，亦脱胎于刘廷芳的"皖西自治"，而"皖西自治"又是来自于梁漱溟的"村治教育"，而村治教育，又是"五四"所激发的社会教育改革实验行动。

其他如陶行知等所倡的社教改革行动，易见于史料，不必在此多费笔墨。

"五四"运动所冲激出来的人物，实际说来何止上述几个典型。广而言之，连毛泽东、周恩来、邓颖超、蔡畅等，何尝不是"五四"时代所塑造出来的另一类男女典型。具体说来，连文学、艺术等方面的突出人物，如：鲁迅、郭沫若、徐志摩、朱自清、茅盾、郁达夫、瞿秋白、巴金、老舍、田汉、徐悲鸿、欧阳予倩……甚至连齐白石、梅兰芳（梅不仅只是一代艺人，且是戏剧改革者，与"五四"时代的知识分子合了流。）都算是"五四"文化巨流给锻炼出来的，把中国文化的各方面，拓展了一段新历程。

保卫钓鱼台行动，既要继承"五四"精神，它能不能为中国制造出一批新的人物型范？能不能为中国文化的各方面，再加创造拓展……目前中国的社会，是否尽善尽美，不需改革了？当然不是。再就我们生长居住的地方而言，是"理想国"吗？世界的现状，已经完美无缺、世界的前途，已经够灿烂光明、不需要"乌托邦"，不需要更高的理想吗？中国的教育制度合理吗？我们面临的教育环境合理吗？中国的文化真是博大精深，不需要再充实，再开拓？中国的文化是否需要新的活力与世界文化交汇，造福人群？

假如有这些客观需要，这些"需要"正是塑造新人物型范的动力，保卫钓鱼台行动，只是导火线，只是新阶段的开始。钓鱼台行动演化之下，除了确保钓鱼台主权为我们的目的外，也许应给中国塑造一批新的典型人物，给世界提出新的理想和出路，这是我们最大的希望。

（原载《明报月刊》一九七一年五月第 65 期）

保卫钓鱼台运动的回顾与前瞻

姚立民

（一）回顾过去

保卫钓鱼台运动，于一九七〇年十一月间先在普林斯顿和威斯康辛大学酝酿，然后像野火燎原一样在全美各地大学中迅速展开。在这萌芽成长的过程中，各地热心同胞（以教授、学生为主），策划推动，不遗余力，集会、讨论、散发传单、发表宣言、出版刊物，请愿抗议、游行示威、中华儿女的呼声，响遍了美国的每一个角落。本年一月卅日，一千五百人参加了纽约市的示威大游行，算是一个高潮，四月十日的华府示威大游行，参加者达二千五百人之多，包括了全美各地的代表，这是另一个高潮。二月中旬，"国民政府教育部"国际文教处长姚舜衔命来美，普遍访问留美人士，就钓鱼台主权问题，说明政府的立场与措施，并听取留美人士对这方面的意见。姚舜于三月廿日返台之前，曾先后访问旧金山、洛杉矶、芝加哥、华盛顿、波士顿、纽约等大都市及其附近的各大学，一共参加了十几次的议会，接受了许多词锋犀利、难以招架的"质询"，也增加了许多有关钓鱼台的知识（包括历史的、地理的和法律的）。三月间，由陈省身、赵元任、李卓皓诸位教授发起的上蒋"总统"书，签名者五百余人，函中请蒋"总统"保持坚定立场，抵抗日本新侵略，这封信曾受到"国府"当局的相当注意。至于全美各大学的留学生团体，也在三月中旬发出了一封联合签署的《致"中华民国政府"公开信》，信中提出十项要求，请"国府"公开予以答复（公开信全文见纽约分会钓鱼台简报第四期），这封公开信以航空挂号寄出后便如石沉大海。

当然，在保卫钓鱼台运动中，全美各地行动分会所已经做的工作，还有很多很多，以上所述，只不过是笔者个人所知的荦荦大者而已。

紧接着四月十日华府示威大游行后的十多天里，台湾的大专学生也行动起来了，他们示威抗议的对象，是美、日两个驻华的"使馆"。笔者看到这些好消息后，带着一分惊奇，八分欣慰，一分遗憾。一分惊奇的是：敝同宗姚舜先生在一次钓鱼台问题座谈会上，曾经委婉地表示：由于过去在大陆时惨痛的经验,所以对于示威游行这类群众运动,不论其动机如何,"国府"一概不予鼓励。"一旦被蛇咬,十年怕草绳",虽不无"因噎废食"之嫌,但实有其"说不出苦衷"之虑。今天居然有人向美、日"使馆"游行示威,怎不令人认为这是可喜的意外?八分欣慰的是:台湾的大专同学毕竟开始了行动。开始得是早是晚,参加者是多是少,这都属于次要,只要有了实际行动,这就可贵。不然的话,在国外,留学生和侨民为了国家领土主权而闹得锣鼓喧天,在国内的学生和民众,却如沉睡未醒,鸦雀无声,这算是什么话?洋人们看了,将对我们作何感想?据报载("中央日报"海外版四月十五、十六、十七、十八、二十、廿一、廿二及廿四日)他们是以车轮战术向美、日"使馆"进军:今天是台大学生示威,明天是政大学生游行,后天是师大学生上书,大后天又是兴大学生接棒……一连许多天闹将下去,保管对方弄得头昏脑胀,在精神上先已被征服了。这种车轮战术,笔者个人颇为欣赏。一分遗憾的是:"教育部长"罗云平新官上任三把火,在大专学生安心读书,不宜再有游行请愿行动(见"中央日报"海外版四月十七及廿二日)。罗"部长"要同学们读书,没有人能说他不对,只是他少说了几句话,使人感觉到他是在浇同学们的冷水。假如罗"部长"采用下面的说法,那就不会令人感到遗憾了:"同学们现在好好安心读书吧。暑假快到了,各位同学在参加暑期战斗训练之后,再来为钓鱼台而游行示威吧!"

回顾保卫钓鱼台运动的过去,令人满意者多,令人失望者极少。过去的毕竟是过去了,大家真正艰巨的任务,还在现在和未来。保卫钓鱼台仅仅是一个导火线,游行示威,仅仅是七七事变时吉星文部所放的第一枪而已。诚然,没有吉星文部所放的第一枪,也就没有了浴血八年的保国圣战;但是,假如放出第一枪后便毫无动静,那么,惊天地泣鬼神的八年圣战也一样打不起来,其结果是非俘即降而已!

(二) 审视现在

1. 致美国尼克逊总统公开信

陈省身、王浩、李卓皓、杨振宁诸位教授发起的致美国总统尼克逊的公开信,预计以广告方式,于五月廿三日(星期日)在纽约时报以全页地位刊出。公开信的大意是要求美国政府顾及中美人民传统友谊,不要把中国领土钓鱼台列屿随同琉球交与日本。据报载,美国以琉球"归还"日本,系依条约方式处理。条约须经参议院以三分之二多数票批准后始能生效。公开信赶着在美、日签约以前在报端刊出，目的是希望对美国政府及民意代表有所影响。影响力的大小如何，那是另一回事。凡是有助于钓鱼台主权之争取、而又是我们能力之所及的工作，我们决不放弃努力，逐一尝试，直至达成目标为止。书生们既不能执干戈以卫社稷，也只有在别的方面多动脑筋了。

上述四位发起的教授，在学术界不仅仅是知名之士，而且都是一代宗师。陈省身教授在微分几何方面造诣，在当代不作第二人想。"荷尔蒙之父"李卓皓教授和一九五七年诺贝尔物理奖得奖人杨振宁教授，因其大名常出现于报章杂志，所以家喻户晓。王浩教授在新闻中较少出现，但是笔者在台大时即已久仰其大名。在台大时笔者与殷海光师时相过从。殷师不止一次地和笔者谈起王浩，每次谈起，殷师总是带着为老友欣慰、为自己惋惜的神情，操着那湖北黄冈的乡音说："王浩好棒啊！"的确，王浩教授在数理哲学方面的造诣，是国际第一流的。笔者现在吃的是电子计算机的饭，少不了要翻翻这方面的学术杂志。电算机以数学为父，以电机为母，王浩教授的论著，电算机研究方面已奉为经典。

致尼克逊总统公开信，征求各地华人签署，多多益善。据笔者亲身经历，有些人连信稿都不曾看，就签名了。他们说："是这几位教授所发起的，我还有什么信不过的，先签名再看信稿好了。"由于纽约时报全页广告需费一万元，为数过巨，少数人无法负担，不得不仰赖募捐。自保卫钓鱼台运动开始以来，对某些团体来说，这已是第二次募捐（第一次捐款系作游行及宣传、联络之用），而且与第一次募捐相距不过两月，所以经手募捐的人吃力而不讨好，受人白眼是家常便饭。有时实在很气，有时也不免灰心，但转念一想：这是为了争回国家领土主权；再一想：这些年长一辈的名教授们，都纷纷走出研究室，干得这么起劲，我们这些毛头小子，受一点白眼，算得了什么？于是重新振作精神，厚起脸皮，再"沿门托钵"去也！

2. 钓鱼台备忘录的编印

当前第二项重要的工作，是由黄养志等着手编写的钓鱼台备忘录。据闻该备忘录分两大部，第一部是关于钓鱼台历史的资料，从历史、地理、法律、政治各方面的观点，提出有力的佐证，来说明钓鱼台列屿属于中国。第二部是关于保卫钓鱼台运动的资料。备忘录将分别以中、英、日三种文字写成。其编写之动机，诚如编者自己所说："消极的方面说，我们可以借备忘录的编订，为此一运动保留下历史文献；积极的方面，备忘录更为政府搜集完备的资料，以供其对美、对日交涉时的法律依据。退一步来说，万一钓鱼台列屿暂时丧失了，备忘录至少可为我们子孙预留张本，再借此向侵略者手中索还失土！"（见国是研究社为发行钓鱼台备忘录启事）

主持编务的黄养志先生，是哥伦比亚大学地理研究所的研究生。不久以前，他和七位先生合作，撰成《钓鱼台千万丢不得》一篇学术论文，刊载于明报月刊第六十五期（一九七一年五月号）。诚如明报月刊编者的按语："从资料之丰富、研究之深度及广度看，是当前有关钓鱼台的最重要著述之一"。除上述两种文献外，黄养志等三人，又曾为《联合季刊》（社址设纽约市）主编了《钓鱼台事件特刊》，于本年二月间出版。好些人原对钓鱼台事件一无所知，后来被太太挤下了麻将桌，无所事事，偶然把《特刊》翻了一下，看得热血沸腾，于是一变而为保卫钓鱼台运动的中坚分子。这本《特刊》之为用大矣哉！

编印备忘录，费用浩大，如仰赖于第三次募捐，前途殊难乐观。好在旅美华人中，有钱、慷慨而又爱国的，还是所在多有。据笔者所知，船业巨子董浩云和电算机专家王安，都是极度热心公益的，将来拟商请他们无利贷款，备忘录售出后，以所得价款归还。恐怕这是解决印费最好的办法。

（三）展望未来

保卫钓鱼台运动，将来会很自然地演变为海外华人团结自觉运动。这个运动的前途是乐观的。虽然通往成功的道路上永远是布满荆棘，但是，只要有毅力和恒心，荆棘是不难斩除的。

本运动将面临如下的课题：

（1）政治立场问题：非常不幸，廿二年来，中国出现了两个政府，分由两个水火不相容的政党来领导，这使许多海外华人有"歧路亡羊无所适从"之苦。任何一个中国人，既不可能"左右逢源"，但基于某些原因，又难在甲、乙两政府之间选择其一。俗语说"两姑之间难为妇"，我们现在是"两府之间难为民"。甲政府在某些方面令人拍案叫绝，在某些方面却又令人碍难盲从；乙政府在某些方面令人失望透顶，但在某些方面又令人非买账不可。保卫钓鱼台运动，参加的分子虽然全是炎黄子孙，但是人心之不同，各如其面，自最右以至最左，全部投入这一运动的行列。令人极端欣慰的是：大家都抱着"兄弟阋于墙，外御其侮"的精神,一致为争取钓鱼台而奋斗。四月十日华府大游行之所以有二千五百人参加,之所以秩序井然,受人称道,实在是由于这一精神的支持;否则的话,张三要带"左上角五颗星",李四要举"青天白日满地红",不但向人家示威不成,自己人先已打起架来,要人家的警察示之以威了!

我曾天真地想过,假如左边和右边的高层人物,也能有"兄弟阋于墙,外御其侮"的精神,那该多好? 至少,像吴三桂"借满灭闯"的想法,是不能再有的啊!

撇开上面的天真的想法不谈,要想海外华人团结自觉运动成功,第一先要解开这个死结。那就是:不要把政党色彩带进这个运动,大家为中国同胞做事,不为任何中国政党做事。

(2) 宣传、联络的工具问题:截至目前为止,据笔者所知,只有明报月刊立场超然,园地公开,刊出了许多有关钓鱼台运动的文字。否则的话,有关钓鱼台运动的资料,恐怕绝大多数是以"手抄本"出现。笔者并无看轻"手抄本"之意,《四库全书》和《红楼梦》都不是手抄本吗? 问题是:我们不能像乾隆皇帝那样动员大批人力来抄《四库全书》,我们的《简报》或《特刊》,都是由少数热心的同胞义务抄写。写得太潦草,读者看不懂;写得太工整,时间不许可。至于是否美观,那还是次要问题。因此,在全美华人社会里,至少要有一份具有代表全体性的铅印刊物,定期出版,为大家沟通意见,交换消息,发表讨论心得等。试想一下"五四"当年:假如没有《新青年》、《新思潮》这类的期刊,像雨后春笋一样地在全国各地纷纷出版,那么学术界和文艺界会成个什么样子? 学术思想,不能单靠口头讲讲、黑板上写写就算了事,也不能靠录音带来保存,只有黑字印在白纸上,才能流传得广,保存得久。假如不靠刊物流传,鲁迅的火辣辣的文章,有几个人能够欣赏得到?

有了一份刊物,不见得能使一个运动提高评价;但反过来说,一个运动而无刊物为之配合,那就像一个哑巴一样,你比手划脚地弄了半天,人家还不知道你在搞什么鬼。

(3) 讨论会问题:除了专门性的学术讨论以外,有关海外华人的切身问题,要讨论的实在太多了。诸如:所谓"两个中国"问题,振臂高呼"台湾独立"问题,在美出生的下一代的中文教育问题,旅美华人的学业问题、婚姻问题、就业问题、失业问题,美国各大城的华埠问题,东南亚地共华人的处境等等……。在此,笔者顺便解释一下"华人"和"中国人"的区别。华人是种族的称谓,中国人则有国籍的意义在内，凡我炎黄子孙，皆是华人，但不一定都是中国人，因为除了有中国籍的华人以外，还有美国籍的华人，印尼籍的华人等等。以上的区别，虽非出自笔者杜撰，但在辞源、辞海上似乎也找不到"明文"的根据，不过有很多人都默认这种区分法，尤以南洋之华人社会为然。笔者同意这种区分，但在某些场合，为了收到更大的宣传效果，还是喜欢用较狭义的"中国人"来代替较广义的"华人"，因为在直觉上认为"中国人"三字，要比"华人"二字来得响亮有力得多。

（4）华人互助问题：互助可分精神的与物质的两种，二者同等重要，难分轩轾。谈到物质互助，便牵连到经费问题；谈到经费，便马上联想到募捐。笔者谈募捐而色变，倒不是怕自己捐钱，而是怕伸手向人要钱。笔者实在没有"化缘"的天才，再加上可能是"遇人不淑"，所以弄得视募款为畏途。其实，吝啬的华人固然不少，慷慨的华人还多的是。举一个例子：关于支援蔡节义（蔡案情请见明报月刊六十五期第一○五页），在短短十天之内，竟募到三万美金，后来还有人要捐，可是蔡君暂时已够支配了，这真是同胞爱的高度表现！犹太人之小气，天下闻名，可是这种小气也只限于对待朋友对待下属而已。美国犹太人对其祖国以色列之热烈捐助，以及其互助组织之完备，我们华人与之相比，实在是望尘莫及。照大家在餐饮里抢着付账（在美国并不如此）的情形来看，华人比犹太人大方得不知多少倍。难道就来了美国以后倒变成了比犹太人更为小气？非也！非也！我不相信"橘逾淮而为枳"的说法，我想问题只在于犹太人有组织而我们没有组织。保卫钓鱼台运动给我们带来了组织，在美国的华人今后应不再让犹太人为国捐输的精神专美于前！

以上所述，虽然卑之无甚高论，但笔者抱着野人献曝的心情，以表示对此一爱国团结自觉运动之由衷关切。如抛砖足以引玉，幸何如之！

一九七一年五月十四日于美、纽约、醒狮墩

（原载《明报月刊》一九七一年六月第 66 期）

纪念"七·七"
——展望"保钓运动"

郭士进

"五·四"是中国创造新文化的转捩点,也是中国青年努力检讨、反省中国旧文化的开始。

"七·七"是中华民族复兴的开头,也是中国人不怕牺牲、坚决行动,向日本帝国主义、军国主义,展开焦土抗战、自力更生的开始。

"七·七"的号角一响,把国际正义争取到中国这一边来,东南亚乃至全世界的人民开始对中国刮目相看,认识到中国人抵抗日本帝国主义,是具有世界性的民族解放行动。

自从芦沟桥事件起,中国凭"有力出力,有钱出钱",实行总动员,和侵略者死拼到底。当时中国人,并没盼望有人外援,才去抗战,因为,从"五·四"到"七·七"已深知列强靠不住。

"七·七"使中国人不分男女、不论老幼、不计党派,团结成抗日的坚固万里长城,阻延了东方崛起的帝国主义。这一战历时八年之久,中国军民死伤七千万之多(根据纽先铭将军引述的数字)。此次在太平洋的战争,如加上东南亚各国,英、美、澳洲以及日本军民的死伤,为数当以亿计。这实在是人类空前的惨劫。

可是"七·七"才刚刚满三十五年,距台湾("国民政府")与日本订签和约,还不满二十年,日本的军国主义却又重整旗鼓,觊觎钓鱼台,染指台湾(暗中支持"台独");日本的帝国主义又要重演旧梦,企图控制马六甲海峡,扩大防卫圈,输出资本,支配、操纵别国的经济命脉。

"五·四""七·七"和保卫钓鱼台行动,是一脉相承的正义行动,在思想和因果关系上,更有血肉相连的渊源。

假如当年列强重视"五·四"而警醒于中国青年的呼声,不再偏袒和姑息日本,及时约束日本的经济侵略,制止日本的疯狂进军,那么"九·一八"、"一·二八"、"长城之战",便不会接踵而来;日本军人也不敢置国际公理于不顾,步步向中国进逼。假如国际公法能伸张正义,主持公道,日本军人更不敢在侵占中国半壁江山之后,再置国际公法不顾而偷袭珍珠港,闪袭星加坡、菲律宾,囊括东南亚,又多添了数千万生灵涂炭的侵略惨祸。

曾几何时,盟国对日和约的墨迹尚新,各国对根绝日本重整军队的誓言与和约竟视作具文,不顾后患,怂恿支持日本再事扩军,恣纵日本据琉球,劫钓鱼台,染指马六甲海峡,支配东南亚,并盼望日本在东亚充当"太平洋警察角色"。琉球志士的复国呼声,和中国留学生、知识分子、与海外青年的保卫钓鱼台抗议行动,国际有关当局(如:联合国、东南亚防卫公约组织)以及美、英、澳诸有关大国政府和各国有力舆论机关,不是佯装不知,便是"左右言他"。这一形势,极似一九三〇年代懦弱无能的"国联",具体而言,美国的远东政策,更像当年"斯汀生不承认主义"的饰文;美、英、澳现在的姑息态度,更像战前"英、美、日海军协定"之任令日本扩军侵略,纵容日本军国主义狂焰高烧。再就整个世界大势来比较,今日的越战,正像当年(国际)左、右两派支持的西班牙内战;今日美国经济衰退,美元狂泻,又酷似当年的"经济不景气";今日美国、日本与中共的对峙,又极似一九三〇年代西方对苏联的防共态度。当年日本军人和财阀,在这类似形势之下,以"经济提携、共同防共"为借口,迷惑西方,先向中国大事侵略,继而推行"大东亚共荣圈"。今天,在这一类似形势下,有远见之士,业已及早警惕,不愿坐视日本军人和财阀再浑水摸鱼,再度制造"七・七惨祸"。回想到这里,益觉"保卫钓鱼台行动"应该坚持下去,扩大起来,把行动和影响,向国际推展,不应再走"五・四"和"七・七"前夕学运旧路,只在中国人间闹学潮,仅只把爱国,抵抗侵略,当作行动的指针。那是过去千万生灵流血之路,今日的青年和知识分子,似应高瞻远瞩,另创一条高明之路,不要在历史的漩涡中兜圈子,不要再在历史的激流中自造悲剧。富有智慧和创造性的知识分子和青年,应向远处看,深处想,大处着手,从根本上努力,把军国主义、帝国主义、种族主义,打老根上斩断除尽。让人间永不再有"七・七"之类的惨祸出现。

因此光消极抗议不行,非积极创造不可,光靠狭隘的爱国精神不行,要发挥四海之内皆兄弟的国际精神才能避免再度血拼,光从政治上找"打倒"的对象不行,要打掉军国主义、帝国主义的温床,非从经济、社会基础谋出路不可,光凭《战报》之类的油印宣传"小品"不行,必须要从文化上努力,要有诉诸理智,有说服力的"大块文章",有惊心动魄,风格一新的文艺作品,才能唤醒这个时代;光在中国人的小圈子里冲突,打斗,打不出什么名堂,反易为军国主义所乘,反为帝国主义所嘲笑、利用和分化,必须向国际和平进军不可;光以呼朋唤友,物以类聚,志同道合地搞小组织,不足以成大事,非有超远的见地,宽朗的心胸,才能广结善缘,影响广大的国际群众。只靠鼓动和压抑,亦徒增意气之争,不是来自内心深处的力量,必须用教育手段,析明事理,人人诚心悦服,才能献毕生之力,创非常之事。这个迷茫的时代,虽然在思想方面,混乱不清,但在人的行为上,却有特征可寻,任谁似乎都认识到这个时代的心理倾向。

这个时代学生最活跃,最机敏。他们学习的期间越来越长,因此质量也越来越高,所以,这是个学生的时代。这个时代的群众行动,更有决定性意义,群众潜力易于发挥,群众越来越关心国家与国际间的大事和是非,群众行动也越来越易互相影响,互相支援,国家和政党,越不易对他们支配和掌握,所以,这是个国际性群众的时候。

这个时代所倡导的非暴力行动,最能打动人心;国家军警,政党特务的暴力行动,越来越不易镇压群众的正义反抗,即使对"公共通讯"操纵,也越来越不易控制群众的正义呼声(美国、苏联、日本年来事例甚多,连中国的"文革",也靠"文斗"而不依恃"武斗"),所以,这是个非暴力行动的时代。

这个时代,和平运动最易服人,和平最为全世界人民所向往,整军经武越来越为多数人民深恶痛绝,制储核武器,越来越被斥为疯狂的人类自毁的愚蠢末路,大国征伐小国的行为也越来越行之无效(法国不足以征服越南、阿尔及利亚;英国不足以镇压肯亚、也门……美国不足以制胜古巴、北越……),多数民族越来越不能支配和欺辱少数民族(美国黑人醒觉,苏联犹太人要求解放……)。

如果认清楚时代的趋势,认识到学生与群众,是这个时代中最活跃、最有力的人群,从事钓鱼台行动者,就得冷静些,理智些。对学生,只有透过教育手段,才能真正感动良知,唤起行动,政党宣传与政治手腕终于被学生所唾弃。对群众只能用宽泛的、通俗的手段(既不能用象牙之塔的理论,又不能用严格的政治组织和纪律),谁要是自不量力去"硬干",不是群众木木然,难于接受,便是把群众煽动起来,政治纪律难于约束,结果惹火自焚,凡有心者幸其勉之。

(原载《明报月刊》一九七一年七月第 67 期)

保钓之"路"

郭 光

　　海外的"保钓"，自一九七〇年底，已开始酝酿，一九七一年的春间，达到了它的高潮。自此以后，各地的活动从来没有间断过，可是这几个月来陷入了最低潮，那是因为一方面有人闹"统一运动"，另一方面搅"反共爱国大会"，使大家的情绪达到了最低点。这在美国如此，在香港也如此。

　　然而"五·一五"的"新国耻日"的来临，又使大家团结起来。香港保钓运动当中已经一度闹分裂的中坚分子，又同坐在一起商讨"保土卫国"的大计。暂时都捐弃了成见，联合起来，向日本军国主义者来一次大示威。

　　香港的保钓组织一早就分成两派，一个是"保卫钓鱼台行动委员会"，这是亲北京的人数较多的团体，他们一切遵循北京的政策和口号。另一个是"保卫钓鱼台联合阵线"，他们以《七〇年代》杂志为中心，反对中共的教条主义和官僚主义，于是与亲北京的"保钓"格格不相入。"联合阵线"的人数较多，成员主要是青年工人和学生。这次因为大义当前，两派便相约在一月十三日在维多利亚公园举行示威。

　　时间是上午九时半，在维多利亚公园示威是经过警察局批准，因此是合法的。这样做的目的，是为了响应"专上学生联会"所举行的"非法"示威。因为万一学联会"非法"示威举行不成，那么有"合法"的示威照常在维园举行。如果学联会"非法"示威举行成功，那么，也可收到共同配合之效。因此他们决定在维园示威之后，在上午十一时前到爱丁堡广场与学联会的示威会合。

　　学联会是香港专上学校的学生联合机构，它不是以"保钓"为经常工作的目的。但是，因为五月十五日是美国交还琉球与日本的日子，把钓鱼台列屿竟也包括在"交还"之内，学联会是大学生的机关和喉舌，自觉有责任唤醒和领导学生，为这一次美日勾结侵犯中国领土的勾当，向美日当局提出抗议，尽其保卫领土及坚持国际正义的天职。便向警察当局申请在中区示威。

　　警察当局事前透过报界和电视，以阻碍交通为理由，一再警告示威不得在中区举行。但是"学联会"亦再三坚决表示，非在中区爱丁堡广场举行不可。事前几天气氛是相当紧张的。大家认为一定会出事，可能演出殴打捕人等等不幸事件。很多人对于是否参加中区学联会的示威，抱着观望态度。

　　出乎意料之外，所有的计划都是毫无阻隔的实行了。十一时从爱丁堡广场出发,两度经过了中区最繁盛的大道。警察不断提出口头警告,每一分一秒,都有马上驱散和被捕的危险。不过今日来示威的人,已经下定了决心,准备被捕,而且不加抵抗。所以香港这么多次的示威,以这一次大家在心情上最壮观、最勇敢。

我们的纠察队在两旁,把我们的行列保卫着,领导人员高叫"我们是爱和平的,我们不是捣乱分子",这一次我们用事实验斥了一些报章对我们所造的谣言。我们的歌声响过了警察的"警告",我们的雄心也战胜了被捕的"恐惧"。

两旁很多人观看,旁观者在看热闹,中国银行大楼的窗口打开了,很多人都探出头来。旁人的沉默与汇丰银行和中国银行的石狮子,有什么相似吗?

从广场到日本领事馆的国际大厦,到码头隧道,到经过大道中干诺道中,以至花园道,平日也不过是走十五分钟。这次,我们却一步步的,在被警告及被捕的阻碍之下,走了将近两个钟头了。

中区的示威之路,香港当局视为非法,但是日本侵占钓鱼台,在国际上是更大的非法,我们必须以正义之师来抗议美日勾结的大非法。中区示威所经过的道路虽然很短,但保钓的道路是极之长远的。我们希望今后各方分歧分子,仍能像这次一样在同一条路上携手。

(原载《明报月刊》一九七二年六月第 78 期)

钓鱼台的风波

【一九七〇年九月十三日　明报社评】

在琉球群岛和台湾之间,有八个无人居住的小岛屿,列为钓鱼台列屿①(日本则称为尖阁群岛),这八个小岛的主权归属问题,最近发生了争执。台湾"国府"正式声明,这是属于中国的领土,日本政府则认为是冲绳的属地,将来冲绳交还日本,这些小岛自然也属于日本。这八个小岛本来没有多大价值,最多也不过供渔人去钓钓鱼而已,但最近根据海底资源的勘测,这些小岛附近的海底可能藏有大量石油,若加开采,将是一项巨大的资源。

据日本通讯社时事社消息,美国国务院认为这些群岛属于日本,理由是美

---

① 编者按:原文如此,"列为"似为"称为"之误。

国对日和约第三条中规定，日本对琉球群岛（包括钓鱼台列屿）具有潜在的主权。琉球政府发表的理由有二：一、北纬二五度四十分至二六度，东经一二三度二十分至四十五分之间的列岛，即尖阁群岛，一八九五年一月十四日经日本内阁会议决定为日本领土；二、旧金山和约生效后，美国之民政府布告第廿七号，将尖阁群岛包括在琉球群岛内。

以上所举的三项理由，全部不能成立，理由十分简单。这是中国与日本之间的领土争执，美国根本无权干预。美国与日本订立和约，规定钓鱼台列屿包括在琉球群岛之内，那有什么法理效力？如果这种理由也能成立的话，中共大可和苏加诺流亡政府、或阿尔巴尼亚政府订立条约，规定夏威夷群岛是属于中国江苏省范围。美国占领琉球的民政府的一纸布告，跟中国的领土主权有什么关系？难道中共政府随便出一张布告，就能证明阿拉斯加是属于苏联的么？

日本内阁于一九八五年决议，钓鱼列屿是日本领土，以此为理由，那更加荒唐之极，中国政府在西汉之时，就已宣布朝鲜是中国领土，在东汉之时，又宣布越南是中国领土，到今日那又有什么效力？

琉球到底是中国还是日本领土，这问题还没有彻底解决。日本侵略中国，血债如海之深，胜利之后，中国未要求割让寸土，赔偿分文（台湾本是中国领土，不过物归原主而已）。可说宽宏大量已极。就算日本不承认中国对琉球的主权，中国提出割让要求，也是理直气壮之事。我们以为"国府"不必跟日本谈钓鱼台列屿的主权，釜底抽薪，根本就要求琉球。对于这项要求，中共也应发表声明，表示支持。中共向来喜谈"民族大义"，这是表现民族大义的一个好机会。

钓鱼台列屿属于中国

【一九七〇年十二月六日　明报社评】

关于钓鱼台列岛领土主权的争执，我们曾发表过几篇社论，认为根据各种历史文件，这些岛屿应属我国所有，日本不能妄图侵占。至于美军占领日本期间军政府所发布的若干命令，根本不能影响我国的领土主权。美国凭什么资格来任意判断某一领土应属中国、应属日本。

领土主权纷争了一段时候，忽然沉寂下来，原来日本和台湾当局决定暂时不谈这些岛屿的谁属，将所有权问题加以搁置冻结，而共同积极进行合作，开发这些岛屿附近海底的石油资源。

我们以为合作开发海底资源是一回事，这些领土的主权又是一回事，不能因为觉得开采石油有利可图，便在领土主权问题上让步。

中共对这件事一直不表示意见，直到本月三日：新华社发表一篇报道，抨击日本、台湾、南朝鲜组织"联络委员会"，准备开发台湾、其附属岛屿、中国浅海、朝鲜浅海的海底石油资源。又抨击这"联络委员会"具有反对中共的政治目标。报道中附带提起，包括钓鱼台、黄尾屿、赤尾屿、南小岛、北小岛等岛屿在内的一些岛屿，"属于中国"，指责日本政府在美国支持下寻找各种借口，企图将这些岛屿割入日本的版图。

国际间合作开发某种自然资源，只要不附带军事政治目的，同时领土所属的主权国家对这项开发计划拥有控制权，资源的开发对该国有利，有助于该国经济发展和人民生活水准的提高，这种合作开发本来是值得鼓励的。例如澳洲欢迎美国资本大量投资，去开发澳洲北部和西部的矿产，准备建造港口，以利开发；例如苏联计划和日本合作，开发西伯利亚；又如印尼鼓励外国输入资本和技术，以开发海底石油。

但日本资本在开发钓鱼台列屿的海底资源之前，应当先行明确承认，这是属于中国领土，不能糊里糊涂的企图"浑水摸油"，先造成既成事实，将来乘机霸占。台湾当局也不能着眼于目前的一时之利，或是出于政治上的考虑，而对这些岛屿的主权不加坚持。

美国声明　偏袒日本

【一九七一年四月十一日　明报社评】

我们一般认为钓鱼台列屿是中国的领土，根据历史和地质归属，一切证据都证明这是中国的土地（详细的证据，在《明报月刊》上已连续发表，五月号尚有考证的长文）。至于这些岛屿目前由北京政府或"台北政府"管理，倒不是问题所在，那都是中国人的政府。

美国国务院却于九日发表声明，说美国将于明年将钓鱼台列屿的行政权，根据一九五〇年的美日和约而归还给日本。我们以为这个声明是绝对错误的。

在法理上，美国和日本所订立的任何条约，绝对无权自相授受属于第三国所有的土地。如果这种方式可以有效，中共也可以和古巴订立条约，将美国的佛罗里达州划给古巴。

在政治上，美国尼克逊政府正在表现一连串的姿态，企图对中共表示友好。国务院这个声明，却是对所有中国人的不友好。国务院发言人虽说，关于该群岛的主权，应当由台北与日本自行解决。然而美国声明将该群岛的行政权交给日本，显然是对日本有所偏袒。如果北京或者台北派遣政府人员在该岛驻扎，美国这个声明岂不是徒然制造了纠纷？美国当日劝告美国石油公司不要在该地区进行勘察和经营业务，以免发生危险，这种态度才是合理的。

我们虽然认为这群岛之属于中国绝无可疑，但也主张一切国际争端通过和平公式解决。① 如果日本当局经过详细考虑后，明白自己理亏，不再对该群岛提出要求，那自然是明智合理的态度，否则的话，也可提交联合国，或国际法庭，或由公正无私的国家派遣专家进行调查和仲裁。这些岛屿上本无什么居民，用不着有什么行政管理。如果北京或台北并不派人去驻扎防守，那么任其维持现状，静候解决，也不失为一种避免冲突的办法。美国何必多此一举，迫不及待的将该群岛的行政交给日本，以便造成既成事实？

我们希望北京和台北发表联合声明，不但对钓鱼台列屿的主权，同时对冲绳的主权谁属提出保留。在历史上，中国曾对冲绳拥有宗主权，为什么远在数万里之外太平洋彼岸的美国，喜欢将冲绳交给谁就算是属于谁了？由此类推，如果二次大战时美军占领了我国台湾和东北，是否可以凭着对日本的一纸和约，而将这些土地的行政权交给日本？

保卫主权　不可节外生枝
【一九七一年四月二十三日　明报社评】

"钓鱼台群岛是中国的领土！保卫钓鱼台群岛！"这是中国大陆上近八亿中国人、台湾一千多万中国人、遍布于全世界其他各地的一千多万中国人共同一致的信念和要求。这本来是不用争执和辩论的。如果有什么争执、辩论、斗争，那也应当是发生于中国人和日本人之间，或者是中国人和美国人之间。

---

① 编者按：原文如此，"和平公式"疑为"和平方式"。

然而不幸的是，也可说奇怪的是，在许多地方，在"保卫钓鱼台群岛主权运动"的进行之间，许多中国人发生了争执，互相指责。他们把问题拉扯了开去。有人批评台湾当局腐化无能，有人认为应该抨击台湾，否则便是别有用心。有人说某一些人是左派、右派、新左派、新右派等等，心怀不可告人的目的。有人说参加这运动的，某人是共产党，或共党的同路人，或"台独"分子，或亲日派、亲美派，是国民党特务，或共产党统战分子，或风头主义者，有人说你保卫钓鱼台，当年为什么不保卫珍宝岛，有亲苏之嫌？当年为什么不支持中共和印度的领土争执，一定是得到了印度大使馆的津贴。有人说，中共残民以逞，打倒中共政权，远比保卫钓鱼台群岛重要。……说法之纷纭，情况之混乱，令人眼花缭乱，耳中嗡嗡作响，头晕脑胀，难辨谁是谁非。倒是日本人"任它风浪起，稳坐钓鱼船"，冷眼旁观，看你们中国人争个不休，只怕心中正在不住暗暗冷笑。

其实保卫钓鱼台的主权，根本不需要什么条件，也不必研究各人的目的，更加不必划分派别。是共产党统战分子，国民党特务，"台独"分子等等，为什么不可保卫钓鱼台？甚至根本不一定是中国人。不久之前访问北京的日本贸易代表，自民党议员等人，发表宣言认为钓鱼台是中国领土，我们岂可因他们是日本人而说其别有用心？或许，他们真的明辨是非，富于正义感，也或许，其中有人只不过为了争取对中共的贸易而不得不有此表示。但只要有此表示就够了，根本不必研究他们的动机目的和是否别有用心。

参加保卫钓鱼台，不必附有任何条件，不必身家清白，政治思想纯正，阶级出身良好，不必一定品德端正，动机正确……任何条件的附加，都会引起争执，削弱了力量。在这运动之中，也不应该节外生枝，把任何别的问题牵涉进来，以致离开了正题。要批评台湾或中共当局或"台独"分子，要报复私人怨仇，尽可选择别的场合和机会。

把任何无关的问题牵扯入来，都会妨碍到保卫钓鱼台主权的成功。保卫钓鱼台，就是保卫钓鱼台，任何人参加而为之努力，都值得欢迎！

具体行动　人心大快

【一九七八年四月十四日　明报社评】

钓鱼台群岛是中国的领土。

全世界所有中国人对这个主张都十分坚持。前几年,海外的中国青年为了要求收回钓鱼台群岛,曾掀起轰轰烈烈的运动,尤其是在美国留学的中国学生,更有各种各样的组织活动。这些团体有的在政治上拥护中共,有的拥护台湾,有的保持中立,而中立之中,又有"既反共又反台"、以及"不反共亦不反台"之别。不管这些团体在政治上的倾向如何不同;有一点主张却是共通的:钓鱼台群岛是中国的领土。

小规模的示威在香港也发生过,在台湾也发生过,进行得最热烈的,则是在美国以及欧洲的留学生。其中有些团体或许另有政治目的,但无论如何,大家表示了强烈的爱国情绪,以及对正义和公理的坚持;而反共或拥共的政治主张,显然都是伴随发生的,所有参加这个运动的青年,主要目的都是在要求钓鱼台群岛归还中国。

相形之下,北京或台北反而毫不起劲。中共与台北一直表示,钓鱼台群岛属于中国。这个立场双方始终一致,谁也没有丝毫动摇,不过为了外交上的要求,双方都不愿与日本发生正面的对抗,因之在这件事上,所表现的都颇为冷淡。这种淡然置之的神态,使得海外热血如沸的青年们都十分失望。显然,北京与台北都不鼓励这些海外青年们自发的爱国行动,不论在大陆或台湾,都没有政府所组织的大规模示威运动。

一九七二年,日本首相田中角荣访问北京,毛泽东热烈招待,赠以《楚辞》一部。田中对于当年日本侵华,只轻描淡写的表示"遗憾",连诚恳的道歉都不肯说一句,更不用说谢罪了。当时我们对于田中这种态度十分愤慨。然而其时中共正在竭力拉拢日本,海外民间的愤慨又有什么用?我们决不是认为应当反日,应当清算旧账,而是一向主张:日本当局应当对于当年的侵略中国正式谢罪,应当承认钓鱼台群岛是中国的领土。只有在清清楚楚理清过去纠葛的条件下,中日两国才能真正的长期友好合作。

前天,有一百多艘悬挂中华人民共和国国旗的渔船驶抵钓鱼台海域,其中三十多艘进入离岛十二海里的领海。据日本官方消息,渔船上配备机关枪,并有大字标语,宣称钓鱼台群岛是中国领土。

直到今日,中国方面才有所行动。虽然未免是迟了,然而海外华人,闻之无不人心大快。相信这是北京当局所授意组织的行动,表示中国对于领土主权决不让步。

领土主权是百年千年的大计。外交上的折冲所顾及只是一时的权宜得失。为了政治目的而拉拢或反对,决不能影响领土主权。我们希望北京当局对这一点必须坚持到底。

重心在钓鱼台　不在反霸权
【一九七八年四月十六日　明报社评】

日本外相园田直在下院外务委员会中说,中共渔船侵犯尖阁列岛(钓鱼台群岛)领海是有计划行动,并不是偶然发生的。如果中共认为这种行使实力的行动,能促进日中和约的交涉,那是对日本国民巨大的错误认识。日中和约的会谈将受到这事件的重大影响,他又在内阁会议中说,和约和钓鱼台群岛是两个独立的问题。

园田外相这些话,有一部分正确,有一部分不正确。正确的是,中共大批渔船的行动,是有计划的,并非偶然性事件。不正确的是,中国渔船进入自己的领海,绝对谈不上"侵犯"两字,因为钓鱼台群岛根本是中国领土。日本巡逻艇和水上飞机出现在该群岛附近,倒是侵犯了中国的领海与领空,中国外交部其实应就此事向日本政府提出抗议。

中共这样做,是不是为了和约谈判不顺利而行使压力呢?据我们猜想,可能性颇大。不过我们并不赞成。不是不赞成派遣大批武装渔船进入钓鱼台岛海域,事实上对这种行动赞成得很,而是不赞成以领土的争执,作为达成和约中反霸权条款的折冲手段。中日和约的谈判进行得顺利也好、不顺利也好,日本亲苏也好、反苏也好,对中共、美国、台湾的态度不论如何,钓鱼台群岛总之是中国的领土,那是没有妥协、让步,作为交换条件之余地的。我们承认,为了战略上、外交上、国策上的某些重大考虑,领土争执可以暂时不谈。然而暂时不谈,决不等于正式让步。任何政府在外交上可以有得有失,但如为了一时的便利,以致出让了一尺一寸土地,必定永远为人所唾弃。除非打了败仗,在军事压力下被迫割让，真正是无可奈何，国人才或许能够谅解。

中日和约之中是否有"反霸权"的条款，老实说一点也不重要。日本的国民性是非常重实际的，如果认为反苏对日本有利，自然会反苏，认为亲苏有利，当然亲苏。条约中是不是写上"反霸权"三字，根本全无实际意义，只不过是一种外交姿态而已。从日本的具体利益出发，日本决不可能认为亲苏有利，绝对会反对苏联在远东、太平洋扩张。日本之反苏，那是势所必然、决无疑义之事。中共其实不必强人之所难，非要它在条约中写上一笔不可。

对于中国真正重要的大事，是要日本在中日和约中承认，钓鱼台群岛是中国的领土。这当然并不容易办到，但中国政府无论如何必须据理力争。中国目前的头等大事，是防备苏联入侵，不必为了钓鱼台而与日本发生武装冲突，任何领土争执，都以坚定而和平的手段来谈判解决为宜。但必须认清，中日和约的要点，在钓鱼台而非反霸权。日本之反苏，根本不成问题。

不可弃土　不妨缓谈

【一九七八年四月十七日　明报社评】

中共政治局委员耿飚对日本来访的一个政党团体说，中国渔船进入钓鱼岛海域是偶发事件，并非当局所组织，目前正在进行调查。这样的态度，表示中共当局并不愿在这时候，为了钓鱼台群岛主权谁属的问题，与日本发生争论。显然，中共注意重心之所在，是要和日本完成和约谈判，并在和约中列入反霸权的条款，不希望由于领土的争执，影响和约的顺利签订。

由于战略和外交上的需要，中国暂时不愿与日本交涉钓鱼岛的主权，那当然并没有什么不妥。然而有两件事不可不办。第一、中国外交部应当正式发表声明，钓鱼台群岛绝对是中国的领土，决不承认美国私自将该群岛随同琉球一并交于日本的合法性；第二、应当向日本政府提出抗议，日本的海军舰只与飞机进入钓鱼台岛海域，干扰中国渔船的正常作业，是侵犯中国领海与领空，要求日本此后不可再犯。

声明中不妨附带说明，中国愿意与世界上一切国家，以公平合理的态度，根据历史证据与国际公法，谈判国界的争议，愿意通过和平方式解决争端，如果无法解决，则可暂行搁置，待时机成熟时再重开谈判。领土与主权是千百年的大计,主要有三个原则,一、决不能放弃寸土;二、以和平方式谈判解决;三、时机未成熟时,不妨长期搁置。对香港、澳门是如此,对俄国强占去的土地是如此,对中印边界争执是如此,对于西沙、南沙群岛、钓鱼台群岛也当根据于同样原则。这三原则简言之,是:决不弃土,和平谈判,尽可搁置。中国不要占缅甸、寮国①等弱小毗邻的便宜,但也决不畏惧苏联的强凶霸道。当年中印边界所以发生武装冲突,完全是由于印度逞强入侵所引起。

所谓"渔船进入钓鱼台海域是偶发事件,中国当局正在进行调查"云云,这样的说法似乎不甚妥善,不知是否外电报道所有出入。钓鱼台海域是中国的领海,为了避免与日本在目前引起纠纷,中国当局自行约束本国渔船,下令暂时不许进入,作为本国内部的一项行政命令,那当然是可以的。然而这既是中国的领海,中国渔船当然有充分权利可以去捕鱼,无所谓偶发或非偶发,更加没有向日本人解释的必要。

希望中国当局郑重处理钓鱼台群岛事件。我们并不期望中国为此而与日本发生严重纠纷,不论在任何时期,都希望和平解决,然而不可有任何行动或言论,默认日本对该群岛享有主权或管辖权。如果真有必要,中国应当派遣海军人员在该群岛的主岛上驻扎,千万可让日本先行一步②,造成既成事实。

"和平友好"与直升机场

【一九七八年四月二十三日　明报社评】

关于钓鱼台群岛主权的争执,日本内阁官,太郎一再表示了极端强横的态度。③ 他先说。中国渔船的"侵入"海域事件如果不先解决,中日和平友好条约不能恢复谈判;又说,只有先解决尖阁群岛(即钓鱼台群岛)的主权所属,中日和约才有可能签订。前天,他又在记者招待会上宣称,日本应当在该群岛的主岛上建设一个直升机场,用以一举解决争端。

---

① 编者按:即现今老挝的旧称。
② 编者按:原文如此,"千万可"疑为"千万不可"之误。
③ 编者按:原文如此,时任日本内阁官房长官为安倍晋太郎,现任日本首相安倍晋三之父。

他这三番言论，所根据的逻辑显然是这样：中国非和日本谈判和约不可，中国非和日本签订和约不可，日本只要显示了实力，就将中国人吓得再也不敢来了。

　　安倍的逻辑，用在一九三五年前后，那确是颇为有效的。当时日本的广田外相提了"三原则"，逼迫中国接受而签订条约，如果中国不答应日本的要求，日本就要行使实力。日本这种态度对中国行使了数十年，居然今日又来这一套，中国人是不是就此会吓怕了呢？难道中国人穷得个个要饿死了，哀求日本来救济？中国给苏联逼得快要亡国了，只盼日本的"友好"来支持撑腰？中国人从来没有见过直升机，一见到几架漆着红膏药的钢铁大蜻蜓，就此吓得魂飞魄散、落荒而逃？

　　钓鱼台群岛在历史上、法理上都是中国的领土。甚至日本有几位著名的历史学者，也撰文承认这个事实。就算日本政府不能同意这样的观点，也当举事实、摆道理，大家公平合理的来讨论。然而日本政府所表示的态度，从来不说钓鱼台群岛凭了什么根据而必须属于日本，一味只说，中国不让步，就妨碍和约的谈判。日本政府显然将和约拿在手里当作一只王牌，企图以此为饵，逼迫中国放弃神圣的领土主权。

　　日本硬要霸占中国的领土，那还有什么"和平"可言，"友好"还剩得几分？就算日本在条约中同意列入反霸权的条款，但日本政府这种行动根本彻头彻尾的是"霸权主义"的表现，反霸权又云何哉？中国让出了钓鱼台群岛，换得一纸徒具虚文、毫无丝毫价值的条约，还有什么意义？

　　和平与友好是很好的事，中国人民与日本人民都应当努力争取。然而和平与友好的价值，完全在于具体行动，决非说的是一套，做的又是一套。当年日本的外交使节正在华盛顿商谈和平友好条约，日本的炸弹却纷纷投落在珍珠港，这一类的谈判与条约值得几个日圆？就算日圆升值，恐怕也不见得有多大贵重？

　　真正的和平友好，应当表现于友好态度、和平方式，来解决两国间的任何争端。巡逻炮艇、水上飞机、直升机场所代表的，与"和平友好"四个字距离远得很。

外交部的答复丧失立场

【一九七八年四月二十四日　明报社评】

　　大批中国渔船进入钓鱼台群岛海域，日本向中国外交部提出抗议。中国拒绝抗议，声明该群岛是中国的领土。北京这样的态度十分正确，只不过尚有所不是。中国应当向日本提出反抗议，要求日本的巡逻艇和飞机不得干扰中国渔民的正当作业。

　　但日本后来又抗议之不已。中国副总理耿飚向日本的反对党领袖表示，这是偶发性事件，并答应进行调查。日本驻北京大使馆公使堂之胁光郎廿一日与中国外交部亚洲司司长王晓云再度谈商这问题。王晓云仍说，这是偶发性事件。堂之胁强烈表示，希望这类事件不会再次发生。王晓云答称："中国政府已从中日友好的广泛角度采取必要措施，并将继续采取必要措施。"

　　北京当局对于钓鱼台事件所表示的态度如此软弱，令我们大感愤慨。外交部的正式答复，完全不再坚持钓鱼台是中国的领土。日本政府有什么权利，来要求中国渔民不得进入钓鱼台海域捕鱼？王晓云的答复显然含意说：为了中日友好，中国政府保证今后不将再有类似事件。

　　王晓云的答复绝对丧失了立场，这样的答复完全是错误的。中国大陆上的人民对于钓鱼台事件向来不大了然，海外广大的中国人以及华裔外国公民，却都清楚得很。我们可以容忍中国政府对钓鱼台暂时默不作声，可以容忍中国政府暂时不采取任何行动，可以容忍中国当局在目前自行禁止渔民前往钓鱼台海域，但决不能容忍外交部人员正式向日本外交代表表示：这类事件今后不会再度发生。中国当局自行禁止渔民前往钓鱼台，当然是可以的。中国政府有权禁止人民前往新疆、西藏、不准人民进入原子弹试验场地、禁止进入任何军事基地，这并不牵涉到领土主权问题。但决不能向日本提这一类保证。

　　对于日本的一再抗议，中国政府应当这样义正辞严的答复：第一、钓鱼台群岛是中国的领土；第二、为了中日友好，这个领土争执的问题，可以将来在适当的时机再行商谈；第三、为了避免争端，建议双方协议，中国与日本的官方人员、渔民、船只、飞机等等，在争议正式解决之前，一概不进入该群岛的陆地、海域及领土；第四、拒绝日本的抗议，日本无权对于争议未决的领土，自行认为已属日本所有。中国抗议日本的飞机船只进入钓鱼台海域，要求日本立即拆去设在钓鱼台岛上的气象设备。

虽然中国外交部的答复,并非承认钓鱼台属于日本,但为什么不强调这是中国的领土？中国拉拢日本,目的是对抗苏联的侵略,这是大家都了解的。但在历史上,日本对中国的侵略决不下于俄国。为了拒前门之虎,而向后门之狼让步,是不是明智？是不是值得？

东海大陆架与钓鱼台
【一九七八年五月十三日　明报社评】

中共外交部副部长韩念龙,十日约见日本驻华大使佐藤正二,就日本政府把"关于日韩大陆架协定的特别措施法"提交日本国会通过、继续侵犯中国主权,表示强烈抗议。韩念龙指出,日本南韩背着中国,在东海大陆架片面划定"共同开发区",是侵犯中国主权的行为。所谓"日韩共同开发大陆架协定",完全是非法的、无效的,中国政府决不能同意。

这是中共第三次就东海大陆架问题表示态度。第一次是一九七四年一月,当时日本与南韩签署这份协定。第二次是去年七月,当时日本国会批准开采安排。

大陆架是陆地在海底伸延的部分。事实上整个地球的地壳都是陆地,但一大部分被海水所掩盖。海水的深度不同,因此习惯上将海底分为三部分。和大陆最接近的部分称为大陆架。一般来说,这一带水面以下斜坡的倾斜度平均只在一度左右。水的深度在四百八十呎至六百呎之间,当然,其间也可能有很深的海底峡谷。大陆架的宽度不一,因地壳的形状而异。

第二部分是大陆架的延伸,这一带海底的倾斜度较大。再远些则是海底的陡壁,壁外的海水深度在六千呎以上。

大陆架的海水较浅,而且往往又是海底寒流、暖流汇合之处,因此生物较多,鱼群滋生,这是各国过去重视大陆架主权的主要原因。及至后来发现许多大陆架岩层蕴藏丰富石油,大陆架就格外引起各国的注意。联合国曾召开过几次海洋会议,讨论的主要题目之一,就是沿海国家对二百浬专属经济区的主权和管辖权,许多国家主张这二百浬从领海边缘算起。

中共这次表示的立场非常明确。韩念龙还警告日本大使说,日本政府必须立即停止侵犯中国主权、损害中日关系的行为，否则，必须对由此产生的一切后果负完全责任。这和处理钓鱼台群岛问题时比较晦涩的态度，成了鲜明对比。当时中共虽然拒绝接受日本就中国渔船"入侵"钓鱼台岛海面所提出的抗议，并且指出中国早就于一九七一年底声明钓鱼台群岛是中国的领土，但中共要员在和日本官员及民间代表谈话时，却表示这是"偶发事件"，并不强调领土主权问题。

东海大陆架与钓鱼台群岛，两个问题是有密切联系的。大陆架的范围，决定于陆地的领土，到底大陆架应该算多远，国际间尚无定论，但无论如何，总之是与本国领土相连的部分。钓鱼台群岛的主权属于那一个国家，该群岛附近的大陆架自然而然就属于该国。该群岛荒无人居，并无经济价值，价值完全在其附近的海底大陆架。

邓小平谈钓鱼岛

【一九七八年五月二十三日　明报社评】

邓小平于十九日接受美国合众国际社廿五位编辑和发行人的访问时，谈到了许多当前的中国及世界大事。其中之一是说，"四人帮每天还在照常吃饭，今后将继续吃饭。"意思说他们没有死，也不会处以死刑。据合众社据可靠消息，他们是被软禁在北京或北京附近的地方。邓小平又赞同美国驻日本大使曼斯尔德最近所表示的意见，这位大使说，中国是"东方的北大西洋公约组织"，牵制着苏联在中苏边界的四十多个陆军师。邓小平所谈的问题很宽泛，最引海外华人关注的，相信是下面这几句话，他说：日本对钓鱼岛享有主权的说法是站不住脚的。两国已同意押后，在商讨和约时不讨论这一问题。中国认为，这问题将来很容易解决。

我们十分欢迎邓小平以中共中央副主席的身份，在钓鱼岛的主权问题上表示了如此明确的态度。邓小平的声明，比之"中国渔民前往钓鱼岛海面捕鱼是偶发性事件"的说法，那是明确得多了。中国认为日本的主张站不住脚，那自然便是说，中国对于钓鱼岛享有主权的说法站得住脚。两国暂时不讨论该群岛的主权问题，那也很好，国际间的领土争议是长期性的事，既不可能、也不需要在最短期间急谋解决，何况该群岛上并无人居，尽可在适当时机，以和平方式谋取合理解决。我们认为必须坚持一个原则：钓鱼岛是中国的领土。邓小平既有这样明确的表示，那就令人满意了。中国政府决不会放弃本国的领土。

　　他说这个问题将来很容易解决。那是什么意思？邓小平没有详加分析，也没有暗示为什么很容易解决。在一般情况下，国际间的领土争执极不容易解决，除了兵戎相见，在战争上一决胜败之外，单靠谈判实在很难取得协议，而中日之间，显然绝无为钓鱼岛打上一仗之意。

　　解决的方式之一，是中日双方合作在钓鱼岛海底采油，所得的原油双方合理分配。日本承认钓鱼岛是中国领土，但是所得的原油中，日本可以取得较多的一份。钓鱼岛本身并无经济价值，价值完全是在海底石油，日本或许愿意多占实利而放弃虚权。

　　解决的方式之二，是中国认为中苏不免一战，届时中国、美国、西欧、日本都是同盟国。打垮苏联之后，中国支持日本收回目前为苏联所占的四小岛以及库页岛，日本支持中国收回为苏联所占的失地，同时不再与中国争钓鱼岛。如果战争中双方合作良好，日本又出力很多，则中国在收回北方大片领土之后，将钓鱼岛让给日本作为酬劳。

　　那都是并无根据的推测。但猜想起来，邓小平说这段话时，心中极可能会想，比之中苏大战的胜败，钓鱼岛实在微不足道。

钓鱼台和邓小平的保证

【一九七八年八月十六日　明报社评】

　　中日和平友好条约签字后，日本自由民主党执行党主席中曾根康弘在东京表示，依日本的看法，中国当局已承认钓鱼台实际上是在日本的管辖之下，因为根据中日双方谈判的纪录，邓小平曾向日本方面保证，今后钓鱼台事件不会重演。所谓钓鱼台事件，指的是今年四月间中共一百多艘渔船进入钓鱼台群岛十二浬海域一事。

　　我们的解释，和中曾康根弘完全不同。同时我们相信，邓小平说这句话时，含义决不是说中国已承认日本实际上管辖钓鱼台群岛。中曾康根弘完全是一厢情愿。非常明显，日本当局企图利用目前的时机，将钓鱼台群岛的所有权确定下来。中共的立场，则是认为目前不必谈这件事。

那么邓小平所谓"保卫钓鱼台事件不再重演"这句话,到底是甚么意思?意思是简单不过的。中日和平友好条约花了这许多力气才签成,难道半点用处也没有?新鲜热辣的出炉条约,如果有机会引用,邓小平怎么不用一下?一个人买了支新笔,会不会用来写几个字?买了双新鞋,岂有不穿上街的?这个新约的第一条第二款说:"缔约双方确认,在相互关系中,用和平手段解决一切争端,而不诉诸武力和武力威胁。"

钓鱼台群岛的所有权,中国(包括北京和台北)说是中国的,日本说是日本的,那当然中日双方"在相互关系中的一个争端"。争端怎样解决呢?从前并无确定的原则,谈判也可以,先下手为强的占领也可以,抢夺也可以,现在却有一定办法了,那便是必须使用和平不得诉诸武力和武力威胁。

今年四月间,中共有一百多艘渔船开到钓鱼台群岛附近,渔船上有机关枪和自动武器,船上还有写了大黑字的白布条,表示钓鱼台群岛是中国的领土。这许多渔船在海域中长期逗留不去。日本派出飞机和小炮艇监视,机艇上有机枪等武器。双方虽然没有诉诸武力,但既然都配备了机关枪,"诉诸武力威胁"这六个字是赖不掉的。

邓小平保证这类事件不再重演,那就是明白表示:北京方面决心切实遵守中日和约,今后关于钓鱼台的所有争端,必定以和平来解决,不会再派出百多艘渔船去吵吵闹闹,使用类似于武力威胁的手段。中日和约刚签署,为什么日本政界领袖们就立即忘了和约中的条款,对于邓小平的话作牵强附会的解释?和约的要旨之一,是以和平解决争端,中日之间当前最大的争端是钓鱼台,邓小平保证不再派武装渔船,那不是合理得很吗?

钓鱼台列岛主权不容侵犯!

孙淡宁

【一九七一年十月明报月刊每月评论】

正当美国高喊撤出亚洲,日本俨然以"保安"接替者姿态亮相时,突然宣布中国的钓鱼台列岛是琉球属地,同时,美国也表示该列岛将于一九七二年与琉球一并"归还"日本。

这一事件,发生在八年抗战记忆犹新,亿万中国人血渍未干、尸骨未寒的今日,不能不令人震惊于帝国主义的专横跋扈,并未为历史所埋葬。

钓鱼台列岛是中国的领土,原是不争的事实,日本将该列岛列入琉球疆域,是掠夺的企图,也就是侵犯中国主权的行为,再说琉球原是中国的藩属,抗战胜利之后,中国不曾提出主权要求,实在是宽宏大量之极,现在钓鱼台列岛竟然发生"主权之争"的问题,对于这一问题,唯一的彻底方法,就是中国立即索回琉球群岛!

钓鱼台列岛位于台湾基隆东北一百公里,邻接中国大陆和台湾大陆礁层尖端近处,(所谓大陆礁层,是指大陆海岸在海面的延长,海水深度不逾两百公尺。)与琉球群岛之间,隔有一条极深的海沟。根据一九五八年联合国海洋会议所通过的大陆礁层公约:"在领海以外之海底区域,海床及底土,其上海水深度不超过两百公尺,或逾此限度,而有可开发的天然资源者,其权利即归附近国家所有。"这一条款,已足够证明钓鱼台列岛绝不属于琉球。

在历史上,远自明代,即有钓鱼台列岛记载,并且,附近海域与台湾北部海域属于同一季风走廊和黑潮走廊,一向是台湾渔民主要的作业场,且在岛上建有神庙。

一九四一年,台湾由日本占据统治时,琉球冲绳为争取这一渔场,曾和台北发生争讼,结果,日本东京最高法院判决该列岛归属台北州。由引可以证明,日本已经承认钓鱼台列岛并非属于琉球。日本投降,台湾归属中国,自应包括钓鱼台列岛在内。

自该列岛发现海底蕴藏大量石油之后,利之所至,日本为争夺该列岛权益,竟不惜将稀微的中日友谊,作最后的扫荡!

一叶落而知秋,钓鱼台列岛主权之"争"再次揭露了日本领土侵略的野心,日本军国主义复活之说,岂是毫无根据?同时,这一事实,也就给予沉醉于"和平互助"者一记当头棒喝!

日本民族最擅长于掩饰的民族,一如其古典戏剧中的角色,满脸堆砌白粉,使人难以辨认其真面目。战后的日本,在经济上、外交上的歌词舞艺,赢得举世喝采。于是美国便有意将亚洲"保安"责任,移交日本,去年十一月佐藤荣作访美,曾扬言:"日本的新时代来临了。""站在保障日本安全的立场上,对台湾和韩国的区域和安全极其关心"。佐藤的谈话,很明确的说明日本今后的发展动态,必然是由经济、政治,再进而至于军事。这在二次大战深受日军劫掠、屠杀的亚洲国家听来,不无毛骨悚然之感!

美国有意扶植日本,要将亚洲"保安"交给日本,其用心是可以理解的,姑不论亚洲是否需要"保安",纵或需要"保安",而所谓接替"保安"任务者,竟任其登堂入室,予取予携,岂不荒唐透顶?

第二次世界大战,中国是被侵略国、受害国,当时,中国人民正以血肉之躯对抗日本炮火,争守土之际①,所谓列强国家,却在雅尔达签下一纸协定,把中国东北的权益,轻轻的一笔,勾给了苏联。

大战结束,中国没有向日本索取任何赔偿,也没有向罗斯福质询出卖中国的雅尔达协定,固然是中国人的宽厚,也可以说是中国人的懦弱。廿五年来,中国演变成今日分裂情势,追根溯源,我们不能不作深切的检讨!

国家的领土是属于人民的,中国执政者,对于钓鱼台列岛事件,应予以慎重处理,不容有任何损及国家权益和民族尊严的妥协!否则,纵能摆脱民意,也难逃史笔!

最后,我们严正声明:

警告日本,八年血债尚未偿还,不容再有侵略中国的企图!

警告美国,应顾及正义的宣判,不容雅尔达事件重演!

也来谈谈钓鱼台

王士迪

【一九七八年四月二十九日 明报专论】

中共大批渔船出现在钓鱼台海面的事,引起了观察家极度的困惑。正当中共和日本签了总值二百亿美元的八年贸易协定、而两国和约谈判又即将恢复之际,竟突然出现这一招实在费解。因此有人认为,这是"不智"、"不当"之举。

这种看法,当然基于渔船之出现钓鱼台海面,完全是一项有计划行动的基础上。从种种迹象来看,行动是有计划的,然而中共高级官员却一再声称是"偶发的",解释是:渔船追逐一大群鱼,一直追到了钓鱼台海面。

这可以说,非官式方面,这是有计划的行动;官式方面,这是无计划的、意外的。这次事件牵涉了钓鱼台群岛的主权问题,就这一点言,从非官式和官式

---

① 编者按:原文如此,疑为"抗争守土之际"。

立场来看，和上面听说的刚巧相反。就是说，官式方面，中共确认钓鱼台群岛是中国领土，因此日本关于中共渔船"入侵"的抗议，中共拒绝接受，同时并重申在一九七一年底中国曾发表正式声明，指出钓鱼台群岛是中国领土。非官式方面，则是谓这是"偶发"事件。所谓非官式，是因为这种解释，并非由外交部或新华社正式发表，而是由耿飚在和日本社会民主联合代表团谈话时被问及时提到。其后，外交部亚洲司副司长王晓云与日本驻华大使馆公使堂之胁光郎会较时①，也重申了这一点。这些会谈内容，均非由新华社发表，而是由日本报纸或外国通讯社，引述当事人或北京外交界人士的话。是否报导有出入、引述有错误，中共官方不负责。

这可以说是打太极拳。事实上七二年中日建交以来，中共就一直采用这一套手法来应付钓鱼台的问题。目的是为了一个更大的前提——对抗苏联，在这个首要前提下，其他问题都可以暂时搁置，但搁置并不等于放弃钓鱼台群岛的主权。同样的做法，也适用于已由菲律宾、越南、台湾分别占领着的南沙群岛；甚至可以说，对港澳的政策，也是这一政策的引申。

事实上钓鱼台也许正是中共应付日本，对抗苏联的一张牌，虽然未必是王牌。谁都知道苏联正在积极拉拢日本，目前苏联手中主要的牌，是日本北部四个海岛和捕鱼权问题。这些岛是战后苏联强行占领的，至于捕鱼权问题，苏联除了设立二百哩捕鱼区外，更在区外的公海设立扩大的捕鱼区。日本为了这两件事非常不满，可是，越是不满，这两张皇牌的作用就越大，一旦到了时机成熟，苏联只要在这两个问题上稍作让步，日本就可能有受宠若惊的感觉。其实，这只是慷他人之慨。

北方岛屿是苏联夺自日本的，钓鱼台则是中国的。中共曾列举史实，证明它是属于台湾，也就是中国的，决非如日本人所说，是属于琉球群岛的。两个岛的本质不同，而中共却"非正式地"表现了温和得多的态度，相形之下，岂不显得日本和中共相处，比诸和苏联相处好得多？

事实上苏联是在千方百计地拉拢日本。它除了以开发西伯利亚利诱日本，要日本和它签署睦邻友好条约、把它拉过来对付美国、中共之外，还采用种种分化、渗透手法，影响日本的政党、团体、渔业巨子和渔民。鱼获在日本是一

---

① 编者按：原文如此，"会较"应为"会谈"。

个大问题。①

  虽然中共并未放弃钓鱼台的主权，同时因为新华社不加报导，大陆人民不知道事件的经过，决不致发生贴标语、示威等情形。可是，这种做法，不免有丧失立场之嫌，何况，也有点冒险，因为对手是有过长期侵略中国历史的日本。

---

① 编者按：原文如此，"鱼获"似为"渔获"。

索 引

A

阿伯达省省立大学　26
阿姑尼　131
阿拉斯加　28,29,48,52,256,300
阿喇斯姑　130
《啊！海军》　45
《啊,满洲!》　45
埃及　96
爱默雷　167,170
爱知揆一　14,68,166
安大略省　25
安得拉西　156
《安全条约》　65
安田佳三　64
岸信介　16,44,46
奥原敏雅　175
澳洲　295,301

B

八·一三保钓示威　112,272
八重山石垣村　9
巴度麻　130
巴梯吕麻　130
巴铁摩　23
秘鲁　54
柏克莱大学　247
柏马斯岛案　10
保卫钓鱼台临时联络小组　25,261
保卫钓鱼台行动委员会　3,20,24,60,61,259,274,279,298
《保卫钓鱼台游行手册》　239
保卫钓鱼台运动　3,20-22,25,26,35,38,40,50,53,112,113,183,234,238,241,249,261,264,267,271,273,275,279,289-292,294
《保卫钓鱼台战报》　62
保卫中国领土钓鱼台行动委员会　21,22,112,238,241,245
鲍永平　73-77,79,81
卑斯大学中国同学会　26
北海道　30,141,151
北京　1,17-19,57,63,64,66,67,76,93,105,111,142,183,193,200,206,251,282,283,285,298,301-305,309,311,313,316
北小岛　5,17,63,64,69,114,144,186,210,301
贝克里　40,41,48,50,61,62
庇郎喇　130
波茨坦宣言(波茨坦公告)　6,46,57,141,151,153,209
波士顿　21,23,24,53,61,66,73,78,104,240,245,251,276,289

C

蔡铎　128,129

蔡节义　24,294

蔡元培　282,284,285

《册封使录》　199

长林一夫　18

《畅言》　279

朝鲜　13,17,33,36,39,63,65,66,91,93,97,104,131,134,135,137,150,217,300,301

朝鲜战争　30

陈宝琛　95

陈继成　73,75-78,80,81

陈　侃　5,88,116,148,195,196,198,199,203

陈磊　81

陈省身　289-291

陈枢　24

陈幼石　74-79,81

程君复　23,80

《赤旗》　177

赤尾礁（赤尾屿）　5,6,17,63,64,69,83,85,88-91,114,116,144,146,147,149,185,195-198,202,203,205,208,209,301

《冲绳的地位》　90

《冲绳归属の沿革》　142

《冲绳季刊》　146,157,158,189-191,210

《冲绳每日新闻》　206,208

《冲绳全图》　114

《冲绳绳管内地图》　117

冲绳县　6,13,89-91,94,117,121-123,133,136,138,139,148-151,157,167,184-186,194,204-207,210,211

《冲绳县史》　114

《冲绳县物产捡查所年报》　117

《冲绳县治要览》　117

《冲绳志》　7,117,131

崇基学院　25

《楚辞》　304

《创建学会》　261

慈禧　83,85,86,91,112,137,142,150,159,161,162,164,175

D

达喇麻　130

达奇度奴　130

大北小岛　5,114

大东诸岛　14

大久保任晴　18,64,66

大连　38

《大陆礁层公约》　154,155

《大陆礁层与海床开发的法律问题》　142

《大路》　261

大南小岛　5,114

《大日本地理全图》　128

《大日本地志》　139

《大日本读史地图》　180

《大日本府县别地图并地名大鉴》　115,160

《大日本管辖分地图》　180

大山纲良　93

大田　142,155,156

大巽他　5

大正岛　88,89,147,186

大专学生保卫钓鱼台公开论坛　25

丹麦　5，154

得克萨斯　22

德璀琳　137，150

邓小平　113，287，311－313

邓志雄　83，84，168

狄拉华大学　43

《地学杂志》　143，157，195，204

《地质学杂志》　143，157

第二次世界大战　11，30，31，33，47，57，69，177，212，222，281，315

《第四次防卫计划草案大纲》　65

钓鱼台简报　24，41，44，46

《钓鱼台快讯》　82

钓鱼台列岛（钓鱼岛、鱼钓岛、尖阁岛、尖阁群岛）　3，5－7，13－21，25－27，31，33－36，38，51，62－64，66－70，84，113－119，121－126，135，136，139，141，142，144，145，147，157，160－162，167，179，185，188，195，196，198，199，201，203－210，212，244，300，306，311－315

《钓鱼台列屿采药记》　163，189

《钓鱼台千万丢不得》　292

钓鱼台事件　1，3，4，6，9，13－16，20－22，25，26，29，35－37，39－42，50，57，60，62，63，82，84，98，102，103，119，165，166，169，174，177，178，180，182，183，190－193，220，221，229，230，237，247－250，259，270，272，292，309，312，313

《钓鱼台事件特刊》　26，292

《钓鱼台事件须知》　20，241

《钓鱼台手册》　12

《钓鱼台特刊》　48，50

《钓鱼台问题》　176

钓鱼台运动　3，16，53，60，73，74，221，270，271，277，278，281，293

《钓鱼台之历史、地理与法律根据论丛》　86，87

丁民　64，66

东恩纳宽惇　128，197，204

东海　15，16，18，32，33，36，37，113，119，141，146，147，153，155－157，167，172，173，190，195，203，209，215－217，220，225－227，247，259，310，311

东京　6，13，14，16，18，19，44，45，49，56，63，95，115，119－122，124，127，141－143，145，146，157，158，160，169－172，176，178，180，181，190，194，210，211，228，276，312，314

《东京新闻》　67，192

东马齿　131

东南亚　31－35，45，46，48，49，54，59，67，248，277，282，293，295，296

东条英机　45

东印度群岛　11

董恂　93

《读卖新闻》《读卖周刊》　14，18，125，141，192

度姑　131

度那奇　131

渡边弥荣司　18，64，66

渡久地　14

段祺瑞　38

段锡朋　276，285

《对日和约》　68

多伦多大学　26，35

E

俄国　307，310

索　引

厄瓜多尔　54
二·二〇示威　263
"二·二六"事件　276
二·一八示威　261,262

F

《法令全书》　139,143
《法学评论》　174
《返还冲绳协定》　187
《防卫白皮书》　65
防卫厅　59,64,68,181,193
飞濑岛　5,114
非洲　48
菲列克斯·格林　35
菲律宾　31,48,104,147,316
菲律宾群岛　5
费城　21-24,61,78,240,251,256,257
丰臣秀吉　93
《锋芒》　264
冯国祥　22
佛兰兹·舒曼　3,48
福田藏相　149,166,170,194
《府县改正大日本全图》　128

G

冈崎嘉平太　18,64,66
冈田秀男　18
《高等地图帐》　181
高冈大辅　157,171,172,190
高坡正尧　175
哥伦比亚　234,240,242
哥伦比亚大学　43,256,292
耿飚　306,316
宫古岛　14,95,130

姑达佳　130
姑李麻　130
姑吕世麻　130
姑米　116,149,196,197,201,202
古波津英兴　177,188
古贺辰四郎　6,8,9,68,121,122,171,173,185,206
古贺善次　7,68,121,122,171,173,186
古井喜实　18,64,66
关口备正　128
光绪　94-96,122,132,162,175,189
广田弘毅　308
郭沫若　64
郭汝霖　5,88,116,149,195,196,198
郭时俊　23
郭士进　113,295
郭宣俊　112,165,213
《国际商业法》　225
国际仲裁法院　10,11
国民党　50,53,54,74,98,99,101-103,279,280,282,284-286,303

H

哈佛　104,127,128,134,240,276,277
《海底性质图》　215
海洋开发研究联合委员会　17,63
韩国　45,97,122,170,173,211,215,216,218,221,256,314
韩建中　112,165
何如璋　94-96
河合良一　64
荷兰　5,11,96,97,154
横山重　128
《红楼梦》　293

胡适　279,283,284,286
胡志钧　76
花俊雄　23
花瓶屿　115,116,147,196-198
华埠波特茅斯广场　24
华盛顿　18,20-23,43,61,66,67,83,87,
　　　112,152,210,212,234-239,241,
　　　242,245,250,251,276,278,279,
　　　289,308
滑铁卢大学　26
《皇朝中外一统舆图》　149
黄包　75,76,78
黄海　15,57,97,167,216,217,220,226
　　　-228
黄庭芳　76,81
黄尾礁（黄尾屿）　5-7,11,17,63,64,69,
　　　85,86,88,89,91,114-116,118,122,
　　　144,146,147,149,162,164,168,185,
　　　195-198,200,202,204,205,208,301
黄养志　112,165,213,291,292
火烧岛　10

J

基隆　5,6,8,62,114-116,118,125,126,
　　　139,146,195-197,201-203,
　　　223,314
吉田松阴　93
加州大学　48,61,248,275-277,285
佳奇吕麻　131
甲午战争　7,9,10,45,68,69,90,122,
　　　177,205-209
《尖阁列岛（钓鱼诸岛）之历史的解明》
　　　211
《尖阁列岛探险记事》　143,204

《尖阁列岛特集》　146,210,211
《尖阁列岛研究会》　149,160
《尖阁列岛与日本的领有权》　145,158
《尖阁群岛》　143
《尖阁群岛简介》　116
《"尖阁群岛"问题和日本军国主义》　68
柬埔寨　32,48,49,65,66
简达　98
蒋介石　17,63-67,69,70,177,221,
　　　267,286
蒋梦麟　285,286
皆川洸　175
《戒严法》　102
《金山时报》　279
津奇奴　130
《进军徐州》　45
《经济学人》　176
井上清　112,165,170,177,178,183,189,
　　　190,192-195,211
井上馨　89,136,150
《九国公约》　276
"九一八"侵华事件　45
久场岛　88,89,122,135,136,139,147,
　　　185,186,204,205,210
久米赤岛　88-90,135,136,147,150,
　　　185,186,205
旧金山　22,24,41,42,61,66,68,124,
　　　139,152,153,187,194,235,239,243,
　　　251,256,276,278-280,285,289,300
《决不容许美日反动派掠夺我国海底资源》
　　　3,17,63
《军阀》　45

K

《开放》　221

开罗　10,96,151
开罗宣言　6,10,46,57,97,151,209
堪萨斯　22
康乃尔　22,23,61,238,239
克·朱里安　28
邝友良　85,161,163
邝治中　76,79,80,240
魁北克省　25

L

拉丁美洲　29,48
赖儿熊　124
老挝　37,49,65,66,307
李大钊　282,285
李鼎元　201,202
李鸿章　93-95,150,158
李蒙·威尔逊　85
李我焱　22,24,74,76,79-81,240,256,257
李雅明　112,234
李卓皓　289-291
《历代宝案》　128
《历史学研究》　177,178,192,194
联合国　5,42,74,80,106,144,151,152,160,187,188,194,209,216,224,227-230,235,239,266,270,277,280,281,296,302,310,314
联合国亚经会　167,170,190,220,224
联合国亚洲经济委员会　8
联合海洋开发公司　16,63
《联合季刊》　292
《凉州词》　255
梁鸿志　39
梁漱溟　287,288

《两种海道针经》　200
廖约克　23,73,74,76,79,240
林波　64,66
林肯纪念堂　255
林政雄　73,75,81
林子平　6,88,116,134,135,142,157,174,185,203
《临时国势调查报告》　7
刘飞　112
刘廷芳　287,288
刘希文　64,66
刘扬声　23
琉球　5-17,23,25,42,43,51,57,58,60,82-89,91-97,99,114-118,120-129,131-135,139-141,144,146-153,157,159,162-164,166-169,171-175,177,179,180,183-185,187-189,191-193,195-212,215-217,221-225,237,238,244,247,253,290,296,298-300,306,313,314,316
《琉球归还条约》《琉球归还协定》、《美日归还琉球条约》)　85,99,169
《琉球过海图》　148
《琉球入学见闻录》　203,204
《琉球史料丛书》　128
《琉球统计》　117
《琉球政府关于尖阁列岛领有权的声明》　188
《琉球之地理环境》　9
硫黄岛　131
柳原　93
卢文亦　112,259
陆奥宗光　137,193

陆宝千 92
鹿儿岛 93,117
路透社 14
路易斯安那 22
旅顺 38
伦敦大学中国同学会 26
《论"日本的军备"》 3,16,46,227
罗拔·摩利士 85
罗富国教育学院学生会 25
罗家伦 276,285
罗斯福 96,151,315
洛克菲勒 29,32
洛杉矶 20,22,24,47,61,66,239,251,256,289

M

麻姑山 130
马关条约 7,96,137,139-141,145,149,150,153,177,180,187,210
马来西亚 257
马六甲海峡 31,32,44,295,296
马廷英 115
玛利兰州大学 43
麦迪逊 22,49
麦基尔大学 25
麦克阿瑟 169
毛昶熙 93
《毛选》 286
毛泽东 288,304
梅告仁 247
《每日新闻》 14,18,33,190
美国 3,6,8,10-18,20-26,28-38,40-44,46,48-54,57-60,62,63,65-68,79,81-87,89,93,95-99,102-105,112-114,117,120,121,123,124,134,139-141,145,151-153,155,159,161-164,166-171,173,175,179,182,184,185,187,189-191,194,205,209-212,214,216,219,221-227,229,234,236,238-240,242,244-249,253,254,256-258,260,261,264-266,268-279,281,282,289-291,293,294,296-298,300-302,304-306,311-316
美国国务院 13,14,23,57,60,67,68,83,84,120,191,211,221,244,253,256,276,279,299,301
美国联邦大厦 20,22
《美国新闻与世界报道》 28
《美利坚帝国》 28
美联社 13,124,146,158
美日安全条约 222
《美日反动派必须缩回侵略魔爪》 17
美日双边和约 6
美资石油公司 31
《盟刊》 261,262
缅尼吐巴大学 26
《明报月刊》 109,111,113,115,126,144,146,160,164,174,191,193,194,197,209,212,233,235,238,241,246,250,259,261,271,272,274,276,283,288,294,297,299,301
明治内阁 9,10
明治天皇 45,89
慕尼黑中国同学会 27

N

《南岛纪事外篇》 131

索　引

南海　15,149,167,189
南西诸岛　13,57,180,181,184,187
南小岛　5,17,63,64,69,114,144,146,186,210,301
内阁会议　9,69,89,122,136,210,300,305
尼克松（尼克逊）　13,28,35,36,57,168,212,223,229,290,291,302
尼克松主义（尼克逊主义）　27,36,37,70
《廿一条约》　282
鸟巴麻　130
鸟噶弥　130
鸟奇奴　131
纽勃朗斯威大学　26
纽海芬德拉瓦　240
纽约　20-24,43,44,47,57,61,66,73,74,76,78,82,85,112,162,187,235,237-240,245,248,251,254,255,271,275,278,280,289-292,294
《纽约香港学生日报》　51
《怒吼》　53

P

《盘古》　85,261,262
彭佳屿　10,139,143,146,147,160
彭宗宏　112,213
澎湖列岛　6,172,209
匹兹堡　21,23,61,235,239
片冈清一　64
平安座　14
朴正熙　63,65,69,104
《普城日报》　79,80
普林斯顿　20,22,23,240,276,289
普林斯顿大学　20,234,238,256

Q

七零年代双周刊（七〇年代）　262-264
七・七保钓示威　112,259
七・七流血事件　272
七七事变　290
齐鲲　202
千岛群岛　5
钱致榕　23,24,43,257
《钦定宪法》　58
秦棣华　112,213
丘宏达　112,127,144,146,161,174
曲浩然　113,275

R

《人民日报》　63,83,145
任建立　75,76
日本　3,6-27,30-50,52-54,57-60,62-70,82-100,102,104,105,111-128,131-153,155-158,160-199,203-212,215-217,221-225,227-230,234-240,242,244-250,252-254,256-260,262-264,266-268,270-274,276-279,282,285,287,289,290,295-317
《日本冲绳宫古八重山诸岛地质见取图》　117
日本大使馆　21,24,235-238,253,257,258,276
《日本的科学与技术》　171
《日本地图帖》　115
《日本对于钓鱼台列屿主权问题的论据与分析》　112
《日本古版地图集成》　134

《日本海大海战》 83
日本群岛 5
《日本投降与我国对日态度及对俄交涉》 144
《日本外交年表并主要文书 1840—1945》 142
《日本外交文书》 135,138,139,143,158,186
《日本文化界正义人士阻止日帝侵夺钓鱼台宣言》 187
《日本一鉴》 88,148
《日俄大海战》 45
日韩合作策进委员会 16,56

S

三岛由纪夫 45
三藩市 6,14,20,22,48,49,61,247-249
三国共同开发会议 22
《三国通览图说》 6,88,157,185,203
三井 46,178,248
《三五〇中国学生宣扬"两个中国"》 80
沙见林 112,159,161
沙学浚 86,87,112,209,212
山本五十六 45,83
山县有朋 90,136
《少年中国晨报》 279,280
蛇岛 115
神武天皇 47
沈葆桢 94,95
沈剑虹 15,43,249
《生活月刊》 261
圣玛丽广场 20
圣塔巴布拉漏油事件 220
圣西门 240

圣约翰 240
盛承楠 88,119,163,167,189
盛隆 163
盛宣怀 83,85-87,91,142,151,161,162,164,169,175
石田保昭 188
石田郁天 175
石溪 61,240
《食货月刊》 144
史丹福大学 247
史密斯 23
《使琉球录》 5,88,116,148,149,158,195,200,202
示威大会 20,22
世界报 28
世界石油 184
《顺风相送》 9,147,200
《四库全书》 293
四·一〇示威 264,265,270
四·一八公开论坛 267
四·一七示威 265
松本俊一 18,64,66
苏澳 6,124,167,181,223
孙淡宁 109,113,313
孙贤铼 112,165,213
孙中山 54,247,252,280,281,284,285

T

台北州 6,10,121,126,128,139,314
《"台独"分子的汉奸走狗本色——从日本"台独"分子的一篇文章谈起》 142
台湾 3,5-8,10-19,21,22,26,31,33,36,41-43,45,48-54,56,62-69,76,79,80,83,84,86,88-91,93-95,

　　　　97-107,114-119,122-128,133-
　　　　150,152,153,157,158,160-164,
　　　　168,169,172-175,177,180,181,
　　　　183,184,187-190,192-195,197,
　　　　198,203,206,207,209-211,215-
　　　　217,221,222,227-229,233,234,236
　　　　-238,241,243-245,247-253,257,
　　　　258,266,267,277,279,280,282,286,
　　　　289,290,293,295,299-305,314,316
台湾岛　9-11,100,102-104,137,147,
　　　　148,207
台湾独立运动　3,50
台湾海峡　8,15,18,217,221,228
台湾领事馆　22
《台湾民报》　141
《台湾年鉴》　139
台湾水产试验所　11
《台湾渔业》　144
《台湾之水产》　139
泰国　48
谭汝谦　112,165
陶行知　288
藤堂明保　177,188
田川诚一　18,64,66

W

《外交咨文》　35,36
王春生　24,81
王浩　290,291
王士迪　113,315
王晓云　309,316
王正方　22,24,79,240
威斯康辛　20,24,81,276
威斯康辛大学　20,238,254,255,257,289

魏道明　15,16,125,151
魏煜孙　15
文部省　180
《文社线》　261
《文学改良刍议》　284
《问题与研究》　145
屋富祖仲启　177,192
吴克馥　74-79,81
吴曙东　64,66
吴仙标　83,168,190
吴仲贤　112,261
五四抵制日货大会　269
五·四示威　267
五·一六示威　270
伍鸿熙　23,24

X

西班牙　11,296
西德　5,27,33,154,216,260
西马齿　131,204
西欧　36,312
西雅图　20-23,61,112,239,241-243,
　　　　245,251,256,257,278
西雅图分会　61,112,241,245
夏威夷　52,85,163,256,300
香港　1,3,18,21,22,24,25,31,48,51,
　　　52,61,81,112,158,197,221,233,
　　　236,239-241,248,258,260-262,
　　　264-274,276,277,298,299,304,307
香港保卫钓鱼台行动委员会　261,262,
　　　266,267,269-271
香港大学　25
香港专上学生联会　25,265,271,272,274
项武忠　24,73,74,76,79,80,257

小山宏内　176
小田茂　224,225
小巽他群岛　5
《协防条约》　103
谢定裕　73
《辛丑和约》　38
新城铁太郎　171
新华社　3,17-19,63,64,66,67,200,301,316,317
《新娘与我》　241
《新青年》　293
《新思潮》　293
新亚洲政策　36,37
新野弘　167,170-172,215,216
新泽西　240,255
《星岛日报》　18,41
徐国华　24
徐明　64,66
徐逸　85-87,161-164,169
《续琉球国志略》　89,205
薛祝全　76,80
《学粹》　145,159

Y

亚非人民团结日本委员会　68
《亚非团结》　68
亚洲　12,20,22-24,30,32,36,37,45,53,54,57,65,66,70,102-104,183,187,188,190-193,209,216,224,309,313-316
岩佐三郎　171
奄美诸岛（奄美群岛）　9,184
杨更强　81
杨载　92

杨振宁　76,82,83,168,290,291
杨钟基　112,165
杨仲揆　114,115,122,174,193,197,198
姚立民　112,113,250,289
姚舜　16,41-43,229,289
《姚舜疏导记》　3,16,41
耶鲁　24,61,73,74,191,238,257
野村靖　137
业壁　131
叶培莉　112,238
《一九六五年临时国势调查报告》　117
伊波普猷　128
伊犁　96
伊良保　130
伊奇　131
伊奇麻　130
伊世佳奇　130
宜兰　6,88,89,91,118,119,124-126,143-145,167,181,194
椅世麻　131
英国　29,35,38,112,152,155-157,205,208,224,259,260,282,297
英修道　90
永良部　131
永生　76
由吕　131
由论　131
由那姑尼　130
余咏宇　24
余珍珠　23
与那国岛　14,139
御前会议　47,173
裕仁　47
袁旂　73,74,76,79,80

索　引

袁世凯　38,284
约翰·芬查　83
越南　32,36,37,48,49,54,65,66,103,
　　216,217,247,279,297,300,316
越南战争　35-37,49

Z

《再论钓鱼诸岛的历史与领有权》　165
曾根康弘　68,312
曾国藩　96
《战报》　40,277-280,296
张纪恩　112,213
张君　115,257
张君劢　286,287
张立人　22
张群　3,16,56,57,152,276
张世加　73-77,81
张显钟　112,213
张云蔚　91
张之洞　95
张智北　23,241-243
《朝日新闻》　31,33,68,124,192
赵文楷　201
赵新　89,205
赵萱萱　112,165
《针路》　196
珍珠港事件　31
《正气歌》　252
郑永齐　75-77
《政大法学评论》　142,160,191,192
芝加哥　20-22,235,251,269,278-
　　280,289
《芝加哥学生论坛》　279
《指南广义》　116,185,196-198,203,204

《致"中华民国政府"公开信》　289
中岛　96
《中国》　179,193,197,198
中国　3,5-26,31,33,35,36,38-40,42-
　　45,48-55,57-70,74,80-86,88-
　　92,94-97,100,102-107,111-117,
　　119,122,125-128,133-137,139-
　　146,148-153,156-159,161-170,
　　174-180,182-185,187-196,198-
　　200,202-206,208,209,212-218,
　　220-224,226-230,234-264,266-
　　268,272,274-288,290-317
《中国东海和朝鲜海峡的海底地层及石油
　　展望》　170,215
《中国东海、南海浅水部份的沉积物》　215
《中国领土主权不容侵犯》　4,19,69
《中国时报》　143,160
《中国外交史》　143,233
《中国学生周报》　261
《中国研究月报》　177,189
中华民国　15,23,39,41,57-59,61,83,
　　84,86,87,97,115,119-121,124,
　　125,140,142-145,152,153,156,159
　　-161,164,184,187,209,229,234,
　　236,237,241,244-246,252,253,
　　279,281
《中华人民共和国分省地图》　143
《中华杂志》　92,97,141
中江要介　175
中日备忘录贸易会谈　18
《中日备忘录贸易会谈公报》　3,18,64
中、日、韩海洋开发研究联合委员会　16
《中日韩联合开发海底资源协议》　56,62
中日合作策进委员会　16,56

中日金山和约　10
《中山传信录》　88,185,196-200,
　　203,204
《中山聘使略》　128
《中山世鉴》　116,185
《中山世谱》　128,129
《中外条约辑编》　144
中文大学　25
《中央公论》　177,192
中央日报　3,13,15,16,22,41,42,44,46,
　　47,58,60,61,105,114,116,122,142,
　　157,158,160,189,194,227,236,
　　248,290
钟显辉　112,246
周恩来　42,64,288
朱耀奎　23
竹内好　179,193
竹添　95,96,206
《自立晚报》　146,158
《总动员法》　102
《最近调查大日本地名辞典并交通地鉴》
　　139
佐藤政府　12,14,26,35,40,41,47,65,
　　66,68,98,168,239,240,271

图书在版编目(CIP)数据

保钓运动资料 / 董为民，殷昭鲁，杨骏编. — 南京：南京大学出版社，2017.1
（钓鱼岛问题文献集 / 张生主编）
ISBN 978-7-305-16488-0

Ⅰ. ①保… Ⅱ. ①董… ②殷… ③杨… Ⅲ. ①钓鱼岛问题—史料 Ⅳ. ①D823

中国版本图书馆 CIP 数据核字(2016)第 283090 号

项目统筹	杨金荣　官欣欣
装帧设计	清　早
印制监督	郭　欣

出版发行　南京大学出版社
社　　址　南京市汉口路 22 号　　邮　编　210093
出 版 人　金鑫荣

丛 书 名　钓鱼岛问题文献集
主　　编　张　生
书　　名　保钓运动资料
编　　者　董为民　殷昭鲁　杨　骏
责任编辑　田　甜　李鸿敏　　编辑热线　025-83593947

照　　排　南京南琳图文制作有限公司
印　　刷　南京爱德印刷有限公司
开　　本　718×1000　1/16　印张 22.5　字数 377 千
版　　次　2017 年 1 月第 1 版　2017 年 1 月第 1 次印刷
ISBN 978-7-305-16488-0
定　　价　164.00 元

网址：http://www.njupco.com
官方微博：http://weibo.com/njupco
官方微信号：njupress
销售咨询热线：(025) 83594756

* 版权所有，侵权必究
* 凡购买南大版图书，如有印装质量问题，请与所购
　图书销售部门联系调换

ISBN 978-7-305-16488-0

南京大学出版社
新　学　衡